Ralf Miggelbrink
Einführung in die Lehre von der Kirche

Ralf Miggelbrink

Einführung
in die Lehre von der Kirche

Wissenschaftliche Buchgesellschaft

Einbandgestaltung: Neil McBeath, Stuttgart.

Die Deutsche Bibliothek verzeichnet diese Publikation
in der Deutschen Nationalbibliografie;
detaillierte bibliografische Daten sind im Internet über
http://dnb.ddb.de abrufbar.

© 2003 by Wissenschaftliche Buchgesellschaft, Darmstadt
Gedruckt auf säurefreiem und alterungsbeständigem Papier
Printed in Germany

Besuchen Sie uns im Internet: www.wbg-darmstadt.de

ISBN 3-534-16321-4

Inhalt

Vorwort

„Kirche – die komplexe Wirklichkeit", so betitelt Adolf Kolping eine Sammlung von Aufsätzen über die Kirche (Kolping/29) und benennt damit den Grund für die Unausweichlichkeit, mit der jede Lehre von der Kirche (Ekklesiologie) an dem Versuch scheitert, einen wissenschaftlich befriedigenden umfassenden Begriff ihres Gegenstandes schlüssig zu entwickeln. Jede Ekklesiologie erweist sich an der Komplexität der Kirche als perspektivischselektiv und verrät mit ihrer Perspektive den Ort ihres Autors in der und zur Kirche.

Der vorliegende Band kann und will diesem Schicksal nicht entgehen. Ich habe mich jedoch bemüht, weniger *eine* Ekklesiologie als eine *„Einführung in die* Ekklesiologie" zu schreiben. Von einer „Einführung in die Lehre von der Kirche" erwartet man mit Recht knappe Informationen über die Geschichte, die Themen, Topoi und Streitfragen der Ekklesiologie sowie über den aktuellen Stand der theologischen Diskussion auf diesem Gebiet. Die große Vielzahl der Veröffentlichungen zur Ekklesiologie lässt es durchaus als denkbar erscheinen, eine Einführung ausschließlich als Literaturbericht zu konzipieren.

Bei aller Bemühung, auch einen Einblick in die aktuellen Diskussionen zu gewähren, soll diese Einführung jedoch dennoch nicht nur informieren, sondern auch *„einführen"*, indem sie einen *systematischen Denkprozess vorgibt und einlädt, diesen Denkprozess nachzuvollziehen.* Der Aufbau des Bandes ist deshalb systematisch, nicht historisch. In drei Teilen schreitet die Darstellung deduktiv voran von der eher abstrakten Diskussion um den Kirchenbegriff über die Darstellung der wesentlichen Vollzüge der Kirche bis hin zur Frage der konkreten Kirchengestalt.

Der Titel dieser Einleitung spricht von *„der Ekklesiologie"*, obwohl der Autor römisch-katholischer Theologe ist und seine Darstellung nicht verleugnen kann, einer katholischen Grundperspektive zu folgen. Auch kapriziere ich mich teilweise auf spezifisch katholische Themen. Anders als in einer dogmatischen Ekklesiologie sonst üblich enthält dieser Band jedoch immer auch konfessionskundliche Informationen über abweichende Deutungsperspektiven in den verschiedenen christlichen Konfessionen. Insbesondere evangelische Autoren finden breite Beachtung. Schließlich nimmt die ökumenische Gesprächsperspektive einen breiten Raum ein. Auch wird immer wieder der Versuch unternommen, Genese, Funktion und Wandelbarkeit bestimmter kirchlicher Gegebenheiten zu betonen. Ich hoffe deshalb, dass dieses Bändchen über Konfessionsgrenzen hinweg als Diskussionsgrundlage für ein konstruktives Nachdenken über die Kirche dienen kann.

Essen, den 28. Januar 2003   Ralf Miggelbrink

I. Die Wesensbestimmung der Kirche

Die theologische Annäherung an die Wirklichkeit der Kirche kann grundsätzlich auf zweierlei Weise erfolgen: (1) Die Kirche kann wahrgenommen werden als zu beschreibendes *innergeschichtliches Phänomen*. (2) Will man dagegen zu einer *Wesensbestimmung der Kirche* vordringen, so muss das Phänomen Kirche im Zusammenhang der christlichen Glaubenslehre insgesamt gedeutet werden. Die spekulative Frage nach dem Wesen der Kirche kann jedoch ihrerseits die phänomenologisch-empirische Frage nach der konkreten Erscheinungsgestalt der Kirche nicht auf sich beruhen lassen, weil Sichtbarkeit und Historizität zum Wesen der Kirche selbst gehören. Das Erfassen des Historisch-Konkreten wiederum bleibt blind und inspirationslos, wo der größere heilsgeschichtliche Zusammenhang, den die Kirche als ihre eigentliche Herkunft und Zukunft bekennt, nicht sachgerecht in den Blick gerückt wird. Andererseits bleibt die spekulative Frage im Kontext der Ekklesiologie notwendig angewiesen auf soziologische und historische Ergebnisse und Kategorien.

1. Das Phänomen Kirche

a) Kirche als Größe in der Geschichte

Das Phänomen Kirche ist eine geschichtsprägende Kraft ersten Ranges. Sie ließe sich sogar weiten zu der Frage, ob es ohne den Fortbestand der Kirche einen Fortbestand der Geschichte gäbe.

Kirche und Geschichte

Die Kirche entwickelt sich als Abspaltung vom Judentum. Aus der jüdisch-israelitischen Glaubensüberzeugung übernimmt sie die Verknüpfung zweier auf den ersten Blick nicht zusammenpassender Grundüberzeugungen: (1) Gott ist gegenüber der Welt unendlich erhaben und transzendent. (2) Als dieser Transzendente agiert Gott geschichtlich. Geschichte wird so überhaupt erst denkbar als Ereignisabfolge, die mehr ist als unberechenbare Zufälligkeit oder mythisch erahnbare Wiederkehr des im Grunde genommen bei allem scheinbaren Wechsel doch immer Gleichen. Geschichte wird als *Heilsgeschichte* entdeckt. Ihre Anamnese wird zur religiösen Pflicht.

Kirche erscheint in diesem Prozess als die *Aktantin jenes Tradierungsprozesses*, durch den die Überzeugung universal verbreitet wurde, in den Ereignissen verberge sich ein absoluter Sinn, sie fügten sich zusammen zu *einer einzigen Geschichte*. Wo sich die Aufklärung auflehnt gegen den Anspruch der Kirche, als souveräne Sachwalterin dieses Geschichtssinns auftreten zu können, vollzieht sie gegen den aus ihrer Sicht überzogenen Verfügungsanspruch kirchlicher Obrigkeit eine alternative Sinndeutung der Geschichte, an deren Einheit und Sinn sie gleichwohl festhält. Alle Geschichte hat ihren Sinn, ihre Mitte und ihr Ziel in einem *Selbstverwirklichungsprozess der menschlichen Vernunft*.

Erst am Ende des zwanzigsten Jahrhunderts verbreitet sich zuletzt und am klarsten in den Thesen des Postmodernismus die Einsicht, dass mit der Ersetzung Gottes als des Geschichtssinns durch die menschliche Vernunft

Gegen die Überlegitimierung der Geschichte

die Einheit des Geschichtssinnes und mithin auch die Einheit einer Menschheit überhaupt aufgegeben wird. Die eine Menschheitsvernunft zerfällt in die vielen partikulare Rationalitäten, die in ihrer Endlichkeit und Vergänglichkeit mit ihren Einsichten und Sinnstiftungsoperationen dem Vergessen anheimfallen.

Die Tatsache, dass insbesondere jüdische Autoren zu Vertretern postmodernen Denkens wurden, gibt allerdings zu denken. Ausgerechnet Vertreter jener religiösen Tradition, die den göttlichen Sinn in der Geschichte denkbar machte, wehren sich nun gegen die Behauptung des Geschichtssinnes. Erfüllen sie darin möglicherweise gerade eine heilsgeschichtlich bleibend wichtige jüdische Funktion gegenüber der Kirche? Die kirchliche Behauptung der *Inkarnation Gottes in der Geschichte* nämlich radikalisiert und überbietet die jüdische Vorstellung von der Geschichtsmächtigkeit Gottes. Die Gefahr ist, dass sich damit jedoch eine *Überlegitimierung der faktischen Geschichte* als selbst schon theologischer Größe verbindet. Die Hegel'sche Hypostasierung der Geschichte zu einem göttlichen Prozess zeugt von einem entsprechenden Missverständnis, das so wohl nur im Kulturraum des christlichen Inkarnationsdenkens entstehen konnte. Steht hier der jüdische Einspruch gegen die selbstbewussten Sinnbehauptungen der christlichen Tradition für die Unverfügbarkeit des messianischen Handelns Gottes? Kann es eine angemessene Deutung der Inkarnation Gottes als des Offenbarwerdens des Sinns aller Geschichte geben, das der Tatsache der *Verhülltheit göttlicher Herrschaft* im inkarnierten Christus gerecht wird? Die Herrschaft des inkarnierten Gottes, der alle Menschheitsgeschichte zu einer Einheit zusammenbindet und universalen Sinn von Geschichte so überhaupt erst denkbar macht, ist *Herrschaft des Gekreuzigten*, deren Herrlichkeit immer quer liegt zu dem, was Menschen von sich aus mit den Begriffen des Sinnes und einer universalen Verbundenheit aller miteinander assoziieren.

Diese Grundeinsicht begründet die Ambivalenz der kirchlichen Geschichtsbedeutsamkeit.

Fasziniert stehen Menschen heute vor dem mittelalterlichen Siena: Die rotlehmigen Häuser drängen sich dicht aneinander, einander Schatten und Kühle gewährend den Stadthügel hinan. Von oben her aber krönt die mit weißem Marmor verkleidete Fassade des Domes den ganzen Hügel und fasst die darunter liegenden Häuser unter dem weit ausspannenden Dach der Kirche zusammen. Die Aufwändigkeit des riesig wirkenden Baus lässt erahnen, welchen Wert die Menschen dem Symbol zumaßen, das sie zu einer engen Gemeinschaft zusammenfügte, das ihnen gemeinsamen Sinn gab und eine Mitte, die bis heute erlebbar ist im Gesamtbild der Stadt. Der Machtzuwachs, der sich automatisch mit dieser Wertschätzung verbindet, begründet aber immer wieder die Gefahr, dass die Ursprungsintuition Jesu, des Gekreuzigten, übertönt wird durch den sich verselbständigenden Jubel der Christen über Gottes Leben erweckendes Handeln an dem, der selber, statt Macht und Sinn zu verkörpern, Ohnmacht und Unsinn auf sich nahm.

Wo dies geschieht, würde die Erfahrung der Stärke in Gemeinschaft zum Zweck der Kirche, die sich aber doch beruft auf den Menschen, der in der *Ausstoßung aus der Gemeinschaft* seine Einheit mit dem Gott Israels erlebte. Kirche schwebt immer in der Gefahr des *Triumphalismus*. Ihre Geburtsstunde ist der Ostermorgen des machtvollen Handelns Gottes gegen den Zynismus der Macht. Aber dieser österliche Triumph darf seine Herkunft nicht verleugnen, seine Herkunft vom Karfreitag dessen, der nicht in die Welt gekommen ist, um sich bedienen zu lassen (Mk 10, 45).

Die Kirche wächst in ihrer Orientierung auf den Gekreuzigten und auf Gottes an ihm auch in ihr offenbar werdenden Macht in der Geschichte zu einer machtvollen Größe, die ihre Identität nur bewahren kann, indem sie immer neu ihr Wesen darin vollzieht, nicht aus ihrer Geschichtsmächtigkeit und für sie zu leben, sondern aus der eigenen Hinwendung zu dem gekreuzigten und auferstandenen Ursprung der Kirche.

Kirche als die Wirklichkeit, die in der Weltgeschichte für alle Menschen einen universalen Geschichtssinn behauptet, ist nicht aufspaltbar in Kirchen. In der gläubigen Bindung an den Gott Israels, in der Überzeugung, Gott habe sich in Jesus Christus unlösbar selbst mit der Welt verbunden und er wirke in ihr inspirierend und motivierend auf das Ende hin, das er dieser Welt eschatologisch bereiten will, sind alle Orts- und Teilkirchen der Welt geeint, aber auch alle Kirchen, die sich untereinander die volle Anerkennung als christliche Kirchen verweigern. In diesem Grundbekenntnis und seiner innergeschichtlichen Wirklichkeit wird das Dasein der Kirche weltgeschichtlich faktisch als wirksame Einheit erfahrbar.

b) Kirche als Institution

Institutionalität als Kennzeichen der Kirche
Mit dem Begriff der „*Institution*" wird ein wissenschaftsgeschichtlich vor allem durch die *Soziologie* vorgeprägter Begriff zur Benennung des Phänomens Kirche herangezogen. Der Begriff ist nicht eigens auf die Kirche hin formuliert und beinhaltet, wo man ihn auf die Kirche anwendet, die Subsumption des Besonderen der Kirche unter einen allgemeinen Begriff menschlicher Institutionen.

Klassisch hat der Soziologe *Helmut Schelsky* im Anschluss an die Anthropologie *Arnold Gehlens* Institutionalität als anthropologische Notwendigkeit bestimmt. Gehlen geht davon aus, dass der Mensch in seiner Instinktreduziertheit, Weltoffenheit und Sprunghaftigkeit fester Orientierungsgrößen bedarf, um sich in der Welt nicht auf gefährliche Weise selbst zu verlieren. Das Wesen, das die Natur von der Leine ließ, verknüpft sich selbst durch Bänder mit allen anderen, um sich davor zu bewahren, hoffnungslos verloren zu gehen. Schelsky bestimmt die Institution als organisierte Gruppenunterstützung bei der Befriedigung menschlicher Bedürfnisse.

Niklas Luhmann vertieft den Gedanken der entlastenden Funktion der Institution für das Individuum. Institutionen machen die Komplexität der Welt erträglich, indem sie einen Konsens der selektiven Wahrnehmung pflegen: Für einen katholischen Christen scheiden bestimmte Handlungsalternativen, die einem Nichtchristen denkbar sind, von vornherein aus. Nur scheinbar wird dadurch das Leben schwieriger. In Wirklichkeit entlastet die reduzierte Wahlmöglichkeit. (Kehl/93 23–37; Kehl/6:131–136) Im

Klassische soziologische Institutionentheorien

Anschluss an sein Werk „Soziale Systeme" deutet Luhmann in der aus dem Nachlass edierten Schrift „Die Religion der Gesellschaft" (Luhmann/238) religiöse Organisationen als *Spezialfall sich selbst erzeugender, autopoietischer Subsysteme*. In einer Gesellschaft ohne organisierende Mitte reproduzieren sich Subsysteme, indem sie Menschen miteinander so vernetzen, dass sie handelnd und kommunizierend die Entscheidungen des jeweils anderen als Prämissen eigenen Handelns akzeptieren (ders./238:231). Dabei erzeugen religiöse Subsysteme mithilfe eines speziellen, transzendenzbezogenen *Codes* das *Bewusstsein von Sinn* (ders./238:15).

Nach den klassischen Institutionentheorien funktionieren Institutionen durch einen notwendigen, unausweichlichen Konservatismus. Sie entlasten den Einzelnen, indem sie sein sittliches Urteilen und intellektuelles Wahrnehmen einem System von Vorurteilen unterwerfen. So begründen sie ein Sozialsystem, das systemimmanent gegen Kritik immunisiert.

Gegen diese konservative Skepsis hinsichtlich der menschlichen Möglichkeit, Institutionen und Systemen gegenüber ein kritisch-gestalterisches Verhältnis zu entwickeln, richten sich alle pragmatischen, handlungstheoretischen Ansätze. Sie begreifen in aufklärerischer Tradition den Menschen als Subjekt freien Handelns. Handeln in Bezug auf menschliche Gemeinschaften ist immer kommunikatives Handeln.

Handlungstheoretische Aspekte des Institutionsbegriffes Die *Sprechhandlungstheorie* beschreibt, dass menschliches Sprechhandeln immer nur in komplexen Regelsystemen funktioniert. Institution erscheint so als eine der wichtigsten Voraussetzungen menschlichen Handelns überhaupt. Das Regelsystem menschlicher Sprache und gruppenspezifischer Sprechhandlungsmuster stellt Menschen Interaktionsmuster und Strategien zur Verfügung und ermöglicht ihnen so ein Handeln auf andere hin und gemeinsam mit anderen. Die Institutionen, die die Handlungsmuster bereitstellen, werden durch die Anwendung dieser Muster als funktionale Systeme bestätigt und gefestigt.

Peter Hünermann wendet dieses pragmatische Institutionenmodell an, um Kirche als funktionierendes kommunikatives System zu beschreiben. Die amtlichen, insbesondere die sakramentalen Sprechhandlungstypen, bieten Menschen vorgeprägte Handlungstypen an, mit denen sie erfolgreich interagieren können. Hünermann deutet die kirchlichen Sprechhandlungstypen als „unabsehbare Vielfalt der Glaubenszeugnisse", die den „Lebensvollzug der Kirche" bilden. (Hünermann/27:42) Menschen bekommen etwa durch die Sprechhandlungsregeln der Sakramente genuine Handlungsmöglichkeiten eröffnet und bestätigen durch deren Verwendung das System, das ihnen diese Möglichkeiten gibt (Hünermann/26:90–11).

Die unausweichliche Institutionalität der Kirche Das Glaubensbekenntnis ist, legt man einen pragmatischen Institutionsbegriff zugrunde, eo ipso institutionbildend: Es bindet Menschen zu einer Bekenntnisgemeinschaft zusammen, in der sie sich durch einen bestimmten *institutionsspezifischen Code* untereinander erkennen und wechselseitig bestätigen. Medard Kehl bezeichnet diese notwendige, mit dem Christus-Kerygma gegebene Institutionalität der christlichen Sammlungsbewegung als *primäre Institutionalisierung*. Zu den entsprechenden Primärinstitutionen zählt er den biblischen Kanon, das Credo, verbindende Glaubenstradition und Lehrverkündigung, Sakramente, liturgische Feiern, Rechtsordnung, Gemeinde- und Ämterstruktur. Diese Wirklichkeiten unterscheidet Kehl von *„sekundären Institutionalisierungen"*, worunter Verwaltung und Organisation der Kirche zu verstehen seien (Kehl/28:392). Die Unterscheidung Kehls ist nicht unproblematisch. Aus ihr spricht einerseits das Unbehagen des Dogmatikers, der im kirchlichen Arbeitsrecht nicht ohne Weiteres die Entfaltung des urchristlichen Kerygmas zu erkennen vermag. Allerdings spiegelt die Unterscheidung Kehls eben auch eine praktisch-kirchliche Schizophrenie, der gemäß etwa behauptet werden könnte, die Kassenführung einer Diözese gehöre nicht zum eigentlich-inneren, wesentlichen primär-institutionellen Selbstvollzug der Kirche und unterliege deshalb auch nicht theologischer, sondern ausschließlich marktwirtschaftlicher Rationalität.

Biblisch ist es zum Verständnis der Kirche als einer Institution ein langer Weg. Die Jesusbewegung erscheint in ihrer eschatologischen Grundprägung als ausgesprochen institutionsfern. Ihr soziologisches Profil wird wahrscheinlich in der Aussendungsrede der Redenquelle Q fassbar: Radikale Armut und jeglicher Verzicht auf Vorsorge (Lk 10,4) gehören zum Profil einer Gruppe von Menschen, die ihre ganze Hoffnung und den Zweck ihres Lebens in der baldigen Ankunft des Friedensreiches Gottes sehen. Doch setzt die Lebensweise der Boten, die darauf vertrauen, in den Ortschaften und Städten Aufnahme und Verpflegung zu finden, voraus, dass es mindestens sesshafte Sympathisantengruppen gibt.

Paulus verlässt sich bei seinen Reisen auf die Infrastruktur von christlichen Ortsgemeinden. Er erblickt in ihnen jedoch keineswegs nur Sympathisanten. Sie sind vielmehr berufene Heilige (1 Kor 1,2: *hagíoi epikalouménoi*), die zusammen die *„ekklesía Gottes"* bilden, „die in Korinth ist" (1 Kor 1,2). Die *ekklesía Gottes* ist jeweils *an einem Ort*. Sie ist jedoch gerade darin Ekklesia *Gottes*, dass sie nicht darin aufgeht, an einem Ort zu sein. So verbindet sie alle Ortskirchen untereinander zu der einen Universalkirche. Praktisch wird diese tiefe, in Gott und seiner Erwählung selber gründende Gemeinschaft der Ortsgemeinden in der von Paulus organisierten, freiwilligen Kollekte für die Gemeinde in Jerusalem, mit der Paulus die Einheit aller an Christus glaubenden Juden und Heiden unterstreicht (Gal 2,10; 1 Kor 16,1–4; 2 Kor 8f.; Röm 15,26–32) (Gnilka/51:301–315).

Die ausführliche Grußliste am Ende des Römerbriefes (Röm 16) lässt erkennen, dass sowohl die Organisation der Ortsgemeinden als auch die Verbindung zwischen den Ortsgemeinden das Werk Einzelner ist, die sich untereinander kennen, die sich unterstützen und sich aufeinander berufen. Einzelne stellen ihre Häuser für die Versammlung der Gemeinde (*ekklesía*) zur Verfügung. Die entsprechende Gemeinde kann dann auch angeredet werden als die *ekklesía* im Haus von Priska und Aquila (Röm 16,4f.) (Trummer/77:85–106). Paulus empfiehlt „unsere Schwester" Phöbe als „Diakonin der Gemeinde von Kenchrea" (Röm 16,1). Die Stelle macht deutlich, dass in paulinischer Zeit hinsichtlich der gemeindetragenden Menschen galt, was Paulus in Gal 3,28 programmatisch erklärt: Die Verbundenheit in Jesus Christus lässt alle Unterschiede, auch die des Geschlechtes, verblassen. Die paulinische Gemeinde lässt somit einerseits bereits „amtliche" Strukturen erkennen, andererseits sind diese Strukturen noch sehr wenig institutionell verfestigt.

Diese anfängliche Freiheit der entstehenden Gemeinden in organisatori-

Biblische Grundlagen des Selbstverständnisses der Kirche als Institution

schen Fragen erscheint zur Zeit des Matthäusevangeliums und der Pastoralbriefe bereits als eingeschränkt. Die Autorität des Apostels ist bei Matthäus
im Falle des Petrus nicht mehr nur die Folge der Hochschätzung, die die
Gemeinde dem Zeugen der Auferstehung Jesu Christi entgegenbringt
(Dias/3:131). Die Autorität des Petrus wird bei Matthäus mit den Attributen
amtlicher *potestas* geschildert: Mt 16,16–19).

Das Haus als
ekklesiologische
Leitmetapher
der Pastoralbriefe

Die Pastoralbriefe schließlich zeigen ein ausgeprägtes Interesse an der
Institutionalität der *ekklesía*. Die Leitmetapher für die Gemeinde als Institution ist dabei das *oíkos*. Das entspricht der Lebenssituation der Christen in
den hellenistisch geprägten Großstädten des östlichen Mittelmeerraumes,
wo sich die neue Lehre entlang der römischen Heerstraßen von Großstadt
zu Großstadt verbreitete. Träger der städtischen Kultur sind die Handwer-
ker und Händler, deren Gewerbe und Geschäft in aller Regel im Wohnhaus geführt wurde. Das Wohnhaus, *oíkos*, als Sitz der Familie ist so weit
mehr als eine Wohnung. Es ist Produktionsstätte und Geschäftsraum, Be-
gegnungsort zahlreicher Menschen an jedem Tag. Werkstatt oder Geschäftsraum einer spätantiken Familie mit dem Kommen und Gehen der
Kunden sind wohl typische Orte der christlichen Mission (Meeks/67:65).
Das Haus des städtischen Handwerkers oder Händlers bietet unter seinem
Dach nicht nur den Mitgliedern einer Kernfamilie Obdach. Zum *oíkos* gehören auch entferntere Verwandte, Sklaven, frühere Sklaven, Lohnarbeiter,
Geschäftspartner oder Pächter, ein Kreis von Abhängigen, der die Familie
umgab (Meeks/67:66). Die Familie ist in der hellenistischen Großstadt
„nicht primär durch Verwandtschaft definiert, sondern durch das Verhältnis
von Abhängigkeit und Unterordnung". (ebd.) Abhängigkeit und Unterordnung sind anders als in den durch Grundbesitz geprägten Verhältnissen auf
dem Lande in der Stadt nicht primär eine Funktion ererbten Besitzes, sondern des ökonomischen und sozialen Erfolges. Der kluge, umsichtige, flei-
ßige, sparsame, allseits angesehene *pater familias* konnte den Kreis der von
ihm Abhängigen erheblich ausweiten. Sein Einfluss und seine Macht nahmen zu, zugleich damit aber auch seine Verantwortung und seine Pflichten. Untereinander waren die Familien einer Stadt auf vielfältige Weise verbunden: Freundschaftsbünde, zunftähnliche Zusammenschlüsse und Vereine garantieren ein System wechselseitiger Hilfe und die Möglichkeit,
abseits vom Staatskult eigene philosophische und religiöse Überzeugungen
mit anderen zu teilen.

Auch hier spielt der Familienvorstand eine entscheidende Rolle. Er gibt
die weltanschauliche und religiöse Ausrichtung des Familienverbandes vor.
Sein Erfolg, der sich in der Wohlfahrt der ganzen Familie ausdrückt, gibt
ihm Recht. Seine Autorität wächst in dem Maße, in dem er allen nützt.

Dass es ausgerechnet diese regen Träger des städtischen Lebens sind, die
aufgeschlossen auf das Christentum reagieren, ist nicht verwunderlich: Sie
machen in ihrem Geschäftsleben täglich die Erfahrung, dass Aufgeschlos-
senheit für neue Ideen lebenswichtig ist. Mit seiner Verankerung in diesen
städtischen Eliten der Spätantike musste das Christentum jedoch zwangsläufig an apokalyptischem Schwung einbüßen. Der *pater familias*, der mit
seinem ganzen Haus den Glauben an Jesus Christus annimmt, schätzt die
universalistische Moral des Christenums, den Monotheismus, das Ethos der
Geschwisterlichkeit, die Lehre von der Auferstehung der Toten und vom

göttlichen Gericht. All diese Werte und Überzeugungen stehen seiner Lebenswelt nahe. Diese Eigenschaften teilt das Christentum mit dem Judentum, das ebenfalls im ersten Jahrhundert eine attraktive Alternative zum erstarrten religiös sterilen und philosophisch unglaubwürdig gewordenen Staatskult darstellt. Anders als das Judentum forderte das Christentum nicht die Beschneidung und die Beachtung der großen Vielzahl zum Teil nur sehr schwer nachvollziehbarer Gebote.

Was dem *pater familias* des ersten Jahrhunderts schwer fallen muss, ist die apokalyptische Grundhaltung des Christentums. All sein Sinnen und Trachten ist ja gerade darauf ausgerichtet, Bestand und Sicherheit für die ganze ihm anvertraute Familie zu garantieren. Die städtischen Christen anerkennen das Werk der Apostel als der ersten Zeugen der Auferstehung Jesu Christi. Sie empfangen die wandernden Apostel und Propheten des Urchristentum als Menschen, die den eigenen geistigen Horizont auf willkommene Weise erweitern. Immer wieder in der neutestamentlichen Briefliteratur finden sich aber auch die Zeugnisse von Beunruhigungen in den Gemeinden, die als störend und destruktiv empfunden werden.

Ende des ersten Jahrhunderts tritt in der Ekklesiologie der Pastoralbriefe neben das ältere Modell der dynamisch sich verbreitenden Jesusbewegung der apokalyptischen Hoffnung auf den wiederkehrenden Christus *ein eher bestandsorientiertes Modell* der christlichen Gemeinde. Die Gemeinden verfestigen sich in den Städten nach dem Vorbild von Kultvereinen. Solche von der staatlichen Gewalt respektierten freiwilligen Zusammenschlüsse bildeten den rechtlichen Rahmen sowohl für die jüdischen Synagogen der griechisch-römischen Diaspora als auch für die neu entstehenden, aus dem persischen Bereich machtvoll herandrängenden Mysterienkulte. Auch das Christentum organisierte sich vereinsrechtlich.

Der Verein wiederum wird in Analogie zum erfolgreichen Modell des Hauses organisiert. Der Vereinsvorsteher (*epískopos*) wird an Tugenden und Eigenschaften gemessen, die genau denen eines guten Hausvaters entsprechen. Wie dieser soll jener ruhig, besonnen und bestandserhaltend zum Wohle aller wirken. Der Timotheusbrief entfaltet die Analogien von *pater familias* und *epískopos* als Norm: Der Gemeindevorsteher soll ein nüchterner, besonnener, gastfreundlicher Mann sein, fähig zu lehren, nicht gewalttätig, kein Trinker, nicht streitsüchtig, nicht geldgierig. Wer sich nicht als Familienvater in diesem Sinne bewährt hat, der kann schwerlich Vorsteher einer christlichen Gemeinde sein (1 Tim 3,1–2).

Mit der normativen Orientierung der christlichen Gemeinde am spätantiken Familienbetrieb wird ein erfolgreiches Modell einer Institution auf das Christentum übertragen. Verlässlichkeit, Stabilität, ein optimierter Organisationsgrad, gesteigerte ökonomische Möglichkeiten der christlichen Gemeinden sind die Folgen dieser neuen Programmatik der *ekklesía* als *oíkos*. Dies alles war auch nach dem Ausbleiben der Parusie und angesichts der Ausstoßung der Christen aus der Synagoge auf der *Synode von Jamnia (87 n. Chr.)* notwendig. Die Christen bedurften einerseits einer Infrastruktur, andererseits stellte die Synagoge diese nicht mehr einfach bereit.

Die Kehrseite der Medaille ist die unübersehbare Spannung zwischen der urchristlichen Naherwartung und christlichen Vereinen, die sich am Vorbild jener Familie orientierten, die die Jünger Jesu ja gerade verlassen hatten, um Jesus nachzufolgen (Mk 10,28). Dieser Grundwiderspruch zwischen notwendiger Institutionalisierung einerseits und der apokalyptischen Hoffnung auf das nahe Eingreifen Gottes muss die wachsende Kirche bleibend prägen. Er findet seinen Ausdruck im konflikthaften Verhältnis zwischen den örtlichen Autoritäten der Gemeinde einerseits und den umherziehenden christlichen Wanderpropheten, -aposteln und Lehrern andererseits.

Ein Effekt der Orientierung christlicher Gemeindeordnung an der antiken Familie ist die Übernahme der *patriarchalischen Gestaltung der Leitung.* So verbietet der 1. Timotheusbrief unter Berufung auf die Autorität des Paulus den Frauen das Lehren in der Gemeinde (1 Tim 2,12). Das Verbot macht schwerlich Sinn, wenn es in christlichen Gemeinden überhaupt keine Praxis der Lehre durch Frauen gegeben hat.

Das Missbehagen bei der Anwendung des Institution-begriffes

In Apg 6 erscheint nach der biblischen Darstellung der Vorgänge in der Jerusalemer Urgemeinde die Ämterbildung als eine Reaktion auf Streitereien innerhalb der Gemeinde im Bereich der Witwenversorgung. Den sozialgeschichtlichen Hintergrund der Ereignisse dürfte die Funktion der jüdischen *Synagogengemeinde als Sozialkasse* gebildet haben. Diese Funktion übernimmt auch die christliche Gemeinde für ihre Mitglieder, worin nach der Kehl'schen Einteilung eine Sekundärinstitution zu sehen wäre. Diese aber wirkt nach dem Zeugnis des Lukas auf das von Kehl als primär eingestufte System der kirchlichen Ämter zurück. Die Rückwirkung wird möglich dadurch, dass die Zwölf in der Funktion der Gemeindeleiter der Gemeinde einen Vorschlag unterbreiten, der den Beifall der Gemeinde findet, die daraufhin entsprechend verfährt. Die Apostelgeschichte führt die kommunikative Lösung eines institutionellen Problems vor. Dabei erweist sich die Institution als flexibel und entwicklungsfähig. Die handelnden Subjekte sind in der Lage, gegenüber der Institution eine kritisch reflektierende und reformerische Haltung einzunehmen.

Der Bericht aus der Apostelgeschichte macht Schwachstellen des Institutionendenkens deutlich: Es ist strukturell konservativ und nimmt Menschen primär als reaktiv und als eingebunden in Regelsysteme wahr. Es vernachlässigt die Aspekte der reflexiven Distanz und der Innovationsfähigkeit. Die theologische Rezeption der Sprechakttheorie belichtet durch den Gedanken der kommunikationskonstitutiven Bedeutung von Regeln einseitig die *reproduktive Dimension des Sprechhandelns.* Sprechhandeln eröffnet aber auch die Möglichkeit der kommunikativen Konsensbildung über Regeln. Das biblische Beispiel zeigt, dass dies vorzugsweise im Bereich der praktischen Kirchenorganisation gefordert ist. Hier gilt es, den sich zeigenden Bedürfnislagen zu entsprechen, die „Zeichen der Zeit" zu erkennen und entsprechend zu handeln. So erweist sich Kirche als reformfähige Institution und entspricht damit ihrem offenbarungsgemäßen Selbstverständnis als dienstbares Werkzeug des eschatologischen Wirkens Gottes. Die darin beschlossene Selbstrelativierung aber ist dem Institutionsbegriff fremd, besteht doch der Sinn einer Institution gerade darin, das Grundgefühl von Gewissheit und Verlässlichkeit zu erzeugen. Kirche dagegen hat dieses Gefühl nicht zu *erzeugen,* sondern Gewissheit und Verlässlichkeit als Eigenschaften des eschatologisch handelnden Gottes zu *bezeugen* und sich selbst gegenüber diesem Zeugnis zu *relativieren.*

Jürgen Werbick folgert aus der inneren Spannung zwischen einer wie alle Institutionen auf innerweltliche Dauer angelegten Kircheninstitution und der apokalyptischen Predigt des radikalen Theozentrikers Jesus von Nazaret, dass die Kirche wesentlich eine „unmögliche Institution" ist, die sich nur da angemessen selbst realisiert, wo sie ihre eigene Institutionalität immer wieder um des Ereigniswerdens der endzeitlichen Heilswirksamkeit Gottes willen verneint. Kirche als „unmögliche Institution" lebt aus der stets neu zu gewinnenden und zu rettenden Paradoxie, *dem U-topischen in der Welt einen Ort zu geben* (Werbick/37:408).

Die Kirche als vollkommene Institution
Historisch hat sich die Bedeutung des Bereiches der Institutionalität in dem Maße aufgebaut, in dem die faktisch geschichtsbestimmende Kraft der Kirche nachließ.
 Einen ersten und überaus wichtigen Einschnitt markiert die Reformation des sechzehnten Jahrhunderts. Durch die Reformation wird die Einheit der christlichen Kirche im Abendland aufgehoben. Wenn es auch zuvor in der einen Kirche des Westens eine Pluralität der Bekenntnisse gab, so tritt mit der Reformation ein Antibekenntnis auf, das über sein *Sola-scriptura-Prinzip* einen exklusiven Wahrheitsanspruch erhebt. Der Versuch einer gewaltsamen Unterdrückung dieses Anschlages auf die religiöse Einheit scheitert in den Religionskriegen des 16./17. Jahrhunderts so gründlich, dass sich danach die politische Einsicht durchsetzt, dass nicht die religiöse Pluralität die Gemeinschaft gefährdet, sondern der überzogene Geltungsanspruch der Religionen (Pannenberg/223:32–54). Staat, gesellschaftliche Ordnung, ja, sogar die Religion selbst werden in den Staatsphilosophien der Aufklärung nicht mehr auf Offenbarung und Offenbarungstradenten gegründet, sondern auf eine allen Menschen unabhängig vom religiösen Bekenntnis gemeinsame menschliche Natur.
 Für den Protestantismus war diese neue Situation keine Beunruhigung. Christsein wird durch ihn ja im Sinne eines theologisch höchst qualifizierten Glaubensbegriffes interpretiert. Nicht äußere Zustimmung zu einem Lehrgebäude ist für ihn das Kriterium der Kirchengliedschaft, sondern das innere *Ergriffensein vom rechtfertigenden Gotteswort*, wie es die Heilige Schrift bezeugt und die Predigt verkündet: Nur durch den Glauben wird ein Mensch der Kirche Christi eingefügt. Auf diese Weise wird *Innerlichkeit zum konstitutiven Aspekt von Kirchesein*. Die Konsequenz ist die theologische Entinstitutionalisierung der Kirche. Sie wird mehr und mehr zu einem Ereignis des inneren Lebens, ja, sie wird zur unsichtbaren Kirche.
 Gegen diese reformatorische Logik erhebt nun die katholische Kirche ihren Anspruch darauf, universal im Sinne der göttlichen Offenbarung prägende gesellschaftliche Macht zu sein. Ohne eine auch gesellschaftlich vermittelte Form der Glaubenstradition kann es kein Ergriffensein vom Gotteswort geben. Der italienische Jesuitentheologe *Robert Bellarmin (1542–1621)* wird zum prominentesten gegenreformatorischen Kämpfer für die Sichtbarkeit der Kirche (Zu den Kontroversen der Reformationszeit um die Sichtbarkeit der Kirche: Diez/83). Bellarmins berühmtes Diktum, die Kirche sei so sichtbar wie das Königreich Frankreich oder die Republik Venedig (Controversiae generales, De conciliis III, c. 2), gibt der Kirchenent-

Der Streit
um die Sichtbarkeit
der Kirche

wicklung das Programm vor. Die katholische Kirche konzipiert sich selbst als eine Größe in Analogie zu den sich entwickelnden neuzeitlichen Staaten mit ihren Verfassungen, Gesetzen, prozeduralen Regelungen der Machtausübung und mit ihrer extremen Betonung einer staatliche Einheit garantierenden Zentralgewalt. Die Kirche wird zu einer straff durchorganisierten, pyramidal geordneten Körperschaft mit einer starken Führungsspitze. Von ihren Mitgliedern fordert sie die Zustimmung zur approbierten Lehre, die Unterwerfung unter die legitime Obrigkeit und ein Mindestmaß an sakramentaler Observanz (Bellarmin, ebd., De ecclesia militante, c. 2). Im Gegenzug dürfen die Kirchenglieder geistliche Nahrung und das ewige Leben von der Kirche erwarten. Die Kirche als Institution erwirkt für ihre Mitglieder qua Mitgliedschaft das Heil. Sie ist „Arche des Heils", ein Schiff, das alle an Bord zur ewigen Seligkeit bringt, der Tempel Gottes, das „Haus voll Glorie". Die innere Haltung und Überzeugung wird bewusst als etwas Zweitrangiges angesehen.

In der katholischen Erneuerungsbewegung der zwanziger Jahre feiert der intellektuelle Katholizismus die Überwindung des Kantianismus durch eine Rückbesinnung auf den Objektivismus des Mittelalters als „neue Kultur der Objektivität" (Ruster/73:89). Der Objektivismus wird als eine typisch katholische Intuition erkannt und zelebriert.

„Pastor aeternus"	Mit dem Abschluss der Nationalstaatenbildung in Europa und der damit verbundenen Auflösung des Kirchenstaates (1871) eskaliert im ausgehenden neunzehnten Jahrhundert der Konflikt zwischen der katholischen Kirche und den sich von der kirchlichen Führung ablösenden Nationen Europas.

Mit dem Konzilsdekret *„Pastor aeternus"* rüstet das Vaticanum I die katholische Kirche in dieser Situation mit einem neuen, kräftigen *Institutionalisierungsschub*: Die gesamte kirchliche Hierarchie wird konsequent von der Einsetzung durch den menschgewordenen Gott hergeleitet. Zu dieser Einsetzung gehört auch der Primat des Petrus, der auf seine Nachfolger im römischen Bischofsamt übergeht: Jesus sandte die Apostel für die Einheit der Kirche *(DH 3050)*, Garant der Einheit der Apostel ist Petrus *(DH 3051)*. Mit der Metaphorik, die das Konzil wählt, um die Stellung Christi und des Papstes in der Kirche zu umschreiben, signalisiert es seine politische Stoßrichtung: Christus, der *„Fürst der Hirten" (princeps pastorum)*. Er erhebt Petrus zum *Fürsten und Haupt der Apostel (Apostolorum princeps et caput)*, zur Säule des Glaubens, zum Fundament der Kirche (DH 3056): Nach dem absolutistischen Muster der *Rechtfertigung von Herrschaft durch Herkunft* wird der Papst zum Fürsten, herkünftig von Fürsten, die eingesetzt wurden von einem Fürsten. Als Fürst hat er den Kampf der Kirche um ihren Ort in der Welt anzuführen. Pius IX. benennt gemeinsam mit dem I. Vaticanum die Motive für die Stärkung des Papstamtes: „[...] weil sich die Pforten der Unterwelt [...] täglich mit größerem Hass von überall her gegen ihr von Gott gelegtes Fundament erheben, erachten Wir [...] es für notwendig, die Lehre von der Einsetzung, Fortdauer und Natur des heiligen Apostolischen Primates, in dem die Kraft und Stärke der ganzen Kirche besteht, allen Gläubigen [...] vorzulegen, [...]" (DH 3052). Auch hier sind es historische Entwicklungen, die dazu veranlassen, eine dogmatische Lehre explizit zu machen, die die institutionelle Struktur der Kirche betrifft.

Die Kirche wird zu einem zentralistischen Idealstaat: „Die von Jesus Christus gestiftete Kirche hat das Wesen einer gesetzlichen, notwendigen, übernatürlichen und vollkommenen Gesellschaft", denn sie verfügt über „jene drei Elemente", die „nach allgemein menschlichem Verständnis" eine „vollkommene Gesellschaft" ausmachen: „1. Autorität, Gesetze zu geben, 2. das Recht, Zwang auszuüben durch das Verhängen von Lohn und Strafe, 3. die richterliche und vollziehende Strafe. Hinzu kommt das Recht des authentischen Lehramtes und des Priesteramtes." (Schrader/ 74:230). All diese Merkmale echter Gesellschaftlichkeit kulminieren in dem unter der Regentschaft eines absoluten Souveräns kodifizierten Recht in der Gestalt des 1917 in Kraft gesetzten *Codex Iuris Canonici*. Das allgemeine menschliche Verständnis einer vollkommenen Gesellschaft *(societas perfecta)* ist eben nicht einfach allgemein, sondern unterliegt den jeweiligen epochalen Gestalten der Machtausübung.

Der Erfolg gibt der Einschätzung der Konzilsväter Recht: In Deutschland gelingt es der katholischen Kirche, mit dem straffen, auf Rom ausgerichteten, deshalb *ultramontan* genannten Führungskonzept eine katholische Separatgesellschaft innerhalb des Nationalstaates aufzubauen. Im Kulturkampf des ausgehenden neunzehnten Jahrhunderts erstarkt dieses katholische Milieu in Deutschland und leistet so einen entscheidenden Beitrag zur Entwicklung der deutschen Zivilgesellschaft. Neben das überwiegend vom staatlich gepflegten nationalen Sendungsbewusstsein geprägte öffentliche Denken und Meinen tritt die katholische Welt mit ihrem universalistischen Anspruch. In der ersten Hälfte des zwanzigsten Jahrhunderts erreicht der Katholizismus als *„geschlossener Parallelkosmos"* eine von keiner anderen gesellschaftlichen Gruppe erreichte Prägekraft.

Der Ultramontanismus konnte in Deutschland durch die konfessionelle Segmentierung, wie sie der Augsburger Religionsfriede heraufgeführt hatte, erstarken. Das Prinzip *„cuius regio – eius religio"* garantierte konfessionell homogene Gebiete, in denen sich das katholische Milieu als alle Lebensbereiche mit seiner objektiv formenden Kraft durchdringende Größe entfalten konnte. Die Nachkriegszeit bringt mit den kriegsbedingten Bevölkerungsverschiebungen einen entscheidenden Umbruch (Damberg/47). In der nun eintretenden Situation eines alltäglich erlebbaren konfessionellen Pluralismus verschwimmen die Milieugrenzen. Die Geschlossenheit der *societas perfecta* muss einer pluralen geistigen Situation weichen, wie sie grundsätzlich seit der Reformation das geistige und gesellschaftliche Leben Europas prägt. Die Kirche wird erfahrbar zur Kirche *neben anderen Kirchen.*

Die konfessionelle Pluralität wird multipliziert durch die Migrationen des zwanzigsten Jahrhunderts. Massentourismus und Globalisierung führen zu einer Weitung des konfessionellen zu einem religiösen und weltanschaulichen Pluralismus. In der Folge dieser Entwicklungen steht die Kirche, die in ihrem eigenen Selbstverständnis und von ihrem historischen Ursprung her Sinnbild und Agentin der Einheit aller Menschen sein will, als eine weltanschauliche Körperschaft neben anderen da. Das Wählen *(griech: haírein)* wird zum gesellschaftlich sanktionierten Normalfall in Religionssachen, zur gesellschaftlich anerkannten Religion. Der Soziologe P. L. Berger spricht von einem „Zwang zur Häresie" (Berger/232).

Der moderne Pluralismus und der Institutionscharakter der Kirche

Dem weltanschaulichen Pluralismus und dem mit ihm verbundenen Zwang zur Wahl entspricht innerkirchlich das von Medard Kehl so genannte Phänomen der „partiellen Identifikation" (Kehl/28:184–186): Der makrosoziologische Kontext der Kirche ist geprägt durch einen prinzipiellen Pluralismus. Er legt dem Einzelnen nahe, seiner Kirche gegenüber ein auswählendes Verhalten an den Tag zu legen: In unterschiedlichen Intensitätsgraden *wählt* der Einzelne aus dem Angebot seiner Kirche aus, was ihm „etwas bringt". Im Amerikanischen spricht man von „church-shopping". Die institutionelle Kirchenbindung der Menschen gestaltet sich unter diesen Umständen sehr unterschiedlich: Das Spektrum reicht von dem „*exklusiven Typus*", der sich fest an die Traditionen seiner Kirche bindet, über den *volkstümlich Religiösen,* der sich immer schon seinen Lieblingsheiligen zu wählen wusste, bis zum *autozentrisch Religiösen,* der sich seine Religion im Sinne einer *patchwork-Identität* selber macht (Englert/234:24–26).

Das Konzept der sich institutionell definierenden Kirche, das große geschichtliche Leistungen hervorgebracht hat, ist in einer fundamentalen Krise. Der katholischen Kirche gelingt es in der derzeitigen gesellschaftlichen Situation nicht, für eine überwiegende Mehrheit ihrer Mitgliedschaft eine institutionelle Bindung aufzubauen, wie sie die derzeit Verantwortlichen in ihrer eigenen durch das katholische Milieu geprägten Kindheit noch erlebt haben. Einerseits reagieren Katholiken auf diese Situation, indem sie ein institutionalistisches Modell mit geringerer Massenbasis euphemisierend vertreten als „Modell der kleinen Herde". Loyale Geschlossenheit wird in diesem Fall höher bewertet als missionarische Anziehungskraft. Nicht selten begreifen Vertreter dieses Modells Kirche in Analogie zum bürgerlichen Verein, dessen Mitglieder durch Satzung die Bedingungen der Mitgliedschaft festlegen. Andere katholische Christen fordern die theologische Kritik des institutionalistischen Paradigmas. Sie ahnen, dass die theologische Wahrheit der Kirche verfehlt wird, wo das erfolgreiche institutionalistische Modell mit dem Wesen der Kirche selbst verwechselt wird.

Zur Kritik des institutionalistischen Kirchenmodells

Das Modell der staatenähnlichen Großinstitution ist als Selbstentwurf der Kirche nur bedingt sachgerecht. Mit Avery Dulles können als die großen historischen Leistungen des institutionalistischen Kirchenmodells benannt werden: *Stabilität, Loyalität, missionarische Effizienz und eine eindrucksvolle katholische „corporate identity"*: „Andere Christen beneideten die Katholiken oft um ihren Korpsgeist." (Dulles/25:43). Es ist aber auch zu beachten, dass das institutionalistische Paradigma auf der Basis der Übertragung außerkirchlicher Modelle auf die Kirche funktioniert. Daraus ergibt sich aber, dass das institutionalistische Modell mit der zerfallenden Plausibilität seiner säkularen Vorbilder in eine Rechtfertigungskrise gerät. In dieser Rechtfertigungskrise ist es klug zu prüfen, welche wünschenswerten Leistungen das Modell für die Kirche erbracht hat. Es ist aber ebenso geboten, nach Modellen Ausschau zu halten, die der gegenwärtigen historischen Situation angemessener sind.

Die Kirche als Gründung (Stiftung) Jesu Christi

Jesus als Gründer der Kirche

Die Deutung des Phänomens Kirche in Analogie zu menschlichen Vereinen, Staaten und Institutionen wurde theologisch verankert durch die

Lehre von der Gründung der Kirche durch den historischen Jesus. Ihren Glauben an dieses historische Faktum mussten kirchliche Amtsträger ab 1910 bis 1967 durch Ablegen des von Pius IX. durch *Motu proprio* eingeführten *Antimodernisteneides* (DH 3537–3550) bekräftigen: Die Kirche wurde „durch den wahren und geschichtlichen Christus selbst, als er bei uns lebte, unmittelbar und direkt eingesetzt" (DH 3540). Diese Überzeugung war für ein institutionalistisches Kirchenverständnis deshalb so wichtig, weil die Legitimität der konkreten Kirche als einer geregelten Einrichtung hergeleitet wurde von einer *positiven Setzung durch Jesus Christus*.

Jesus Christus als der Ursprung der Kirche wurde zu ihrem Gründer in einem körperschaftsrechtlichen Sinn. Der menschgewordene Gott handelt bei der Kirchengründung als innergeschichtliche Rechtsperson. Der besonderen Würde des göttlichen Gesetzgebers entspricht die unwandelbare Dauer des von ihm gestifteten Rechts, das *„ius divinum"* ist, göttliches Recht. Die Gestaltung des Petersdomes bringt das entsprechende Institutionendenken auf eindrucksvollste Weise sinnenfällig zum Ausdruck: Über dem unscheinbaren, antiken Fundament des Petrusgrabes wölbt sich die Kuppel des Domes zur kosmischen Metapher der alle und alles umfassenden Kirche. Die gigantischen Ausmaße des Gebäudes ebenso wie seine Schönheit zwingen zur dankbaren Affirmation kirchlicher Unwandelbarkeit. Den diese Kuppel tragenden kreisrunden Sockel ziert als Spruchband das Herrenwort, in dem die Kirche nicht nur ihre *göttliche Gründungsurkunde* erkennen wollte, sondern auch die *göttliche Einsetzung des Petrus* und seiner Nachfolger zum Fundament dieser Kirche sowie die *Heilszusage der Beständigkeit im Angesicht einer feindlichen Welt*: „Tu es Petrus et super hanc petram aedificabo ecclesiam meam et portae inferi non praevalebunt adversus eam" (Mt 16,18).

Alle Konzession an die Mittelbarkeit und nachösterliche Entwicklung der Kirche wäre als eine Konzession an die grundsätzliche Wandelbarkeit und als eine Minderung der absoluten Autorität des Papstes empfunden worden, die sich im juridischen Sinne vom autoritativen innergeschichtlichen göttlichen Gründungsakt herleitet: In Jesus Christus hat Gott innergeschichtlich gehandelt, indem er die Kirche als Rechtskörperschaft einsetzte.

Als der französische Jesuit *Alfred Loisy* 1902 die katholische Kirche als eine *organische Entfaltung des mit Jesus gesetzten Anfangs* darstellt (Loisy/32:113 ff.), bestreitet ein Dekret des Heiligen Offiziums 1907 das Recht des Exegeten auf weisungsungebundene historische Forschung (DH 3401). Das ist konsequent, denn mit dem historischen Gründungsakt wird ein *geschichtliches Faktum zum Glaubensinhalt* erhoben. Historische Fakten sind in der Regel aber nicht dem religiösen Glauben, sondern der empirischen Wahrnehmung gegeben, nach der der Historiker auch mit dem Mittel des methodischen Zweifels forschen können muss. Dem historischen Zweifel aber wird durch den Entscheid gegen Loisy von 1907 das innerkirchliche Recht bestritten.

Inzwischen hat sich die lehramtliche Verkündigung zur Frage des Ursprunges der Kirche aus der Predigt, dem Handeln, Leiden, Sterben und Auferstehen Jesu erheblich gewandelt. Das Vaticanum II erklärt zur Frage der Kirchengründung durch den historischen Jesus: „Denn der Herr Jesus

Jesus als Initiator der Kirche

machte den Anfang der Kirche (*initium fecit*), indem er die frohe Botschaft verkündete, die Ankunft nämlich des Reiches Gottes, das von alters her in den Schriften verheißen war." (DH 4105) Der Anfang dieses Reiches leuchtet im Wort. Es ist „schon auf Erden angekommen". Es wird erwiesen durch die Wunder Jesu. Vor allem aber wird es offenbar im Leiden, Sterben und in der Auferstehung Jesu. Vom Auferstandenen empfängt die Kirche „die Sendung, das Reich Gottes anzukündigen (*missionem accipit Regnum Christi et Dei annunciandi*) und in allen Völkern zu begründen, und sie stellt Keim und Anfang dieses Reiches Gottes auf Erden dar" (DH 4106).

Der juridische Terminus der „*missio*" zur Bezeichnung des Gründungshandelns ist nicht mehr an das Handeln des irdischen Jesus geknüpft, sondern an ein Handeln des erhöhten Herrn, der im Heiligen Geist seine Kirche aussendet. Es verliert dadurch das Starre der juridischen Vorschrift und wird als eine *dynamisch sich entwickelnde Wirklichkeit* gesehen. Diese dynamisch-entwicklungsoffene Perspektive bringt das Konzil auch durch die Metapher vom wachsenden Keim des Gottesreiches zum Ausdruck (*huiusque Regni in terris germen et initium constituit: DH 4016*). Die Kirche hat eine Entwicklung vom jesuanischen Anfang an hinter sich, und sie hat eine Entwicklung der Vollendung entgegen vor sich.

Eine solche Sichtweise kann sich durchaus versöhnen mit dem damals als häretisch empfundenen, berühmt gewordenen Diktum Loisys: „Jesus verkündigte das Gottesreich, was gekommen ist, ist die Kirche." (Loisy/ 32:116). Terminologisch kann die neue Sichtweise zum Ausdruck gebracht werden, indem der vereinstechnische Terminus der Gründung (*institutio*) hinter Begriffen zurücksteht, die eher das dynamisch-eschatologische Wirken Gottes durch seine Kirche zum Ausdruck bringen: Die Kirchenkonstitution des Vaticanums II stellt dementsprechend den *Sammlungsbegriff* dem *Gründungsbegriff* voran: Gott hat die *Versammlung seiner Gläubigen* „zusammengerufen" und so seine Kirche „gegründet" (*„Deus congregationem eorum [...] convocavit et constituit Ecclesiam [...]": DH 4124*).

Die kritische Sichtweise des Verhältnisses von Gottesreich und Kirche

Wenn die Vorstellung einer juridisch-institutionellen Stiftung der Kirche durch Jesus als historische Wahrheit nicht mehr vertreten wird, so muss doch geklärt werden, auf welche Weise Jesus zur Entstehung der Kirche beigetragen hat. Leicht könnte das Loisy-Wort sonst so missverstanden werden, wie es in den siebziger Jahren des zwanzigsten Jahrhunderts gerne gebraucht wurde, als *bonmot* nämlich, mit dem man den himmelweiten Unterschied betonen wollte zwischen einem als zu starr empfundenen Kirchenapparat einerseits und der jesuanischen Vision vom Gottesreich andererseits. Damals zitierte man in dem selben Zusammenhang gerne Dostojewskis Legende vom spanischen Großinquisitor, der den wiederkehrenden Jesus von Nazaret verhaften lässt, weil er seine Kirche nur störe.

Wenn wir heute die Frage nach dem Zusammenhang von historischem Jesus und dem Werden der Kirche stellen, so geschieht dies einerseits in der gläubigen Hoffnung, dass die Kirche in *bleibender Gemeinschaft mit Jesus Christus* steht, lebt und sich entfaltet. Diese Überzeugung aber mit der historischen Nachfrage nach Jesus zu verbinden ist deshalb notwendig, weil die Kirche keinen *doketistischen Christus* verkündet, sondern ihren Christus im historischen Jesus erkennt, dessen historisch-konkretes Handeln und Wollen *für die Kirche als Norm und Korrektiv* zu erfragen sind.

Was kann die historisch arbeitende Exegese beitragen zur Beantwortung der Frage, ob und wie Jesus seine Kirche gewollt habe?

(Zum Folgenden: Lohfink/7) Der historische Jesus richtet seine Botschaft vom Gottesreich an das Volk Israel. Der von Jesus berufene Kreis der Zwölf (Mk 3,13–19; parr.) repräsentiert die Zwölf Stämme Israels. Jesus beabsichtigte die endzeitliche Sammlung des Gottesvolkes. Diese endzeitliche Sammlung ist eine eschatologische Neuschöpfung, eine Erneuerung des einen Bundes mit Israel.

Historischer Jesus und Kirche

Mt 16,18 kann *nicht als historische Gründungsakte* herangezogen werden. Der ausschließlich bei Mt überlieferte Text steht bei den Exegeten im Verdacht, eine nachösterliche Gemeindebildung zu sein. Zudem wäre zu fragen, welche Vorstellung sich für den historischen Jesus mit dem ansonsten von ihm nicht überlieferten Begriff *„ekklesía"* verbunden haben dürfte. Dem Historiker verbietet sich aus methodischen Gründen die Annahme, Jesus habe bereits an die geregelte, unter einem Vorsteher versammelte *Haus*-gemeinde gedacht, an die das griechische Verb *„oikodomeîn"* (bauen) erinnert, weil dessen Stamm *„oiko-"* sich auf das bezieht, was man üblicherweise *baut*, nämlich ein *Haus*. Jesus aber sprach kein Griechisch und dürfte statt von der Gemeinde im Sinne der *ekklesía* von der Gemeinde Israels im Sinne der *„qâhâl JHWH"* gedacht haben. Damit ist aber gerade keine vereinsartige Institution assoziiert.

Die Sammlungsbewegung Israels weitet sich erst nach dem Tod Jesu, insbesondere durch die paulinische Heidenmission für alle Menschen. Bereits 33 n. Chr. beginnt mit der Bekehrung des Paulus die gesetzesfreie Heidenmission (Dormeyer/48:21). Die Tatsache, dass diese Heidenmission auf keinen nennenswerten Widerstand in der Urgemeinde stößt, lässt den Schluss zu, dass sie im Handeln und Denken Jesu bereits impliziert war. Das Judentum selbst musste sich nicht heilsexklusivistisch verstehen. Im prophetischen Motiv der Völkerwallfahrt zum Zion (Jes 2,1–4) wird der Kreis derer, die Gott über seine Wege belehrt, nicht nur so sehr geweitet, dass er „alle Völker" umfasst, auch wird Israels heilsgeschichtliche Rolle in diesem wahrhaft universal geschichts- und menschheitserlösenden Wirken Gottes verstehbar: Der Zion bezeichnet den Versammlungsort aller Völker. Es ist der Gott Israels und es sind seine Weisungen und Wege, die die Menschen zu einer friedvollen Einheit zusammenströmen lassen. Jesus selbst spielt auf dieses Theologoumenon der Völkerwallfahrt zum Zion an, ohne daran die in seiner Zeit durchaus nicht unüblichen verfassungstheoretischen Überlegungen über das Zusammenleben von Israel und den Völkern anzustellen (Mk 11,17: Dormeyer/48:19).

Dem in der jüdischen Tradition selbst angelegten Heilsinklusivismus entspricht Jesus als der Heiler der Heiden (Mt 8,5–13; Mk 7,25–29), als derjenige, der den Glauben der Heiden bewundernd bejaht (Mt 8,10 parr. Lk 5,9). Die Jesusgruppe hielt sich wiederholt im heidnischen Bethsaida auf (Mk 6,45; 8,22).

Die Deutung seines bevorstehenden Todes durch Jesus selbst lässt nicht den Schluss zu, Jesus habe seine Heilsbotschaft von Israel als ihrem primären Adressaten abgewendet, um nun statt dessen den Heidenvölkern Gottes Reich zuzusprechen. Dieses Theologoumenon der Verwerfung Israels ist nicht jesuanisch, sondern entspricht der Theologie des Evangelisten Matthäus, der in Mt 21 die Verweigerung Israels gegenüber dem Messias thematisiert (Mt 21,9) und der Ablehnung Jesu eine Verwerfung Israels entsprechen lässt. Dabei kann Matthäus auf den Prophetenmordtopos zurückgreifen, mit dem bereits die Logienquelle das Schicksal Jesu nach dessen Tod und Auferstehung als typisches Prophetenschicksal in Israel deutet. Diese Rückbindung der Todesdeutung Jesu an einen innerisraelitischen Topos macht zugleich deutlich, dass die Verwerfungstheorie der Redenquelle Q und die von ihr abhängige des Matthäusevangeliums selbst die Verwerfung noch mit innerjüdischen Kategorien beschreibt und so mit dem Verwerfungstopos die *Einheit Jesu mit dem Volk Israel* unterstreicht.

Eine Kirchengründung im Sinne einer *institutionellen Setzung gegen Israel* scheidet somit als Ursprungsereignis der Kirche aus. Vielmehr ist an einen zunächst *innerjüdischen Differenzierungsprozess* zu denken, in dem die Gruppe der Christen immer eindeutiger ein *universalistisches Profil* herausbildet und immer mehr zur *Kirche der Heiden* wird.

Jesu Verhältnis zur Kirche kann nicht beschrieben werden als die konstitutionelle Setzung einer institutionellen Körperschaft. Die Einsetzung des Zwölfergremiums ist eschatologische Zeichenhandlung, die sich auf die Erneuerung Israels bezieht. Die Zwölf erhalten bei ihrer Aussendung die Aufgaben der Verkündigung und der Dämonenaustreibung (Mk 3,14). Damit sind keine exklusiven Amtsvollmachten innerhalb einer Hierarchie bezeichnet (Dormeyer/48:19 ff.)

c) Kirche als Kommunikationsgemeinschaft

Kirche und Zivilgesellschaft

Dem Modell der Kirche als eines supranationalen staatenähnlichen Gebildes tritt in der gegenwärtigen Diskussion das Modell der *Kirche als Gemeinschaft* zur Seite. Lange vor dem Vaticanum II begann die theologische Wiederentdeckung des altkirchlichen Verständnisses der Kirche als *communio*. Auf dem Konzil wurde „*communio*" zum ekklesiologischen Leitbegriff (Kasper/92:272–289).

Hatte das Modell der *societas perfecta* seine weltgeschichtliche Bezugsgröße im neuzeitlichen Staat, so ermöglicht der Begriff der Gemeinschaft eine Rezeption des modernen Demokratiegedankens in der Kirche. Demokratie ist dabei nicht im Sinne der repräsentativ-demokratischen Herrschaftslegitimation durch Wahlen zu verstehen, sondern in dem Sinne der *universalen Partizipationsmöglichkeit aller von gemeinsamen Entscheidungen Betroffenen an dem Prozess der Entscheidungsfindung*. Unter den Leitideen der Partizipation an Entscheidungsprozessen hat sich parallel zum Parteien- und Staatssystem in den modernen Demokratien die Entwicklung einer Zivilgesellschaft vollzogen (v. Soosten/239:1846–1849).

Der Gedanke des *Dialogs aller Beteiligten* hat einen stärkeren Widerhall in der Kirche gefunden als derjenige einer Herrschaftslegitimierung durch Repräsentation der Wählenden. Gegen die kirchliche Rezeption repräsentativ demokratischer Modelle wird eingewendet, dass die Kirche Jesus Christus und nicht die Interessen einer kirchlichen Mehrheit zur Erscheinung zu bringen hat. Die Anwaltschaft für die Unverfügbarkeit der göttlichen Offenbarung als der Mitte des kirchlichen Lebens obliegt dem kirchlichen Amt, das deshalb in Unabhängigkeit von der herrschenden Meinung in der Kirche konstruiert werden muss (Hilberath/87:212).

Aber aus der demokratischen *Zivilgesellschaft* lässt sich lernen, dass der breite öffentliche Diskurs strittiger Fragen sich eher korrektiv zur Interessengeleitetheit der repräsentativen Demokratie verhält und größere Sachgerechtigkeit der Entscheidungen ermöglicht. Ein innerkirchlicher Dialog ersetzt nicht das Leitungsamt, sondern ergänzt es.

Hans Zirker beschreibt Kirche als eine Gemeinschaft *(communio)*, die durch eine dreifach strukturierte gemeinsame Praxis zusammengehalten wird: Kirche ist *„Verständigungsgemeinschaft"*, in der der Glaube an den Auferstandenen als eine kirchliche Deutungsleistung entsteht, in der der biblische Kanon seine Form findet, in der synodal zustimmungsfähige Einigungen herbeigeführt werden (Zirker/38:126–167).

Kirche ist *Traditionsgemeinschaft,* die über die Zeiten das Wissen um Jesus Christus als den gemeinsamen christlichen Ursprung weitergibt. Dieser Prozess der Tradition ist bei Zirker ein komplexes Zusammenspiel von Deutung, Verständigung und Bewahren (Zirker/38:168–185).

Die Kirche schließlich setzt ihren aktualisierten, übersetzten, gelebten Glauben in eine innerkirchliche und in eine gesellschaftlich-politische Praxis um. Insofern ist sie *Handlungsgemeinschaft,* die handelt in den Sprech- und Zeichenhandlungen der Liturgie, im Sprechhandeln der Verkündigung, im helfenden und dienenden Handeln der Diakonie und im werbenden Handeln der Mission. Kirche ist schließlich auch gesamtgesellschaftlich als Handlungssubjekt politischer Partizipation präsent (Zirker/38:186–210).

Kirche als Verständigungs-, Traditions- und Handlungsgemeinschaft

Die Praxis der dialogischen und disputativen Klärung kann zudem auf eine lange kirchliche Tradition zurückblicken (Geerlings/50) Durch die Gründung der hochmittelalterlichen Universitäten schafft die Kirche sich selbst eine Institution, die Aufgaben einer Zivilgesellschaft wahrnimmt. Die strittige Erörterung offener Fragen wird zu ihrem methodischen Markenzeichen (Neuner/98:50–55).

„Dialog als kirchlicher Selbstvollzug"

Der Begriff des Dialoges ist in der neueren Lehrverkündigung und Organisationspraxis der Kirche rezipiert worden, allerdings weniger in Bezug auf die innerkirchliche Praxis als vielmehr mit Hinblick auf Andersgläubige: Mit seiner Enzyklika *„Ecclesiam suam"* (1964) erhebt *Paul VI.* den Dialog zum hervorragenden Merkmal der missionarischen Sendung der Kirche nach außen und der „Begegnung mit den getrennten Schwestern und Brüdern". Aber auch innerhalb der Kirche soll ein „dynamischer Dialog" die Heiligung der Kirche vorantreiben (ebd., Nr. 113), ohne dass damit allerdings die Pflicht der Katholiken zum Gehorsam gegenüber den Hirten geleugnet würde (ebd., Nr. 114). Unter den Bedingungen des auch in die Kirche selbst eindringenden Pluralismus erscheint der Dialog als ein gegenüber dem Gehorsam chancenreicheres Organisationsprinzip kirchlicher Entwicklung.

„Communio" ist in der Ekklesiologie des II. Vaticanums ein Grundbegriff. Communio hat sich aber auch innerhalb des ökumenischen Gesprächs als Basisvorstellung von Kirche bewährt.

Kirche als „Communio"

Der breiten Rezeption entspricht allerdings eine inhaltliche Unbestimmtheit des Begriffes: Was bedeutet der emphatische Gebrauch des Begriffes „Gemeinschaft"?

Konsensfähig ist sicherlich, dass „Gemeinschaften" aus einer inneren Zustimmung der in ihr Verbundenen zueinander und zu einer gemeinsamen Überzeugung leben. Darin unterscheiden sie sich von Institutionen, die durch formale Strukturen ja gerade sicherstellen wollen, dass sie *unabhängig* von subjektgebundenen Inhalten existieren können.

Die konkreten Vorstellungen von „communio" offenbaren unterschiedliche Schwerpunktsetzungen:

(1) Communio kann wahrgenommen werden als sakramentale, durch die Kirche vermittelte Partizipation an Jesus Christus im Heiligen Geist. Die Teilhabe an dieser trinitarisch erschlossenen Communio ist zugleich die Grundlage einer concordialen Einstimmigkeit der solchermaßen verbundenen Menschen. Der so als Wesensdefinition verstandenen Communio entspricht die innere Übereinstimmung mit dem bischöflichen Leitungsamt und dem Bischof von Rom als dem sichtbaren Zeichen der Universalität der einen Kirche Gottes (Breuning/82; Ratzinger/101; Thönissen/210).

(2) „Communio" ist aber auch ein Korrektivbegriff für die konkreten Formen des alltäglichen innerkirchlichen Umgangs miteinander. Man geht in einer „Gemeinschaft" miteinander anders um als in einer Behörde, einem Verein oder einem Staat. Wo der Communio-Begriff weniger als Wesensbegriff und mehr als Gestaltungsprogramm verstanden wird, impliziert er die Frage nach einer Verbesserung der effektiven Verständigung der gemeinschaftlich verbundenen Menschen im und über ihren Glauben und die dem Glauben angemessene Praxis.

Communio in diesem Sinne verlangt nach dem Abbau von unnötigen Hierarchien und Strukturen, die die menschliche Zusammenarbeit und Verständigung eher behindern als fördern. Communio wird so zu einem Begriff, mit dem sich die Forderung nach *mehr Kommunikation und Partizipation an der kirchlichen Leitung* verbindet (Volf/35:227; Magaña/8:249).

Das Forschungsprogramm einer Communio-Ekklesiologie

Als solcher wird er von B. J. Hilberath zum Forschungsgegenstand erhoben (Hilberath/89). In Absetzung von den klassischen Institutionentheorien lässt sich Hilberath „am ehesten durch Elemente aus dem Bereich der kritischen Theorie faszinieren und anregen" (Hilberath/89:278). Dementsprechend will er kein fertiges, theoretisches, allseits gerundetes Endbild der Kirche entwerfen. Eine kritische Theorie will die Wirklichkeit nicht abbilden, wie sie ist oder wie sie (eigentlich) sein soll. Mit ihr soll vielmehr ein Beitrag zur *sinnbestimmten Veränderung der Wirklichkeit* geleistet werden.

Hilberath wehrt die Vorstellung, dass Kirche in ihrer konkreten Gestalt immer schon geschlossen eine göttliche Willenskundgabe beinhaltet, als „monophysitistisch" ab. Kirche als Inkarnationsgestalt Gottes kann sich nicht davon dispensieren, sich am geschichtlichen Material der Welt abarbeiten zu müssen. Sie schwebt nicht über der Geschichte und der Welt und kann deshalb nicht einmal adäquat zwischen sich selbst und der Welt trennen. Kirche ist dabei gekennzeichnet sowohl durch systemische Merkmale, wie sie *N. Luhmann* beschreibt, als auch durch die subjekthafte Selbstbestimmung der Christen (Hilberath/89:283). Diese allerdings gilt es mithilfe einer *Communio-Ekklesiologie* als Kirchenmerkmal erst noch herbeizuführen. Diesem Ziel sei nicht gedient, indem man über die Kirche als Communio so redet, als wäre diese Communio schon Realität. Vielmehr gilt es, das „Grundproblem des neuzeitlichen und des modernen Katholizismus darin zu sehen, dass es ihm nicht gelungen ist, die Vermittlung zwischen Institution und Tradition einerseits und gläubiger Subjektivität andererseits als Problem ernst zu nehmen oder gar zu lösen [...]" (Hilberath/89:296).

Dieses Grundproblem verlangt es, dass Christen sich seiner Überwindung stellen. Zu diesem Zweck müssen Christen lernen, sich wechselseitig als Subjekte des Glaubens anzuerkennen. „Die konkrete institutionelle Gestalt solcher Anerkennung ist die Partizipation, die ,sachgemässe' Teilhabe aller ,Beteiligten' an den kirchlich-institutionellen Grundvollzügen." (Hilberath/89:296). Hilberath empfiehlt deshalb Skepsis gegenüber einer harmoniegeprägten Redeweise von Communio. Communio verlangt die Anerkennung des Anderen als eines Anderen. Deshalb ist Communio kein Zustand, sondern ein Prozess der kommunikativen Begegnung, der für das Subjekt auch schmerzhaft und belastend ist. Hilberath verlangt klar anzuerkennen, dass Kirche faktisch nicht hinlänglich Kommunikationsgemeinschaft ist. Erst nach der Anerkenntnis dieser Wirklichkeit können Wege gesucht werden, wie sie es werden könnte. Nur so aber könne sie den Anschluss an die Moderne gewinnen und jenes Maß an Pluralitätsoffenheit realisieren, ohne das sie in der pluralen gesellschaftlichen Situation der Gegenwart nicht existieren kann.

Hilberath umreißt die Aufgabe, in der Kirche communiales Denken wissenschaftlich und praktisch zu fördern, um so einen Entwicklungsweg zu bahnen, auf dem die katholische Kirche aus ihrer Grundaporie herauswachsen kann, Einheit des Glaubens in einer selbstbewusst immer pluraler werdenden Welt zu realisieren. Einheit in Vielgestalt wird dabei von Hilberath nicht als Gegensatz in sich begriffen, sondern als eine Wirklichkeit, die von der Mitte des christlichen Glaubensmysteriums her als praktische Analogie zu denken aufgegeben ist (Hilberath/89:296). Deshalb betrifft sie auch die Kirche als ganze und nicht nur „weiche Randgebiete", in denen etwas Kommunikation zugestanden werden kann, während der harte Kern institutionell zu denken wäre.

Einheit in der pluralen Gesellschaft

Grundlage dieses Gedankens bildet die Vorstellung, Gottes Dreifaltigkeit sei weder in der lateinischen Tradition monosubjektivistisch zu denken noch in der griechischen tendenziell subordinatianistisch, sondern vielmehr trialogisch: Gottes „Bewusstseins- und Handlungseinheit" subsistiere als „Dialog Gemeinschaft" dreier göttlicher Subjekte, und als „Ikone der Trinität" (Nitsche/99:106) sei Kirche nicht anders denkbar denn als „Dialog der Vielen (Polylog), als wechselseitiges Sich-öffnen, Sich-verschenken und Sich-bereichern" (ebd., 107). Dieses Modell der göttlichen Einheit als Vorbild eines polylogischen Konzepts der Kircheneinheit wird von B. Nitsche dem von ihm so genannten *christomonistisch-hierarchischen Modell* der westkirchlichen Tradition gegenübergestellt (ebd., S. 97 ff.). Jenes sehe Jesus als Gottes Bevollmächtigten, der seinerseits nach demselben Muster die Amtsträger bevollmächtige. Der Hierarchie des sendenden Vaters entspricht die hierarchische innerkirchliche Ordnung von Amtsgewalt, Stellvertretung, Sendung und Beauftragung (ebd., 97 f.).

Das Interesse der Communio-Theologie, den Gemeinschaftscharakter theologisch, möglichst hochrangig zu verankern, um die leidvollen Erfahrungen pseudocommunialer Praxis in der Kirche zu überwinden, ist erkennbar. Allerdings räumt Hilberath selbst ein, es müsse der Eindruck vermieden werden, communiale Existenz und Demokratie seien „[...] lediglich oder doch jedenfalls am überzeugendsten trinitätstheologisch [...]" zu begründen (Hilberath/89:295).

Umgekehrt darf gefragt werden, ob nicht die tripersonale Trinitätstheologie eine Gefährdung communialer Praxis darstellt. Denn die innergöttliche Kommunikation ist in den Trinitätstheologien immer die Entfaltung und Einfaltung der *Einheit* des göttlichen Wollens und Handelns.

2. Wesensbegriffe von Kirche

a) Die Wende zu einer normativen Ekklesiologie

Die Notwendigkeit eines theologisch-reflektierten Verhältnisses zur faktischen Kirche

Die Frage nach dem Wesen der Kirche könnte auch als die Fragestellung einer *normativen Ekklesiologie* umschrieben werden. Die Kirche begegnet zunächst als Gegebenheit, als Faktum, als historische Wirklichkeit. Christen finden sich immer schon in einer Beziehung zur Kirche, ja, ihr Christsein und Christwerden hängt ursprünglich in irgendeiner Weise mit irgendeiner Gestalt von Kirche zusammen. Insbesondere das katholische Denken betont die enge, *genetische Verbindung* zwischen dem Christsein und der Wirklichkeit der Kirche: Wer richtete denn das Wort Gottes den Menschen aus? Durch wen träte Gott in Zeichen und Gesten ihnen nahe? Wer trüge das Wort Gottes durch die Jahrhunderte, wenn nicht irgendeine Form von Kirche? Das protestantische Denken begegnet dieser Einschätzung mit Skepsis. Die Kirche ist ihm eine gegenüber dem persönlichen Glaubensakt immer sekundäre Größe. Der Glaubensakt aber wird ermöglichend getragen durch das ausgerichtete Wort Gottes. Die Kirche ist dann die Versammlung derer, die zum Glauben gekommen sind, ist *„congregatio fidelium"*. Wo aber wird das Wort Gottes vollmächtig ausgerichtet, wenn nicht in der Kirche? Schließlich drängt sich durch die exegetische Forschung zur Entstehung des Neuen Testamentes unabweisbar die Einsicht auf, dass das Neue Testament zu guten Teilen Glaubensreflexion der christlichen Gemeinde ist, dass der Kirche, zugespitzt gesagt, am Wort Gottes in Zeit und Geschichte eine Ko-Autorschaft zukommt.

Dennoch hat die protestantische Skepsis gegenüber der Kirche eine tiefe Bedeutung. Glaubende begegnen den immer kontingenten Gestalten der Kirche, die als solche keinen absoluten Anspruch erheben können. Insofern in diesen kontingenten Gestalten aber der absolute Anspruch des Gotteswortes ausgerichtet wird, führt die Begegnung mit der konkreten Kirche immer auch dazu, dass diese konkrete Kirche einen Maßstab vermittelt, an dem sie selbst gemessen wird. Als die Botin des Wortes Gottes führt die Kirche immer die Richtschnur ihres eigenen Gemessenwerdens mit sich. So ist sie dem ständigen Gemessen- und Bewertetsein ausgesetzt.

Wo dieses Gemessen- und Bewertetsein aber getragen ist von dem absoluten Maßstab des durch die Kirche ausgerichteten Gotteswortes, ist es niemals Verwerfung der Kirche, die ja gerade im Lichte jener Wahrheit als ungenügend erscheint, für die sie selbst die Augen geöffnet hat. Hier liegt die Wurzel der spezifisch-katholischen Mischung aus *Distanzierung von der Kirche* und *Leiden an der Kirche* einerseits und *bleibend-treuer Grundsolidarität* andererseits. Diese Mischung widerstrebender Motive in der Kirche ist möglicherweise ein Motor ihrer Wandlungs- und Entwicklungsfähigkeit.

Theologische Reflexion begleitet diesen Prozess der Distanzierung in der Grundverbundenheit, indem sie vom normativen Anfang des Christusereignisses nach den Grundnormen des Kircheseins fragt.

Für die katholische Theologie der Nachreformationszeit war die Kirche vor allem innerweltliche, konkrete Institution. Die kontroverstheologische Polemik richtete sich gegen die Verlagerung der Kirche in das Innenleben des Gläubigen, wo sie als geistige Größe ein unsichtbares Leben führt wie die platonischen Ideen. Das geflügelte Wort *„ecclesia non est civitas platonica"* besitzt aber eine verräterische Zweischneidigkeit: Das Reich der Ideen ist in der Philosophie Platons nicht nur unsichtbar. Es ist eben auch des Reich der *Wesenswahrheiten*, die in den Erscheinungen der Wirklichkeit nur unvollkommen zu erkennen sind. Auf die Kirche angewandt bedeutet der Platonismus, dass die sichtbare Kirche ihr unsichtbares Urbild nur unvollständig abbildet, aber dennoch an die geistige Realität der Kirche erinnert und so eine Spur zu ihrer Erkenntnis legt.

Es ist die Philosophie des Deutschen Idealismus, die das Thema des Verhältnisses von geistigem Kern und historischer Erscheinung in der katholischen Theologie wieder aufleben lässt. Der Tübinger Theologe *Johann Adam Möhler (1796–1838)* entwickelt, beeinflusst von der Philosophie des Deutschen Idealismus, eine Vorstellung von der Identität der Kirche mit sich selbst im geschichtlichen Wandel. Möhler nimmt den geschichtlichen Wandel als Kontext der Kirche radikal ernst. Die Zeitgenossenschaft der Kirche macht sie zum Gesprächspartner vieler geistiger Bewegungen und Strömungen. So ist sie selbst immer in einem Prozess der Angleichung an die geschichtliche Wirklichkeit. Diese Angleichung ist ihr von ihrem Ursprung aus der Menschwerdung Gottes zugemutet. Die Kirche ist keine Größe, die *für sich* sein soll. Sie soll Anteil gewinnen an der ganzen Menschheit und so ihren Anteil verwirklichen am menschgewordenen Gott. Wie kann aber eine so ins Disparate hinein sich entäußernde Kirche eine und dieselbe sein?

Die Antwort auf diese Frage findet Möhler bei der Erfahrung, dass er die Theologie der Kirchenväter verstehen und aus tiefster Überzeugung bejahen kann. Dem äußeren Prozess einer Tradition der Texte im Abschreiben, Erlernen und Lehren entspricht ein verbindender, innerer, geistiger Prozess, der ein spontanes geistiges Verstehen der Kirchenväter durch den Theologen des 19. Jahrhunderts ermöglichend trägt. Der Heilige Geist ist nicht alleine eine erfahrungsjenseitige, himmlische, innergöttliche Wirklichkeit, sondern erfahrbar als jenes geistige Band, das die Glieder der einen Kirche durch die Jahrhunderte hindurch zusammenbindet zu einem lebendigen Leib. Die Leibmetapher ermöglicht es, Einheit und Verschiedenheit als fruchtbares Zu- und Miteinander zu denken. Diese Tradition als eine lebendige Wirklichkeit, als der sich dem Einzelnen geistig erschließende Sinn der Glaubenslehren, ist der Einheitsgrund der Kirche, nicht die Heilige Schrift, die für sich genommen ohne das Licht des auffassenden

Denker
des 19. Jahrhunderts
und die geistige
Dimension
der Kirche

Glaubens „ein toter Buchstabe" wäre (Möhler/97:51). Der Geistesstrom lebendiger Tradition ist großzügig, integrierend und erweist darin seine *Katholizität* gegenüber den immer auf *Abgrenzung und Originalität bedachten Häretikern* (Möhler/97:51).

Die Wiederentdeckung von Offenbarung und Gnade im 20. Jahrhundert

Bellarmin und *Schrader* leiten den Wesensbegriff der Kirche von einem „allgemein menschlichen Verständnis" sozialer Institutionen ab und vermögen deshalb in der Kirche immer nur zu erkennen, was in menschlichen Staaten und Gesellschaften ohnehin geschieht. Philosophisch entsprechen sie mit diesem Vorgehen einer scholastischen Grundüberzeugung, dass zwischen der geschöpflichen Natur des Menschen und seiner Berufung auf Gott hin *kein Widerspruch* besteht. In der Theologie des zwanzigsten Jahrhunderts setzt sich jedoch überkonfessionell die Einsicht durch, dass die biblische Offenbarungsgeschichte den natürlichen Menschen in einer erfahrbaren Weise *qualitativ über sich hinaus* ruft. Dass die Offenbarung die geschaffene Natur überbietet, war auch für die Denker der Neuscholastik fraglos. Sie gingen lediglich davon aus, dass die Gottesunmittelbarkeit des Glaubenden ihm selbst *nicht bewusst* wird und dass der Glaubende hinsichtlich seines Denkens und Handelns immer ein natürlicher Mensch bleibt. Dem natürlichen Menschen entsprechen *natürliche Institutionen mit Gesetzen, Autoritäten, Strafen und allen Strukturen, die sich sowohl in Staaten als auch in Fußballvereinen finden.* Die Kirche ist ein vollkommen natürlicher Verein. Ihre Heiligkeit und Gottberufenheit ist eine Realität, allerdings eine erfahrungsjenseitige, von der man nur *durch das Wort* der lehrenden kirchlichen Autorität hören kann, um diesen Glauben im Gehorsam gegen die Autorität anzunehmen.

Auf evangelischer Seite dachte man seit *Friedrich Schleiermacher* scheinbar gerade umgekehrt: Im Gefühl findet eine dauernde Offenbarung Gottes statt. Allerdings ist diese Offenbarung auch außerhalb der Kirche allgegenwärtig und findet in allen möglichen menschlichen Kulturleistungen ihre Objektivationen, so dass sich für die Kirche aus diesem geweiteten Offenbarungsbegriff nichts gewinnen lässt. Kirche wird zu einem *Phänomen gläubiger Geselligkeit* (Schleiermacher/75:4. Rede).

Im Ergebnis liegen die liberale Ekklesiologie des Protestantismus und die neuscholastische Ekklesiologie einander insofern nahe, als beide zu einem *säkular bestimmten Begriff von Kirche* führen.

Das zwanzigste Jahrhundert führt sowohl evangelischerseits als auch auf katholischer Seite zu einer Wiederentdeckung der *Offenbarung als theologischer Grundkategorie.* Auf katholischer Seite begreift man, dass die Neuscholastik mit ihrem heimlichen Axiom von der völligen Erfahrungsjenseitigkeit Gottes sich selbst, ohne es zu merken, dem *Deismus der Aufklärung* angepasst hatte. Auf evangelischer Seite wird Offenbarung von *Karl Barth* und den Vertretern der Dialektischen Theologie streng unterschieden von der Kulturleistung des Menschen, mit der sie im Gefolge *Friedrich Schleiermachers* in eins zu fallen drohte. Gott wird wieder gedacht als innergeschichtlich grundsätzlich erfahrbare Realität, dessen Offenbarungen sich streng unterscheiden von dem, was Menschen von sich aus immer schon wissen und wollen. Offenbarung wird wieder denkbar als göttliche *Unterbrechung* eines rein innerweltlich-menschlichen Betriebes. Damit aber stellt sich der Ekklesiologie die Aufgabe, die innerweltliche Gestalt von Kirche nicht alleine als Institution nach dem Vorbild von Staaten und Vereinen zu denken, sondern als Zeugin eines den normalen Lauf der Dinge unterbrechenden Eingreifens Gottes in Welt und Geschichte.

b) Funktionale Kirchenmodelle

Als *funktionale Kirchenmodelle* werden hier zwei Grundtypen gegenwärtiger Ekklesiologie und ihrer jeweiligen Herkunftstraditionen vorgestellt, die Kirche ausgehend von ihrer heilsgeschichtlichen Funktion definieren. Es ist kein Zufall, dass die hier vorzustellenden Konzepte eher protestantischer Herkunft sind. Die Kirche ist in der Theologie der Reformation eine gegenüber der Wirklichkeit des Glaubens sekundäre Größe. Als *congregatio fidelium* finden sich in ihr die zusammen, die zum Glauben an Jesus Christus gekommen sind. Entscheidend für dieses Zum-Glauben-Kommen ist das Wort Gottes, das den Einzelnen in seinem Inneren trifft. Gegenüber diesem eigentlich geheimnisvollen Wirken Gottes und seines Geistes in der Welt ist die Aufgabe der Kirche theologisch weit geringer qualifiziert. Die Kirche ist dem eigentlichen Geschehen von Glaube und Rechtfertigung marginal zugeordnet.

Die Kirche als Trägerin des göttlichen Wortes für die Welt

Kirche unter dem ministerium Verbi Divini

Dem evangelischen Denken liegt es nahe, sowohl die Erfahrbarkeit der Offenbarung als auch ihren Intelligibilitätsüberschuss gegenüber dem, was ohnehin in menschlichen Gesellschaften immer schon geschieht, in dem Begriff „Wort Gottes" gebündelt zu sehen: Gottes Wort ist als verkündigtes, gepredigtes, in der Heilige Schrift gelesenes die erfahrbare Dimension Gottes. Es wird erfahren als das scheidende Gerichtswort über eine Welt der Sünde und der Verweigerung. Als sein scheidendes Gerichtswort aber ist es zugleich Wort der zugesagten Rettung und Verheißung, der schöpferisch im Menschen erblühenden Kraft. Welches Modell der Kirche wäre vor dem Hintergrund dieser theologischen Logik angemessener als dasjenige der *Kirche als der Botin des Gotteswortes für die Welt*? Als durch Gottes Wort zusammengeführte Gemeinde sagt sich die Gemeinde in ihrem eigenen Leben dieses richtende und rechtfertigende Wort Gottes zu. So erfährt sie in ihrem eigenen Kreis die Gegenwart und Wirksamkeit des sprechenden Gottes in den Gestalten von Predigt und Sakrament. Dabei legt Christus seiner Gemeinde selbst das *ministerium verbi Divini* auf. Dieser Dienst verpflichtet sie zu einem *ekzentrischen Vollzug* ihres Wesens. Kirche erweist sich als die gegenüber Welt *ganz andere*, indem sie sich als *Kirche für die Welt* begreift. Aber als Kirche für die Welt definiert sie sich eindeutig als Kirche *gegenüber* der Welt. Kirche lässt sich von ihrem Herrn bestimmen. Nur als vom Wort Gottes bestimmte kann die Begegnung der Kirche mit der Welt anderes sein als eine anbiedernde Selbstauslieferung an eine Welt, die nicht einfach Gottes gute Schöpfung, sondern immer auch Welt der Selbstbehauptung gegen Gottes Gnade und Liebe ist. Nur als vom Wort Gottes bestimmte kann Kirche für die Welt das für sie so wichtige, rettende, ihr aber zutiefst fremde Erlösungswort zusprechen. In der Auseinandersetzung mit dem II. Vaticanum kritisiert Barth die Vorstellung des

Konzils, die Kirche könne in einen *Dialog mit der Welt* eintreten (Dulles/25:88). Heilsvermittelnd ist die Kirche nicht als dialogisch sich auf die Welt einlassende, sondern als monologisch der Welt Gottes Wort verkündende. Was könnte sie denn von dem Wort der Welt anderes lernen und aufnehmen als Untreue gegenüber dem alleine maßgeblichen Wort Gottes? (KD IV/3, S. 872 ff.; E.-W. Wendebourg/108:141–186).

Gottes Wort vor der Ordnung der Welt

Der *Gegensatz zwischen Gemeinde und Welt*, der hier als *das Gesetz des apokalyptischen Ursprungs der Kirche* wahrgenommen wird, findet im Gefolge Karl Barths seine politische Entfaltung: Das Wort Gottes an die Welt ist auch in einem politischen Sinne *Wort des Gerichtes*. Es benennt ungerechte soziale und politische Zustände und ermutigt dazu, die von Gott zugesprochene Rechtfertigung auch gegenüber politischen Strukturen zur Erscheinung zu bringen. Der Begriff der *Befreiung* verknüpft den Begriff der Erlösung mit dem Gedanken politischer Strukturveränderung und knüpft an das Exodusereignis als Typos göttlichen Handelns an, das beides miteinander verbindet: die politisch-ökonomische *Befreiung vom Sklavendienst* einerseits und die Befreiung *zum Gehorsam gegen Gottes Leben ermöglichender Weisung* andererseits.

Die Verstrickungen von Kirche und Macht

In der befreiungstheologischen Perspektive nimmt die Kirche an sich selbst zunächst ihre eigene Verstrickung in einer Geschichte menschlicher Gewalt und Unterdrückung wahr. Betrachtet man die Ekklesiologien seit der Französischen Revolution unter politischen Kategorien, so tritt ein gestörtes Verhältnis der Kirche zur europäischen Freiheitsgeschichte zu Tage: „Seit den politischen und sozialen Revolutionen in Europa haben die protestantischen und katholischen Kirchen durchweg konservativ optiert und sich im Gesellschaftsprozess als Ordnungsmacht gegen Aufklärung, Emanzipation und Revolution dargestellt. Seit der Französischen Revolution entstanden auf protestantischer wie auf katholischer Seite in reicher Fülle politische Ekklesiologien, die alle meist antirevolutionär, antirationalistisch und antidemokratisch das apokalyptische Tier aus dem Abgrund bändigen wollten und dafür die Kirche aufboten." (Moltmann/33:29)

Mit dem Erwachen einer eigenen, postkolonialen Theologie in den Ländern Lateinamerikas entsteht eine neue Sensibilität dafür, wie sehr koloniale Unterdrückung und missionarische Ekklesiologie miteinander verstrickt waren.

Für die Identitätssuche der Kirche in der Treue zum befreienden Handeln Gottes in der Geschichte ist die Erkenntnis ihrer eigenen Schuldgeschichte wichtig. Papst Johannes Paul II. rezipiert diese Einsicht, indem er in der Bulle „Incarnationis mysterium" zu einer „Reinigung des Gedächtnisses" als „Befreiung des individuellen und kollektiven Gewissens [der Kirche, R. M.] von allen Formen des Ressentiments und der Gewalt" (Müller/122:5) aufruft und sich selbst in einer liturgischen Versöhnungsfeier zum ersten Fastensonntag 2000 darum bemüht.

Politische Zielsetzungen der Kirche reflektieren

Die neuere „Politische Theologie" im Anschluss an *Johann Baptist Metz* und *Jürgen Moltmann* fordert, dass die immer im kirchlichen Denken und Handeln vorhandene Dimension des Politischen im Lichte des Wortes Gottes kritisch reflektiert wird. Die Kirchen müssen lernen, auch ihr politisches Handeln vom Evangelium her bestimmen zu lassen.

Johann Baptist Metz erarbeitet als Kategorien einer solchen historisch bewussten, politisch sensibilisierten kirchlichen Selbstvergewisserung in „Geschichte und Gesellschaft": Erinnerung, Erzählung und Solidarität (Metz/221:161–212).

Die lateinamerikanische Befreiungstheologie benennt ein trennschärferes Kriterium kirchlich-politischer Urteilsbildung. Mit der Zweiten Generalversammlung des lateinamerikanischen Episkopats in Medellin (24. 8.– 6. 9. 1968) wird es zum politisch-praktischen *Leitfaden kirchlicher Theoriebildung und Praxis*: Von ihrem biblischen Ursprung her ist die Kirche verpflichtet zur „Option für die Armen". Das heißt, sie analysiert politische und gesellschaftliche Prozesse aus einer *Haltung der Parteilichkeit* für diejenigen, die in ihren Entwicklungsmöglichkeiten durch die herrschenden Macht- und Wohlstandsverhältnisse benachteiligt wurden (Gutiérrez/235: 297–311; Magaña/8: 244–252; Concilium 22 (1986) Heft 5).

Die neuere Politische Theologie im Anschluss an Jürgen Moltmann und Johann Baptist Metz hat die apokalyptische und messianische Dimension des christlichen Glaubens wieder in das Bewusstsein gerückt: Für Johann Baptist Metz bedeutet die praktische Orientierung an der Apokalyptik die Notwendigkeit, *kirchliche Praxis auf ihren ersehnten Untergang im Aufgang des Gottesreiches auszurichten*. Es kann nicht darum gehen, kirchliche Institutionen auf Dauer und Stabilität hin zu errichten. Kirche ist vielmehr als Störfaktor in der positiven Zukunftsausrichtung der Menschen relevant. Beim faszinierten Blick der Wirtschaftsplaner auf Wachstumskurven stört die Kirche mit ihrem Wissen, dass Heil nach ihrem biblischen Wissen nicht das Resultat von innerweltlichen Entwicklungen oder Revolutionen ist, dass Heil vielmehr nur erhofft werden kann als die Qualität, die aus dem ganz Anderen der Wirklichkeit Gottes diese Welt treffen wird.

Messianische Ekklesiologie

Wo sich ein solches Denken der Unverfügbarkeit des Heils in der Geschichte entwickelt, bietet sich ihm die Assoziation mit dem jüdischen Messianismus an. Im Messianismus hält sich seit den Zeiten der Makkabäerkriege das Wissen um den Unheilscharakter der Welt und darum, dass Heil nur von Gott zu erwarten ist. Im Theologoumenon der Parusie, der Wiederkehr des Auferstandenen in Herrlichkeit, hat der jüdische Messianismus eine positive christliche Rezeption erfahren. Christen erwarten das endgültige Heil der Geschichte als die Ankunft des Messias, die seine Wiederkunft ist.

Praktisch bedeutet ein solcher Messianismus die Verweigerung gegenüber allem politischen und ökonomischen Denken, das den Sinn von Geschichte und Gesellschaft an Entwicklungsprozesse bindet. Messianismus ist die Befreiung zum Realismus. Er ist aber auch Befreiung zu Solidarität und zur Option für die Armen, weil er nicht nur intellektuell von der Notwendigkeit der Lüge entlastet, die realen Zustände als positiv oder doch zumindest entwicklungsfähig wahrzunehmen. Diese Lüge hat eine unausweichliche praktische Konsequenz: Die Opfer, die Verlierer, die Benachteiligten müssen um ihrer Plausibilität willen ausgeblendet werden. Solche Verweigerung der Wahrnehmung tendiert zur Gewalt, zu den verschiedensten Formen der Beseitigung dessen, was das selbst verfertigte Bild einer heilvoll sich entwickelnden Zukunft stört.

Politische Theologie bedeutet aber nicht einfach notorische Spielverderberei: Sie muss sich praktisch absetzen von einer postchristlichen, negativen Apokalyptik, für die die Sinnlosigkeit der Geschichte, Gesellschaft und des einzelnen Menschenlebens eine Banalität ist, die dazu auffordert, die kurze Zeit des sinnlosen Erdendaseins schmerzlos zuzubringen. Gegen solch leere, sinnlose Apokalyptik „[...] muss der Mut zum eigenen Leben in seinen engen Grenzen und zur eigenen Lebensgeschichte in ihren Banalitäten erweckt werden" (Moltmann/33:309). Dies kann nur da gelingen, wo am Ende dieser sinnlosen Welt nicht die *Totalität der Sinnlosigkeit* steht, sondern deren *Aufhebung im Handeln Gottes an Mensch, Welt und Geschichte.* Diese Hoffnung befähigt zum leidenschaftlichen Engagement für die Welt, allerdings nicht in den Bahnen der durch die Welt vorgegebenen Ideale und Teleologien, sondern in einer Art und Weise, die inspiriert ist durch die größere Hoffnung auf ein Reich wirklich universaler Gerechtigkeit, das seinen Glanz nicht aus den Tränen der Unterdrückten bezieht (ebd.).

Sozialform der Kirche als Botin des Wortes

Es ist kein Zufall, dass das Kapitel über die Kirche als Dienerin des göttlichen Wortes gegenüber der Welt mit einer Darstellung der ekklesiologischen Überlegungen Karl Barths begann. Die Bedeutung des richtenden und rechtfertigenden Gotteswortes für den Aufbau der Kirche ist eine genuin protestantische Einsicht, deren Bedeutung allerdings über die konfessionellen Grenzen hinaus reicht. Ihre klassische Gestalt hat sie in der Gemeinde, der das Wort Gottes verkündet wird und deren Mitglieder sich bemühen, es handelnd im Alltag ihres Lebens umzusetzen und bezeugend vor ihrer Mitwelt zu vertreten. Für Luther ist der grundlegende Begriff der Kirche die „Versammlung aller Gläubigen, bei denen das Evangelium rein gepredigt und die heiligen Sakramente laut dem Evangelium gereicht werden" (CA, Art. 7 = BSLK 14). Kirche realisiert sich also wesentlich als Gemeinschaft von Menschen, die im Lichte des Evangeliums die Botschaft ihres Gerechtfertigtseins vor Gott als die Mitte ihres Glaubens empfangen und austeilen. In der Gemeinde können Menschen den Glauben finden und sich zu Christus bekehren.

Im lutherischen Sinne bedarf die Ortsgemeinde keines Bischofs, um im Vollsinn Kirche Jesu Christi zu sein (Kirche und Rechtfertigung/180:50).

Diese Konzentration auf die kleine Gemeinde der Christgläubigen als der primären Gestalt von Kirche spiegelt sich in der lateinamerikanischen Basisgemeindenbewegung. Auch hier wird als die konstitutive Wirklichkeit von Kirche das Hören, Verkündigen, Deuten und Umsetzen des Gotteswortes empfunden.

Kirche als Dienerin aller Menschen
Das Konzept der Kirche als Botin des Wortes impliziert die Überzeugung von der *Illegitimität des Säkularisierungsprozesses.* Diese Überzeugung kommt in sehr verschiedenen Gestalten zum Ausdruck: Bei Karl Barth nimmt sie die Gestalt des fundamentalen Gegensatzes zwischen einer feindlichen Welt und dem Wort Gottes an. In der Politischen Theologie ist es die Gestalt einer differenzierten Kritik politischer Realität im Lichte des Evangeliums. Immer aber tritt das Evangelium mit dem Anspruch auf, Gottes Wort gegenüber der Welt zu sein, das als solches Gehör verdient.

Kirche für andere

Dietrich Bonhoeffer hat mit einer zuvor ungekannten Radikalität die Situation der Kirche in einer säkularen Umwelt bedacht: „Das corpus christianum ist zerbrochen. Der corpus Christi steht einer feindlichen Welt gegenüber." (Bonhoeffer/215:115) Er deutet die Situation der Säkularität christologisch: Kann man von der Kirche des Gekreuzigten erwarten, dass sie sich als siegreiche Geschichtsmacht durchsetzt? Oder ist es ihr nicht viel gemäßer, dem Weg zu folgen, den Gott mit seiner Menschwerdung beschritten hat, durch die er sich schließlich „aus der Welt hinausdrängen" lässt „ans Kreuz" (Bonhoeffer/216:394)? Gott liefert sich dem Leiden an der Welt aus, um diese Welt in ihrer Weltlichkeit freizusetzen. Und gerade darin lebt er seine eigene, spezifische *Herrschaft über die Welt*, nimmt er die Welt als seine eigene an (Bonhoeffer/215:217–220). Christen steht es nicht zu, diesem Leiden Gottes an der Welt auszuweichen, indem sie irgendwie nach Dominanz über die Welt trachteten, um die Wahrheit Gottes gegenüber der Welt durchzusetzen, die ja doch Wahrheit des unterlegenen Gottes ist, die sich durch Dominanz gar nicht durchsetzen, sondern nur verfehlen lässt. Jesus wollte keine Herrschaft. Er setzte Gottes Wahrheit in der Welt durch, indem er sein Leben vollendete als „der Mensch für andere" (Bonhoeffer/216:414). Er lässt sich erreichen nur da, wo Menschen dieser Inspiration folgen: für andere da zu sein, gleichgültig, wie gottfern und verweltlicht Menschen leben. „Die Kirche ist nur Kirche, wenn sie für andere da ist." (ebd. 415). Der Diensthaltung entspricht der Verzicht auf Privilegien und institutionelle Selbstverständlichkeiten wie besoldete hauptamtliche Mitarbeiter.

Die wenigen Skizzen Bonhoeffers zur dienenden Kirche aus seiner Haftzeit in Berlin Tegel haben insbesondere auf die evangelischen Kirchen in der Nachkriegszeit inspirierend gewirkt. Muss nicht tatsächlich, wie Bonhoeffer es vorhergesehen hat, die *Wirk*-lichkeit Gottes neu erstehen in der Welt, indem die Kirche neu geboren wird aus dem „Beten und dem Tun des Gerechten unter den Menschen" *(ebd., S. 328)*? Bonhoeffers Vision kann heute an zweierlei gemahnen: (1) Die Kirche lebt und hat ihre Dauer alleine in der Treue zu dem Herrn in ihrer Mitte, dessen Herrsein Dienen bedeutet, und (2) die Zukunft der Kirche hängt an den Menschen, die sich von Jesus inspirieren lassen. Wo diese beiden Grundeinsichten verfolgt werden, tritt ein letztlich wirklich a-theistisches, übertriebenes Vertrauen in die Kraft des Organisatorischen in der Kirche zurück.

c) Kirche als Volk Gottes

Volk Gottes – ein epochemachender ekklesiologischer Leitbegriff
Das zweite Kapitel des Konzilsdekretes „Lumen gentium" steht unter der Überschrift „De populo Dei". Den Begriff „Volk Gottes" benutzt das Konzil nach der Beschreibung des *Wesens der Kirche* im ersten Kapitel von *Lumen gentium* zur Beschreibung der *Sozialform der Kirche*. Die Rezeption des Begriffes war so stürmisch positiv, dass er für Jahrzehnte in den Mittelpunkt des katholischen ekklesiologischen Denkens rückte. Bis in die achtziger Jahre des 20. Jahrhunderts stand hinter dem Begriff *„Volk Gottes"* die ekklesiologische Wesensbeschreibung aus Kapitel 1 des Konzilsdekretes zurück. Die stürmisch positive Rezeption der Lehre des Konzils von der Kirche als Volk Gottes hat wohl ihre Ursache darin, dass der Begriff des

Volkes nach der Fixiertheit des Kirchendenkens im 19. Jahrhundert auf den Begriff der *societas* und das Analogon des *Staates* als wohltuend „weit" empfunden wurde.

Innerhalb des funktionalen Kirchendenkens wurde der Begriff des „Volkes Gottes" zunächst vom Grundwort „Volk" her verstanden. Es dauerte einige Zeit bis der Rezeptionssschwerpunkt vom Grundwort Volk auf das spezifizierende Bestimmungswort „Gottes" fiel und damit die Tür zum Verständnis der Kirche als *communio* und als *Sakrament* wieder aufgeschlossen wurde. Gegenüber den Analogien „Institution/*institutio*" und „*societas*" sowie gegenüber dem Modell des modernen Staates impliziert der analog verwendete Begriff „Volk" Entwicklungsoffenheit, Flexibiliät und Geschichtlichkeit: Völker verändern geschichtlich ihre Staats- und Gesellschaftsformen in einer nach vorne unabgeschlossenen Geschichte. Ihre Identität hängt nicht an bestimmten Strukturen und Organisationsformen, sondern an *einer kulturellen Einheit*.

Volk Gottes für die Welt

Der Begriff „Volk Gottes" ist ein Konkretionsbegriff, der die institutionalistische Konkretion verweigert. Das entspricht der *messianisch-pneumatologischen Konkretion*, die das Konzil mit dem Begriff vom Gottesvolk verbindet: Die Kirche ist „messianisches Volk" der „Kinder Gottes, in deren Herzen der Heilige Geist wie in einem Tempel wohnt". Sein Gesetz ist die Liebe, sein Ziel ist das Reich Gottes, das in ihm grundgelegt ist auf Erden und das vollendet wird bei der Wiederkunft Christi *(Lumen gentium, 9)*. Kirche wird vom Ende her gedacht als Volk, das eben nicht perfekte Gesellschaft ist, sondern das seiner Vollendung durch Gottes eschatologisches Handeln entgegengeht. Nicht das Institutionelle überwiegt in ihr, sondern der inspirierende Geist Gottes, der in den Herzen der Kinder Gottes wohnt und sie verwandelt.

In diesem Kontext greift das Konzil zustimmend auf die biblische Metapher vom „königlichen Priestertum" *(regale sacerdotium: 1 Petr 2,9)* zurück. Dieses *allgemeine Priestertum aller Gläubigen* ist im Kontext des ersten Kapitels von *Lumen gentium* zu verstehen als eine *Metapher* für das heiligende, menschheitsvereinende, gottvermittelnde Wirken der Kirche für die Welt: Die Kirche als ganze in allen ihren Gliedern vollzieht den priesterlichen Heiligungsdienst an der ganzen Welt, den das Konzil beschreibt als *Werkzeugsein für die innige Vereinigung der Menschen untereinander und mit Gott.* Diesen für die Kirche wesentlichen Dienst an der Welt verrichten alle Glieder der Kirche. Alle sind so Priester im sakramentalen Heiligungsamt an der Welt als ganzer. Die Formel vom allgemeinen Priestertum aller Gläubigen präjudiziert nichts in der Frage der Möglichkeit eines speziellen Amtspriestertums in der Kirche, die Martin Luther anhand von 1 Petr 2,9 verhandelte (Goertz/137:78; Globig/135:144). Das allgemeine Priestertum der Gläubigen betont allerdings die Teilhabe des Kirchenvolkes insgesamt am sakramentalen Dienst der Kirche an der Welt und wirft damit die theologische Frage nach neuen aktiven Partizipationsmöglichkeiten in gewandelten gesellschaftlichen Kontexten auf. Es kann auch zum Argumentationsgrund der Kritik an bestehenden kirchlichen Strukturen werden (Globig/135:150f.).

Das kulturelle Gedächtnis als Identität des Volkes

Das Konzil selbst entfaltet seine Beschreibung des Gottesvolkes *narrativ-anamnetisch*: Wer wissen will, was ein Volk ist, der muss *seine Geschichte erzählen*. Ein Volk wird zusammengehalten durch sein „kulturelles Gedächtnis". Mit dem Begriff des „kulturellen Gedächtnisses" beschreibt der Ägyptologe Jan Assmann im Anschluss an den französischen Soziologen Maurice Halbwachs „die soziale Konstruktion der Vergangenheit" (Assmann/230:34–48): Das Gedächtnis der Vergangenheit ist nicht eine Funktion des erinnernden Menschen, sondern der kommunizierenden Gruppe: „Vergangenheit ist [...] eine kulturelle Schöpfung" (Assmann/230:48).

Man kann drei Gestalten von kulturellem Gedächtnis unterscheiden: (1) Das mündliche Gedächtnis der individuellen Alltagsbelange, die *oral history*, überdauert 80 bis 100 Jahre maximal (Assmann/231:28–34). (2) Schriftlose Gesellschaften tradieren die wesentlichen Inhalte ihres kulturellen Gedächtnisses über zyklisch wiederkehrende Rituale, in denen fundamentale Sinngehalte nachgespielt und immer neu bekräftigt werden (ebd., 54 f.). (3) Mit dem Übergang zur Schriftkultur werden die fundamentalen Inhalte des kulturellen Gedächtnisses aus dem Bereich der ausschließlichen kultischen Rezitation und Affirmation in die Sphäre der intellektuellen Interpretierbarkeit überführt (ebd., S. 55 ff.). Einerseits erhebt die Schriftkultur zentrale Inhalte des kulturellen Gedächtnis in die Sphäre der universalen Verbindlichkeit. Andererseits ermöglicht gerade diese *Kanonisierung* den interpretierenden und aktualisierenden Umgang mit dem kulturellen Gedächtnis. Zu diesem Zweck entstehen in den Schriftgesellschaften eigene Deutungseliten (ebd., S. 58). In den Schriftkulturen wird erstmals ein kulturelles Gedächtnis möglich, das mit einer gewissen Flexibilität selbst zu einer geschichtsprägenden und verändernden Größe wird. In der Gestalt der schriftlich fixierten Erinnerung greift das kulturelle Gedächtnis in die Formung und Veränderung der Gegenwart ein. Es ist nicht mehr nur kultische Affirmation der ausgeübten königlichen Macht, sondern ersteht als ein zweiter lebendiger Pol sozialer Wirklichkeit.

Am Beispiel des Deuteronomiums führt Assmann vor, wie angesichts der Gefährdung religiöser Bedeutungsgehalte als Inhalte des kulturellen Gedächtnisses die Josianische Reform als Mittel der gezielten Neubelebung des kollektiven Gedenkens eingesetzt wird (Assmann/230:217 ff.): Mit der Bewusstmachung der Heilsgeschichte, ihrer programmatischen Weitergabe an die folgenden Generationen, ihrer symbolischen Sichtbarmachung in Zeichen und Ritualen, schließlich in ihrer Verschriftlichung legt das Deuteronomium mit einer kulturbezogenen Mnemotechnik den Grundstein eines Jahrhunderte überdauernden kulturellen Gedächtnisses (Assmann/231:28–34). Die sinnenfällige Gestalt dieser *Gedächtniskultur* ist die deuteronomistische Sohnesfrage als Grundmuster familialer Katechese (Ex 13,14; Dtn 6,20).

An diese biblische Technik knüpft auch das Konzil an, indem es die heilsgeschichtliche Erzählung von der Erwählung der Kirche in den Vordergrund rückt. Der Begriff des Volkes Gottes weist dabei von selber die Bahn über die Grenzen der neutestamentlichen Anfänge der Kirche hinaus: Volk Gottes nämlich ist zunächst das Volk Israel: Gott hat das israelitische Volk erwählt und mit ihm seinen Bund geschlossen. Dieser Bund wurde „zur Vorbereitung und zum Vorbild des neuen und vollkommenen Bundes" (*Lumen gentium, 9*). „Volk Gottes" wird vom Konzil wahrgenommen als der Begriff, der Israel und die Kirche verbindet.

Mit Jan Assmanns Kategorien lässt sich die Kirche als Volk Gottes beschreiben als eine Erinnerungs- und Interpretationsbewegung, die zusammengehalten wird durch die prägende Kraft eines bestimmten kulturellen Gedächtnisses, das in ihr aber nicht präsent ist in der Gestalt der ausschließlich kultischen Affirmation, sondern zugleich in der Gestalt des kanonischen Textes, der zur Interpretation und Aktualisierung herausfordert. Anders als der Begriff der „societas" rekurriert der Begriff des Volkes nicht auf institutionelle Wirklichkeiten der Machtausübung, um Kirche als staatsähnliche Körperschaft verstehbar zu machen. Kirche wird im Kern nicht durch Macht zusammengehalten, sondern ist eine kulturelle Größe, die durch ihr gemeinsames Gedächtnis und dessen kulturelle Reproduktion lebt.

So verstanden wird der Begriff des Volkes Gottes zu einem Appellbegriff, der zur aktiven Partizipation am kulturellen Tradierungsprozess einlädt. Diese Deutung macht nachvollziehbar, warum die Programmatik des „Volkes Gottes" in den ersten Jahrzehnten nach dem Konzil als ekklesiologischer Durchbruch empfunden wurde.

Die Kirche und Israel
Anders als das Modell der Gesellschaft und des Staates hat der Begriff des Gottesvolkes eine biblische Verankerung. Die neutestamentliche Verwendung des Begriffes Gottesvolk im Hinblick auf die Kirche eröffnet einerseits verheißungsvolle Perspektiven. *Ernst Käsemann* hat dies in Bezug auf die Metapher des wandernden Gottesvolkes im Hebräerbrief betont: Die Kirche ist das Volk des andauernden Exodus (Kertelge/:57). Bereits in dieser Metaphorik jedoch tritt die Kirche in eine gewisse Konkurrenz zum Gottesvolk Israel. Paulus problematisiert das Verhältnis der Kirche als Gottesvolk zu Israel als dem Volk Gottes (Röm 9–11): Die Kirche ist das Volk Gottes aus Juden und Heiden.

Neuer Bund und Alter Bund

Die Rezeption des Volk-Gottes-Begriffes im Kontext der Ekklesiologie wirft zwangsläufig das Problem der Verhältnisbestimmung von Kirche und Israel auf (Weinrich/213:190ff.). Die Theologiegeschichte ist hier bis in die sechziger Jahre häufig dominiert worden durch *Verwerfungs- und Ablösungstheorien*: Israel habe durch die Ablehnung Jesu seine heilsgeschichtliche Rolle ausgespielt. Der Alte Bund werde nun vom Neuen Bund verdrängt. Dieser Gedanke beherrscht bereits die klassische Kirchengeschichte des Eusebius von Cäsarea *(Eusebius von Cäsarea, Kirchengeschichte, II, 6. 19. 26; III, 5, 3)*. In der Liturgie ist diese Theorie der Bundablösung als Erbe der Hochscholastik präsent, wenn zu Fronleichnam mit Thomas von Aquin gesungen wird: „Tantum ergo sacramentum/veneremur cernui/et antiquum documentum/novo cedat ritui." (Das Alte Testament muss dem neuen Ritus weichen: Gotteslob, Nr. 543). Die gebräuchliche Übertragung des Textes von Marie Luise Thurmair verschlimmert das Missverständnis: „Das Gesetz der Furcht muss weichen, da der Neue Bund begann." (Gotteslob, Nr. 544).

Eine solche antijudaistische Ekklesiologie stützte sich auf Jesu Verwerfungsworte, insbesondere gegen „dieses Geschlecht *(aùte he geneà)*" (bes. Lk 11,29–32. 49–51) und auf die vor allem zum Ende des Matthäusevangeliums hin zu findenden Verwerfungsgleichnisse von den bösen Winzern

(21,33–46) und dem königlichen Hochzeitsmahl (22,1–14), die in der Selbstverfluchung des ganzen Volkes innerhalb der matthäischen Passionsgeschichte kulminieren: „Sein Blut komme über uns und unsere Kinder." (27,25) (Lohfink/7:54 f.).

Die Gerichts- und Drohworte Jesu müssen allerdings vor dem Hintergrund des Bewusstseins Jesu von seiner *exklusiven Israelmission* als Mittel der prophetisch-missionarischen Rede verstanden werden. Insbesondere die Verwerfungsworte gegen dieses Geschlecht knüpfen an einen *Topos prophetischer Rede* überhaupt an. Auch Matthäus liefert *keine Geschichtstheologie der Offenbarung*, sondern verfasst seine Texte in den Kontext der innerjüdischen Auseinandersetzung über die Bedeutung des Gekreuzigten hinein. In diesem Kontext propagiert er seine gläubige Einsicht: Dem Gottesvolk ist das Bekenntnis zum Gekreuzigten um seiner eigenen Erwählung willen abverlangt. Im Bekenntnis zum Gekreuzigten findet die Heilsgeschichte Israels ihre Fortsetzung. Matthäus verkündet keine Ablösungstheorie, sondern propagiert Jesus den Juden als die authentische Fortsetzung des Bundes Israels mit JHWH (Lohfink/7:30–35).

Der Prozess des Auseinandertretens von Synagoge und Ekklesia war mit wechselseitigen Infragestellungen und Angriffen verbunden, die durchaus seit den ersten Jahrhunderten als Verletzungen nachgewirkt haben (Theißen/116:535–553).

Insbesondere die Shoah hat den Christen zu einer veränderten Sichtweise Israels verholfen. Bis zur Mitte des 20. Jahrhunderts wurden die Evangeliumstexte gegen die Juden noch als Aussagen über einen heilsgeschichtlichen Ist-Zustand gelesen. Erst nach dem Zweiten Weltkrieg veränderte sich die Wahrnehmung des Judentums (F. Mußner/113:234–247). Die Erkenntnis setzte sich durch, dass Gott den Bund mit seinem Volk niemals gekündigt hat (Lohfink/112). Diese einleuchtende Formulierung wird auch von Papst Johannes Paul II. aufgenommen (*Johannes Paul II., Ansprache vor dem Zentralrat der Juden in Deutschland und die Rabbinerkonferenz. Mainz 17. November 1980*). Sie prägt auch die Darstellung der Juden im Katechismus der Katholischen Kirche: Israel ist „das Volk der ‚älteren Brüder' im Glauben Abrahams" (KKK, Nr. 63), „das Volk derer, zu denen Gott zuerst gesprochen hat", wie es nach dem Römischen Messbuch auch in der sechsten Großen Fürbitte des Karfreitags heißt.

Die neutestamentlichen Texte sind nunmehr vor dem Hintergrund der kommunikativen Absicht ihrer Verfasser zu deuten als innerjüdische Auseinandersetzung darum, wie es mit der Bundesgeschichte weitergeht. Die alttestamentliche Exegese lieferte das Material zu der neuen Einschätzung, dass der im Alten Testament, etwa in Jer 31,31–34, angekündigte „neue Bund" nicht das Ende des Bundes zwischen Gott und Israel meinte, sondern, vielmehr seine *Erneuerung* (Zenger/117).

In diesem Sinne ist auch Jesu Einsetzung der Zwölf zu verstehen: Nach dem griechischen Text des Markusevangeliums „schafft" *(epoiésen*: Mk 3,14) Jesus die Zwölf. Gerhard Lohfink hört aus dieser eigenartigen Wortwahl eine Anspielung auf das hebräische *„bâra"* aus Gen 1,1 heraus: Die Einsetzung der Zwölf ist Schöpfungshandeln Gottes an Israel, schöpferische Erneuerung des Alten Bundes (Lohfink/63: 202 f.).

Nach 2 Kor 3 wird der Neue Bund mithilfe der prophetischen Verheißung des eschatologischen Geistbundes (Ez 11,14–25) gedeutet. Ez 11 ist aber eine Heilsverheißung *an Israel*: „Ich führe euch aus allen Völkern zusammen, sammle euch aus den Ländern, in denen ihr zerstreut seid [...]" (V. 17*). Der Geistbund ist keine Metapher der Ablösung des Alten Bundes, sondern ein Bild seiner eschatologischen Vollendung (Gräbe/109: 286).

Als neues Grundmodell des Verhältnisses von Kirche und Israel setzt sich die *Vorstellung der Kontinuität* durch. Sie ist biblisch bezeugt in dem paulinischen Bild vom jüdischen Ölbaum, in den die wilden Zweige der Heiden eingepfropft sind (Röm 11,13–24). Mit diesem Bild verbindet Paulus seine Hoffnung auf eine Rettung ganz Israels (Röm 11,25- 36). Nach der Apokalypse löst die Kirche Israel in seiner heilsgeschichtlichen Bedeutung nicht ab. Die Kirche ist vielmehr die *endzeitlich geweitete Gestalt des einen Gottesvolkes*, zu dem nun eschatologisch aber auch die Heiden hinzutreten (Nützel/114:458–478).

Das II. Vaticanum schließt sich dem Kontinuitätsmodell für das Verhältnis von Juden und Christen an: Christen und Juden sind „geistlich" durch ein „Band" verbunden. Christen begreifen sich als „dem Glauben nach" „eingeschlossen" in die Verheißungen Gottes an Abraham (*Nostra aetate, 4*). Es ist ihnen verwehrt, die Juden als „verworfen oder verflucht" darzustellen (ebd.).

Wo das II. Vaticanum dennoch die Rede vom „neuen Gottesvolk" in Konkurrenz zum alten Gottesvolk aufrecht erhält, geschieht dies im Sinne einer vorsichtigen *Überbietungstheorie*: *Lumen gentium, 9* deutet den Bundschluss mit Israel als heilsgeschichtliche Vorbereitung *(praeparatio)* und als Vorausbild *(figura)* „des neuen und vollkommenen Bundes". Das Bild bleibt ambivalent. Man kann eine reine Überbietungstheologie darin sehen. Man kann aber auch bedenken, dass es zum Wesen einer *„figura"*, eines Urbildes, gehört, *bleibende Norm des nach ihm Gebildeten zu sein.* In dem durch *Lumen gentium, 10* angemahnten messianischen Kontext verliert auch der Begriff der *praeparatio* den despektierlichen Klang: Im messianisch-eschatologischen Kontext nämlich ist alles göttliche Schaffen an der Welt und an seinem Volk immer *praeparatio*. Es gibt ein geschichtliches Voranschreiten, aber *keine innergeschichtliche Vollendung*, von der aus der despektierliche Blick auf die vorausliegenden Anläufe gestattet wäre.

Israel als Volk Gottes — Die messianisch-eschatologische Sichtweise des Neuen Bundes erlaubt eine Geschichtstheologie, die die Vorstellung überwindet, die Kirche repräsentiere bereits die Vollendung des göttlichen Heilswirkens in der Welt. Das II. Vaticanum stellt diesem dem Geist der Gegenreformation entsprechenden Denken seine *Deutung der Kirche als eines göttlichen Werkzeuges* entgegen: Die Kirche ist „Zeichen und Werkzeug" (*Lumen gentium, 1*). Die Geschichte dieses Werkzeuges eines Wirkens Gottes für alle Welt reicht an den Anfang der Erwählung Israels zurück. Mit dem Ende der staatlichen Existenz Israels rücken an dem Volk Israels mehr und mehr jene wirksamen Aspekte in den Vordergrund, die dieses Volk wirklich zum „Volk Gottes" machen. Die Erwählung durch JHWH ist nicht einfach Privilegierung, wie sie beim Durchzug des Schilfmeeres erkennbar wird, als JHWH mit starkem Arm sich sein Volk „erschuf", indem er „Schrecken und Furcht" auf die Ägypter warf (Ex 15,16). Der eigentliche Zweck dieser Privilegierung wird im Deuteronomium in der *Übergabe der Tora* gesehen. Durch die Übergabe des Gesetzes erst wird Israel in einer Art Adoptionsakt zum Volk JHWHs (Dtn 27,9), durch den Gehorsam gegenüber der Tora wächst Israel zu dem Volk heran, das JHWH unter den Völkern „heilig" ist (Dtn 28,9). Als das Volk der Tora ist Israel Segensmittler für andere Völker, wie dies die Abrahamsberufung verheißt (Gen 12,2). Eigentumsvolk ist Israel nach der exilischen Priesterschrift als das auf die Tora verpflichtete Bundesvolk, das als solches ein „Reich von Priestern und SEIN heiliges Volk" ist (Ex 19,4–7).

Die Volk-Gottes-Theologie des Alten Testamentes überwindet bereits in vorexilischer Zeit eine partikularistische Enge und erkennt im Volk-Gottes-Sein eine *universalistische Beauftragung* des Volkes durch Gott. Inhalt dieser universalistischen Beauftragung ist die Tora. Zum Inbegriff der volkstiftenden Größe wird somit ein Inhalt, der von sich aus jede *gentische Volktheorie* transzendiert, weil der Tora als einem allgemein verstehbaren geistigen Gut eine immanente Dynamik zum Universalismus eigen ist. Die Tora nämlich ist nicht *positive, staatliche Satzung*. Sie kann nur verstanden und befolgt werden, wo sie innerlich in ihren Absichten bejaht wird. Das innere Band der Gebote aber ist die Anerkenntnis des Anderen als eines Menschen mit eigenem Recht.

Ein Volk auf ein Gesetz zu gründen, das nicht staatliche Satzung ist, sondern in nachexilischer Zeit wesentlich ethische Sensibilisierung des Einzelnen für den Anderen und sein eigenes Recht, verlagert den Volkbegriff in eine Sphäre, der er ursprünglich gerade nicht angehört. *Die Zugehörigkeit zum Bundesvolk wird zu einer Sache der inneren Einstellung, der Teilhabe an der spezifischen Segensverheißung JHWHs für dieses Volk, die nicht im Land und nicht in der gentilen Mehrung besteht, sondern die Land und Mehrung in den Dienst des Segnens stellt.* Die Zugehörigkeit zum Volk Israel wird zu einer inneren, die personale Entscheidung für die Tora als universales Recht betreffenden individuellen Angelegenheit. Genau das aber ist die Zugehörigkeit zu einem Volk sonst nirgends. Völker als nationale Größen begreifen sich als verbunden durch einen Stammvater. Die Logik der israelitischen Volk-Gottes-Theologie weist über diese Konzeption des Volkseins hinaus. Das Volk Israel ist Volk Gottes *aufgrund seiner heilsgeschichtlichen Funktion.* Ihr kann auch hinzutreten, wer nicht in diesem Volk geboren wurde.

Eine antisemitische Ideologie verkennt dieses Volk-Gottes-Konzept im Sinne des eigenen *anachronistischen Gentilismus*, der suggeriert, die Einheit des Nationalen über den alten gentilistischen Mythos von Geburt *(natio)* und Blutsverwandtschaft schaffen zu können. Näher steht das israelitische Volk-Gottes-Konzept da schon der Programmatik eines *Verfassungspatriotismus*. Allerdings ist die Tora nicht nach dem Vorbild des modernen Konstitutionalismus zu verstehen als eine Verfassung, die als Rahmenordnung das freie Spiel der bürgerlichen Kräfte bändigt. Die Tora enthält die den ganzen Menschen absolut verpflichtende Vision: Ihr Inbegriff ist nicht das Funktionieren dessen, was sie nicht selber ist, sondern ihr Inbegriff ist die *teleologische Hinordnung aller menschlichen Ordnung auf Gott selber.*

Die Priesterschrift prägt in der Exilszeit die Vorstellung des Eigentumsvol-

Das gespaltene Gottesvolk

kes JHWHs. Israel ist Gottes „besonderes Eigentum", wenn es auf JHWHs Stimme hört und seinen Bund hält. Das Eigentumsvolk ist „ein Reich von Priestern und ein heiliges Volk" (Ex 19,4–7). Israel erfüllt einen weltgeschichtlichen Auftrag Gottes. Die Privilegierung hat eine weltgeschichtliche Teleologie. So soll Israel unter den Völkern „ein Segen sein" (Gen 12,2).

Vor diesem universalistischen Horizont wäre es ein Rückfall gewesen, wenn sich die Jünger Jesu als eine Art *Verein* begriffen hätten, der sich vom Judentum als einem anderen Verein abgrenzt. Sie mussten sich in der Nachfolge Jesu vielmehr *innerhalb der jüdischen Berufung* verstehen. Die ersten christlichen Gemeinden partizipieren auch außerhalb Israels an der Infrastruktur der hellenistisch-jüdischen Gemeinden der Diaspora, die im ersten Jahrhundert 5–6 Millionen Menschen umfassten. Ihre Synagogen sind die selbstverständlichen Anlaufstellen der paulinischen Missionsbewegung in den Städten des Mittelmeerraumes, in denen Juden etwa 10–15% der Gesamtbevölkerung gestellt haben dürften (Meeks/67:74). Das jüdische Glaubenswissen stellt die selbstverständliche Basis der Taufbewerber dar. Gerhard Lohfink beantwortet die Frage, warum die Apostelgeschichte trotz der in späteren Jahren oft langwierigen Taufvorbereitung in sieben Fällen eine Art Ad-hoc-Taufe bezeugt, mit der Hypothese: „Das Judentum war das Katechumenat der Urkirche." (Lohfink/63:329): Durch ihr Judesein wussten die ersten Christen alles, was sie für eine christliche Lebensführung wissen mussten. Nahmen sie dann darüber hinaus das Christus-Kerygma an, so konnten sie ohne Umstände sofort getauft werden.

Das Christus-Kerygma wird zum Unterscheidenden zwischen der jüdischen Synagoge und der christlichen *Ekklesia*. Es macht die entstehende christliche Gemeinde religionsgeschichtlich gesehen zu einer abweichenden, *heterodoxen Strömung im Judentum*, von denen es allerdings mehrere gab.

Durch die Missionstätigkeit des Paulus verschärft sich die Trennung zwischen Juden und Christen: Paulus, selbst Jude und überzeugt von der bleibenden heilsgeschichtlichen Bedeutung des Judentums (Röm 11), macht das Christusbekenntnis so sehr zum alles umfassenden *Glaubenskriterium*, dass für ihn ein Christsein ohne Beschneidung und ohne Tora-Observanz möglich wird. Die ethische Funktion der Tora sieht Paulus erfüllt durch das *Liebesgebot* (Röm 13,8). Dieses konkretisiert er durch Rückgriff auf Elemente populärer hellenistischer Ethik. Als *Heilsweg* aber hat die Tora überlebt. Heil ist erschlossen in dem, der sich für alle Menschen hat töten lassen und der damit ein für allemal jedes System der Herrschaft von Menschen über Menschen überwunden hat. Trotz dieser Absetzungsbewegung begreift sich Paulus weiterhin als Jude und verlangt auch von den Judenchristen Treue zu ihrem Judesein. Allerdings treten nun auch Heidenchristen zur jüdischen Gruppe der Christen hinzu, die Heiden bleiben und dennoch Christen werden können.

Entscheidendes Kriterium ist nicht mehr die Beschneidung als der formelle Akt des Sich-Unterwerfens unter die Tora. Entscheidend ist das Bekenntnis zu Jesus Christus als dem Gekreuzigten, den Gott bestätigt hat und eingesetzt hat zum Herrn der Welt, der kommen wird in Herrlichkeit. Die Kirche entsteht also als eine *bekenntnishafte, konfessionelle Abspal-*

tung vom Judentum. Um das Bekenntnis im einzelnen Taufbewerber kate-
chetisch-mystagogisch entfalten zu können, bedarf es nun eines längeren
Katechumenates, durch das der Taufbewerber lernt, die Texte der Überlieferung in ihrer existentiellen und religiösen Tiefe für sich zu erschließen,
durch das er eingeführt wird in die „Geheimnisse des Glaubens".

Die Mitte des christlichen Bekenntnisses bezeugt die auf einmalige
Weise unüberbietbar gelungene Gegenwart Gottes in Jesus von Nazaret.
Bereits die Evangelien wenden den Gottestitel „*kýrios*" auf Jesus an, nennen ihn „Gottes Sohn" und verknüpfen diese Deutung der Gestalt Jesu mit
der stoischen Logosspekulation (Joh 1): In dem Menschen Jesus Christus ist
der Gott Israels selber eschatologisch handelnd, in die Geschichte eingrei-
fend gegenwärtig und offenbart dabei den Sinn allen Seins vom Anfang der
Schöpfung an. Diese in den großen *Enkomien* des Kolosser- und Epheserbriefes (Eph 1,1–14; Kol 1,12–20) kosmisch sich weitende Christozentrik
nimmt vor allem in der griechischen Patristik die *Gestalt der Inkarnationstheologie* an: In Jesus Christus hat sich der ewige göttliche *Logos* als Gottes
schöpferisches Wort, das die Welt werden ließ, in der Welt verleiblicht.

Konfliktfall
Christologie

Das Christentum gerät mit dieser theologischen Betonung der Stellung
Jesu in den Konflikt mit einer zentralen jüdischen Glaubensüberzeugung.
Das Judentum hat wie keine andere Religion ein *Wissen um die Transzendenz und Andersartigkeit Gottes* ausgebildet. Als der ganz Andere ist Gott
die Möglichkeitsbedingung dafür, dass der Mensch zu seiner unmittelbaren
Umwelt in jene Distanz treten kann, die die Möglichkeitsbedingung eines
bewussten, ethischen Sich-Verhaltens gegenüber der Welt ist. Es gibt im Judentum keine unbefangene Freude an der Welt, kein heiteres Aufgehen im
Gegebenen. Göttliche Transzendenz und ethische Orientierung der Religion gehen engstens zusammen (Lévinas/111:21–37). Nur wenn die Welt
nicht divinifiziert wird, hat der Mensch ihr gegenüber die Freiheit, die gerade der absolut transzendente Gott ihm erschließt als die Möglichkeitsbedingung, an der Welt ethisch bestimmt zu handeln.

Jede Inkarnationstheologie steht demgegenüber immer in der Gefahr,
das Endliche zu vergöttern. Die Christologie hat sich vor dem jüdischen
Einspruch zu bewähren, indem sie die Menschwerdung Gottes theologisch
so deutet und darstellt, dass Gott durch seine Menschwerdung nicht auf-
hört, wahrer Gott zu sein. Zugleich aber muss sie die Mitte des christlichen
Kerygmas von der Menschwerdung Gottes in Jesus Christus als das Fundament der ganzen Theologie und des Selbstverständnisses der Kirche
plausibel machen.

d) Die Kirche als Leib Christi

Die ekklesiologische Wiederbelebung des paulinischen Kirchenbegriffs
Alle Versuche, die Kirche in Analogie zu Institutionen zu verstehen, die
nicht Kirche sind, verfehlen das tiefste Wesen der Kirche. Kirche nämlich
gründet in der Wirklichkeit Jesu Christi, im Faktum der Menschwerdung
Gottes, und ist somit eine Wirklichkeit eigener Art, die nicht vollkommen
erfasst werden kann in Analogie zu sonstigen Sozialgebilden.

Ein sachgerechtes Verständnis der Kirche ist von den Eckdaten der Christologie her zu entwickeln. Es hat diese Eckdaten der Selbstaussage Gottes in Jesus Christus auf die Menschen hin nach ihren sich in der Ekklesiologie entfaltenden anthropologischen Implikationen zu hinterfragen.

Chalkedonensische Ekklesiologie

Die Kardinalaussage der Christologie fasst 451 das Konzil von Chalkedon zusammen in der Doppelaussage: Jesus Christus ist unvermischt, aber auch ungetrennt (untrennbar) wahrer Mensch und wahrer Gott *(DH 301).* Karl Rahner hat aus diesem Grunddogma des Glaubens die anthropologische Schlussfolgerung gezogen, dass es der Menschennatur, dem Menschsein, als seine ihm von Gott zugemutete Vollendung entspricht, dass Gott in ihr zur vollkommenen Aussage kommt. Darin besteht der Sinn der fragenden und suchenden Offenheit des Menschen, dass sie angefüllt wird mit der Selbstaussage des Unendlichen (Rahner/225:142 f.). Wichtig ist nun aber, die konkrete Gestalt wahrzunehmen, in der sich einmalig in der Geschichte die vollkommene Gottwerdung des Menschen als das Muster vollendeten Menschseins gezeigt hat. Es ist die Gestalt des leidenden Gottesknechtes, dessen Speise es war, den Willen Gottes zu erfüllen (Joh 4,34), der sich manifestierte als heilende, sorgende, rettende Zugewandtheit zu den Menschen, schließlich als Hingabe für das Leben der Anderen. Diese konkrete Gestalt der Selbstaussage Gottes als Mensch in der Geschichte *negiert dauerhaft immer wieder alle triumphalistischen Selbstdeutungen des Menschen als der göttlichen Selbstaussage.* An Jesus Christus wird vielmehr offenbar: Da werden Menschen zur Aussage Gottes, wo sie sich von Gott bestimmen und leiten lassen und nicht von menschlichen Transzendenz-, Größe- und Herrlichkeitsvorstellungen.

Wenn das Christusereignis der Anfang der Kirche ist, insofern Jesus seine Jünger Brüder nannte und sie zu derselben Gottunmittelbarkeit ermutigte, die er selber lebte und erlebte, dann kann die Kirche als die Gemeinschaft der Jünger Jesu als *fortgesetzte Inkarnation* gedeutet werden. In ihr verbinden sich die Menschen untereinander, die sich von Gottes Willen bestimmen lassen. Diese Verbindung hat nichts Gezwungenes oder Sekundäres. Sie ergibt sich ganz selbstverständlich aus der Inkarnation selbst: Wenn Gott Menschen mit seinem Willen erfüllt, dann stiftet er in diesem Ereignis der gläubigen Selbsttranszendenz von Menschen, die sich von ihm ergreifen lassen, jene menschliche Einheit, die in der göttlichen Einheit selber gründet.

Die Kirche als der Leib Christi im NT

Paulus charakterisiert den Zusammenhang von Jesus Christus und seiner Kirche mit der Metapher von der Kirche als dem Leib Christi (Röm 12,5: 1 Kor 10,16f; 12,12–27). Die Metapher betont drei verschiedene Dimensionen der theologischen Tiefenstruktur von Kirche: (1) Die Kirche ist eins mit Jesus Christus. Sie vollzieht diese Einheit in der Eucharistie, in der den Christen „Teilhabe am Leib Christi" gegeben ist (1 Kor 10,16). Die Einheit mit Christus ist das Werk des Heiligen Geistes (1 Kor 12,13). (2) Die Christen gehören zusammen. Sie bilden eine funktionale Einheit (Röm 12,5). (3) Die Einheit der Christen miteinander umfasst ihre Verschiedenheit voneinander (1 Kor 12,12–31).

Die deuteropaulinischen Briefe zeigen ein deutlich größeres Interesse an den institutionellen Dimensionen der Gemeinde. Die inzwischen schon zur stehenden Wendung gewordene Leib-Christi-Metapher (Eph 4,12) wird im Epheserbrief um die Metapher von Christus selber als dem Haupt des Leibes ergänzt (Eph 4,15). Die Spannung durch diese doppelte bildliche

Repräsentanz Christi, der zugleich Leib und Haupt ist und als Haupt organisierendes Zentrum des Leibes, löst der Kolosserbrief puristisch auf: Die Kirche ist der Leib. Christus ist das Haupt des Leibes (Kol 1,18).

Die Neuinterpretation der Leibmetapher im Kolosserbrief impliziert eine gewaltige Verschiebung der ekklesiologischen Programmatik: Die Einheit mit Christus als die Wirklichkeit, die die Gemeinde eint, ist für Paulus erfahrbar in der Eucharistie als Werk des Geistes. Mit der Hauptmetapher wird die Einheit als Werk der Leitung Christi erkannt. An dieser Leitung aber partizipieren die Apostel, die Propheten, die Evangelisten, die Hirten und Lehrer, die allesamt von Christus, dem Haupt, eingesetzt (*édôken*) sind (Eph 4,11).

In dem Übergang von einer *Geist-Leib-Metapher* zu einer *Christus-Haupt-Metapher* werden Grundlinien der ekklesiologischen Entwicklung erkennbar, die immer wieder in der Kirchen- und Theologiegeschichte zum Tragen kommen: Auf der einen Seite steht die *pneuma-ekklesiologische Betonung der Freiheit* derer, die sich vom Geist erfüllt als zwangfrei bei aller Verschiedenheit untereinander zu einer Gemeinschaft geschenkter Verbundenheit mit Jesus Christus zusammengeführt erfahren. Auf der anderen Seite steht anstelle der Betonung des Unsichtbar-Geistigen *die Emphase der sichtbaren Struktur und der kirchlichen Organisation und Ämterstruktur.* Hier knüpft die Argumentation an der menschlich-geschichtlichen Dimension der Menschwerdung Gottes an. Jesus wird nun gedeutet als derjenige, der innergeschichtlich handelnd Anordnungen und Einsetzungen vollzogen hat. Neben die Wirksamkeit Gottes im inspirierenden Pneuma tritt jetzt die Wirksamkeit Gottes im geschichtlich hörbaren Wort.

Es ist die Argumentationslinie dieser christologisch argumentierenden Ekklesiologie, die die Akzeptanz des Gedankens der Kirche als fortgesetzter Inkarnation erheblich erschwert: Soll mit diesem Gedanken etwa der Eindruck erweckt werden, die Kirche existiere als *„alter Christus"*, in dessen innergeschichtlicher Präsenz Gott selber in der Welt herrscht? Erhebt sie etwa den Anspruch, dieselbe intuitive Erkenntnis der Wahrheit zu besitzen wie der inkarnierte Logos?

Fortgesetzte Inkarnation?

Vor allem evangelische Theologen fragen: Verdrängt das katholische Verständnis der Kirche als Realsymbol Jesu Christi nicht die Glaubenswahrheit von der alleinigen Heilsmittlerschaft Jesu Christi, um die Kirche unbillig aufzuwerten (Meyer zu Schlochtern/96:152–165)?

Wo so argumentiert wird, verkennt man die *Wirkung des Geistes bei der Inkarnation des Logos.* Der Logos ist *„incarnatus de Spiritu Sancto".* Wo Inkarnation Gottes als *Werk des Geistes* verstanden wird, da ist die Behindertheit ihres Gelingens überall da selbstverständlich, wo der Geist nicht auf den ihm gegenüber völlig offenen göttlichen Logos selbst trifft, sondern statt dessen auf die menschliche Natur, ihre Sündhaftigkeit und die Widerständigkeit institutioneller Größen gegen Gott. Der Kirche ist wie jedem Menschen die Inkarnation Gottes angeboten und zugemutet. Niemals aber ist sie in so hinreichender Vollkommenheit erreicht, dass aus ihr ein christo-ekklesiologischer Herrschaftsanspruch gegenüber der Welt abgeleitet werden könnte. Ja, die Erhebung eines solchen Herrschaftsanspruches würde selber die Diskrepanz sinnfällig machen zwischen dem demütigen Jesus und einer entsprechenden Hybris.

Zur Rezeptions-
geschichte
der Metapher
vom Leib Christi

Die neuere Theologiegeschichte hat zu einer Wiederbelebung der Leib-Metapher in der Ekklesiologie geführt. Kirche wird nunmehr wahrgenommen als eine geistige Einheit, die in aller Verschiedenheit und Pluralität über die Jahrhunderte ihre Identität mit sich selbst immer wieder als geistige Wiedergeburt neu hervorbringt. *John Henry Newman* (1801–1890) betont, dass in diesem Prozess die Kirche mit allen ihren Gliedern beteiligt ist, nicht alleine mit den ordinierten Amtsträgern. Die Kirche als ganze ist die Einheit des Leibes Christi im Heiligen Geist.

Yves Congar (1904–1995) vertieft diesen Gedanken: Die katholische Kirche habe in der Abwehr gegen die einseitige Betonung des ekklesiologischen Ranges der einfachen Christen im Gallikanismus, Jansenismus und der Reformation überreagiert und im Kontext einer allgemeinen gesellschaftlich-politischen Laisierung die institutionelle Dimension der Kirche und ihr hierarchisches Wesen zu sehr in den Vordergrund gerückt (Congar/131:74–85). Es gelte nun aber, im Sinne einer wiederzugewinnenden „vollständigeren Synthese" wahrzunehmen, dass die Hierarchie der Kirche und ihre Heilsmittel einerseits und die Gesamtheit der Gläubigen andererseits zusammen und niemals getrennt die Kirche aufbauen (ebd., S. 92–97).

Congars Überlegungen spiegeln sich in der 1943 von Pius XII. erlassenen Enzyklika „Mystici Corporis": Dem totalitaristischen Ideal der Selbstauflösung des Ichs im Gemeinwesen, das Teile Europas in der ersten Hälfte des 20. Jahrhunderts ergriffen hatte, stellt der Papst das Gegenbild einer aus der freien Personalität ihrer Glieder lebenden Kirche entgegen: Im mystischen Leib der Kirche ist es nicht wie in einem naturhaften Körper, dessen Teile „keine eigene Subsistenz haben". Vielmehr „verknüpft dagegen im mystischen Leib die Kraft der wechselseitigen Verbindung […] die Glieder untereinander, dass sie völlig ihre jeweils eigene Personalität besitzen". Diese Gemeinschaft ist nicht nur zum Wohle des Ganzen, sondern ebenso zum Wohle auch jedes Einzelnen, der ja Glied des mystischen Leibes ist, indem er eine unverwechselbar eigene Person ist (DH 3810). Die freie personale Einheit der bleibend Verschiedenen ist Werk des Heiligen Geistes (DH 3811).

Das II. Vaticanum weitet den Gedanken von der Wirksamkeit des Heiligen Geistes in der Kirche aus: Der Geist Gottes bedient sich der menschlich-organisatorischen Merkmale der Kirche ähnlich wie sich der innergöttliche Logos der angenommenen Menschennatur bediente, um als Mensch wirken zu können (DH 4118). Die Institutionalität der Kirche wird als Werkzeug der göttlichen Selbstmitteilung definiert, die der eigentliche Zweck der Kirche ist.

Das Verständnis der Kirche als Leib Christi weitet das Kirchenverständnis
Das II. Vaticanum begreift Kirche ausgehend von ihrem heilsgeschichtlichen Wesen als fortgesetzte Inkarnation Gottes. Als solche nimmt sie Teil an der Sendung Christi, alle Menschen hinzuführen zur Einheit mit Gott und zur Einheit der Menschen untereinander *(Lumen gentium, 1: DH 4101)*. Diese Einheit unterscheidet sich aber von den politischen Vereinnahmungssystemen des 20. Jahrhunderts. Sie zielt dezidiert auf eine Einheit in der Freiheit der Annahme des göttlichen Heils in der der Person gemäßen Gestalt.

Aus dieser Sicht der Kirche ergibt sich eine für das institutionalistische Kirchenmodell unvorstellbare Großzügigkeit des Sozialkörpers Kirche gegenüber seinen Mitgliedern. Kirche ist ihrem pneumatischen Wesen gemäß *weitherzig*. Ihr Wesen erfüllt sie, wo sie Menschen zu Christus ruft und finden lässt, indem sie sie zugleich ermutigt, zu sich selbst zu finden und ihre unverwechselbare Personalität zu entwickeln.

Dieser *qualitativen Weitung des Kirchenbegriffes* entspricht eine *quantitative Weitung*.

Es ist kein Geringerer als *Augustinus von Hippo* (354–430), der als Erster die theologische Überlegung anstellt, die Kirchengliedschaft im Wesentlichen nicht von der sichtbaren Kirche her zu verstehen, sondern von der göttlichen Heilsabsicht in Bezug auf die Menschen. Die empirische Kirche *(ecclesia qualis nunc est)* ist für Augustinus *„ecclesia mixta"* (Congar/1:3). Mit dieser These hatte sich der Bischof von Hippo gegen den religiösen und moralischen Rigorismus der Donatisten und ihr Konzept einer „Kirche der Reinen" gestellt. Die Donatisten hatten ihre Ekklesiologie vor dem Hintergrund der diokletianischen Verfolgung entwickelt. Wahrhaft Christ und Glied der Kirche ist nur, wer das Martyrium zu tragen bereit ist und sich dazu dann auch tatsächlich als fähig erweist. Wer dagegen aus Schwäche und Angst zurückweicht und Christus verrät, verliert Taufe und Weihe. Dieser Rigorismus widerspricht der religiösen Erfahrung des Augustinus. Augustinus weiß ja gerade aus seiner eigenen Biographie, auf wie langen, oft gewundenen Wegen Gott den Menschen zu seinem Heil führt. Er traut dem freien Willen und der sittlichen Selbstbestimmung des Menschen wenig, der Gnade Gottes aber alles zu. Daraus ergibt sich für ihn die Notwendigkeit, Kirche als *„corpus permixtum"* zu denken. Das Evangelium gibt ihm in dieser Sicht der Kirche Recht (Mt 13,24–30. 36–43).

Ecclesia ab Abel

Im Evangelium bringt „das Ende der Welt" (Mt 13,39) der *ecclesia mixta* aus Sündern und Gerechten die Eindeutigkeit im Gericht Gottes. So denkt auch Augustinus das Gericht als das Offenbarwerden der Kirche in ihrer eigentlichen Gerechtigkeit *(De civitate Dei I, 35)*. Die Kirche findet erst im eschatologischen Gericht ihre eigene Gestalt. Diese aber ist von Gott gewollt. Gott umlagert seine Gerechten „von allen Seiten" *(Confessiones VIII, 1)*, um sie zu sich zu führen. Insofern Gottes geschichtlich-rettendes Handeln zugunsten seiner Gerechten planhaft ist, ist es für den neuplatonisch denkenden Nordafrikaner *„von Ewigkeit her"*, denn ewig sind die Gedanken des Ewigen. So kann Augustinus auf den Gedanken kommen, der Kirche, wie sie am Tage des Gerichts offenbar werden wird, entspreche ein himmlischer Gottesstaat. In ihm sind alle Gerechten *„ab Abel"* versammelt.

Yves Congar hat das seit Augustinus durch die Patristik bis in die Scholastik belegte Theologoumenon dieser verborgenen *ecclesia ab Abel* wieder populär gemacht (Congar/46). Ihm ging es dabei allerdings nicht um das Prädestinationsdenken, das sich mit dem Gottesstaat bei Augustinus verbindet. Er nimmt vielmehr wahr, dass Augustinus Kirche nicht als perfekte Institution denkt, sondern als Pilgergemeinde auf dem Weg zu sich selbst. Wer aber endgültig zu dieser Pilgergemeinde wirklich als Geretteter dazu gehört, das wird erst noch offenbar. Die Formulierung „ecclesia ab Abel" macht allerdings deutlich, dass der Kreis der Geretteten auch Menschen umfasst, die nicht Mitglieder der sichtbaren, irdischen Kirche sind.

Dorothea Sattler nimmt an dem Gedanken der *ecclesia ab Abel* wahr, dass er die eschatologisch offenbar werdende Kirchengliedschaft als eine geistig-personale Wirklichkeit der Lebensgeschichte eines Menschen unter der Führung der Gnade Gottes deutet. Darin erblickt sie ein notwendiges Korrektiv gegen ein Übergewicht juristisch-hierarchischen Denkens in der Ekklesiologie (Sattler/205:106).

Eine Rezeption des Theologoumenons der *ecclesia ab Abel* setzt voraus, dass man es aus seinem neuplatonischen Kontext herauslösen kann. Dies ist möglich, wo der Gedanke einer prädestinatorischen Erwählung überwunden wird durch das biblische Zeugnis von einem wirklich *universalen Heilswillen Gottes*, der im Sterben Jesu Christi offenbar wird (1 Tim 2,4–6). Dann nämlich symbolisiert der Begriff der *ecclesia ab Abel* Gottes machtvollen Willen, Menschen zu sich zu führen „aus allen Völkern und Sprachen" (Offb 7,9). Für die Praxis der Kirche ergibt sich dann eine doppelte Perspektive. Sie darf und soll mit dem II. Vaticanum ihre Berufung zum „Zeichen und Werkzeug" (DH 4105) der Vereinigung des *ganzen* Menschengeschlechtes mit Gott ernst nehmen. Sie darf und soll dieses Wissen um die eigene Werkzeuglichkeit aber auch deuten als Hinweis darauf, dass die Kirche nicht das erste und eigentliche Subjekt des erwählenden Handelns Gottes ist. Gott als der zum Heil der Menschen Handelnde muss sich seine Souveränität nicht durch selektive Prädestination beweisen. Am Beispiel der Vita des Augustinus erweist Gott seine Souveränität eher in seiner *Originalität und hartnäckigen Unbeirrbarkeit*, mit der er die Rechtfertigung des Afrikaners betreibt.

Extra ecclesiam nulla salus oder Anonymes Christentum

Eine weitere quantitative Weitung ergibt sich auf einem paradox anmutenden Denkweg: Das Konzil von Florenz rezipiert in einer besonders strengen Form das von Origenes formulierte patristische Prinzip „extra ecclesiam nulla salus", indem es in seinem Jakobitendekret von 1442 eine Formulierung des Fulgentius von Ruspe (467–532) zitiert. Dessen kleines dogmatisches Kompendium „De fide seu de Regula fidei ad Petrum" erfreute sich im gesamten Mittelalter großer Beliebtheit. Aus ihm stammt die These, „dass niemand, der sich außerhalb der katholischen Kirche befindet […], des ewigen Lebens teilhaftig werden […]" kann (DH 1351).

Die lehramtliche Rezeption dieser theologischen Lehrmeinung wertet sie zu einer gewichtigen Aussage der Kirche über sich selbst auf. Die Interpretation muss sie jedoch in den Kontext anderer lehramtlicher Texte zum Thema rücken: 1653 erklärt Innozenz X., es sei „gottlos, lästerlich, schändlich, der göttlichen Barmherzigkeit abträglich und häretisch" zu sagen, Christus sei „lediglich für das Heil der Vorherbestimmten gestorben" (DH 2007). 1949 korrigiert das Heilige Offizium unter Berufung auf die Enzyklika *Mystici Corporis* eine rigoristische Auslegung des Lehrsatzes „extra ecclesiam nulla salus", den es im Übrigen als „Dogma" bezeichnet (DH 3865): Es ist mit Gottes Barmherzigkeit unvereinbar, anzunehmen, dass er äußerliche Setzungen zur Bedingung seines Rettungs- und Heiligungshandelns an den Menschen vornimmt. Die Kirchenmitgliedschaft muss vielmehr auf Grund einer inneren Notwendigkeit als heilsnotwendig erkannt werden. Einer solchen inneren Notwendigkeit entspricht ein Mensch aber möglicherweise trotz einer äußeren Nichtzugehörigkeit zur Kirche (DH 3869).

Genau diesen Gedanken entfaltet *Karl Rahner* in seiner vielfach ange-fragten Lehre von den Anonymen Christen. Rahner identifiziert Christsein mit Kirchengliedschaft und definiert dann ganz im Sinne von *Mystici Corporis* Kirchengliedschaft als Glied am Leib Christi Sein. Glied am Leib Christi ist der Christ durch den alle Kirchenglieder verbindenden Heiligen Geist. Ohne Teilhabe am Heiligen Geist kann kein Mensch glauben. Eine Wirksamkeit des Heiligen Geistes, der heiligend und Glauben erweckend außerhalb der sichtbaren Kirche wirkt, meint Rahner auf Grund des Heils-universalismus des Erlösungstodes Jesu Christi annehmen zu dürfen. Das II. Vaticanum bestätigt diese heilsoptimistische Sicht, indem es erklärt, Gott führe Menschen „[…] auf Wegen, die er weiß, zum Glauben […], ohne den es unmöglich ist, ihm zu gefallen. […]" (Ad gentes, 7). Der Sache nach findet sich diese Sicht auch in *Lumen gentium, 16* (DH 4140).

Die heilsuniversale Wirksamkeit Gottes denkt Rahner als universale, glaubenerweckende Wirksamkeit des Geistes Gottes. Wenn Kirche als der mystische Leib Christi, zusammengefügt durch den Heiligen Geist, verstan-den wird, so ist die glaubenweckende Wirksamkeit des Heiligen Geistes immer schon hingeordnet auf die Gemeinschaft mit der Kirche.

Gegen diesen Gedanken Rahners ist eingewandt worden, er verflüchtige das Christsein zu einer rein geistigen Wirklichkeit ohne jede historisch fass-bare Konkretion. Genau dies aber widerstrebt dem Faktum der Inkarnation, durch die Gottes Wahrheit ja nicht zufällig oder überflüssigerweise inner-geschichtlich, raum-zeitlich fassbar erschienen ist. Der Menschwerdung entspricht die Notwendigkeit, dass der Mensch innergeschichtlich zur Er-scheinung bringen muss, was er in seiner inneren Entscheidung sein will. Die Menschwerdung Gottes offenbart als implizierte anthropologische Aussage, dass Gott rettend und heiligend in einem Menschenleben erst an-gekommen ist, wo diese Ankunft geschichtlich-raum-zeitlich und sozial-kommunikativ zur Erscheinung kommt. Gott offenbart sich nicht im Geist des Menschen, ohne dass der Mensch äußerlich sichtbar zur Erscheinung bringt, was Gottes Geist in ihm bewirkt.

Wenn das so ist, dann hat die Aussage über die Möglichkeit einer anony-men Gläubigkeit eine *Tendenz zur Kirche*, dann drängt sie darauf hin, ex-plizit zu werden im Bezug auf die Kirche Jesu Christi. Zugleich aber hat sie eine Tendenz über Kirche hinaus. Rahner bezeichnet das als „Das Dyna-mische in der Kirche" *(Rahner/123)*: Das Ergriffensein von Gottes Heiligen-dem Geist drängt zur Kirche. Es drängt aber zugleich die Kirche dazu, deutlicher und klarer zur Erscheinung zu bringen, was die heiligende Mitte ihres inneren Lebens aus dem Heiligen Geist ist.

Es ergibt sich deshalb von Rahner her für das Handeln der Kirche: Die Lehre von den Anonymen Christen bedeutet keineswegs die Sanktionie-rung missionarischer Untätigkeit. Sie bedeutet lediglich eine Änderung der missionarischen Vorgehensweise (Lien/95:141–144): Der Nichtchrist ist nicht a priori als der Ungläubige anzusprechen, der zunächst Mitglied der Kirche werden muss, um zu einem inneren Verständnis des Glaubens fähig zu sein. Vielmehr gilt es, an Glaubensrudimente und -ansätze der Men-schen anzuknüpfen, um im Vertrauen auf Gottes einigenden Geist einen Prozess wachsender Bewusstwerdung und Klarheit zu inaugurieren. Immer wieder hat Rahner den Gedanken eines stufenweisen Wachstums im Glauben betont. Dieser Prozess wird begleitet von dem Mystagogen, der in die Geheimnisse des Glaubens einweist. Mit dieser Wortwahl knüpft Rahner ganz bewusst an die Väterzeit an. In väterzeitliche Kategorien zurückübersetzt erscheint es als angemessener, statt von Anonymen Christen von anonymen Katechumenen zu sprechen. Diese Wortwahl würde betonen: Es gibt keinen *Zustand* der Anonymen Christen, der mit der Sicherheit eines theoretischen Wissens als heilshinlänglich qualifiziert werden könnte. Es gibt lediglich ein *Vertrauen auf die Wirksamkeit des Heiligen Geistes*, der aber immer nur so wirkt, dass er zugleich das menschliche Wirken aktiviert. Deshalb gibt es kein theoretisches, sondern nur ein praktisch-hoffendes Wissen um das Heil derer, die auf Wegen zum Glauben und zur Kirche hin suchend unterwegs sind.

Trinitarische Theologie des Leibes Christi

Kirche und ökonomische Trinität

Die Neubelebung der Leib-Christi-Metapher in der Ekklesiologie des 20. Jahrhunderts geht einher mit einer vertieften Durchdringung der trinitarischen Wirklichkeit der Kirche: Die Kirche ist Leib Christi, fortgesetzte Inkarnation Gottes in der Welt, Teilhabe an der Sendung Christi zur Vereinigung der Menschen untereinander und mit Gott. Sie kann das aber nur sein, weil und insofern die Menschen in der Kirche von Gottes rechtfertigendem und heiligendem Geist zu dieser Wirksamkeit miteinander berufen und befähigt werden. Die Inkarnation selbst ist ein Werk Gottes in seinem Geist, den die Kirche in ihrem eigenen Leben als wirksame Kraft erkennt (Wassilowski/107:132–164).

Die Gestalt, die diese Wirksamkeit des Geistes immer wieder annimmt, ist die Gestalt Jesu. Der Geist bringt immer wieder die Grundstruktur des religiösen, intellektuellen und praktischen Lebens Jesu hervor. Jesus ist der Typos, an dem sich das Menschsein unter dem Einfluss des Geistes bildet. Das Wirken Gottes im Heiligen Geist ist so auf Jesus Christus hin orientiert.

Eine Grundstruktur des religiösen Lebens Jesu ist, dass Jesus sich vollkommen bestimmen lässt von dem Willen Gottes. Alles gelingende religiöse Leben wird von Jesus her erkennbar als ek-statische Bewegung auf Gott. Das Ziel aller menschlichen Bewegungen, Entwicklungen, allen Schaffens und Werdens ist in der Verborgenheit der unendlichen Fülle und des Andersseins Gottes gegeben. So ist Gott erfahrbar als der, der sich gibt, ohne jemals gegeben zu sein. *Gott ist kein Faktum, sondern der Zielgrund allen menschlichen Schaffens und Sehnens.* Diesen Zielgrund offenbart Jesus als unendlich freundliche Wirklichkeit, die einlädt und bejaht. So ist die Transzendenz Gottes kein Grund zur Furcht und zur besitzergreifenden Gewalt, sondern Einladung zu einer Hingabe der Liebe in der Nachfolge Jesu.

Kirche ist dynamisch hin auf den unendlich geheimnisvollen Gott, den sie im Zeugnis Jesu als ihren und aller Menschen Vater erkennt und ersehnt. Sie ist dynamisch, weil die Ekstase auf das Gottgeheimnis als ihr eigenstes, innerstes Lebensprinzip von der belebenden, mobilisierenden, inspirierenden Wirklichkeit des Geistes Gottes getragen wird. Die Kirche ist ekstatisch, weil sie sich am Vorbild des Mannes aus Nazaret bildet, der alles, auch sein Leben, hingegeben hat für die größere Liebe Gottes.

Bernd Jochen Hilberath hat die irritierende Produktivität einer empirischen Pneumatologie vor Augen geführt, indem er den Heiligen Geist als Gottes dialogisch sich entfaltende Beziehungsdynamik in der Kirche beschreibt: Der Mensch ist nicht eine für sich seiende Substanz, sondern er findet sich in der Begegnung, im Austausch, in der geistigen Dynamik. Diese anthropologische Realität des Dialogischen hat ihren Grund in der Beziehungshaftigkeit, die sich heilsgeschichtlich pneumatologisch, christologisch und *theo*-logisch entfaltet (Hilberath/88).

In der neueren Gotteslehre ist eher eine Konzentration auf die immanente Trinität zu konstatieren. Eine Lehre von der immanenten Trinität deutet die Erzählung der Begegnung Gottes in den drei personalen Wirklichkeiten von Vater, Sohn und Geist als Offenbarung des inneren (immanenten) Lebens Gottes selber. Dies ist deshalb ein allgemein anerkanntes theologisches Verfahren, weil Gott in seiner Offenbarung nicht anders erscheint, als er in sich selber ist (trinitätstheologisches Grundaxiom). In der ekklesiologischen Argumentation wird dieses innere Leben Gottes selber dann zum Urbild dessen, was die Kirche sein soll. Die Aussagen der immanenten Trinitätslehre beziehen ihre Plausibilität jedoch aus der empirischen Erfahrung der ökonomischen Trinität. Sie können helfen zu verstehen, dass diese Erfahrungen eine tiefere ontologische Ordnung aufdecken, die im Wesen Gottes begründet liegt.

Kirche und immanente Trinität

Dass Gott lebt, indem er sich als Beziehung vollzieht, impliziert die Aussage über den Menschen, dass er als Gottes Geschöpf daraufhin geschaffen wurde, in Beziehungen sein Leben zu finden. Dass Gott zutiefst kommunikativ ist, impliziert die Aussage über den Menschen, dass die Verweigerung von Kommunikation, die Verkapselung in eigenen Ideen eine seinsfeindliche Verhaltensweise darstellt.

Die Ekklesiologie der Kirche als Leib Christi bindet den Kirchenbegriff an das Ereignis der Menschwerdung Gottes und erkennt dieses Ereignis als pneumatisch gewirktes geschichtliches Kontinuum, das alle diejenigen Menschen zusammenführt, die von dem Prozess der Menschwerdung Gottes erfasst sind, sei es, dass sie in expliziter Weise ihre innere Hinordnung auf Jesus Christus bekennen, sei es, dass sie sich fragend und suchend nach dem ihnen verborgenen Christus ausstrecken, sei es, dass sie in scheinbarer Distanz zu Jesus Christus doch eine innere Hinordnung auf die Wahrheit seines Lebens vollziehen.

Die biblische Ekklesiologie vom Leib Christi gibt dem Selbstbild der Kirche einen pneumatologischen Schwerpunkt: Der Leib Christi wird zusammengehalten durch den Heiligen Geist. Die pneumatische Dimension der Kirche steht schon von der Metaphernlogik her in einer Spannung zum institutionalistischen Kirchenverständnis. „Pneuma" heißt ursprünglich „Wind". Der Epheserbrief verknüpft auf eigenartige, oxymoronhafte Weise die institutionalistische Metapher von der Kirche als einem Hauswesen mit der Rede von der kirchenerbauenden Wirkung des Heiligen Geistes: „Durch ihn [Jesus Christus] werdet auch ihr im Geist *(pneûma/Wind)* zu einer Wohnung *(katoiketérion/Behausung)* erbaut" (Eph 2,22). Die notwendig statische Wohnung erscheint paradoxerweise als das Produkt der Wirksamkeit des statikfeindlichen Windes. Die Spannung der Metaphorik beinhaltet eine Grundspannung der Kirche. Seit sie ihre naherwartungsgeprägte Frühphase hinter sich gelassen hat, realisiert sich die Kirche als

Status, Relevanz und Grenze der Leib-Christi-Ekklesiologie

Hauswesen, als Institution mit festen Regeln und Gesetzen. Sie erscheint als sichtbare innergeschichtliche Wirklichkeit. Zugleich aber hat sie das Wissen lebendig gehalten, dass diese Erscheinungsform von dem lebt und getragen wird, was ihr eigentlich völlig wesensfremd ist, von der institutionenerschütternden Beweglichkeit und Unbändigkeit der geistigen Wirklichkeit, die die Kirche eigentlich zusammenfügt.

Bestimmte institutionelle Merkmale erscheinen immer als der Kirche eigentlich fremd und äußerlich. Sie verbinden sich mit der Kirche aufgrund äußerer Realitäten und Zwänge: Wie jeder menschliche Verein entwickelt die Kirche bestimmte Strukturen aufgrund von Notwendigkeiten, die mit ihrem eigentlichen Wesen und ihrer eigentlichen Sendung nichts zu tun haben. Der Institutionencharakter der Kirche in diesem Sinne wurde im ersten Kapitel dieses Buches behandelt.

Folgen wir aber der Spur einer christologischen Begründung der Kirche von der Menschwerdung Gottes her, so dringen wir zu einem theologisch relevanteren Begriff kirchlicher Institutionalität vor, der im folgenden Kapitel vorgestellt werden soll.

e) Kirche als „signum levatum in nationes"

Geschichte, Menschheit, Individuum als Grundbegriffe einer Geschichtsreligion

Die Menschwerdung wurde im vorangegangenen Kapitel entsprechend dem Apostolischen Glaubensbekenntnis behandelt als eine Wirkung des Heiligen Geistes.

Die pneumatische Dimension ist allerdings nur eine der Dimensionen des Inkarnationsgeschehens. Die zweite Dimension wird durch die Tatsache des raum-zeitlich, geschichtlich-kommunikativen Hervortretens der Wahrheit Gottes selber in Jesus Christus, also durch die Inkarnation im engeren Sinne, repräsentiert. Inkarnation bedeutet eben nicht nur das je und je neue Sich-Inkarnieren des Gottesgeistes. Mit der theologischen Rede von der Inkarnation verbindet sich das Bekenntnis zu dem einen Menschen Jesus Christus, in dem alle Geschichte der Menschheit Mitte und Ziel findet.

Die Dimension des geschichtlich-konkreten Erscheinens des Willens Gottes für alle Menschen prägt die Geschichte des alttestamentlichen Gottesvolkes. Mit dem Exodus wird von Gott ein geschichtlicher Anfangspunkt gesetzt. Der mythisch gleichförmige Fluss der Zeiten wird unterbrochen. Das geschichtliche Handeln Gottes begründet überhaupt erst Geschichte als relevante Größe. Mit der Geschichte aber wird das Individuum geboren als Mensch, der in einer einmaligen Geschichte seine eigene Stellung und Verantwortung erkennen kann. Mit der Frage eines von Gott gesetzten geschichtlichen Anfangs taucht die Frage nach dem Ziel der Geschichte auf. Je mehr im Alten Testament der Blick auf ein erhofftes Ende des Geschichtszusammenhanges geht, um so integrativer wird das Denken für alle Menschen. Geschichtssinn hat eine inkludierende Dynamik.

Mit dem Evolutionstheorem wird die Geschichtsidee auf die Naturgeschichte ausgedehnt, aber zugleich die Idee der Geschichte wieder interpretiert als selbst naturhafter und letztlich doch zyklischer Prozess von naturhaften Gestaltentfaltungen und Einfaltungen. Über zwei Jahrhunderte war nach dem Zusammenbruch der geschichtsprägenden Kraft des Christentums die Philosophie der Anwalt der Idee einer alle Menschen verbindenden Menschheitsgeschichte.

In der Alltagssprache wird immer mehr die Erfahrung des Menschen im Umgang mit dem Computer zur Daseinsmetapher. Der Computer bietet in der Anwendung verschiedener Programme jeweils eine Vielzahl für sich sinnvoller Verknüpfungen verschiedenster realer oder gedachter Wirklichkeiten. Der Benutzer kann auf die verschiedensten Wirklichkeiten in jeweils unterschiedlichster Weise zugreifen und erfährt sich so als die organisierende Mitte eines in seiner Individualität letztlich völlig beliebigen Kosmos. Die Realität verflüchtigt sich ins Virtuelle.

In diesem gesellschaftlichen Kontext repräsentiert Kirche das ganz Andere eines zutiefst *realistischen* Weltbezuges. Kein Kirchengebäude kommt ohne das Kreuz als sein zentrales Symbol aus. Das Kreuz als Symbol behauptet die Relevanz einer vor zweitausend Jahren geschehenen Hinrichtung als Geschichtssinn. Sein senkrechter Holm kann in unserem Kontext verstanden werden als Symbol des Geschichtseinschnitts.

Vom Kreuz Christi her definiert sich die Kirche als geschichtsbildende Erinnerungsgemeinschaft von unvorstellbarer Erinnerungsleistung. Das Christentum erscheint bisweilen als *Memoria-besessen*. Es bewahrt nicht nur die Erinnerung an Leiden und Auferstehung Jesu Christi, an seine Taten und Werke, nein, bereits wenige Jahrzehnte nach dem Tod Jesu ersteht mit der Apostelgeschichte die erste Kirchengeschichte. Nachdem Gott selber in die Geschichte eingetreten ist, ist in ihr nichts mehr beliebig oder gleichgültig. Kein antiker Schriftsteller wäre uns heute bekannt ohne die Abschreibleistung der mittelalterlichen Klosterskriptorien. Weitergabe von Sinngehalten wird zu einem Lebensprinzip der Kirche. In der Mitte dieses Traditionsprozesses steht immer das Lebenszeugnis des Mannes aus Nazaret als Mitte und Ziel aller Geschichte, in dem die theologische Spekulation zugleich den Anfang der Geschichte erblickt.

In dem so aufgespannten Sinnkosmos erhält der Einzelne Stellung und Gewicht, aber auch jedes Naturereignis wird der Untersuchung wert. Erst die Unterstellung eines universalen Sinns begründet eine Grundhaltung neugierigen Forschertums gegenüber der Natur.

Das Faktum der Menschwerdung Jesu Christi gebiert das Phänomen der Tradition der Glaubens- und Wissensweitergabe als eines elementaren Wesensvollzugs der Kirche. Kirche ist die Tradentin des Glaubenswissens, das im Kern auf Jesus von Nazaret zurückgeht.

Heute erscheint diese Funktion der Kirche wieder als ein gewichtiger gesellschaftlicher Dienst. *Johann Baptist Metz* hat die Formel von der „gefährlichen Erinnerung" geprägt. Er wollte damit deutlich machen, dass Erinnerung keine Nostalgische, anheimelnde Wirklichkeit ist, wie der Philosoph Odo Marquard insinuiert. Für Marquard ist Erinnerung nur als eine persönliche, bestenfalls familiale oder regionale *oral history* das Medium, das die (virtuelle) Fiktion einer gewissen Beheimatung in der Welt ermöglicht. Für Metz birgt die christliche Erinnerung immer noch die Kraft, das Fatum der geschichtslosen Gleichgültigkeit gegen alles und jeden zu durchbrechen. Wo Erinnerung gepflegt wird, wird die Bedeutung des Einzelnen festgehalten. Impliziert in diesem Bekenntnis zur Bedeutung des Einzelnen ist die

Aus der Menschwerdung Gottes folgt ein radikalisierter Traditionsbegriff

Dienst des Gedächtnisses in geschichtsblinder Zeit

Überzeugung von der Menschwerdung Gottes. Die Erinnerungsleistung christlicher Kultur kann gedeutet werden als ein angewandtes Inkarnationsbekenntnis. In der Erinnerung an jeden Einzelnen vollzieht die Kirche ihr Inkarnationsbekenntnis in einer gesellschaftlich-politisch relevanten Gestalt. Sie setzt damit die vor allem im Mittelalter gepflegte Tradition der Totenmemoria fort. In ihr wird jede menschliche Lebensgeschichte als Moment eines Sinnkosmos begriffen, der sich um Christus als ihr organisierendes Zentrum aufspannt.

Hüterin
des *depositum*
oder die Positivität
der Erinnerung

Kirchliche Erinnerungsleistung zeichnet sich durch eine gegensätzliche Bestimmtheit aus: Sie ist einerseits präzise, andererseits von staunenswerter Freiheit der Deutung. Fassen wir zunächst die Dimension kirchlicher Erinnerungspräzision in den Blick.

Sie gehört nach Jan Assmann zum Wesen des kulturellen Gedächtnisses als eines Fundamentes der jüdischen Religion. Jan Assmann interpretiert das Deuteronomium als die Sicherung eines Israel zusammenbindenden Bindungsgedächtnisses vermittels sieben verschiedener Mnemotechniken (Assmann/231:30–32): Das Gesetz wird auswendig gelernt (Dtn 6,6). Es wird an die Kinder weitergegeben (6,7). Es wird durch Körpermarkierungen sichtbar gemacht (6,8). Es wird aufgeschrieben und veröffentlicht (27,2–8). Es wird in Festen öffentlich zelebriert und gemeinschaftlich kommemoriert (16,12). Es wird schließlich poetisch variiert und so wiederum in mündliche Überlieferung zurückgeführt und erneut verlebendigt (31,19–21). Der Gesetzestext wird schließlich kanonisiert und so zur unwandelbaren Grundlage erhoben.

Gegen eine gnostisch-spiritualistische Auffassung von Offenbarung verwenden die neutestamentlichen Autoren an vielen Stellen Formulierungen, mit denen sie den Faktizitätscharakter ihres Zeugnisses betonen: „Denn wir sind nicht irgendwelchen klug ausgedachten Geschichten gefolgt, als wir euch die machtvolle Ankunft Jesu Christi unseres Herrn verkündeten, sondern wir waren Augenzeugen seiner Macht und Größe." (2 Petr 1,16). Immer wieder betont vor allem Lukas: Das christliche Zeugnis bezieht sich auf das Sehen und Hören Jesu (Lk 7,22; Apg 4,20; 22,15).

Besonders klar tritt das Bewahren des empfangenen Glaubens bei Irenäus von Lyon hervor. Irenäus verknüpft den Gedanken eines festen Traditionsbestandes mit dem Gedanken einer bruchlosen Tradentenkette berufener, amtlicher Zeugen, die für die Echtheit der Überlieferung bürgen: *„Die wahre Gnosis (Erkenntnis) ist die Lehre der Apostel und der Glaube der Kirche in seiner Gesamtheit seit alters her auf dem Erdkreis; das Unterscheidende des Leibes Christi liegt in der Aufeinanderfolge der Bischöfe, denen die Apostel die jeweilige Ortskirche übertragen haben. Dieses Bewahren gibt es bei uns bis heute, ohne dass dabei Schriften gefälscht werden; in vollem Umfang wird ausgelegt, nichts hinzugefügt und nichts weggelassen; hier werden die Schriften unverfälscht gelesen und entsprechend erklärt, legitim und genau, ohne Risiko und ohne Blasphemie [...]."* (Adversus haereses IV, 33,8).

Der Grund für diese Emphase des Historisch-Faktischen liegt in dem Glauben an das Inkarnationsereignis. Dieser Glaube fordert das präzise Erinnern der Worte und Taten Jesu als der Norm aller, die sich auf ihn berufen, heraus. Lukas stellt sich selbst in den Anfangsversen seines Evangeliums als kritischen Historiker dar: „Nun habe auch ich mich entschlossen, allem von Grund auf sorgfältig nachzugehen […]." (Lk 1,3) Das Inkarnationsereignis fordert den neutestamentlichen Schriftsteller als gedächtnisermöglichende Kraft: „Ich will dafür sorgen, dass ihr auch nach meinem Tod euch jederzeit daran erinnern könnt." (2 Petr 1,15).

Mit dem rationalistisch-aufgekärten Dogma, dass sich aus dem Historisch-Kontingenten keine notwendige Wahrheit gewinnen lasse, gerät das christliche Traditionsverständnis in eine schwer wiegende Krise. Die europäische Aufklärung fordert die Ersetzung der positiven, kirchlichen Religion mit ihren festen Traditionsgehalten durch eine natürliche Religion. Die Forderung der natürlichen Religion lebt heute in dem US-amerikanischen Konzept der *„civil religion"* fort, die lediglich die rational begründbaren Elemente des Glaubenswissens zum Inhalt einer staatsbürgerlichen Religion macht, die die engen Grenzen der Konfessionen überwindet. Mit dem Konzept der natürlichen Religion geht die Privatisierung und Verinnerlichung einher. Abgesehen von einigen alle verbindenden, fundamentalen Grundüberzeugungen (Gott, Freiheit, Unsterblichkeit) wird die Religion zur Privatsache des individuellen Innenlebens, zur unsichtbaren Religion, die sich als solche auch in ganz untraditionellen Motiven verwirklichen kann *(Luckmann/237).*

Ein rationalistisches Traditionsverständnis sieht in den Inhalten der christlichen Überlieferung bestenfalls das besonders klare Hervortreten dessen, was grundsätzlich jeder Mensch aufgrund seiner Vernunft und des immer gleichen Laufes der Welt mit ihren Gesetzen selbst herausfinden kann. Gegen die rationalistische Grundüberzeugung, alle für den Menschen relevante Erkenntnis lasse sich jeweils neu herausfinden, stemmt sich Anfang des 19. Jahrhunderts der französische Priester und Intellektuelle Hugo F. R. Lammenais. In seinem 1818 veröffentlichten Hauptwerk, dem „Essai sur l'indiference en matière de la religion" *(deutsch 1820/21),* begündet Lammenais die Abhängigkeit aller wahren Erkenntnis von dem Prozess der Tradition, in dem die Völker ihr religiöses und sittliches Wissen als Menschheitswissen, als *„sens commun"* oder *„raison générale",* weitergeben. Die Wahrheit dieses erkenntnisermöglichenden Wissens ist durch eine göttliche *Uroffenbarung* verbürgt. Ohne sie wäre auch keine Erkenntnis der Existenz Gottes möglich. Im Zentrum dieses eigentlichen Kulturprozesses der Tradition steht die Kirche als die Hüterin der vollendeten religiösen und sittlichen Erkenntnis. Das traditionalistische Traditionskonzept verbindet sich im 19. Jahrhundert mit einem ausgesprochen autoritäten Modell von Kirche.

Traditionalismus

Das I. Vaticanum reagiert auf die traditionalistische Emphase des 19. Jahrhunderts differenziert. Die dogmatische Konstitution *Dei Filius* vom 24. April 1870 betont in ihrem ersten Kapitel mit dezidiert antitraditionalistischer Zielsetzung die Erkennbarkeit Gottes durch die natürliche Vernunft (DH 3001). Aber post Christum natum kann die natürliche Gotteserkenntnis den Menschen nicht mehr ausfüllen und beseligen. Er bedarf zu seinem Heilwerden in einem die bloße natürliche Integrität überbietenden Sinne des Wissens um die Selbstmitteilung Gottes in Jesus Christus (DH 3004). Tradition ist heilsrelevant, mithin aber auch die Tradentin: Die Kirche ist

Das Traditionalismusverständnis des I. Vaticanums

aufgerichtet als ein *„signum inter nationes"*, als Zeichen des Glaubens unter den Völkern (DH 3014).

parádosis und diathéke

Das I. Vaticanum entspricht dem positivistischen Traditionsbegriff mit der Metapher des *depositum fidei.* Der Begriff bezieht sich auf die abschließende Anweisung, die der 1. Timotheusbrief für den Gemeindeleiter bereithält: „Timotheus, bewahre, was dir anvertraut ist [*Vulgata: „O Timothee, depositum custodi!"].* Halte dich fern von gottlosem Geschwätz und den falschen Lehren der so genannten Erkenntnis [*falsi nominis scientiae*]. Nicht wenige, die sich darauf eingelassen haben, sind vom Weg der Erkenntnis abgekommen" (1 Tim 6,20). Auch 2 Tim 1,12. 14 und 2,2 verwenden den griechischen Begriff der *parathéke,* den die Vulgata als *„depositum"* wiedergibt und der eine treulich zu bewahrende Hinterlassenschaft bezeichnet. Der Wechsel vom paulinischen Terminus der *parádosis* (1 Kor 11,12; 2 Thess 2,15; 3,6) zum deuteropaulinischen *parathéke* impliziert eine inhaltliche Akzentverschiebung. *Parádosis* betont die Leistung des überliefernden Subjektes bei der Weitergabe des Evangeliums. *Parathéke* betont die Unverwandeltheit des Überlieferungsinhaltes. Durch eine Haltung des defensiven Bewahrens soll Timotheus im Unterschied zur aktiven und kreativen Ausdeutungstätigkeit der Apostel die Identität der ursprünglichen Botschaft bewahren vor einer sich zu weit von den Ursprungsinhalten entfernenden Spekulation. Der Amtsträger Timotheus wird im Zusammenspiel der Gemeinde zur konservativen Bewahrer- und Wächterinstanz berufen. Den Kontext dieser Funktionsbestimmung bildet eine gnostisch-spekulativ erregte Gemeinde.

Einem ähnlichen Kontext sieht sich das I. Vaticanum ausgesetzt: Aufgeklärter Rationalismus und Idealismus nehmen für sich in Anspruch, die Substanz des christlichen Glaubens mit ihren eigenen denkerischen Mitteln rekonstruieren zu können. Gegen dieses hohe philosophische Selbstbewusstsein beharrt das Konzil auf dem uneinholbaren Bedeutungsüberschuss des historisch-faktischen Offenbarungsereignisses, auf das alle Theologie bleibend verpflichtet ist.

Tradition als lebendiger Deutungsprozess

Einem vom Gedanken des *„depositum fidei"* her entwickelten Traditionsbegriff kommt eine gewisse partielle Funktionalität zu. Ein Verständnis der Tradition als bloßer *Hinterlassenschaft* aber, die es möglichst unverändert weiterzugeben gilt, wird der Wirklichkeit kirchlicher Tradition nicht gerecht. Bereits die synoptischen Evangelisten sind für den geübten exegetischen Blick erkennbar als kreative Theologen, die nicht einfach nur weitergeben, was sie gehört und gesehen haben, sondern die sich berechtigt fühlen, das Gesehene und Gehörte auf ihre eigene Lebenssituation zu beziehen und entsprechend zu modifizieren. Klaus Berger konstatiert für die neutestamentliche Zeit eine „[…] für heutige Vorstellungen fast unglaubliche Offenheit zur Variation der Botschaft von Jesus" (Berger/40:5). Der Tradition als lebendigem Prozess wachsen neue Einsichten zu, die sie in den Prozess der Tradierung aufnimmt. U. Busse führt vor, dass innerhalb der Apostelgeschichte erkennbar ist, wie innerkirchlich unterschiedliche Bewusstseinsstände hinsichtlich der Notwendigkeit der Taufe durch Begegnung und Austausch ausgeglichen werden (Busse/43). Ein so verstandener Tradierungsprozess kann aber nicht einfach kumulativ verstanden werden. Die christliche Tradition verlöre so gerade den Charakter der Weitergabe historischen Wissens. Neben der Praxis kreativer Traditionsbildung etabliert sich parallel in der Urkirche bereits die Praxis der kritischen Prüfung von Traditionsbestandteilen (1 Thess 5,21). Christliche Tradition wird nicht nur einfach bewahrt, sondern immer auch ausgelegt. Tradition und Interpretation bestimmen den kirchlichen Umgang mit dem Glauben.

f) Kirche als Sakrament

Der Grundgedanke der Sakramentalität der Kirche
Der Ekklesiologie des Leibes Christi steht die Deutung der *Kirche als Sakrament* nahe. Das Konzept der Kirche als Sakrament entsteht als eine kreative Rezeption der Enzyklika *Mystici Corporis* von 1943 (Meyer zu Schlochtern/96:45). Vor allen weist Joseph Ratzinger immer wieder nachdrücklich darauf hin, dass die Lehre von der Sakramentalität der Kirche zum Kern der Kirchenkonstitution des II. Vaticanums gehört (Ratzinger/100:383–411;/ 101:13–27). Nach der Kirchenkonstitution des II. Vaticanums ist die Kirche *„in Christo veluti sacramentum"* (Lumen gentium, 1), *„universale salutis sacramentum"* (Lumen gentium, 48), zum Sakrament der Einheit bestimmt *(Lumen gentium, 9)*, Sakrament schließlich „des menschlichen Heils" *(Lumen gentium, 48)*.

Ursprung und Sinn der Rede von einem Ursakrament

Dieser Sprachgebrauch wirkt verwirrend, wo ihm nicht eine tiefere theologische Durchdringung des Sakramentenbegriffes vorausgegangen ist. Versteht man unter Sakramenten lediglich die in der Kirche zur Heiligung der Christen gebräuchlichen sieben Zeichen der Gnade Gottes, so muss die Vorstellung verwirren, dass die Kirche ebenfalls ein Sakrament sein soll, das dann womöglich als achtes den sieben zuzuzählen wäre. Aus diesem Grund wurde laut Walter Kasper vom Konzil auch die Formulierung *„veluti sacramentum"* (gleichsam ein Sakrament) gewählt (Kasper/91:221–239). An die Stelle eines positivistischen Sakramentenverständnisses tritt für die Konzilsväter ein spekulatives Sakramentendenken, das die Sakramente nicht in ihrer Verschiedenheit und Besonderheit betrachtet, sondern in ihrer wesenhaften Einheit. Diese Einheit besteht in dem Heilswillen Gottes, der in den Sakramenten auf je verschiedene Weise sinnenfällig und wirkend den Menschen gegenüber zum Ausdruck kommt. Der Heilswille Gottes ist innergeschichtlich wirksam und als unverbrüchliche Zusage an alle Menschen hervorgetreten in der Menschwerdung des ewigen Logos. Jesus Christus ist so die sakramentale Wirklichkeit schlechthin, das *Ursakrament*, in dem Gott selber sich darauf festlegt, kein anderer zu sein als der, dessen ganzes Leben von der Geburt bis um Tod zu einem großen Zeichen des Handelns Gottes zum Heil der Menschen wurde.

Der Gedanke, dass Jesus Christus das Ursakrament sei, entspricht einer langen theologischen Tradition (Beinert/81:17ff.). Augustinus bezeugt ihn *(Ep. 187, 9, 34)*. Bei Thomas von Aquin liegt der Gedanke in der Konsequenz seiner Deutung Jesu Christi als des selbstwirkenden Werkzeuges Gottes *(Sth III, q. 19, a. 1, corp.)*. Er findet auch in der Theologie der Reformation seine zustimmende Aufnahme: „Nur ein einzig Sakrament kennt die Heilige Schrift, das ist Christus der Herr selbst." *(M. Luther, Disputatio de Fide infusa et acquisita, WA 6, 86, 5ff.)*. Die Wiederbelebung des Theologoumenons von der Sakramentalität Jesu Christi im 20. Jahrhundert entspricht dem Bedürfnis, die Einheit des göttlichen Heilshandelns an den Menschen in seinem Ursprung und Ziel in den Blick zu bekommen. Gott verfügt nicht nur diese oder jene juridische, institutionelle oder sakramentale Setzung, sein Handeln ist insgesamt verstehbar im Blick auf den einen, der in vollkommener Weise Gottes wirkendes Zeichen in der Welt ist.

Genau dieser Intention entspricht auch die Anwendung des Gedankens der Sakramentalität auf die Kirche insgesamt. Die Kirche soll damit nicht immunisiert und zum unfehlbar *opere operato* wirkenden Heilsmittel aufgewertet werden. Es geht auch nicht darum, sie mit Jesus Christus selbst einfach zu identifizieren oder als die geradlinige Fortsetzung der göttlichen Inkarnation zu missdeuten. Es geht vielmehr darum, das Wesen und Handeln der Kirche von der einen Mitte des göttlichen Handelns für die Menschheit in Jesus Christus her zu bestimmen. Kirche ist von Gott her auf diese Mitte als ihren Sinn festgelegt. Wo sie Werk der menschlichen Freiheit ist, ist diese Mitte ihres Wesens, Zeichen der Wirksamkeit Gottes in Jesus Christus für die ganze Welt zu sein, ihr als Aufgabe auferlegt.

Die Entdeckung der Sakramentalität der Kirche in der katholischen Theologie

Die Anwendung des Sakramentsbegriffes auf die Kirche ist, anders als die Deutung Jesu Christi als Sakrament, viel jüngeren Datums. Zwar findet man in patristischer Literatur Belegstellen für die Anwendung der Begriffe „mystérion" und „sacramentum" auf die Kirche (Meyer zu Schlochtern/ 96:27), jedoch bleiben die Stellen recht vereinzelt und sind bisweilen alles andere als eindeutig, so dass von einem entsprechenden allgemein verbreiteten und akzeptierten Sprachgebrauch in der Väterzeit nicht die Rede sein kann. Anton Günter und Heinrich Klee hatten Anfang des 19. Jahrhunderts eine entsprechende Sprachregelung angeregt, die verschiedentlich rezipiert wurde, bis zum Beginn des 20. Jahrhunderts aber wieder verstummte. Der Begriff habe, so wird vermutet, wegen seiner Verwendung auch durch den Modernisten *G. Tyrell* in einer Phase der ängstlichen Vermeidung modernistisch klingender Theoreme am Ende des 19. Jahrhunderts verdächtig gewirkt (Meyer zu Schlochtern/96:33 f.). Im 20. Jahrhundert ist es *Carl Feckes*, der 1935 mit seinem Buch *„Das Mysterium der hl. Kirche. Ihr Sein und Wirken im Organismus der Übernatur"* (Feckes/84) die Rede von der Sakramentalität der Kirche neu belebt. Zur Unterscheidung der Einzelsakramente von der Sakramentalität der Kirche führt Feckes den Begriff des „Übersakramenentes" für die Kirche ein. Hans Urs von Balthasar, Henri de Lubac, Karl Rahner und Otto Semmelroth bereiten vor und nach dem Zweiten Weltkrieg die Deutung der Kirche als Sakrament vor (Wassilowsky/107:154–164). Rahner und Semmelroth benennen die Kirche nach dem Krieg mit der Begriffsschöpfung „Ursakrament", was allerdings zu der Schwierigkeit führt, dass sowohl Jesus Christus als auch die Kirche als „Ursakrament" bezeichnet werden. Aus diesem Grund verwendet Semmelroth in seinem MySal-Beitrag von 1972 den Begriff „Wurzelsakrament" (Semmelroth/16), Rahner spricht in seinem „Grundkurs des Glaubens" von 1976 von der Kirche als „Grundsakrament" (Rahner/227:396).

Sakramentalität der Kirche im orthodoxen Denken

Für die orthodoxe Theologie stellt die Entdeckung der Sakramentalität der Kirche im katholischen Denken einen Fortschritt dar. Nicht mehr das Juridisch-Institutionelle wird als das Wesen der Kirche verstanden, sondern das Mysterium der Wirksamkeit Gottes im auferstandenen, pneumatisch vergegenwärtigten Herrn. Die Kirche ist nicht zunächst institutionelle Organisation. Sie hat nach orthodoxem Verständnis ihr Wesen vielmehr dankbar anzunehmen als das Ereignis der Angleichung der Christen an Jesus Christus. Diese vollzieht sich als das Werk des Geistes, der ausströmt vom Auferstandenen. In diesem Geist ist der Auferstandene universal gegenwärtig und wirksam, werden Menschen hingezogen zur Gemeinschaft mit Christus und zur inneren Angleichung an ihn. Diese Angleichung aber ist Angleichung an den, der sein ganzes Leben auf den einen göttlichen Ursprung hin lebte. Die Angleichung an Christus ist so Hinordnung auf den Vater. Verborgen in den Alltagsgestalten des menschlichen Lebens, vollzieht sich dieses göttliche Geheimnis der Vergöttlichung (*théosis*) des Menschen (Staniloae/34:153). Staniloae sieht den Kreis der eschatologischen Wirksamkeit des Kirchensakramentes noch weiter, wenn er erklärt: „Die Kirche ist die Vereinigung alles Seienden, dazu bestimmt, alles was da ist, Gott und die Schöpfung, in sich zusammenzuschließen." Die Kirche partizipiert in dieser Sicht am innertrinitarischen Leben und vollendet das Gott-Welt-Verhältnis, indem sie die Welt hineinzieht in das innergöttliche Leben *(ebd., S. 162)*. Die Kirche erscheint als der kosmische Leib Christi. Als solcher eignet ihm die gottmenschliche, die *theandrische Beschaffenheit* des inkarnierten Logos. Dieser aber ist nicht *naturhaft* zu denken, sondern *akthaft*. Einheit von Gott und Mensch ist keine monophysitische Gegebenheit physischer Art, sondern akthaft-existentiell sich vollziehende Wirklichkeit. Als solche hat sie einen Anfang in der konkret-geschichtlichen Menschwerdung Jesu Christi, dem „Grund der Kirche" *(ebd., S. 165)*. Als solche hat sie eine spezifische Geschichte und Kenntlichkeit in der Angleichung an das konkrete Leben Jesu Christi, das Staniloae beschreibt als die „Selbstüberschreitung" der menschlichen Natur auf Gott hin in einem „ständigen Opferzustand", in dem die menschliche Natur Jesu Gott wohlgefällig ist *(ebd. S. 170f.)*. Nur wo in der Kirche die Überwindung „der knechtischen Begierden" und des „Egoismus" sich ereignen, partizipiert die Kirche als Leib Christi an dem Ganzopfer Christi, mit dem Christus sich mit seiner ganzen Existenz dem Vater dargebracht hat *(ebd., S. 171)*. Im Heiligen Geist werden die Gläubigen Christus gleichgestaltet. Christus, der Hohe Priester, wird in diesem zutiefst sakramentalen Lebensvollzug der Gesamtkirche vergegenwärtigt im amtlichen Priestertum *(ebd., S. 183ff.)*

Die Deutung der Kirche als Sakrament begreift die Kirche als Ereignis der göttlichen Wirksamkeit zum Heil aller Menschen. Wesen und Wirksamkeit der Kirche partizipieren in dieser Sichtweise am Geheimnischarakter des göttlichen Wirkens. Nicht menschliches Organisieren und Schaffen an der Kirche als institutionellem Gebilde ist das Eigentliche, worauf es ankommt, sondern Gottes geheimnisvolle Wirksamkeit in und durch eine Kirche, die er im Heiligen Geist auf seine Weise christusförmig bildet und so zum Opfer gestaltet, „das Gott gefällt" (Röm 12,1). *Protestantische Vorsicht*

Evangelischerseits steht gegen eine solche Sichtweise der Kirche die protestantische Wachsamkeit hinsichtlich des konkreten Prozesses der Heiligung in und durch die Kirche. Kann diese Heiligung anders stattfinden als dadurch, dass der Einzelne sich immer wieder als der rettungslos verlorene Sünder erfährt, der er im Gericht Gottes für sich genommen immer ist? Als dieser rettungslose Sünder empfängt er das ihm zugesprochene Rechtfertigungswort Gottes in Predigt und Sakrament. Wenn das aber der Kern des Rechtfertigungsgeschehens ist, dann ist dieses Geschehen immer *forensisch-dramatisches Geschehen*, in dem der einzelne Mensch und die Institutionen, die er mit anderen bildet, sich immer wieder als unter dem Gericht Gottes stehend erfahren. Die Institution Kirche ist Werkzeug zum Heil gerade da, wo sie sich erfährt und darstellt als die Kirche der erlösungsbedürftigen Sünder. Eine Selbstdeutung der Kirche als Sakrament der Wirksamkeit Gottes würde sie gegen die notwendig zu ihrem Wesen gehörige Selbstkritik immunisieren.

Kirche wird so nicht erfahren als das sakramentale Wunder der den Menschen zum Heil hin verwandelnden Wirksamkeit Gottes, sondern dieses Wunder ereignet sich gerade dort, wo in der Kirche die Gottesferne und Gottes souveräne Überwindung dieser Ferne erfahren werden. Der Ernst des den Menschen rechtfertigenden Gottesgerichtes würde verdunkelt, wo man allzu undeutlich von einer sakramentalen, heiligenden Wirklichkeit der Kirche für den Einzelnen sprechen würde. Ohne den Glauben und die je neue Bekehrung des Gläubigen wirkt Gott auch in und durch die Kirche kein Heil. Der Rede von der Kirche als Sakrament begegnen Protestanten deshalb mit Skepsis, weil sie den Eindruck eines selbstwirksamen Heilsautomatismus in der Kirche hervorrufen könnte. Die lutherische Kritik sieht die Gefahr eines sakramententheologischen Triumphalismus, in dem die Kirche gerade verkennt, dass Gott in ihr rechtfertigend das Heil der Christen wirken will, wo Christen sich als Sünder und ihre Kirche folglich als eine Kirche der Sünder erkennen.

Wo allerdings der Begriff der Sakramentalität nicht im Sinne eines Automatismus, sondern streng *instrumental* verstanden wird, da gibt es auch von lutherischer Seite eine Offenheit für die Deutung der Kirche als Sakrament. Denn dem in der Kirche verkündigten Wort Gottes und den in ihr gespendeten Sakramenten eignet wirklich die Kraft Gottes, die in ihnen bezeugt wird. Wo Kirche predigend und Sakramente spendend tätig wird, da wirkt sie als Instrument Gottes, da ist sie Gottes wirksame Gegenwart unter den Menschen, da spricht auch lutherischerseits nichts dagegen, von einer Sakramentalität der Kirche zu sprechen im Sinne einer *Werkzeuglichkeit der Kirche* für Gottes Heiligungswerk unter den Menschen (Kirche und Rechtfertigung/180:72 ff.).

Beiträge zur Entfaltung des Grundgedankens

Der Kontext eines veränderten Sakramentenverständnisses

Die Rede von der Kirche als Sakrament setzt einen veränderten Sakramentsbegriff voraus. Das Sakrament wird nicht primär unter den Aspekten von Institution und Wirksamkeit wahrgenommen als ein göttliches Heilsmittel, an dem die Theologie im Gefolge der Gegenreformation vor allem die beiden Aspekten der Einsetzung durch Jesus Christus und der objektiven Wirksamkeit zu interessieren haben. „Sakrament" wird zu einem Begriff, der das heilsgeschichtliche Verhältnis von Gott und Welt insgesamt thematisiert. Diese Umdeutung des Sakramentsbegriffes entspricht der Bedeutung des neutestamentlichen Begriffes „*mystérion*", der in den lateinischen Übersetzungen des NT an einigen Stellen mit „*sacramentum*" wiedergegeben wird. *Mystérion*, Geheimnis, bezeichnet nämlich den verborgenen Willen Gottes für die Welt und die Menschen. Dieses „Geheimnis seines Willens" hat Gott in Jesus Christus offenbart als seinen Beschluss, „in Christus alles zu vereinen, alles, was im Himmel und was auf Erden ist" (Eph 1,9). Ein Geheimnis aber, das nicht anders enthüllt wird als in der Biographie eines Menschen, erschließt sich nur, wo sich Menschen der inneren Wahrheit und Logik dieses Menschenlebens öffnen. Es lässt sich ebensowenig in einem Wort oder Satz aussagen, wie sich ein Menschenleben in einem Wort oder Satz aussagen lässt. Das Geheimnis des Lebens Jesu wird für die christliche Theologie zu einem *Appellbegriff*. Es gilt, ein Verständnis zu entwickeln für die Geheimnisse des Lebens Jesu, im Leben und Sterben des Mannes aus Nazaret das Handeln Gottes an ihm und an allen Menschen zu erkennen. Das Eindringen in die Mysterien des Lebens Jesu ist die Schule des Glaubens. Wo Christen sich dem Geheimnis des Lebens Jesu öffnen, merken sie, dass sich ihnen von Gott her ein Verstehen erschließt, dass der Gekreuzigte Ort und Medium des Erscheinens der Menschen und Welt verwandelnden Herrlichkeit Gottes unter den Menschen ist. Das Geheimnis ist Mysterium Jesu Christi, das aber in seiner Herrlichkeit und Wirksamkeit nicht anders als im Zeugnis des göttlichen Geistes verstehbar wird. Wo Menschen in diesen Prozess einer lebensgeschichtlichen Auslegung des Lebens Jesu hineingezogen werden, da beginnt für sie eine Verwandlung des eigenen Lebens hin auf das Urbild des Gekreuzigten, in dem Gottes Herrlichkeit als Wirklichkeit in der Welt offenbar wurde. Das Geheimnis des Lebens Jesu offenbart am Christen eine sein ganzes Leben verändernde Kraft. Geheimnis bezeichnet so theologisch etwas völlig anderes als im Alltagsleben. Im Alltagsleben ist das Geheimnis eine verborgene Wirklichkeit. Theologisch ist das Geheimnis eine verborgene Wirklichkeit, die durch ihre Verborgenheit ihre Kraft und Wirksamkeit für den Menschen entfaltet. Dies ist aber nur möglich, wo das Verborgene nicht einfach schlechthin verborgen ist, sondern zugleich auch so weit enthüllt, dass der Mensch in eine innere Bewegung auf das Verborgene hin hineingezogen werden kann. Damit aber ist die Wirklichkeit des Sakramentes benannt. Ein Sakrament ist ein Zeichen, das eine abwesende Realität bezeugt und gerade dadurch diese Realität in einer wirksamen Weise gegenwärtig setzt.

Vor allem Joseph Ratzinger insistiert in der neueren Theologie auf der Rezeption des Sakramentenbegriffes in der Ekklesiologie. Ratzinger geht es dabei negativ um die Abwehr der ausschließlichen Deutung der Kirche mit soziologischen Kategorien. Die konziliare Volk-Gottes-Ekklesiologie schwebt für ihn in der Gefahr, exklusiv vom politischen Begriff des Volkes her verstanden zu werden . Positiv will Ratzinger mit der ekklesiologischen Verwendung des Sakramentenbegriffes die Notwendigkeit markieren, die Kirche als Volk *Gottes* zu verstehen. Gottes Volk aber wird die Kirche nicht aus eigener Kraft, nicht durch die Anstrengungen ihrer Mitglieder oder durch organisatorische und kommunikative Leistungen, sondern durch Gottes sakramentales Handeln.

Die Bestimmung des Sakramentscharakters von der Eucharistie her

Ratzinger präzisiert den Sakramentenbegriff ausgehend von der Eucharistie. In der Eucharistie vollzieht die Kirche je und je wieder den Höhepunkt des für sie und ihren sakramentalen Charakter konstitutiven Christusbezuges. In der Eucharistie erfährt die Kirche, dass ihr das eigene Wesen als Gemeinschaft mit dem Gekreuzigten und Auferstandenen geschenkt wird. In der Eucharistie vollzieht sie die Lebenshingabe Jesu an den Vater mit. Die Lebenshingabe an den Vater wird in diesem Nachvollzug zum Gesetz des eigenen Lebens der kirchlich verbundenen Menschen. In dieser Hingabe werden die Christen zu einer *communio* verbunden, die keine menschliche Organisation und Setzung zu erreichen vermöchte. In dieser Hingabe wirkt vielmehr die Kraft des Vorbildes, das nicht nur fern vergangene historische Gestalt ist, sondern gegenwärtig ist in seinem Geist (Meyer zu Schlochtern/96:165 ff.) Das Gegenbild dieses Lebens aus der aktuellen, je und je wieder vollzogenen Teilhabe an der Lebenshingabe Christi, in der alle eins werden, ist für Ratzinger eine Anthropologie der Selbstbehauptung gegen die anderen (Ratzinger/100:54).

Ratzingers Ansatz bei der Eucharistie entspricht der Bedeutung, die auch das Konzil selbst der Eucharistie für das Leben der Kirche zuspricht. Das Mysterium Christi ist das eigentliche Wesen der wahren Kirche. Es findet seinen Ausdruck „in der Liturgie, besonders im heiligen Opfer der Eucharistie" *(Sacrosanctum Concilium, 2/DH 4002)*. In der Eucharistie erkennt folglich die Kirchenkonstitution die „Quelle" und den „Höhepunkt des ganzen christlichen Lebens" *(Lumen gentium, 11/DH 4127)*.

Das Problem von Kirche und Welt

Das Verfahren, ausgehend von der Eucharistie die Bedeutung des Sakramentscharakters der Kirche zu bestimmen, ist legitim. Es hat jedoch auch Grenzen. Die Eucharistie bringt unter den sakramentalen Zeichen in größter Unzweideutigkeit und Reinheit die gemeinte Wahrheit zum Ausdruck. Schon die sakramentale Ehe ist ein zweideutigeres Zeichen, weil die Ehe Zeichen des anbrechenden Gottesreiches in einer auch noch durch andere Mächte bestimmten Welt ist, an der die Ehe immer auch Anteil hat. Die Kirche selbst erlebt sich notwendig in einer ganz ähnlichen Zweideutigkeit. Einerseits hat sie Zeichen der anbrechenden Herrschaft des Gekreuzigten zu sein. Andererseits hat sie sich unter den Bedingungen einer gewaltgeprägten Geschichte zu behaupten. Einerseits ist sie Gottes eschatologisches *„signum elevatum in nationes"*, andererseits bleibt ihr keine andere Möglichkeit, als sich als geschichtliche Größe unter anderen zu behaupten. Einerseits weiß sie, dass sie ihr innerstes Wesen nur als Geschenk annehmen kann von dem, den sie bekennt als in ihrer Mitte lebend und herrschend, andererseits erfährt sie die Notwendigkeit, in geschichtlichen Kontexten zu planen, zu handeln, gestalterisch tätig zu werden.

Üblicherweise behandelt man das hier skizzierte Problem als *„das Verhältnis von Kirche und Welt"*. Diese Sprachregelung ist in mehrfacher Hinsicht problematisch: Zum einen suggeriert sie, es gäbe eine Existenz der Kirche außerhalb der Welt in einer Sphäre des reinen, ungetrübten Bei-sich-Seins der Kirche als Leib Christi, erfüllt vom Heiligen Geist, organisch hingeordnet auf den inkarnierten Gott als ihr Haupt, ja als bruchlose Fortsetzung der hypostatischen Union, als der in der Menschheit subsistierende Christus. Zum anderen legt diese Sprachregelung die Welt darauf fest, die Sphäre dessen zu sein, was dem inkarnierten Gott gegenübersteht.

Die Erfahrung, die hinter dieser trennenden Sprachregelung steht, ist Christen allgemein bekannt. Die Theologie thematisiert sie mit Begriffen wie Konkupiszenz, Sünde, soziale Sünde, strukturelle Sünde: Nicht nur erfahren Christen in ihrem eigenen Inneren, dass sich ihrer Gemeinschaft mit Gott im konkreten Alltagshandeln immer wieder auch abweichende Begierden und Leidenschaften und ihr gemeinschaftszerstörendes Handeln entgegenstellen. Sie stellen auch fest, dass sie in sozialen Bezügen und ökonomisch-politischen Strukturen stecken, die es ihnen manchmal schwer machen, den Intuitionen zu folgen, die ihrer inneren Beziehung zu Jesus Christus entspringen.

Wo allerdings diese Erfahrungen gedeutet werden als Aspekte der Diastase von Welt und Kirche, wird verkannt, dass die Kirche nirgendwo als die platonische Idee ihrer selbst erfahrbar existiert. Ihre Wirklichkeit als Sakrament bedeutet allerdings, dass ihre Wahrheit darin liegt, dass sie als Zeichen von sich selbst weg verweist hin auf ihren Ursprung und ihr Ziel in Gott. Sakramente sind aber keine Vertretungszeichen, sondern realisierende Zeichen. Sie stehen nicht einfach vertretend für etwas Abwesendes, sondern sie lassen durch ihre Anwesenheit das Abwesende gegenwärtig Ereignis werden. Aber dieses Ereigniswerden Gottes selber, der sich in den Sakramenten mitteilt, bleibt doch auch verkannt und in seiner Wirksamkeit gehemmt durch menschliche Sünde und Abwehr der Wirksamkeit Gottes.

Diese fundamentale Diastase von Gott und Welt darf man nicht verwechseln mit einer Diastase von Kirche und Welt. Eine solche Sichtweise würde doch zwangsläufig dazu führen, dass man die Kirche in ihrer eigenen Uneindeutigkeit triumphalistisch umdeuten würde zu einem reinen Zeichen ungebrochener Heiligkeit. Eine solche Umdeutung der Kirche zu einer heiligen Wirklichkeit fordert zwangsläufig die Wiederbelebung einer durch Jesus selbst abgelehnten Praxis der Trennung von *Heilig und Profan*. Die Kirche würde als Sakrament zum heiligen Ort, zum heiligen Zeichen, zur Versammlung heiliger Personen in einer unheilen Welt. Man müsste bestimmten Wirklichkeitsbereichen und Personen *a priori* eine größere Heiligkeit und Gottgemäßheit zusprechen. Auf der anderen Seite würde alles, was außerhalb des heiligen Bereiches als Welt subsistiert, zum Ereignis einer reinen Säkularität.

Das Neue Testament kennt sehr wohl eine pejorative Deutung der Begriffe „dieser Welt" (Joh 12,31; passim) und „dieser Generation" (Mt 11,16 passim). Mit dieser pejorativen Verwendung des Weltbegriffes wird der eschatologische Konflikt zwischen einer Menschheit der Sünde und dem gerechten Gott angesprochen. Die Frontlinie dieses Konfliktes zwischen Gott und seiner Menschheit, in dem Gott die Welt richtet und rettet, ist nicht identisch mit einer institutionellen Frontlinie zwischen Kirche und Welt.

Kirche kann ein realisierendes, sakramentales Zeichen der rettenden Gnade Gottes nur sein, wo sie vor der Inkarnation nicht zurückschreckt. Ansonsten ist sie nur ein Zeichen des vermessenen menschlichen Willens zur Heiligkeit. Heiligkeit ist nicht aus menschlichem Willen erzeugbar, sondern nur zu empfangen als Partizipation am göttlichen Wirken. Das göttliche Wirken aber ist inkarnatorisch. Es widerstrebt einer aprioristischen Abgrenzung von der Welt.

Wo Kirche sich inkarnatorisch versteht, setzt sie sich dem Risiko aus, a priori die eigene Identität nicht zu besitzen. Eine sich inkarnierende Kirche *wird* im Prozess der Inkarnation. Ihre Identität ist *immer im Werden*.

Der Prozess der Inkarnation ist nach der anderen Seite bedroht durch die Gefahr eines spannungslosen Einswerdens mit der Säkularität, in dem die

Kirche nur noch das Zeichen einer höheren Weihe der Säkularität selbst ist, aber nicht mehr das Zeichen Gottes, der dieser Welt gegenübersteht, indem er mit ihr Gemeinschaft gewinnt. Wo Gott Gemeinschaft mit der Welt gewinnt, da kann es sich nicht um eine schulterklopfende Solidarität handeln. Gott ist der Welt gegenüber kein solidarischer Gleicher, sondern ihr Richter. Kirche muss diese Dimension des göttlichen Nein zu einer Welt der Sünde ebenfalls zur Erscheinung bringen, wo sie sakramentales Zeichen der Nähe Gottes ist. In diesem Sinne gilt der Kirche nach wie vor das Pauluswort: „Gleicht euch nicht dieser Welt an, sondern wandelt euch und erneuert euer Denken, damit ihr prüfen und erkennen könnt, was der Wille Gottes ist: was ihm gefällt, was gut und vollkommen ist." (Röm 12,2). Diese programmatische Verweigerung gegenüber der Welt ist niemals eine institutionell-apriorische zwischen einem heiligen, sakralen Binnenbereich einerseits und einer verachteten Säkularität andererseits. Sie ist vielmehr immer neu zu gewinnen in der Auseinandersetzung mit der Welt, der die Kirche Gottes Richtersein und Gottes rettende Rechtfertigung zur Erfahrung bringen soll.

Sakramentalität der Kirche im Spannungsfeld von Integralismus und Esoterismus

Als Kategorien für das Verhältnis von Kirche und Welt werden herkömmlich zwei Begriffe herangezogen, die jeweils *antipodische Extrempositionen* bezeichnen: Der *„Integralismus"* bezeichnet eine Haltung, die in der Kirche den Inbegriff von Wahrheit und legitimen Herrschaftsanspruch repräsentiert sieht. Alle Wahrheit und alle legitime Macht und auch die Existenz des Rechts überhaupt leitet sich von der Kirche her und wird durch die Kirche legitimiert. Der kirchliche Wahrheitsanspruch, wo er so als Dominanz und Herrschaftsanspruch konkretisiert wird, bedarf einer konkreten Gruppe von Menschen, die ihn konkret ausüben. Der Integralismus führt so zwangsläufig zum Klerikalismus und zum kirchlichen Streben nach Teilhabe an der staatlichen Gewalt.

Dem Integralismus entgegen steht der *Esoterismus*. Löst der Integralismus die Welt in die Kirche hinein auf, so leugnet der Esoterismus die Bedeutung der Welt für die Kirche. Kirche und Welt sind miteinander nicht vermittelbar. Die Kirche realisiert sich, indem sie sich aus und von der Welt zurückzieht.

Beide Positionen bezeichnen kirchengeschichtlich relevante Konzepte von Kirche. Beide Konzepte erscheinen jedoch heute als nicht sinnvoll realisierbar: Demokratische Gesellschaften fordern die Mitwirkung ihrer Bürger nicht nur als Einzelne, sondern auch als Angehörige weltanschaulicher Gruppen und Religionen. Ein Esoterismus, der in der Welt nur einfach das Verlorene sieht, verfehlt den christlichen Missionsauftrag und die Beauftragung zur Zeichenhaftigkeit und Sammlung. Ein Integralismus, der gegenüber der säkularen Gesellschaft Herrschaftsansprüche stellt, wird zunehmend als schlimme Zumutung empfunden. Wo man Herrschaftsansprüche dagegen verdeckt durchzusetzen versucht, begibt sich die Kirche immer in die Gefahr, ihren Charakter als eschatologisches Zeichen des Widerspruches zu verlieren.

Strukturfunktionale Deutung von Sakramentalität

Leonardo Boff geht von der Situation der Säkularisiertheit aller menschlichen Verhältnisse aus. Als Natur, als Geschichte, als hominisierte Welt der Technik ist die Welt säkularer Raum menschlicher Selbstbehauptung. In dieser Welt des Menschen gibt es keine Möglichkeit für die Kirche, integralistisch die Welt dominieren zu wollen. Boff bejaht diese geschichtliche Situation nicht nur als unausweichliche, aber bedauerliche Situation. Er sieht in ihr im Anschluss an J. B. Metz die historische Frucht des Christentums. In der säkularen Welt, frei von klerikalen Dominanzansprüchen, treten Mensch und Gesellschaft geschichtlich aus jener Unmündigkeit heraus, die der Würde der Berufung jedes Menschen zur Gottesunmittelbarkeit niemals angemessen war.

Boff lehnt aber unter den Bedingungen der Säkularisation den Rückzug aus der Welt ab. Die Weltbezogenheit der Kirche ist für Boff unabdingbar (L. Boff/22). Es ist allerdings nicht der Bezug der Kirche als *Nicht-Welt* zur Welt, sondern die *Teilhabe der Kirche an der säkularen, pluralistischen Welt*, durch die die Kirche ihren Weltbezug realisiert (ebd., S. 30). Durch diesen Weltbezug kann sie zum *Ausdruck* bringen, was die Menschen bewegt und beschäftigt. Zugleich soll sie aber in der Welt *Zeichen* sein für das „Göttliche, Transzendente und Unbegreifliche" (ebd., S. 36). Die Verbindung von Teilhabe an der weltlichen Welt im Sinne der *Ausdrucksfunktion* einerseits mit der *Zeichenfunktion* für den transzendenten Gott andererseits sieht Boff als Erfüllung der Sakramentalität der Kirche und assoziiert diese Doppelbestimmung mit dem Begriffspaar, das das Konzil zur funktionalen Definition der Kirche bezeichnet: Die Kirche ist Instrument und Zeichen (ebd., 36).

Wertvoll an dieser Verhältnisbestimmung ist der Gedanke, dass die Kirche ihren Auftrag nur erfüllen kann, wenn sie sich den ganz normalen Menschen und ihrer Lebenswelt nicht verschließt, wenn der Lebensalltag der Menschen in der Kirche zu Wort und zur Darstellung kommt, ohne abgewertet zu werden. Diesem Alltag gegenüber erfüllt die Kirche aber nicht nur den *Dienst der Darstellung*, sondern ebenso den Dienst, ihn zeichenhaft über sich selbst hinaus zu öffnen. Die Anwaltschaft der Kirche für das Gottgeheimnis der Welt konkretisiert sich für Boff im Anschluss an Karl Rahner als die Frage „nach der Welt im ganzen" (ebd., S. 508). Diese Frage ist aber nur da wirklich sakramental, wo sie so konkret gestellt wird, dass sie menschliches Handeln verändert, und wo sie gestellt wird in dem Wissen, dass sie nicht auf eine transzendente Legitimationsfigur zielt, sondern auf die Wirklichkeit des innergeschichtlich handelnden Gottes. Nur wo so nach Gott gefragt wird, wird die sakramentale Urerfahrung gemacht, dass die Welt zur *Materie* eines Prozesses der göttlichen Formung und Veränderung wird.

Alles Reden von Sakramenten wird nur möglich auf dem Hintergrund der Menschwerdung Gottes. Nur weil und insofern Gott Mensch geworden ist, wird die unendlich von Gott entfernte Welt zum *Medium einer Selbstmitteilung*, in der Gott nicht irgendetwas mitteilt, sondern sich selber in der Wahrheit seines eigenen Seins und Wesens. Diese Wahrheit des eigenen Seins Gottes übersteigt auch philosophische Gottesbegriffe wie denjenigen von dem Zusammenhang der Welt als ganzer. Wo Gott sich mitteilt, teilt er nicht irgendetwas mit, sondern die Wahrheit seines eigenen Seins. Eine solche Mitteilung ist nicht in menschliches Wissen überführbar wie der Inhalt einer alltäglichen Mitteilung, in der immer Bekanntes mit Bekanntem verknüpft wird. In der Selbstmitteilung Gottes in Jesus Christus macht der Unbekannte, der grenzenlos geheimnisvolle Gott, der ganz andere, den

Präzisierungen von Karl Rahner her

Menschen zum Medium seines Erscheinens. In diesem Erscheinen aber leuchten gerade nicht Bekanntheit und Vertrautheit Gottes, sondern Fremdheit und Ungeahntheit. Zugleich mit der Unbekanntheit Gottes leuchtet in Jesus Christus die Unbekanntheit des Menschen auf. Gott ist nicht das, was Menschen sich unter Gott vorstellen, und der von Gott inspirierte Mensch offenbart das ganz Andere von dem, was Menschen sich unter einem erfüllten Menschsein vorstellen.

Die Fremdheit und Andersartigkeit Gottes ist für Rahner kein historisches Faktum, das durch die Offenbarung in Jesus Christus überwunden wäre, so als wüsste der Mensch jetzt, was man unter Gott und Jesus Christus zu verstehen hat, als sei der menschgewordene Gott nun im bewahrenden Gedächtnis seiner Kirche archiviert.

Auferstehung und Himmelfahrt Jesu bedeuten vielmehr die bleibende personale Gegenwart Jesu Christi. Jesus Christus ist in der Personalität göttlicher Freiheit gegenüber Mensch und Kirche bleibend konstitutiv für die christliche Existenz. In dieser Personalität fordert er das antwortende Verhalten des einzelnen Menschen heraus und trägt es zugleich gnadenhaft ermöglichend. Kirche kann deshalb nicht anders gedacht werden als ein konkreter, aktueller Dialog der Christen mit dem auferstandenen Herrn. Gottes Dialog mit dem Menschen ist für Rahner „Selbstmitteilung" Gottes. Gott sagt nichts über sich. Er sagt sich selber aus. Sein Wort ist nicht Vertretungssymbol für dieses oder jenes. Sein Wort ist Inkarnation, Realsymbol, Ereigniswerden Gottes als gelebtes menschliches Leben. Wo Gott sich so als Mitteilung vollzieht, ruft er den Menschen zu einer Ant-*wort*, mit der auch der Mensch sich ganz aussagt, sich ganz mitteilt, zeigt, wer er wirklich ist, zeigt, was die Wahrheit seines oft verstellten und undeutlichen Daseins ist.

Die Antwort auf Gottes Menschwerdung, die das Christsein ausmacht, kann in nichts anderem bestehen als im Durchformtwerden des Lebens durch die *figura Christi*. Dieser Prozess der individuellen Heiligung ist der Grundbaustein und der Zweck der Kirche. Es ist deshalb kein Zufall, dass Karl Rahner 1958 die Exerzitien des Ignatius von Loyola unter dem Begriff „Das Dynamische in der Kirche" (Rahner/123) interpretiert. Durch sein gesamtes Lebenswerk zieht sich der Gedanke, dass die geistliche Selbstkonfrontation des Menschen mit der Wirklichkeit des Menschgewordenen die Grundlage kirchlichen Lebens ist. Gegenüber dieser spirituellen Identität der Kirche tritt für Rahner alles Institutionell-Amtliche in die Zweitrangigkeit dienender Funktionalität. Individualität wird als wesentlicher Grundbaustein der Kirche erkannt. Wo die Frage des Einzelnen im Angesichte des Menschgewordenen: „*Wie antworte ich mit meinem Leben auf dieses Handeln und Sein Gottes?*" zum *fundamentum ecclesiae* wird, da sind das individuelle Temperament, die persönliche Meinung, die individuelle Prägung keine Wirklichkeiten, die man widerstrebend zulassen müsste als unvermeidliche, wenn auch gemeinschaftsstörende Elemente. Vielmehr sind alle Facetten individueller, persönlicher Existenz für die Kirche als ganze unabdingbar wichtig, weil sich nur in ihnen und dank ihnen Glauben als lebendige Beziehung zu Jesus Christus entfalten kann. Entsprechend fundamental ist für Karl Rahners Ekklesiologie der paulinische Begriff des *Charismas*. Rahner deutet diesen Begriff nicht so, als verteilte

Gott verschiedene Gnaden. Die Gnade Gottes ist in der Gnadenlehre Rahners immer Gott selber, der sich schenkt. In seinem geschöpflichen Gegenüber erfährt Gottes Wahrheit und Wirklichkeit die Brechung des Individuellen. Der Einzelne nimmt die Mitteilung Gottes in der jeweils ihm gemäßen Weise auf. So entsteht die Vielzahl der Charismen, deren Förderung und Entfaltung für das kirchliche Leben von erstrangiger Bedeutung sind.

Für den konkreten Umgang von Christen innerhalb der Kirche ergibt sich eine doppelte Perspektive: Zunächst fordert ein so hochgradig individuelles Verständnis göttlichen Gnadenhandelns am Einzelnen zu einer Grundhaltung des Respektes gegenüber jedem Menschen heraus, der sich darum bemüht, sein Leben im Angesicht des Menschgewordenen zu gestalten. Dieser Respekt schließt auch die Bereitschaft ein, den Anderen auch da noch zu respektieren und zu bejahen, wo sein ernsthafter Lebensvollzug als unverständlich oder abwegig empfunden wird.

Auf der anderen Seite aber darf diese innerkirchliche Kultur des Respektes nicht verwechselt werden mit einem bürgerlichen Individualismus und einer Toleranz der Beliebigkeit. Eine solche Grundhaltung kann ja gar nicht anders gedeutet werden denn als der Ausdruck der Überzeugung, dass das religiöse Denken und Handeln letztlich gleichgültig sind. Deshalb darf die innerkirchliche Kultur nicht geprägt sein durch einen blinden Respekt. Die Anerkennung des Anderen in seiner Besonderheit schließt die Bereitschaft ein, ihm gegenüber auch eine kritische Haltung einzunehmen. Der Grund dieser Bereitschaft zur Kritik besteht darin, dass Gottes Menschwerdung nicht alleine den je besonderen Menschen zum Ziel hat.

Notwendige Elemente einer Entfaltung der Lehre
von der Kirche als Sakrament
Die Geprägtheit der Kirche durch den dreifaltigen Gott: Die Deutung der Kirche als Sakrament fordert dazu heraus zu untersuchen, in welcher Weise die Wesensmerkmale des Sakramentalen sich in der Kirche realisieren. In den Sakramenten handelt Gott zum Heil der Menschen. Was dieses Heil ist und wie es sich realisiert, offenbart Gott in seiner Selbstmitteilung als das dreifaltige Leben von Vater, Sohn und Geist. Die trinitarische Struktur göttlichen Heilshandelns erscheint folglich als das erste wesentliche Merkmal der Kirche als Sakrament.

Sakramentalität im christlichen Sinne bezeichnet Gottes heiligendes Handeln am Menschen. Heiligung kann aber christlich nicht anders gedacht werden denn als heilendes und rettendes Verwandeltwerden in der Beziehung zu dem konkreten, einmaligen Gott Jesu Christi, der sich geschichtlich geoffenbart hat und dessen Sich-Offenbaren sich geschichtlich in der Kirche fortsetzt. Sakramentalität offenbart Gott als den Sohn, als den menschgewordenen Gott. Er wirkt unter den Menschen heilend und rettend, er offenbart Gottes Willen zu retten und zu heilen, heimzuholen und zu bergen. Er lebt aus der Hingabe an den Vater und überwindet die Gewalt, indem er sich selbst zum Opfer machen lässt. Sakramentalität der Kirche bedeutet das *Geprägtwerden* der Kirche durch die Gestalt des historischen Jesus. Der Nachweis einer Gründung der Kirche im Sinne einer institutionellen Stiftung durch den historischen Jesus ließ sich nicht erfolgreich führen. Er impliziert auch den problematischen Anspruch, die konkreten

Die Kirche
entspringt dem Sohn

Formen kirchlicher Organisation ließen sich aufgrund einer positiven Setzung *iure Divino* von Jesus herleiten.

Ein sakramententheologisches Verständnis der Kirche kann jedoch von der Behauptung, die Kirche sei das Werk des Sohnes, nicht absehen. Es gibt kein christliches Sakrament, das seinen Ursprung nicht in Jesus Christus hat. Die Patristik wusste den Ursprung der Kirche von Jesus Christus her festzuhalten in der typologischen Spekulation über den Ursprung der Kirche aus der geöffneten Seitenwunde Christi.

Die Behauptung des Ursprunges der Kirche in Jesus Christus darf jedoch nicht allein als eine theologische Spekulation abseits der historischen Realität interpretiert werden. Der Ursprung der Kirche aus Christus zwingt die Kirche selber, den Nachweis ihrer Herkunft von Jesus immer wieder als Aufgabe zu begreifen. Die Frage nach der Jesusförmigkeit kirchlichen Handelns, Entscheidens, und Verwaltens wird zur Aufgabe des praktischen Nachweises der eigenen Herkunft von Jesus aus Nazaret, ohne die es keine Sakramentalität der Kirche geben kann, weil Gott sein Heil nicht anders schenken kann als in der Angleichung an die menschgewordene Gestalt dieses Heiles.

Die Kirche lebt auf den Vater hin Sakramente betonen einerseits immer zu Recht die menschliche Tätigkeit. In ihnen wird ja Gottes Heil für die Menschen im menschlichen Tun wirksam offenbar. Andererseits aber war Jesus kein Zelot und kein Pharisäer. Seine Theologie lebt aus dem Vertrauen gegenüber den größeren Möglichkeiten des Vaters. Sein Leben ist nicht zunächst Hingabe in den Tod für die Menschen, sondern Hingabe an den Vater, der der Ursprung des Lebens ist.

Christliche Sakramente leben aus diesem Vertrauen Jesu in die Macht und die Möglichkeiten des Vaters. Die Kirche darf sich als Gemeinschaft subjekthaft handelnder, strebender und organisierender Menschen in der Mitte ihres Glaubensgeheimnisses auf die größeren Möglichkeiten Gottes verlassen. Jesus bezeugt ihr Gott als den Vater, auf den sie sich vertrauend verlassen darf. Darin liegt ihre Möglichkeit, sich den Versuchungen zu entziehen, durch Klugheit und Strategie das Entscheidende kirchlicher Identität veranstalten zu können. In ihrem Bekenntnis zum *allmächtigen* Vater bekennt sich die Kirchen zur *Unverfügbarkeit der größeren Möglichkeiten Gottes* als dem eigentlichen Grund und Ziel ihres eigenen Seins.

Die Kirche lebt aus der Kraft des Heiligen Geistes In der ekklesiologischen Diskussion wurde bisweilen der pneumatische Ursprung der Kirche gegen den christologischen ins Feld geführt. Dies hat eine partielle Berechtigung da, wo der christologische Ursprung in einem institutionalistischen Sinne missverstanden wurde, wo man also argumentierte, Jesus Christus habe die Kirche so und so eingesetzt und ihr auf diese Weise bestimmt, wie sie immer zu sein hat. Demgegenüber betonen diejenigen, die den Ursprung der Kirche aus dem Heiligen Geist bekennen, die Kirche sei am Pfingsttag entstanden durch das Wirken des Geistes, der die Jünger im Glauben an den Auferstandenen zusammenführte.

In Wahrheit bezeugt natürlich der Geist des Pfingsttages Leben und eschatologische Herrschaft des historischen, gekreuzigten Jesus. Ein Zeugnis des Geistes, das nicht wieder auf Jesus hinweist, gibt es nicht. Allerdings darf das Bild des historischen Jesus auch umgekehrt nicht so starr und schablonenhaft werden, dass es sich sperrt gegen die im Geist sich ereignende

Herrschaft des auferstandenen Christus, der nach dem christlichen Auferstehungsdogma ja nicht einfach historische Gestalt ist, sondern sich bleibend in seiner Kirche zur Geltung bringt und sich ihr im Geist auslegt.

Die Geprägtheit der Kirche durch die menschliche Natur: Kirche als Ereignis der Selbstmitteilung Gottes ist geprägt nicht nur von dem sich Mitteilenden, sondern auch durch die Voraussetzungen derer, an die Gott sich mitteilt. Kirche ist so nicht nur das Bild Gottes, sondern auch das Bild des Menschen, nicht nur hinweisendes Zeichen auf Gott, sondern auch darstellendes Zeichen des Menschseins.

Selbstmitteilung Gottes an die menschliche Natur

Kirche bringt die Aspekte menschlicher Endlichkeit und Sterblichkeit zum Ausdruck. Sie wird zum lebendigen Zeichen der Gemeinschaftlichkeit und Hilfsbereitschaft der Menschen untereinander. Sie ist Ereignis des kommunikativen Austausches zwischen den Menschen. Die Lebensgeschichten und die Geschichten der Familien, Gruppen, ja, der Völker sind für sie konstitutiv. All diese menschlichen Aspekte sind nicht einfach das *Material*, dessen sich Gott bedient zu seiner Selbstaussage gegenüber der Welt. Das christologische Dogma von Chalkedon ist als eine Grundbestimmung des Gott-Mensch-Verhältnisses hier analog anzuwenden: Wo Gott sich mitteilt, gibt er sich ganz und vollkommen und kann von dem Gegenüber seiner Mitteilung nicht mehr getrennt werden. Zugleich aber bleibt er doch das Gegenüber dessen, dem er sich mitteilt, und vermischt sich nicht mit ihm. Die Kirche nimmt die Vollzüge ihres eigenen Lebens, die in ihr zum Glauben heranwachsenden Kinder, die selbstlose Liebe in den christlichen Ehen, die unruhige Suche in den theologischen Wissenschaften, die auf Kontinuität und Beständigkeit drängenden kirchlichen Oberen dankbar als Momente der einen großen Selbstmitteilung Gottes an die Menschheit als ganze an. Sie erlebt sich selber als Gottes Wirken in Raum und Zeit, das kein anderes Ziel hat als das Heil aller Menschen.

Zugleich aber erschrickt die Kirche angesichts dieser Berufung. Gerade wo sie ihrer Größe und Herrlichkeit gewahr wird, sticht ihre Unvollkommenheit und Beschränktheit ins Auge. Gottes Selbstmitteilung an die Menschen hebt alles Menschliche auf das Niveau der unmittelbaren Begegnung mit Gott. Diese Begegnung aber lässt nichts unverwandelt. Das Menschliche bleibt im Prozess der Vergöttlichung nicht dasselbe, sondern erfährt sich in einem Prozess der Verwandlung, in dem es sich selbst in seiner bedauerlichen Unvollkommenheit wahrnimmt, in dem es sich ermutigt und herausgefordert erfährt, über sich hinauszuwachsen, weil der sich mitteilende Gott gerade in seiner Mitteilung und Nähe beglückend als der Fremde aufgeht. Nur als der Fremde kann Gott den Menschen erfüllen und beglücken. Aber das so geschenkte Glück und die so vermittelte Fülle sind niemals zufriedene, behäbige Selbstgefälligkeit.

Die Prädikation der Kirche als „göttlich" bedeutet vor dem Hintergrund eines orthodox chalcedonensischen Verständnisses der Einheit der zwei göttlichen Naturen, die das II. Vaticanum selber als Analogie für die Einheit von göttlicher und menschlicher Dimension der Kirche heranzieht, eine dauernde Beunruhigung. Die Kirche weiß, dass sie sich in Analogie zu keinem Verein und keiner Firma verstehen darf. Notgedrungen und unvermeidlich ist die Kirche wie ein Verein und wie ein Wirtschaftsbetrieb. Diese Dimensionen entsprechen der menschlichen Natur. Aber die

Praktische Konsequenzen

menschliche Natur wird in der Selbstmitteilung Gottes über sich hinausge-
rufen. Konkret bedeutet das, dass sich der Kirche die Aufgabe stellt, ein
Verein zu sein, der überwindet, was an Vereinen und Wirtschaftsbetrieben
dem Plan Gottes mit den Menschen entgegensteht.

Menschliche Gemeinschaften beruhen zu einem nicht unwesentlichen
Teil immer auf gemeinschaftlich begangener Gewalt und Unterdrückung.
Wo Menschen sich zusammenschließen, ist ihre Gemeinschaft de-*finiert*
durch die gemeinsamen Feinde. Ausstoßung und Verfolgung sind gemein-
schaftsstiftende Grundverhaltensweisen. Gemeinschaft verlangt Verzicht
auf Entfaltung, Gemeinschaft ist Ereignis der Unterordnung. Gemeinschaften leben von der Herrschaft, die sie ausbilden. In diesem allgemein
menschlichen Kontext steht die Kirche unter dem Wort des Matthäusevangeliums: *„Bei euch soll es nicht so sein!"* (Mt 20,26). Die Kirche setzt die
alte israelitische Urintuition fort, Herrschaft und Unterdrückung, Verhinderung menschlicher Wachstums- und Entwicklungsmöglichkeiten, die Ab-
tötung des Menschen nicht zu der Grunderfahrung zu machen, die die Gemeinschaft zusammenschweißt zum verschworenen Bund derer, die ihre
Stärke erleben in der Vernichtungskraft, die sie als Jagende, Beute Machende, Hinrichtende, Ausstoßende und Verfolgende, als rituell Menschen und
Tiere Opfernde, als Gegner in die Knie Zwingende machen. Die Kirche ist
von Gott berufen, eschatologische *Kontrastgesellschaft* zu sein. Ihre Stärke
liegt in ihrer Andersartigkeit, die sich gerade darin konkretisiert, dass die
Kirche sich dem Kult der Stärke und der Macht verweigert.

Ecclesia semper reformanda   Gemeinschaft der Kirche lebt nicht anders denn als Gemeinschaft mit
dem Gekreuzigten, dessen Intuition es war, sein Leben hinzugeben für das
Leben der anderen. Wo dies als das Grundgesetz des Über-sich-hinaus-
Wachsens der Kirche auf den Gott ihres Heils in ihrer Mitte hin ist, da werden die Sorge umeinander, die Treue zueinander und die Freude aneinander eine eigene Qualität entwickeln.

Es gehört zum Wesen dieser inspirierenden Anwesenheit des Gottes Jesu
Christi in seiner Kirche, dass sich die alternative Existenz der Kirche nur je
und je wieder gewinnen lässt. Sie lebt aus dem Inspiriert-Sein durch Jesus
Christus, das niemals endgültig und abgeschlossen ist. Als Ereignis der je
individuellen Glaubensgeschichte eignet ihm eine gewisse Sperrigkeit
gegen alle institutionelle Verfestigung. Was heute von Menschen als die
adäquate Antwort des Glaubens auf die Nöte und Sorgen der Zeit empfunden wird, wird morgen von den Erben der entsprechenden Einrichtungen
und Bewegungen möglicherweise fortgesetzt als etwas Lebloses, das man
nur aus Gewohnheit bewahrt.

Wo Kirche aus der Mitte ihres Glaubensgeheimnisses lebt, wo Kirche ihr
Erneuertwerden durch den Heiligen Geist in der Vielzahl der Glaubens-
geschichten dankbar erlebt, da erfährt sie sich unvermeidlich als *ecclesia
semper reformata*, die ihr Erneuert- und Verwandeltwerden dankbar annehmen darf als das Werk dessen, der in den Köpfen und Herzen der Gläubigen Glauben und Liebe erweckt und sie so über sich hinausdrängt.

g) Kirchenmetaphern

Seit Hugo Rahners großartigem Werk *„Symbole der Kirche"* (H. Rahner/71) weiß die Ekklesiologie um die Bedeutung der metaphorischen Rede. Jürgen Werbick hat sie mit seinem großangelegten Werk „Kirche" (Werbick/37) erneut kraftvoll zu Geltung gebracht. Werbick benennt mutig den Grund der unausweichlichen Metaphorik in der Ekklesiologie: Kirche ist das Medium der Sichtbarkeit Gottes. (ebd., S. 34). Sie ist dies nach Werbick in einer höchst gebrochenen Weise: „Kirche ist nicht Selbstoffenbarung Gottes; sie ist allenfalls Ausdrucksgestalt seiner Heilsleidenschaft und ihrer Wahrheit, aber eben in der Zwiespältigkeit einer konkret-geschichtlichen Realität, in der die allzu menschlichen Leidenschaften das „Medium" Kirche oft weit mehr bestimmen als Gottes Heilsleidenschaft [...]" (ebd., S. 36). In dieser Situation der Kirche, in der sie ist, was sie nicht ist, weist Kirche immer über ihre konkrete Erscheinung hinaus auf das, was sie sein und werden soll. Genau damit aber wird das Wesen der Kirche als *metaphorisch* beschrieben. Der metaphorische Grundcharakter der Kirche realisiert sich in zahlreichen Metaphern. Mit den Metaphern bringt die Kirche in wechselnden Zeiten und Situationen zum Ausdruck, was sie von Gott her sein soll. Bilder sind die Sprache, mit der die Offenbarung davor bewahrt wird, in den Alltagsgeschäften kirchlichen Organisierens und Verwaltens vollkommen herabgezogen zu werden auf das Niveau menschlicher Zwecksetzung, das die Wirklichkeit Gottes als des ganz Anderen notwendig immer verfehlen muss. Bilder machen Gottes Sein für die Welt sinnenfällig, ohne es den Gesetzen und Mechanismen diese Welt auszuliefern. Werbick spricht von der Expressivität der Bilder und betont damit, wie Bilder unmittelbar zum Menschen sprechen und an ihn appellieren (ebd., S. 38). Kirchenmetaphern bringen die widersprüchliche Wirklichkeit der Kirche zu Bewusstsein. Sie provozieren zur Stellungnahme. Wenn die Kirche sich als Sakrament bezeichnet und ihren Wesensvollzug in der sakramentalen Feier erblickt, so bekennt sie sich zur Metaphorik als ihrem eigenen Wesen, denn auch das Sakrament ist ja Metapher, die im Material des Endlichen auf Gott verweist.

Werbick gestaltet seine Ekklesiologie als „Nachdenken" über die Bilder, mit denen Christen Kirche thematisierten. Die Bilder spiegeln programmatische Entwürfe, leidvolle Erfahrungen. In all der Unruhe des Suchens nach der Wahrheit der Kirche spiegeln die Kirchenbilder anders als alle programmatische Aufgeblasenheit der Kirche ihren Charakter als Gottes sichtbares Zeichen seines Heilswillens unter den Menschen. Unabgeschlossenheit und Appellcharakter sind für Werbick Elemente einer metaphorischen ekklesiologischen Pragmatik. Beides wird gefördert durch den Spannungsreichtum der Kirchenbilder. Werbicks Kirchenbilder sind dementsprechend keine Ikonen, die zu einer Haltung vollkommener Hingabe drängen würden. Werbicks Bilder bauen eine Raumtiefe auf, in der Entstehungs- und Entwicklungsgeschichte des Bildes erkennbar wird, in der das Bild in seiner historischen Relativität und in seinem Chancenreichtum erscheint als eine wahrhaft ganz menschliche Erscheinungsgestalt des göttlichen Heilswillens. Das Bild wird nicht zum Appell an die sich hingebende Frömmigkeit, sondern es gibt als Bild zu *denken* auf und ist so Herausforderung menschlicher Intellektualität.

Werbicks pragmatische ekklesiologische Metaphorologie

Das Bild
der Heraus-
gerufenen

Werbick untersucht die metaphorische Dimension der Kirche als der „Herausgerufenen", als welche sie Anteil hat an der Wirklichkeit des gottgewirkten Exodus, als welche sie Botin und Zeugin der Reich-Gottes-Botschaft und Wirklichkeit ist. In Spannung zu diesem Bildkomplex des Aufbruches und der eschatologischen Wirksamkeit Gottes sieht Werbick die institutionenorientierte Ekklesiologie der Kirchen-stiftung durch Jesus Christus. Die bleibende Wahrheit des Kirchenstiftungsgedankens sieht Werbick in der Unverzichtbarkeit einer dauernden „Christusverbundenheit" der Kirche (ebd., S. 45–94).

Bilder
des Verhältnisses
von Kirche und Welt

Ähnlich spannungsreich gestaltet sich das Verhältnis der verschiedenen Bilder, die sich auf die Sozialgestalt der Kirche beziehen. Das himmlische Jerusalem, mit dem die Apokalypse ihre in Verfolgungszeiten konkretisierte Heilsprophetie beendet (Offb 21), mutiert bei Augustinus zur urbildhaft im Himmel präexistierenden *civitas Dei* (ebd., S. 104 ff.), die wiederum in einer Augustinus nicht gerecht werdenden Rezeptionsgeschichte identifiziert wird mit der *„auctoritas sacra"* des Klerus, die die *„regalis auctoritas"* der Könige und Fürsten an Würde und Machtfülle überragt (ebd., S. 107). Von der Forderung einer *„plenitudo potestatis"* des Papstes, mit der die Theologie des Hochmittelalters in der Konsequenz der Theologie priesterlicher Machtfülle den Superioritätsanspruch des Papstes gegenüber dem Kaiser befestigte (ebd., S. 110), über die *„societas perfecta"* (ebd., S. 124) der Gegenreformation bis zum *Konzept der Volkskirche* im 19. Jahrhundert (ebd., S. 124) verfolgt Werbick das metaphorische Ringen der Kirche um Selbstentwürfe, die den eschatologischen Charakter der Kirche als gottgewirkten Gegenentwurf vermitteln sollen mit der unvermeidlichen und notwendigen soziomorphen Dimension ihres Selbstbildes: Kirche muss als Gemeinschaft, die zum Volk anwächst, gar als *„congregatio populorum"* als Volk *„ex gentibus congregatum"* (Werbick nimmt hier Formulierungen des Ambrosius von Mailand auf: *In Ps 118,7, 33: ebd., S. 102)* Ideen, Bilder und Vorstellung ihres eigenen Volkseins in der Welt und im Verhältnis zu anderen gesellschaftlichen Mächten entwickeln. Dabei ist die Versuchung groß, den eschatologischen Vorbehalt zu eliminieren und in der konkreten Kirche zu entdecken, was die Bibel als Gottes Herrschaft verheißt. Die Priester werden so unversehens zu geradlinigen Vollstreckern des göttlichen Willens. Kirche und *civitas Dei* werden identifiziert. Dieser Versuchung eignet jedoch auch etwas wirklich Unvermeidliches, ist sie doch Ausdruck jenes Ernstes, mit dem Christen die eschatologischen Verheißungen in der Geschichte aufleuchten lassen wollen. Zugleich aber wird diese Betonung menschlicher Aktivität, die durchaus vom Evangelium her gefordert ist, zur Versuchung, an der Kirche die eigene Macht zu lieben, die sie dem Einzelnen gewährt. Der Systematiker Werbick wird fast zum narrativen Kirchenhistoriker, wo er das Ringen der Kirche um Bilder ihrer eigenen Soziabilität als unabgeschlossenen, unvermeidbaren Prozess eindrucksvollen, nachvollziehbaren, wirklich christlich motivierten Entwerfens einerseits begreift, der aber andererseits sich immer wieder als gefährdet erweist durch menschliche Sünde, Schuld und Endlichkeit. Die Kirche muss ein Modell ihrer Sozialgestalt als weltgeschichtlicher Größe entwickeln und erweist sich doch gerade darin als Kirche Gottes, dass sie immer wieder die Unabschließbarkeit dieser Aufgabe begreifen lernen muss.

Zur Sozialgestalt der Kirche gehört auch die Gestaltung der Leitung in der Kirche. Auch hier wirken entgegengesetzte Leitbilder. Der *Civitas-Dei-Theologie* entspricht ein innerkirchliches Schichtungsmodell, das das Kirchenvolk parallel zu den unterschiedlichen Rechtsstellungen in der antiken Stadt strukturiert: Das Volk *(laós)* wird streng unterschieden von denen, denen in der Kirche ein besonderes Los *(klêros)* zufiel (ebd., S. 137), die Kirche beginnt, sich in ein Volk *(plebs)* und eine eigene Aristokratie zu teilen. Bis zum Hochmittelalter entwickelt sich die Vorstellung, Klerus und Ordensstand stellten die Gruppe der Christen im engeren Sinne dar, während das Volk den geistlichen Führern, dem *„populus spiritualis"* als *„populus carnalis"* zugeordnet ist. Hugo von St. Victor deutet den paulinischen Sprachgebrauch in 2 Kor 3, der sich auf das Verhältnis von Christen und Juden bezieht, in diesem Sinne als Beschreibung des Verhältnisses von Klerus und Laien (Hugo von St. Victor, De sacramentiis, II, C. 4, § 4, Werbick, a. a. O., S. 138). Den Höhepunkt dieser Bildgeschichte des gespaltenen Gottesvolkes sieht Werbick im Catechismus Romanus des Konzils von Trient, in dem es über den Klerus heißt, seine Mitglieder würden mit Recht „nicht nur Engel, sondern auch Götter genannt werden" (Catechismus Romanus, VII, 2, 2; Werbick, a. a. O., S. 139). Dem Leitbild der Adelsherrschaft steht das jesuanische Leitbild des Dienstes entgegen, das das II. Vaticanum als Leitbild priesterlicher Existenz wiederbelebt (Werbick, S. 139). Doch auch dieses Leitbild des Dienstes bedeutet noch nicht unbedingt Teilhabe der Laien an der nunmehr als Dienst gedeuteten Lehr- und Leitungsvollmacht. Leonardo Boff deutet die kirchliche Trennung von Klerus und Laien mithilfe des neuzeitlichen soziologischen Modells einer Klassengesellschaft und fordert deren Überwindung (Boff/23:200–230). Lässt sich, so fragt schließlich Werbick, das Modell neuzeitlicher Demokratie nicht ähnlich auf die Kirche anwenden, wie sich die Kirche des Altertums und des Mittelalters ganz selbstverständlich der damals üblichen Herrschaftsmodelle bediente? Das Argument, es gehe in der Kirche nicht um die Herrschaft des Volkes, sondern um die Herrschaft Gottes, überschätze den Klerus, dessen Wille nicht unbedingt identisch ist mit dem Willen Gottes, und unterschätze den *consensus fidelium*, der als Wahrheitsquelle innerhalb der Kirche seit dem Altertum respektiert ist (Werbick/37:149 f.). Auch hier fordert das Wechselspiel der Bilder und Entwürfe dazu auf, herauszufinden, wieviel Wahrheit Kirchenbilder über die Kirche zu erschließen vermögen, wenn man über ihre Entstehung, ihre Aussageabsichten und ihre Wirkungsgeschichte nachzudenken beginnt.

Das alte Leitbild der *civitas* wird bei Werbick abgelöst durch das eher biblische Leitbild des aus dem jeweiligen Ägypten ausziehenden (ebd., S. 156–159), wandernden, Christus nachfolgenden (ebd., S. 159–163), sich in seiner Vorläufigkeit begreifenden (ebd., S. 170–173), der Vollendung des Gottesreiches entgegenstrebenden Gottesvolkes. Dieses Volk begreift seine Sakramente unter den Leitideen von Wegzehrung und Wegstation (ebd., S. 159–161). Leitung wird in diesem Kontext gedeutet als funktionaler Dienst an der sich reformierenden, wandelnden, entwickelnden Gemeinde (ebd., S. 159–163). Als Hirtendienst hat er seine Berechtigung so wie andere Charismen in der Kirche auch, die das eschatologische Gottesvolk vo-

Bilder
der innerkirchlichen
Organisation
von Leitung

ranbringen auf seiner Wanderung heraus aus den Strukturen einer Welt der Sünde hin zum Reich des Vaters.

Bilder
der kirchlichen
Institutionalität

Kirchliche Institutionalität untersucht Werbick metaphorologisch anhand der ekklesialen Gebäudemetaphorik: Kirche übernimmt und transformiert vorgegebene Bilder. Aus dem antiken Opfertempel wird in der paulinischen Rezeption der „Tempel des Heiligen Geistes", aus einem Inbegriff tektonischer Starre ein Antibegriff gottgewirkter Bewegung. Mit der *Oikos-Metaphorik* der Pastoralbriefe sieht Werbick die Wende hin zu einer erneuten Verfestigung der Strukturen. Sie setzt sich fort bis zur Burg-, Tempel- und Festungsmetaphorik des 19. Jahrhunderts (ebd., S. 217). Mit ihr entspreche die Kirche dem menschlichen Bedürfnis nach Beheimatung, Sesshaftigkeit und Einrichtung (ebd., S. 221). Sie trete aber in eine strukturelle Entfremdung von ihrem unbeheimateten Gründer und von den biblischen Leitbildern ihres Ursprunges.

Bilder
des Erwähltseins
und Versagens
von Kirche

Das spannungsvolle, patristische Bild von der Kirche als der zur Braut erwählten Dirne, mit dem die Kirchenväter die bekannte Allegorie von JHWH und Israel als Bräutigam und Braut aufnehmen, wird zu einem Leitmotiv kirchlicher Selbstreflexion über Jahrhunderte. Immer wieder erkennen Theologen in der Kirche das Hurenhafte (ebd., S. 223–235). Immer wieder aber tritt der Hurenmetaphorik die Braut- und Muttermetaphorik entgegen. Diese wiederum verbindet sich mit den Gestalten von Eva und Maria. In ihrer weiblichen Metaphorik wird stärker als in den anderen Metaphernkomplexen die eigene Ambivalenz der Kirche, ihre Umkehrbedürftigkeit, ihre Angewiesenheit auf göttliches Erbarmen, ja ihre dauernde Unvollkommenheit zum Thema. Gleichzeitig aber rückt mit der weiblichen Metaphorik das Thema der mütterlichen, bergenden, rettenden Fürsorglichkeit der Kirche in das Zentrum der Aufmerksamkeit (ebd., 244–259).

Die Zwiespältigkeit
der Leib-Christi-
Metaphorik

Entsprechend seiner dialektischen Methode, die zwischen entgegengesetzten Metaphernkomplexen jeweils fruchtbare Spannungen sucht, findet Jürgen Werbick auch die Leib-Christi-Metaphorik *zwiespältig (ebd., S. 297–302)*. Sie kann stimulierend und motivierend auf Gemeinden wirken, wo Christen es als ihre gemeinsame Berufung begreifen, Christus für andere zu vergegenwärtigen. Sie droht zu einer reinen Selbstüberhöhung zu werden, wo sich Kirche in einer identifizierenden Weise als Fortsetzung der Inkarnation empfindet.

Bilder
der Gemeinschaft
und der Herrschaft

Der Begriff der „*communio*", den das II. Vaticanum für die Ekklesiologie zum Leitbegriff seiner Ekklesiologie gemacht hat, bezeichnet nach der Analyse von Jürgen Werbick selbst in sich bereits eine „Grundspannung", die in eine „immer wieder neu auszutarierende Balance zwischen Einheitlichkeit und Eigenständigkeit, zwischen Einmütigkeit und Vielstimmigkeit" (ebd., S. 322) zu bringen sei. In der Tat unterscheidet den Begriff der „*communio*" ja genau dies von anderen Termini für das Zusammenleben von Menschen. Spricht man von einer Körperschaft, so ist der Aspekt des funktionalen Zusammenspiels leitend, spricht man von einem Haus, so ist der Aspekt des bergenden, friedvollen Zusammenseins leitend. Der Gemeinschaftsbegriff dagegen rückt die Aspekte der Freiwilligkeit, der bleibenden Selbständigkeit der Verbundenen, ja der Vielgestaltigkeit der Verbindung in das Zentrum der Aufmerksamkeit.

Eine biblische Rückbesinnung macht deutlich, dass die genannten Eigenschaften von Gemeinschaftlichkeit keine Minderung des Zusammenhaltes und der Einheit der Kirche bedeuten, sondern dass gerade die Freiheit des Zueinanderfindens und Miteinanderseins das spezifische Medium ist, in dem die spezifische Einheit von Menschen miteinander, die in der Kirche ihre Verwirklichung findet, gedeiht. Zusammenhalt und Einheit wachsen in der Kirche gleichsinnig mit der Freiheit und Eigenständigkeit. Kirchliche Einheit basiert nicht auf Macht und Unterdrückung, auf Einschüchterung und Gewalt, sondern auf dem Wirken des göttlichen Geistes, der die Verschiedenen in der fruchtbaren Spannung ihrer Verschiedenheit zu freiwilligem Zusammenwirken verbindet.

Diese *communio* hat ihr Urbild und die Quelle ihrer Vitalität in der eucharistischen Feier der *communio sanctorum*, in der die Feiernden teilhaben an der freiwilligen Hingabe als dem Lebensvollzug Jesu, der so zum Inhalt ihres eigenen Lebens wird (vgl. ebd., S. 344–346).

Achtung vor dem Anderen in seiner Andersartigkeit, Freude an der Vielfalt der Charismen, Fähigkeit, das Unverstandene anzunehmen und zu respektieren, sind Merkmale einer wirklich kirchlichen Kultur des Umganges miteinander, die von der Liebe zu dem unergründlichen Schöpfergeheimnis Gottes lebt, der das Vielfältige schafft und in einer Einheit zusammenführt, die eben nicht Einförmigkeit ist, sondern Gemeinschaft des zutiefst Verschiedenen.

Diese Kultur gemeinschaftlichen Lebens muss auch den unvermeidlichen kirchlichen Umgang mit der Macht prägen. Nur so kann sich die Kirchen*gemeinschaft* immer wieder kritisch reinigen von dem Eindringen eines ihr fremden, an politischen und ökonomischen Autoritätsidealen gebildeten Automatismus von Macht und Gehorsam. Nur eine solche fortgesetzte Selbstreinigung bewahrt die Kirche davor, einer autopoietischen Logik der Macht und des Machterhaltes anheimzufallen (vgl. ebd., S. 363).

In dem Lehrsatz des II. Vaticanum von der *„ecclasia veluti sacramentum"* bestätigt sich für Werbick die Angemessenheit der Ekklesiologie als Metaphorologie, denn Bild zu sein, *„verbum Dei visibile"*, ist das Wesen des Sakramentes (ebd., S. 425). Als Bild verweist die Kirche auf das, was in ihr und nirgendwo in der Welt schon da ist, auf Gottes Herrschaft. Als realisierendes Zeichen, als sakramentales Bild verweist die Kirche, indem Gott in ihr anbrechen lässt, worauf sie verweist. Die Grundspannung zwischen dem Ausstehenden und dem Ereignis-Werdenden, zwischen der präsentischen Eschatologie des eigenen Selbstvollzuges in der Geschichte und dem eschatologischen Vorbehalt ist für die Kirche konstitutiv.

Sakramentalität der Kirche

Die neuere Metapherntheorie hat das Bewusstsein dafür geschärft, dass Metaphern die Weltwahrnehmung irritieren und durch Erschließung ungewohnter Perspektiven bereichern können. Metaphernrezeption erscheint als ein produktiver und kritischer Prozess. Vor allem angesichts der Kirche als „komplexer Wirklichkeit" erscheint es als unausweichlich, den Diskurs, den man nicht mit klar definierender Begrifflichkeit führen kann, auf der Ebene der Metaphern auszutragen (Dulles/25: 15–33). Josef Meyer zu Schlochtern macht jedoch auf die Gefahr aufmerksam, dass nicht überall in der Kirche die Fähigkeit zu einem kritisch-produktiven Prozess der

Reichweite und Problematik metaphorischer Rede

Metaphernrezeption vorausgesetzt werden kann. Wo aber Bilder nicht kritisch und mit einer bestimmten ästhetischen Fähigkeit zur Bilddeutung aufgenommen werden, da können Bilder verführerische Größen sein, die durch die mit ihnen immer vorgenommene Komplexitätsreduktion zum demagogischen Missbrauch einladen (Meyer zu Schlochtern/96:426).

II. Wesentliche Eigenschaften und Vollzüge der Kirche

1. Wesentliche Eigenschaften der Kirche

a) Die *notae ecclesiae*

Das Glaubensbekenntnis von Nikaia, wie es auf dem Konzil von Konstantinopel (381) zitiert wird, also das sogenannte Nicaeno-Konstantinopolitanum, benennt *vier notwendige Eigenschaften der Kirche*. G. Ebeling (Ebeling/4:369) deutet die Eigenschaften der Einheit, der Heiligkeit, der Katholizität und der Apostolizität als „Glaubensattribute" der Kirche. Ihr geschichtlicher Sitz im Leben sei, so Ebeling die genaue Erfahrung des Gegenteils: Weil sich die Kirche als uneins, sündhaft, partikular erfährt und weil in ihr die Treue zur apostolischen Botschaft in Abrede gestellt wird, deshalb betont der Glaube, der die Gläubigen zur umfassenden Einheit in Heiligkeit und Treue zu den Apostel führen will, umso emphatischer das, was faktisch nicht ist. Der Glaube erkennt die abwesenden Eigenschaften der Kirche als notwendig und er erhofft sie von Gottes im Glauben der Einzelnen sich ereignender Wirksamkeit in der Kirche. Die vier Grundeigenschaften der Kirche sind somit die Ansage des verborgenen Wesens der Kirche (ebd., S. 370). W. Pannenberg schließt sich dieser Deutung der vier Glaubensattribute an und weist konsequenterweise die Verwendung des traditionellen Begriffes der „*notae ecclesiae*" zurück (Pannenberg/12:445). Einheit, Heiligkeit, Katholizität und Apostolizität sind nicht unbedingt Kennzeichen der empirischen Kirche, sicher aber „Wesensmerkmal" der Kirche als Leib Christi.

Die notwendigen Eigenschaften der Kirche in der gegenwärtigen protestantischen Theologie

Die protestantische Ablehnung einer Deutung der vier Wesensmerkmale als *empirische Kennzeichen* richtet sich gegen eine entsprechende Deutung der „*notae ecclesiae*" in der katholischen Kontroverstheologie. Diese kontroverstheologisch-apologetische Verwendung der kirchlichen Eigenschaften hat eine lange Tradition.

Die apologetische Verwendung der *notae ecclesiae*

Clemens von Rom identifiziert die geglaubte Apostolizität der Kirche mit der empirischen apostolischen Sukkession und legitimiert auf diese Weise die faktischen Bischöfe, Priester und Diakone in ihrer legitimen Leitungsfunktion *(1 Clem 40–44)*: Die faktische Kirche ist legitim, weil sie auf empirisch nachvollziehbare Weise das Merkmal der Apostolizität trägt.

Auch für Irenäus von Lyon manifestieren sich die Kennzeichen der wahren Kirche im empirischen Wirken der Apostel und der von ihnen eingesetzten Bischöfe und ihrer Nachfolger *(Adversus haereses, III, 2, 2)*.

Im Zuge der Gegenreformation intensiviert sich dieses Verständnis der notwendigen Eigenschaften *(proprietates)* der Kirche als empirisch wahrnehmbarer Kennzeichen der Wahrheit, als „*signa*", „*criteria*" und – mit dem in Deutschland einflussreichen Jesuitentheologen *Gregorio de Valencia* (1549–1603) – schließlich als „*notae ecclesiae*". Melanchthon nimmt den Begriff der „notae ecclesiae" auf, definiert ihn aber anders: Nicht die wesentlichen Eigenschaften der Kirche *(proprietates ecclesiae)* sind die äußeren, sichtbaren Merkmale *(notae)*, an denen man die wahre Kirche erkennt. Diese notae ecclesiae sind vielmehr nur zwei, nämlich die rechte Predigt des Evangeliums und die einsetzungsgemäße Verwaltung der Sakramente (Apologie der CA, Art. 7, 5 = BSLK, 183).

Die katholische Kontroverstheologie hält dagegen, dass die *Echtheit* der Predigt ebenso wenig wie die Einsetzungsgemäßheit der sakramentalen Praxis zu Tage liegt. Über sie muss vielmehr erst *befunden* werden. Dazu aber bedarf es einer kompetenten Instanz, eben der apostolischen Kirche (Döring/24:169).

Mit dem Rationalismus des 17. Jahrhunderts wird die Lehre von den *notae ecclesiae* in der katholischen Kirche zur apologetischen *„via notarum"* ausgebaut. Auf ihr sollte für die neu entstehende Disziplin der Apologetik aus der empirischen Gestalt der katholischen Kirche für jedweden Menschen zwingend beweisbar werden, dass die katholische Kirche die allein wahre Kirche Jesu Christi ist. Die wesentlichen Eigenschaften der Kirche müssen zu diesem Zweck gedeutet werden als Eigenschaften, die (1) leichter zu erkennen sind als die Kirche selbst, die (2) von jedermann verstanden werden können, die (3) allein der katholischen Kirche zukommen, und die (4) notwendig unabtrennbar zur wahren Kirche, wie Christus sie gewollt hat, gehören. Auf der Grundlage dieser Festlegungen wurde der syllogistische Beweis in drei Schritten geführt: *(1. praemissa maior)* Christus hat die Kirche mit vier Kennzeichen ausgestattet. *(2. praemissa minor)* Diese Kennzeichen finden sich nur in der katholischen Kirche. *(3. conclusio)* Die katholische Kirche ist die allein wahre Kirche Christi (Pottmeyer/14:168).

V. A. Dechamps vereinfacht die *via notarum* im 19. Jahrhundert zur *„via empirica"*: die Kirche erweist ihre Wahrheit durch die unmittelbare Einsichtigkeit ihres moralisches Ranges (ebd.). Das I. Vaticanum folgt diesem Weg in gekürzter Form, wenn es lehrt, die Kirche sei durch sich selbst „– nämlich wegen ihrer wunderbaren Ausbreitung, außerordentlichen Heiligkeit [...], wegen ihrer katholischen Einheit und unbesiegbaren Beständigkeit – ein mächtiger und fortdauernder Beweggrund der Glaubwürdigkeit und ein unwiderlegbares Zeugnis ihrer göttlichen Sendung" (DH 3012).

Die Überwindung der apologetisch-kontoverstheologischen Fixierung durch Karl Rahner

Karl Rahner unternimmt eine Deutung der *notae ecclesiae*, die das alte apologetische und fundamentaltheologische Anliegen ernst- und aufnimmt, ohne aber die *notae ecclesiae* als Argument gegen die Legitimität und Kirchlichkeit des Protestantismus zu wenden. Die *notae ecclesiae* sind für ihn im Gegenteil eher beunruhigende *Kriterien*, die jeden Christen beschäftigen müssen. Jeder Christ nämlich geht natürlich zunächst unvermeidlich und somit auch mit einem gewissen Recht davon aus, dass er in seiner Kirche tatsächlich mit dem menschgewordenen Gott in Berührung kommt und dass die Predigt und sakramentale Praxis dieser Kirche wirklich die Intentionen und Absichten Jesu erreicht und so in Gemeinschaft mit ihm steht. Diese Gemeinschaft mit Jesus aber entscheidet darüber, ob die Kirche wirklich Kirche Jesu Christi ist. Gerade weil aber Jesus Christus und die Gemeinschaft der Jünger historische Größen sind, kann die Frage nach dem Zusammenhang und der Übereinstimmung mit ihnen nicht als Frage der reinen Innerlichkeit des Glaubens behandelt werden. Die historisch-aposteriorische Präsenz Gottes in seiner Menschwerdung fordert zumindest den ernsthaften Versuch, die Übereinstimmung der Kirche mit Jesus Christus auch *in historisch-aposteriorischen Beweisgängen* zu thematisieren. Der eigene innere Glaube muss sich im Prozess dieser Überprüfung immer der geschichtlichen Realität aussetzen. In diesem kritischen Prozess erfährt er die Erlösung von der Enge und Unfreiheit seiner eigenen Subjektivität und ihrer Selbstverständlichkeiten. Der Prozess der Überprüfung der Kontinuität des eigenen Glaubens mit dem Glauben Jesu und seiner Jünger ist notwendig überindividuell. Er schließt die gemeinschaftliche Verständigung mit allen, die an Christus glauben, ein.

Auf der Basis dieser Überlegung nennt Rahner drei Kriterien, anhand derer Christen sich Rechenschaft geben können darüber, ob die Kirche, in die sie hineingeboren sind, mit Recht für sich in Anspruch nehmen kann, Kirche Jesu Christi zu sein: (1) Christen müssen für ihre Kirchen eine „möglichst dichte, geschichtliche Nähe zum ursprünglichen Christentum Jesu Christi" als Aufgabe erkennen und sich Rechenschaft geben können, wie sie dieser Aufgabe geschichtlich gerecht geworden sind und gegenwärtig gerecht werden (Rahner/227:342). (2) Christen haben ihre Kirche zu befragen, ob das Zeugnis des Heiligen Geistes in ihrer eigenen Glaubenserfahrung sich in der Verkündigung und Praxis der Kirche wiederfindet (ebd., S. 344). (3) Komplementär zum zweiten Kriterium fordert Rahners drittes Kriterium die Präsenz der Kirche als einer Größe, überindividueller, objektiver Normierung. So wahr es ist, dass der Heilige Geist im Inneren des Menschen Zeugnis ablegt für die Wahrheit des Glaubens, so wahr ist umgekehrt auch, dass der Mensch als Sünder in sündigen Strukturen und unter den endlichen Bedingungen seines Lebens die Glaubenswahrheit immer auch als eine ihm von außen und mit Autorität zugesprochene Wirklichkeit erlebt. Glaube ist nie nur das Wohlbefinden im Identisch-Sein mit sich selber als einem Gläubigen. Es ist immer auch die konkrete Erfahrung des Andersseins Gottes, der dem Menschen fremd und fordernd gegenübertritt. Eine Kirche, die zu solcher Fremdheit, zu solcher Provokation und Widerständigkeit gegen den endlichen Sünder nicht die Kraft zeigte, könnte schwerlich für sich in Anspruch nehmen, wahrhaft die Kirche des Gekreuzigten zu sein (ebd., S. 344f.).

Das Kriterium der geschichtlichen Nähe zum historischen Jesus sieht Rahner in der katholischen Kirche durch den Anspruch einer *kontinuierlichen Tradition* gewährleistet. Dabei sind für Rahner die Vorstellungen einer widerspruchslosen, organischen Entwicklung der Traditionsinhalte einerseits und einer bruchlosen Kette amtlich bevollmächtigter Tradenten in der Gestalt des Episkopates und der Reihe der römischen Bischöfe andererseits die Argumente, die einem katholischen Christen die Zuversicht geben, in seiner Kirche den Glauben und die Botschaft Jesu Christi wirklich erreichen zu können (ebd., S. 346f.). Das zweite Kriterium kirchlicher Authentizität, die Präsenz der Mitte des Evangeliums in der Kirche, wird traditionell vom Protestantismus gegen den Katholizismus gewandt. In der katholischen Kirche sei die schlichte Rechtfertigungsbotschaft bis zur Unkenntlichkeit überwuchert. In diesem Zusammenhang erkennt Rahner eine positive Funktion des Protestantismus für den Katholizismus: „Die evangelische Christenheit und auch die evangelische Theologie" helfen dem Katholizismus bei der Konzentration auf die Mitte des Evangeliums (ebd.,

S. 355). Das dritte Kriterium sieht Rahner im Katholizismus durch das Zu-einander des objektiven Normierunganspruches der Hl. Schrift einerseits und eines kirchlichen Lehramtes andererseits erfüllt (S. 352 f.).

b) Die Kirche als Gegenstand des im Nicaeno-Constantinopolitanum bekannten Glaubens

„[credo] et unam sanctam, caholicam et apostolicam Ecclesiam"

Das Nicaeno-Constantinopolitanum bekennt die Kirche selber als Gegen-stand des Glaubens. Im griechischen Text des *Nicaeno-Constantinopolitan-ums* heißt es: *„[pisteúomen] Eis mían hagían katholikèn kaì apostolikèn ek-klesían"* (DH 150). Der auf die Kirche bezogene Artikel hat somit dieselbe sprachliche Gestalt wie die Artikel, die sich auf Gott den Vater, den Sohn und auf den Heiligen Geist beziehen. Jedesmal heißt es *„pisteúomen eis"*. Der lateinische Text des Glaubensbekenntnisses lässt beim Kirchenartikel das *„eis"* unübersetzt und formuliert *„[Credo] Et unam sanctam catholicam et apostolicam ecclesiam"*. *Rufin von Aquileia* (345–410) sieht darin einen Hinweis darauf, dass die Kirche sich unter den Gegenständen des Glau-bens als geringer einstuft als der dreifaltige Gott (Staats/229:21). Diese Wertung dürfte aber auch im griechischen Osten, der das *„eis"* beibehielt, selbstverständlich sein.

Die lateinische Formulierung des Kirchenartikels mithilfe des Akkusativs an Stelle der Präposition ist eher ein Hinweis in die umgekehrte Richtung. Sie verhindert nämlich jedes dativische Verständnis von *„[pisteúomen] eis ekklesían"* im Sinne von „wir glauben *der* Kirche [als Tradentengemein-schaft] das, was sie tradiert". Statt dessen macht der Akkusativ die Kirche als direktes Objekt des Glaubens unausweichlich.

Die Kirche des Glaubens als Geheimnis

Gott selber ist Grund und Inhalt allen Glaubens. Was außer Gott ge-glaubt wird, wird geglaubt, insofern es von ihm Zeugnis gibt, weil es zei-chenhaft, sakramental dient in Bezug auf die Wirklichkeit Gottes. Glaube ist kein intellektueller Akt des Menschen in Bezug auf einen transzenden-ten Gegenstand. Christlicher Glaube bekennt die Wirksamkeit Gottes im menschlichen Akt des Glaubens, der nicht alleine intellektuell ist, sondern der alle Vermögen des Menschen anspricht und integriert. So verstandener Glaube bezieht sich auf seine Gegenstände als *„mystéria"*. Der Begriff des *„mystérion"* bezeichnet nicht einfach eine (bedauerliche) Grenze des menschlichen Intellektes, sondern die Wirklichkeit, vor der der Intellekt sich in den höheren und integrierenden Akt der Liebe zum unbegreiflichen Gott aufhebt (Rahner/226:51–102). „Geheimnis" ist der Begriff, der die Notwendigkeit einer menschlichen Praxis, einer Bewegung und Verände-rung auf Gott hin impliziert. Erst in dieser Bewegung verschließt sich das Geheimnis, ohne dass es aufhörte, dadurch Geheimnis zu sein. Das Ge-heimnis als der eigentliche Inhalt des Glaubens steht weder klar und ein-deutig und allseitig verständlich vor Augen noch ist es in die absolute Unzugänglichkeit hinein entzogen. Diese beiden Extreme entsprechen den antipodischen Positionen von Rationalismus einerseits und Traditiona-lismus andererseits. Der Rationalismus leugnet die Relevanz des Geheim-nisses. Der Traditionalismus macht das Geheimnis zu einer Wirklichkeit, die nur aufgrund ihres Bezeugtwerdens durch die Agenten der Tradition geglaubt werden kann. Er kann sich scheinbar berufen auf Stellen wie Mk 4,11 und Mt 13,11, wo Jesus „die Geheimnisse" bzw. „das Geheimnis des Reiches Gottes" nur einer selektierten Gruppe mitteilt. Das Kriterium der Selektion ist aber in den genannten Stellen das Verständnis der Jünger: „Weil sie Einsichtige sind, wird ihnen die Deutung zuteil." Das Verständnis aber gründet in dem Vertrauen auf Jesus als dem Inbegriff des Glaubens. (Gnilka/217:482). Geheimnisse sind nach dem Erscheinen Jesu keine verborgenen Wirklichkeiten. Bis dahin war ein Geheimnisbegriff möglich, der Offenbarungen über Gottes geheime, apokalyptische Absichten meinte. Mit dem Hervortreten Jesu Christi als des Inbegriffes aller Absichten Gottes ist das Geheimnis des Kosmos von seinem Anfang an offenbar geworden als eine menschliche Biographie.

Der Epheserbrief reflektiert am ausführlichsten den Charakter der Kirche als Geheimnis des Glaubens. In Christus hat Gott „das Geheimnis seines Willens kundgetan [...] die Fülle der Zeiten heraufzuführen und in Christus alles zu vereinen, was im Himmel und auf Erden ist." (Eph 1,9f.) Dieser Prozess der Vereinigung aller in Christus ist selber der geheimnisvolle Prozess des Aufbaus der Gemeinde. In ihm wirkt Gott die Einheit aller als „Wohnung des Heiligen Geistes" (Eph 3,3). Die konkreten Vollzüge der Kirche in der Amtsführung der Diakone (Eph 3,9) und im Leben der christlichen Eheleute (Eph 5,32) partizipieren an diesem Geheimnischarakter der Kirche als der vollzogenen Angleichung der Gläubigen an den in Jesus Christus offenbaren Gott.

Kirche als Geheimnis in den deuteropaulinischen Briefen

Der Kolosserbrief sieht in dieser Wirksamkeit der Kirche die Gegenwart des Geheimnisses Gottes „reich und herrlich unter den Völkern" (Kol 1,27).

Wo Christen die Kirche als Gegenstand des Glaubens bekennen, da bringen sie ihre Überzeugung zum Ausdruck, dass Gott in jedem von ihnen und in der Gesamtheit aller Christen wirkt, was der Epheserbrief als das apokalyptische Geheimnis Gottes bezeichnet, nämlich „in Christus alles zu vereinen, was im Himmel und auf Erden ist" (Eph 2,22).

Die Kirche bekennt das geheimnisvolle Wirken Gottes in den Seelen und Herzen der Menschen als die Mitte ihres eigenen Geheimnisses. Dieses Geheimnis verschließt sich *notwendig einer objektivierenden Betrachtungsweise*, weil es eine Wirklichkeit bezeichnet, die der Sphäre jener Interaktion von Gott und Mensch angehört, die von der Wirklichkeit Gottes selber getragen, ermöglicht und so in einer Weise transformiert wird, dass sie nur *in der aktiven Partizipation an diesem Prozess* verstehbar wird.

Weil sich das Geheimnis der Kirche einer objektivierenden Betrachtungsweise entzieht, ist auch die Kirche als Gegenstand des Glaubens (= Geheimnis) nicht objektiv beschreibbar. Was immer sich an Herrlichem, Positivem und Bewundernswürdigem über die Kirche sagen ließe, es wird niemals der Grund sein dafür, dass die Kirche Gegenstand eines wirklich gnadengetragenen Glaubens genannt wird. Der Grund, weshalb Christen an die Kirche glauben, entzieht sich deshalb dem begründenden und argumentierenden Zugriff, weil die wirksame Anwesenheit Gottes in seiner Kirche, durch die sie zu einem Instrument seiner Wirksamkeit wird, ja zum Sakrament seiner Anwesenheit in der Welt, von genau der geheimnisvollen Art ist wie Gottes Wirksamkeit in jedem einzelnen Menschen. „Dass die Kirche Volk Gottes ist, Leib Christi, durch den Geist geheiligt, ist nur im

Die Erkennbarkeit der Kirche im Glauben

Glauben zu erkennen." (Kirchengemeinschaft in Wort und Sakrament/184: Nr. 7)

Ökumenische Einsichten — Der Deutung der Kirche als Gegenstand des Glaubens steht ihre Deutung als Sakrament und als Leib Christi nahe. Sie hat eine lange Tradition in der orthodoxen Theologie. Die Gemeinsame Erklärung der Altkatholischen und der Chalcedonensisch-Orthodoxen Kirchen bezeugt diesen Glauben an die Geheimnishaftigkeit der Kirche eindrucksvoll: „Die Kirche steht ihrem Wesen nach im engen Zusammenhang mit dem Geheimnis des dreieinigen Gottes, der sich in Christus und dem Heiligen Geist offenbart hat (vgl. Eph 5,32). Sie ist der ,Schatz der unaussprechlichen Geheimnisse Gottes'", wie die Erklärung unter Berufung auf die Homilie des *Johannes Chrysostomos* zum ersten Korintherbrief (PG 61,134) feststellt (Gemeinsame Erklärung zur Ekklesiologie, Chambésy 1977, Bonn 1979, Zagorsk 1981, in: DwÜ, I, S. 37)

c) Die Einheit der Kirche

Ontologische Einheit und praktisch-vollzogene Einheit der Kirche

Ontologische Einheit — Im 17. Kapitel des Johannesevangeliums betet Jesus: „Alle sollen eins sein: Wie du, Vater, in mir bist und ich in dir bin, sollen sie in uns sein, damit die Welt glaubt , dass du mich gesandt hast." (V. 20). Der Text bietet ein Ineinander und Miteinander eines ontologischen und eines sittlichen Einheitsverständnisses. Die Einheit der Christen gründet *ontologisch notwendig* in ihrer *Teilhabe* an Jesus Christus und an seiner Gemeinschaft mit dem Vater. Wo sie wirklich Christen sind, wo es zwischen ihnen und Jesus Christus eine Gemeinschaft gibt, da sind sie durch ihn auch mit dem Vater und untereinander verbunden. Wo Christsein ist, da ist Einheit mit anderen Christen (Hainz/54:173). Man kann also zunächst von einer ontologisch notwendigen Einheit aller Christen sprechen, die als solche aber nicht notwendig ihren Ausdruck finden muss in institutionell sichtbaren Gestalten.

Allerdings tendiert die Wirklichkeit dahin, sich auch zur Erscheinung zu bringen. Die Grundeinsicht in die faktisch notwendige Einheit aller Christen begründet vom Anfang des Christentums an eine *Dynamik der Ortsgemeinden auf die Praxis der Einheit aller Gemeinden der bewohnten Welt*, der *oikoumené*, hin. Der Begriff der *„ekklesía"* bezeichnet bereits in den paulinischen Briefen sowohl *Haus-* und *Ortsgemeinden* als auch die Gemeinschaft der *Kirchen einer Provinz*, ja die übergreifende, alle Gemeinden verbindende Gemeinschaft aller Christen, die *Universalkirche* (Meeks/67:225–232), ohne dass diese im ersten Jahrhundert bereits eine institutionelle Gestalt gehabt hätte.

Realisationsformen der Einheit in der Alten Kirche — Dieses tief empfundene Bewusstsein der Einheit findet rituellen Ausdruck im Bruderkuss, dem heiligen Kuss" (Röm 16,16), und ihre praktische Umsetzung in vielfältigen Kontakten antiker Gemeinden untereinander. Die hohe Mobilität der das Urchristentum tragenden gesellschaftlichen Schichten der Spätantike bringt mit sich, dass die Gemeinden durch wechselseitige Besuche und Übersiedlungen miteinander in Berührung kommen. Solche Mobilität führt zur Entstehung der Praxis der *„litterae communicatoriae"*, der Kommunionbriefe, durch die ein Gemeindeleiter ein reisendes Gemeindemitglied anderen Gemeinden empfiehlt (Kehl/28: 325). Die Bischöfe einer Provinz nehmen an der Ordination der Bischöfe ihrer Provinz teil. Die Akzeptanz eines Bischofs durch seine Kollegen ist wesentliches Kriterium seiner Legitimität. Im dritten Jahrhundert bittet ein neu ordinierter Bischof brieflich seine Kollegen um die Aufnahme in die *„concordantia episcoporum"*. Die Akzeptanz des Bischofs durch die Gemeinschaft der Bischöfe wurde zum Kriterium seiner Legitimität.

Der Umkehrschluss aus dieser Hochschätzung der kirchlichen Einheit begründet die Heftigkeit, mit der die Kirche von altkirchlichen Zeiten an auf Störungen der Kircheneinheit reagiert. Wer die Einheit der Glaubenden bekämpft, der kann schwerlich ein Christ sein, der tatsächlich Anteil hat an Jesus Christus und mit ihm an Gott, dem Vater. Die Motive seines Aufstandes gegen die Einheit der Gemeinde Jesu Christi können nur selbstsüchtiger Art sein. Dementsprechend spricht Paulus von „falschen Brüdern" (2 Kor 11,26). In der Apostelgeschichte warnt Paulus in seiner Abschiedsrede vor „Wölfen" (Apg 20,29). Die Propheten sind nicht einfach irregegangene Prediger. Sie sind Verführer aus raubtierhaftem, eigenen Interesse. So wie einerseits die Mobilität der frühen Kirche ihre Ausbreitung begünstigte und Strukturen der Einheit im Glauben wachsen ließ, so war sie andererseits eine Gefährdung der Einheit. Durchreisende aus allen Teilen der antiken Welt hinterlassen jeweils eigene Überzeugungen und Glaubensdeutungen. Ignatius von Antiochien, der zwischen 98 und 117 als Märtyrer starb, warnt in fast allen seinen sieben Briefen vor *Häresien* und empfiehlt als Gegenmittel die *Eintracht des Klerus (Brief an die Trallianer, 7,1b–8,1 a)* und die *Treue zum eigenen Bischof und Klerus (Brief an die Magnesier, 6,1–7,2).*

Gefährdungen der Einheit in der Alten Kirche

Seit altkirchlicher Zeit verfestigt sich auf diese Weise ein eher konservatives, unaufgeregtes Verständnis von Einheit, das sich im praktischen, sittlichen und liturgischen Zusammenhalt der Gemeinde bewährt und das sich in der Treue zu den Leitern der Gemeinde manifestiert. Zunächst die Apostel, sodann ihre Mitarbeiter, schließlich die Führungspersönlichkeiten der Ortsgemeinde kristallisieren sich als legitime Autoritäten heraus, die im Gegensatz zu vielfältigen herterodoxen Strömungen und Aktivitäten des Urchristentums den *mainstream* einer stabilen, gesunden christlichen Lehre repräsentieren.

Das ontologische Verständnis der Einheit fordert von sich aus Strukturen, in denen der Gläubige in der Freiheit seiner sittlichen Selbstbestimmung der seinsmäßig vorgegebenen Notwendigkeit der Einheit der Kirche frei entsprechen kann. Einheit ist nicht nur göttliche Aussage über die Kirche, sondern eben auch *menschliche Aufgabe in der Kirche.*

Praktischer Vollzug der Einheit

Aus diesem urkirchlichen Grundverständnis von Einheit als unaufgeregter *Übereinstimmung* mit der überlieferten Lehre in der Gemeinschaft mit dem Bischof, der wiederum in Gemeinschaft mit allen Bischöfen steht, entwickelt sich das für die orthodoxen und die katholische Kirche kennzeichnende Modell einer kirchlichen *Einheit als Einordnung in die Großkirche.*

Die Gefahr des römischen Konzepts der Einheit durch Gehorsam ist die Hypostasierung von Macht und Gehorsam zu Inhalten des Glaubens selbst, so als wäre der Inbegriff des christlichen Glaubens nicht Jesus Christus, sondern die Unterwerfung unter den Papst. Gegen diese Gefahr

Gefahren des römischen Einheitskonzepts

richtet sich der Protest der Reformation. Sie bringt in Erinnerung, dass kirchliche Einheit nicht zunächst das (sittliche) Werk des Menschen ist, der sich im Gehorsam unterwirft oder vollmächtig die Lehrverantwortung für die Kirche übernimmt. Vor solcher sittlichen Einheit liegt immer die ontologische Einheit, die dadurch gewirkt wird, dass Gott in den Herzen der vielen den einen Glauben erweckt, der alle verbindet in der Liebe zu Jesus Christus.

Einheit wird auf diese Weise zu einer „geistlichen Einheit", zu der „[...] eine Einheit in den Menschensatzungen [...] nicht notwendig ist [...]" (Apologie zur CA, 7/8, 30 = BSLK, Nr. 190). Diese Spiritualisierung der ontologischen Einheit widerspricht allerdings dem geschichtlichen Charakter der Inkarnation. Gott inkarniert sich ja nicht alleine pneumatisch in die Herzen der Menschen, sondern ist als in Raum und Zeit in die Geschichte Eingetretener zum *Gegenstand einer innergeschichtlichen Tradition* und einer dieser Tradition dienenden Institution geworden. Diesem Umstand muss auch der Protestantismus gerecht werden. Auch im Protestantismus bilden sich Kirchenleitungen und Praktiken des Umganges mit abweichenden Lehrmeinungen. Die Zergliederung des Protestantismus in immer mehr Teilkirchen und partikulare Traditionen stößt auf eine ökumenische Gegenbewegung hin zu einer auch geschichtlich manifesten innerprotestantischen Einheit in dem geschichtlichen Moment, in dem sich im Zuge des Kolonialismus eine neue weltweite Missionsaufgabe stellt: 1910 nimmt der innerprotestantische Ökumenismus mit der Weltmissionskonferenz von Edinburgh seinen Anfang. Die ökumenische Bewegung drängt auf die Wiedervereinigung von protestantischen Kirchen, die sich zuvor auseinanderdifferiert haben. Der Weg hin zu dieser Einheit unterscheidet sich allerdings vom katholischen Einheitskonzept: Zum einen wird die Einheit nicht auf dem Weg der Ein- und Unterordnung gesucht, sondern auf dem *Weg des Konsenses.* Zum anderen wird Einheit als ein weiter Rahmen begriffen, in dem sehr verschiedene Realisationsformen des Glaubens denkbar sind, die sich in ihrer Verschiedenheit jedoch wechselseitig anerkennen.

Einheit als Aufgabe der Ökumene

Einheit im ökumenischen Prozess Im Anschluss an die Weltmissionskonferenz von Edinburgh fanden sich 1927 in Lausanne 439 Vertreter christlicher Kirchen des Protestantismus und der Orthodoxie zur ersten „Weltkonferenz für Glaube und Kirchenverfassung" *(faith and order)* zusammen. Das Bemühen um die Einheit der Kirchen war mit diesem Schritt hinausgegangen über die Suche einer Einheit im Handeln, wie sie in Edinburgh bestimmend war, hin zu einer *Einheit im Glauben.* Die gemeinsame Vorstellung von Kircheneinheit auf der Konferenz von Lausanne bleibt im Banne eines ekklesiologischen Platonismus: Die eine wahre Kirche realisiert sich in unterschiedlichen Kirchen und mannigfachen Formen der Kirchenleitung. Sie ist wesentlich unsichtbar und verbindet alle wahrhaft Gläubigen (Gaßmann/181:166 f.).

Konkreter und praktischer werden die Vorstellungen von der Einheit der Kirchen in Glauben und Kirchenverfassung auf der Folgekonferenz 1937 in Edinburgh. Sichtbare Einheit der Kirchen soll in drei Stufen erreicht werden: (1) „Ohne Verletzung der Gewissen" soll bei grundsätzlicher Möglichkeit von theologischen Differenzen und strukturellen Unvereinbarkeiten ein Bund der unterschiedlichen Kirchen angestrebt werden. (2) Die Mitgliedskirchen gewähren einander Abendmahlsgemeinschaft. (3) Die Mitgliedskirchen bilden eine gemeinsame Union (P. Neuner/197:34).

Pluralitätsorientierte Modelle der Einheit der Kirche: Auch wenn Christen Verschiedenes und auf verschiedene Weise glauben, so können sie doch den verbindenden gemeinsamen Kern des Glaubens auf je verschiedene Weise treffen. Mitte der siebziger Jahre beginnt man auf protestantischer Seite damit, diesen gemeinten Sachverhalt mit dem Begriff der „Versöhnten Verschiedenheit" zu benennen (Meyer/194). Auf der Vollversammlung des Lutherischen Weltbundes 1977 in *Dar-es-Salam* wird die Vorstellung einer Ökumene in versöhnter Verschiedenheit zustimmend rezipiert.

Versöhnte Verschiedenheit

Der Gedankengang findet durchaus Entsprechungen im katholischen Denken: Das II. Vaticanum verhilft der Einsicht zum Durchbruch, dass die Vielzahl der kirchlichen Lehren keineswegs gleichmäßig von den Gläubigen aufgenommen wird. Es findet vielmehr eine *Hierarchisierung* statt, die unvermeidlich und legitim ist. Einer individuellen und existentiellen Hierarchie der Wahrheiten *(hierarchia veritatum)* erkennt das Konzil eine gewisse Legitimität zu *(Unitatis redintegratio, 11)*. Darüber hinaus gibt es einen legitimen Interpretationspluralismus, der klassischerweise in der Entscheidung Pauls V. zum Gnadenstreit von 1621 zum Ausdruck kommt, mit der auf eine autoritative Klärung der offenen Frage nach dem genauen Wirkmodus göttlicher Gnadenhilfen verzichtet wurde (DH 1997).

In der Logik dieser kirchlichen Praxis liegt der katholische Vorschlag zu einer *Kirchengemeinschaft in versöhnter Verschiedenheit*, den mit Heinrich Fries und Karl Rahner 1983 zwei außerordentlich angesehene katholische Theologen unterbreiten (Fries/Rahner/179): Es gibt christliche *Grundwahrheiten*, die für jede christliche Kirche absolut unverzichtbar sind. Hierzu zählen die Hl. Schrift, die Beschlüsse der Konzilien von Nikaia und Konstantinopel, das apostolische Glaubensbekenntnis (These I, ebd., S. 23). Daneben können Kirchen eigene Lehren tradieren, auf die aber nicht alle Teilkirchen einer künftigen Kircheneinheit verpflichtet werden. Als Regel des Umganges miteinander aber gilt das aus dem Gnadenstreit bekannte *Prinzip der Nichtverurteilung* des anderen (These II, ebd., S. 35). Das Papstamt repräsentiert die sichtbare Einheit aller Christen (These IV a = ebd., S. 70). Der Papst enthält sich einer Praxis der Lehrverkündigung, die in den nicht-katholischen Teilkirchen nicht akzeptabel wäre (These IV b = ebd., S. 98). Die Teilkirchen gewähren einander Kanzel- und Altargemeinschaft (These VIII, ebd., S. 139). Fries und Rahner ging es nicht um die Relativierung der Bedeutung des dogmatischen Glaubens für das Christsein und die Zugehörigkeit zur einen Kirche Jesu Christi. Vielmehr wenden sie sich dagegen, dass theologische Gegensätze der Vergangenheit das Zueinanderfinden der Christen da behindern, wo sie sich den theologischen Aufgaben der Gegenwart und der Zukunft zu stellen haben. Die Verschiedenheit stellt für Fries und Rahner anders als in einer grundsätzlich pluralistischen Weltsicht kein Ideal dar, sondern ein geschichtliches Faktum, mit dem im Interesse christlicher Zukunftsgestaltung umgegangen werden muss. Ein „*magnus consensus*", ein Sich-Finden aller Kirchen in gemeinsamen Formeln des Glaubens, wird bei Fries und Rahner „der Zukunft überlassen"

Der Fries-Rahner-Plan

(ebd., S. 35). Bis dahin ermöglicht ein praktischer Konsens, dass sich die Mitglieder der verschiedenen Kirchen auf der Basis gegenseitiger Anerkennung den wichtigen Fragen nach der Zukunft des Christentums zuwenden können.

Unausweichliche Verschiedenheit

Ulrich H. Körtner widmet dem Konzept der Versöhnten Verschiedenheit eine ausführliche Begründung und Rechtfertigung (Körtner/186; ders./187). In einem theologischen Argumentationsgang weist Körtner *Diversität und Konfessionalität* als Merkmale des Christentums von Anfang an auf. Das Christentum entwickelt sich als konfessionelle Abspaltung von der jüdischen Mutterreligion. Es entfaltet sich wegen der durch die Menschwerdung Gottes gegebenen innergeschichtlichen Verbindlichkeit des Wahrheitszeugnisses *konfessorisch* und damit notwendig immanent kontrovers. Die damit notwendig verlorene Einheit ist Teilhabe an der konkreten Gestalt der Menschwerdung Gottes. Die Menschwerdung Gottes nämlich gipfelt nicht in der triumphalen Einheit einer weltumspannenden Organisation, sondern sie gipfelt in der *Hingabe des Lebens am Kreuz*. Mit seiner Lebenshingabe setzt Jesus hinter die Botschaft seines Lebens das Rufzeichen der sie noch einmal umfassenden Feindesliebe. In der Nachfolge Jesu wird diese Feindesliebe in der Kirche konkret in der Toleranz (Körtner/187:103). Toleranz aber setzt nicht den eirenischen Verzicht auf eigene Positionen, mit dem der Wahrheitsanspruch der eigenen Nachfolgegestalt geleugnet würde, voraus. Erst im *Eschaton* wird die Versöhntheit in der Verschiedenheit in eine wirkliche Einheit überführt. In einer Weltzeit der Sünde und des Unverstandes gibt es Einheit nur im brüderlichen Erleiden und Erdulden des anderen in seiner Überzeugung, die der eigenen widerstreben mag.

Diese theologische Argumentation wird bei Körtner flankiert durch eine *soziologische Argumentation*, ausgehend von der Unausweichlichkeit des neuzeitlichen Pluralismus. Unter Berufung auf P. L. Bergers These vom neuzeitlichen „Zwang zur Häresie" (Berger/232) stellt Körtner dar, wie sich der Friede nach den Religionskriegen des 16. und 17. Jahrhunderts nur herstellen ließ durch die Ersetzung des volkskirchlich-katholischen *Bindungsprinzips* durch das *Konfessionalitätsprinzip* (Körtner/187:30f.). Damit war der Grundstein einer Entwicklung gelegt, in der Religion schließlich zur Privatsache wurde. Die damit unausweichliche Vervielfältigung findet ihren heutigen Ausdruck in einer rasanten *Pluralisierung der Theologien* (Körtner/187:58ff.).

Unter diesen Bedingungen erscheint die Vorstellung der Entwicklung kirchlicher Einheit als Bekenntniseinheit zu einem notwendig immer detaillierter und ausgefeilter sich präsentierenden Glaubenskonsens als illusorisch. Nicht das Endresultat eines solchen Glaubenskonsenses ist für Körtner das innergeschichtlich erstrebenswerte Ziel ökumenischer Verständigung, sondern der lebendige Austausch. Lebendigkeit des Austausches aber lässt sich unter „Konsensdruck" nicht erreichen. Ein solcher Konsensdruck treibe lediglich immer zu Kompromissformeln, in denen am Ende niemand mehr den eigenen Glauben erkennen könne. Statt auf Kompromiss und Konsens möchte Körtner lieber auf eine „Hermeneutik des Einspruches" (ebd., S. 90) setzen.

Körtners Modell besticht vor allem durch seine Verknüpfung von Kreuzestheologie und innerchristlicher Verschiedenheit: Die Uneinigkeit wird so nicht zu einem Wert stilisiert, sondern als Moment an einem weltgeschichtlichen Leiden Gottes interpretiert. Dennoch wird die Verschiedenheit dadurch legitimiert und perenniert.

Kirchenamtlich findet katholischerseits der Gedanke einer bleibenden Verschiedenheit zwischen christlichen Konfessionen durch Johannes Paul II. in dessen Enzyklika *„Ut unum sint"* eine Aufnahme. Der Papst spricht dort von der Möglichkeit „der vollen Einheit in der legitimen Verschiedenartigkeit" (Nr. 57). Das Modell für diese legitime Verschiedenheit ist nach Johannes Paul II. das Verhältnis der Westkirche zur Ostkirche vor 1058.

Eine noch weiter gehende Rechtfertigung der zwischenkirchlichen Verschiedenheit unternimmt Konrad Raiser. Sein 1989 publiziertes Buch „Ökumene im Übergang" kündigt im Untertitel einen „Paradigmenwechsel in der ökumenischen Bewegung" an (Raiser/202). Verschiedenheit ist nicht nur ein unvermeidliches Übel, sondern ein Wert, der die Hl. Schrift selber mit ihren verschiedenen und z. T. gegensätzlichen Schriften auszeichnet. Verschiedenheit bedeutet nicht den Ausschluss der Gemeinschaft, sondern deren *Auszeichnung als eine Gemeinschaft der Verschiedenen,* die ihre Unterschiede, ja sogar ihre Gegensätze als Bereicherung erfahren kann. Aus der Einheit der Kirche wird bei Raiser eine *Gemeinschaft der Kirchen,* die Streit und Gegensätze einschließt.

Einheit
in Gegensätzen

Da sich die Kirchen der Orthodoxie und der Reformation anders als die katholische Kirche als regionale oder nationale Kirchen entwickelt haben, geht für sie die Entdeckung der Ökumene mit der Entdeckung des christlichen Universalismus einerseits und mit der Entdeckung der nationalen und kulturellen Differenz andererseits einher. Die Anerkennung des anderen in seiner Verschiedenheit ist unter diesen Bedingungen Moment an der Überwindung von Kolonialismus und Gewalt. Nicht die alten kontroverstheologischen Streitfragen stehen bei Raiser im Zentrum des ökumenischen Interesses, sondern die Frage, wie Christen gemeinsam „Salz der Erde" sein können (ebd., S. 161), indem sie ihren Beitrag leisten zu einer Entwicklung der Welt, die dem ursprünglichen Schöpfungsplan Gottes gemäß ist. Dieser Beitrag wird nicht ärmer dadurch, dass er aus verschiedenen Beiträgen besteht (ebd., S. 134–142). Der neuen Freude an der Gegensätzlichkeit und an einer neuen Kontroverskultur entspricht als neues ökumenisches Leitbild dasjenige von der Welt als göttlichem Haushalt *(oíkos).* Anders als in den Pastoralbriefen, in denen dieses ekklesiologische Leitbild seine biblischen Wurzeln hat, soll das göttliche Haus kein patriarchalisch geführter Familienbetrieb sein, sondern eher ein großes Wohngebäude, in dem die unterschiedlichsten Menschen friedlich miteinander leben, indem sie sich wechselseitig Freiräume des jeweiligen Andersseins zugestehen (ebd., S. 134–143).

Die „Hausordnung" im Haushalt Gottes wird bestimmt durch die Selbstbegrenzung der einzelnen Kirchen, durch Dialog und Streit um die Wahrheit, durch praktische Solidarität untereinander und durch eine Kultur des ökumenischen Lernens, in der die einzelnen Kirchen die Bereicherung entdecken, die in der „Erfahrung von Konflikten und Widersprüchen" liegt (ebd., S. 166).

Dem neuen Kirchenbild entspricht ein neues Gottesbild, das sich nicht mehr von der göttlichen Monarchie des Vaters oder dem Bekenntnis zu Jesus Christus als dem einen Herrn inspirieren lässt, sondern vom Leitgedanken einer *innertrinitarischen communio* (ebd., S. 143–150).

Die Einheit in Gegensätzlichkeit wird noch einmal überholt durch die Einheit, die Christus im eucharistischen Gastmahl gewährt, bei dem sich alle Kirchen wechselseitig Gastfreundschaft gewähren sollten.

Kirchengemeinschaft als Gemeinschaft der Kirchen

Das ekklesiologische Programm, das dem ökumenischen Programm versöhnter Verschiedenheit entspricht, ist dasjenige der *Kirchengemeinschaft als Gemeinschaft der Kirchen*. Angelehnt an die altkirchliche Struktur untereinander verbundener, aber doch relativ selbständiger Ortskirchen, wird der Gedanke legitimer Unterschiede und Gegensätze zwischen den Kirchen verknüpft mit der Forderung, auf der Grundlage eines basalen Konsenses eine Kirchengemeinschaft zu bekennen, die zumindest die Gastfreundschaft am Abendmahlstisch einschließt, wenn nicht gar die Gewährung von Kanzel- und Altargemeinschaft bei wechselseitiger Anerkennung der Ämter.

Die Leuenberger Konkordie

Die evangelischen Kirchen haben mit diesem Modell der Kirchengemeinschaft als Kirchenbund Erfahrung. Das bedeutsamste Ergebnis des Bemühens um die Einheit im Kirchenbund ist die *Leuenberger Konkordie* von 1973, der bis 2002 103 lutherische Kirchen, reformierte Kirchen und „unierte Kirchen" aus evangelischer und reformierter Tradition beigetreten sind. Die Leuenberger Konkordie war ursprünglich als europäischer Kirchenbund gedacht, hat sich aber inzwischen weltweit ausgebreitet. Die Kirchen der Leuenberger Konkordie erkennen sich in ihrer Konkordie-Erklärung als verwandt untereinander durch ihre gemeinsamen Wurzeln in der Reformation (Nr. 4). Sie bekennen als Mitte des gemeinsamen Glaubens die Rechtfertigungsbotschaft (Nr. 7–12), erklären einen Grundkonsens über Taufe und Abendmahl (Nr. 13–15). Sie definieren Formeln, die zum Ausdruck bringen, dass die Lehrverurteilungen der Reformationszeit das jeweils andere Verständnis von Abendmahl, Jesus Christus und die göttliche Vorherbestimmung nicht mehr treffen (Nr. 18–28). Auf der Grundlage dieser fundamentalen Übereinstimmung wird die „Gemeinschaft an Wort und Sakrament" gewährt (Nr. 29). Es herrscht Kanzel- und Abendmahlsgemeinschaft, die Interzelebration ist möglich (Nr. 33). Richtungweisend ist, dass die Mitgliedskirchen über diesen erreichten Stand hinaus die Notwendigkeit des ökumenischen Dialogs und des theologischen Austausches sehen (Nr. 37–39). Sie anerkennen eine erhebliche Vielgestalt gottesdienstlicher und kirchenrechtlicher Gestaltungsformen in den Mitgliedskirchen als legitim (Nr. 45).

Konkordie und Kirchenbund

Die Leuenberger Konkordie *verbindet unterschiedliche konfessionelle Traditionen der Reformation*. Darin unterscheidet sie sich von den konfessionellen Kirchenbünden, die ab dem Ende des 19. Jahrhunderts gebildet wurden und die jeweils Kirchen einer reformatorischen Tradition verbinden. Solche Bünde sind auf lutherische Seite der 1947 gegründeten Lutherischen Weltbund (LWB), die 1976 gegründete Evangelisch-Lutherische Kirche Amerikas (ELCA), die 1948 verbundenen Vereinigten Evangelisch-Lutherischen Kirchen Deutschlands (VELKD). Auf reformierter Seite entspricht der VELKD der 1884 in Marburg gegründete Reformierte Bund (RB). Dem LWB entspricht der 1875 in London gegründete Reformierte Weltbund (RWB).

Die Leuenberger Konkordie ist ein *freiwilliger, kirchlich-theologisch motivierter* Kirchenzusammenschluss. Darin unterscheidet er sich von den protestantischen Kirchenunionen des 19. Jahrhunderts. Insbesondere in den im 19. Jahrhundert von Preußen besetzten Gebieten Deutschlands wurden die evangelischen Kirchen in der *„altpreußischen Union"* (1864/66) verbunden. Bis heute sind die betreffenden evangelischen Kirchen in der *„Evangelischen Kirche der Union"* verbunden. Die Vereinigung wurde allerdings gegen erheblichen Widerstand durchgesetzt, der zum Anlass wurde für die Entstehung lutherischer Freikirchen, die sich seit 1972 in der Selbständigen Evangelisch-Lutherischen Kirche (SELK) zusammenschlossen. Eine knappe Übersicht über die konfessionelle Pluralität und Einigungsbemühungen bietet die kleine Konfessionskunde des Johann-Adam-Möhler-Institutes in Paderborn (Kleine Konfessionskunde/80).

Die Leuenberger Konkordie erscheint aus evangelischer Perspektive auch als das Modell für die Gemeinschaft der evangelischen Kirche mit der katholischen Kirche (Kirchengemeinschaft nach evangelischen Verständnis/178). Ziel des ökumenischen Gespräches habe deshalb „die volle gegenseitige Anerkennung der Kirchen" (ebd., Kp. V) zu sein. Grundlage dieser Forderung ist die Überzeugung, dass die einzelne Gemeinde „primäre Verwirklichung" der einen, heiligen, apostolischen und katholischen Kirche ist (ebd. Kp. V, 2. 2). Wo in dieser Gemeinde das Evangelium recht gepredigt wird und die Sakramente evangeliumsgemäß gespendet werden, da trägt sie die „Kennzeichen der wahren Kirche" und ist *eo ipso* mit allen anderen Gemeinden, die ebenso katholische Kirche sind, „geistlich verbunden". Diese wesentliche geistliche Verbindung schafft sich unterschiedliche institutionelle Ausdrucks- und Darstellungsformen. Sie reichen von der Bildung einer „größeren geordneten Gestalt", der „Einzelkirche" bis zum Kirchenbund (ebd.). Der ökumenische Gesprächsprozess kann niemals das Ziel haben, eine volle sichtbare Einheit herbeizuführen. Er kann höchstens das Ziels verfolgen, die von Gott im Glauben der einzelnen Gemeinden gewirkte faktische, ontologische Einheit darzustellen. Zu diesem Zweck werden Besuche, Begegnungen und Lehrgespräche mit der jeweils anderen Kirche institutionalisiert (ebd.).

Die Leuenberger Konkordie als ökumenisches Modell

In der evangelischen Praxis der Kirchenbünde und dem Einheitsverständnis von Einheit in Verschiedenheit oder gar in Gegensätzen wird die protestantische Hochschätzung der individuellen Gewissensentscheidung im Glauben sowie der Rolle der einzelnen Gemeinde erkennbar. Der Protestantismus hat sein Ursprungserlebnis darin, dass Christen in Treue zu ihrem Gewissen und im Vertrauen auf ihre theologische Bildung den Widerstand gegen die Großkirche aufnahmen. Achtung vor der Gewissensfreiheit des einzelnen Christen und Respekt vor der Entscheidung der einzelnen Gemeinde gebären ein Einheitsverständnis, das notwendig Einheit und Pluralismus der Individuen und der regional und national eigenartigen Gemeinden umfasst.

Katholische Widerstände

Der römische Katholizismus hat seine Ursprungsintuition in einer gegenläufigen Erfahrung: Die Völker des Nordens erfahren ihr Befreitwerden aus der Enge ihrer gentilen Verwurzelungen in die ökumenische Weite der Christenheit gerade dadurch, dass die jeweiligen Eigenarten überwunden wurden hin auf die universale kirchliche Kultur, mit der zugleich die Reste des antiken Erbes im mittelalterlichen Europa neue Fruchtbarkeit entfalten konnten. Aus der barbarischen Enge ihrer Stammesrituale und Gesetze führte die kirchlich vermittelte römische Rechtskultur die Völker in das Europa des geistigen, wirtschaftlichen und technischen Austausches untereinander. Bis heute ist die entstehende Weltgesellschaft, in der die Kirche sowohl evangelisierend als auch kultivierend wirkt, einer der stärksten motivierenden Impulse der katholischen Welt.

Historisch gesehen immer wieder mit Recht verbindet sich diese Erfahrung von Einheit als Transzendenz der individuellen Enge, der gentilistischen und nationalen Vorurteile im Sinne einer universalen Menschheit mit dem Symbol der Stadt Rom, die im katholischen Empfinden des neunzehnten Jahrhunderts aufsteigt zur *Quelle und zum Haupt der Christenheit*.

Das Einheitsempfinden, das sich mit dieser mentalitätsgeschichtlichen Basis verbindet, neigt dazu, im Subjektivismus das Rückständige zu sehen, das noch nicht den allgemeinen, umfassenden, katholischen Stand der Wahrheit erreicht hat. Das katholische Empfinden neigt dazu, *Pluralismus eher als Defizit denn als Wert wahrzunehmen*.

Nicht unwesentlich für diese Haltung ist das geschichtliche Wissen darum, dass der Traditionsprozess des Christentums immer wieder klare Entscheidungen der Großkirche verlangte, um die Einheit im Glauben, aber auch die Unverfälschtheit des Bekenntnisses zu bewahren. Die in der katholischen Kirche fortgesetzte Tradition des durch Konzilien verantworteten autoritativen Lehrentscheides bedingt ein Einheitsverständnis im Katholizismus, das ein hohes Maß an Zustimmung zu kirchlich-autoritativer Glaubensverkündigung einschließt. Einheit entsteht im *Assens zur lehrenden Kirche*.

Karl Rahner macht mit Recht darauf aufmerksam, dass in dieser Forderung des dogmatischen Assenses ein Garant für die Fremdheit des Evangeliums in der Kirche gesehen werden darf. Die Kirche tritt dem Einzelnen mit der Glaubensverkündigung fordernd entgegen und entspricht damit der Tatsache, dass der Glaube in der subjektiven Aneignung nicht nur lebt, sondern durch die subjektive Aneignung auch in einem wildwüchsigen Subjektivismus der Beliebigkeit verloren gehen kann.

Traditionell katholisches Einheitsdenken *Einheit der Kirche vom Ursprung her:* Das traditionelle katholische Verständnis von kirchlicher Einheit geht nicht vom Glaubensbewusstsein des einzelnen Christen und der einzelnen Gemeinde aus, sondern es rekurriert auf den innergeschichtlichen Ursprung dieses Glaubensbewusstseins. Die Erklärung „Dominus Iesus" über die Einzigkeit und die Heilsuniversalität Jesu Christi und der Kirche, mit der die Glaubenskongregation am 6. August 2000 der Gefahr des *Relativismus* entgegentritt, hebt gegenüber den Religionen die unüberbietbare Fülle und Universalität der göttlichen Offenbarung in Jesus Christus hervor. Grundlage dieses Arguments ist das Inkarnationsbekenntnis (ebd., Nr. 5): Wenn Gott selber in die Geschichte eintritt, dann ist damit der unüberbietbare Höhepunkt der Offenbarungsgeschichte in einer geschichtlichen Manifestheit gegeben. Die geschichtliche Manifestheit der Offenbarung im Inkarnationsereignis fordert von sich aus notwendig eine geschichtliche Tradierungsinstanz. Die in Jesus Christus gegebene Daseinsweise Gottes unter den Menschen überbietet die Präsenz Gottes im inspirierenden Gottesgeist. Sie führt die Vieldeutigkeit des

Geistzeugnisses in die Eindeutigkeit der geschichtlich sichtbaren Gestalt. Der Legitimität der individuellen Interpretation des persönlichen Glaubens ist hier eine aus der Logik des Offenbarungsgeschehens in Geist und Sohn sich ergebende Grenze gezogen. Das Dokument nennt die Anerkennung dieser Grenze „Gehorsam" (ebd., Nr. 7). Ihr Repräsentant ist die Kirche. Deren Legitimität wird begründet mit der „Kontinuität zwischen der von Christus gestifteten und der katholischen Kirche" (ebd., Nr. 16). Diese Kontinuität hat natürlich eine pneumatische Dimension. Dem geschichtlichen Charakter der Menschwerdung entspricht jedoch notwendig auch eine geschichtlich-institutionelle Dimension dieser Kontinuität. Diese ist nach dem Dokument durch die *apostolische Sukzession* gewährleistet. Die apostolische Sukzession konkretisiert sich in der Kirche im gültigen Amt, das wiederum Grundlage der gültigen Eucharistie ist.

Auf der Grundlage dieser Argumentation gelangt *„Dominus Iesus"* zur dezidierten Zurückweisung eines *spirituellen Kirchenbegriffes*, bei dem die Einheit der Kirche darin bestünde, dass die Gläubigen in grundlegenden Glaubenswahrheiten übereinstimmen. Nur die Katholische Kirche habe durch die geschichtliche Kontinuität mit dem historischen Jesus ihr Kirchesein im Vollsinn bewahrt. Allerdings wird den Kirchen, die die apostolische Sukzession und die gültige Eucharistie bewahrt haben, der Charakter echter Teilkirchen zugesprochen, auch wenn sie nicht in voller Gemeinschaft mit dem Bischof von Rom stehen (ebd., Nr. 16). „Die kirchlichen Gemeinschaften hingegen, die den gültigen Episkopat und die ursprüngliche und vollständige Wirklichkeit des eucharistischen Mysteriums nicht bewahrt haben, sind nicht Kirchen im eigentlichen Sinn [...]." (ebd., Nr. 17). Allerdings stehen die Menschen in diesen Gemeinschaften aufgrund der ihnen gespendeten Taufe „in einer gewissen, wenn auch nicht vollkommenen Gemeinschaft mit der Kirche" (ebd., Nr. 17).

Der Begriff „Schwesterkirche" wird 1965 von Papst Paul VI. gegenüber Patriarch Athenagoras I. im ökumenischen Sinne verwendet. Der seit den fünfziger Jahren zwischen dem Patriarchen von Konstantinopel und dem Bischof von Rom geführte „Dialog der Liebe" hatte es möglich gemacht, dass 1965 die wechselseitige Exkommunikation zurückgenommen wurde. Paul VI. formuliert gegenüber Athenagoras I.: „Nach einer langen Zeit der Spaltung und des fehlenden gegenseitigen Verständnisses gibt uns jetzt der Herr trotz der Schwierigkeiten, die in der vergangenen Zeit unter uns entstanden sind, die Möglichkeit, dass wir uns als Schwesterkirchen wiederentdecken." (AAS 59 (1967) S. 853).

Zum Problem des Begriffes „Schwesterkirchen"

Die Verwendung des Begriffes der „Schwesterkirche" im ökumenischen Kontext wird von Papst Johannes Paul II. in vager Form begrüßt: „Die traditionelle Bezeichnung ,Schwesterkirchen' sollte uns auf diesem Weg [der Annäherung zwischen Ost und West] ständig begleiten." (*Unitatis redintegratio*, 56) Der Papst unterlässt es jedoch nicht, im selben Abschnitt seiner Enzyklika, eine im engeren Sinne katholische Auslegung des Begriffes Schwesterkirche zu skizzieren: Schwesterkirchen sind die Ortskirchen oder Teilkirchen untereinander, insofern sie unter dem Bischof [und in der Gemeinschaft mit der Universalkirche] versammelt sind. Der Begriff der „Schwesterkirche" bezeichnet im ökumenischen Kontext eher eine Zielvorgabe.

Diese vorsichtige Verwendung des Begriffes „Schwesterkirchen" wird in einer Note der Glaubenskongregation vom 30. Juni 2000 noch einmal ausführlich unterstrichen:

In der Note wird erklärt: (1) Der Begriff „Schwesterkirchen" ist ab dem 5. Jahrhundert im Orient im Gebrauch zur Bezeichnung der Kirchen der Pentarchie (Rom, Konstantinopel, Antiochien, Jerusalem, Alexandrien). Der Begriff ist römischerseits nicht akzeptabel, wo mit ihm eine Gleichheit der Patriarchalsitze mitausgesagt werden soll. (2) Das II. Vaticanum verwendet den Begriff der Schwesterkirchen für die Teilkirchen der römischen Kirche (*Unitatis redintegratio, 14*). (3) Der Begriff der Schwesterkirche hat demnach im ökumenischen Gespräch mit den Ostkirchen zweierlei Funktion: Er benennt die Zielvorstellung beidseitig vollzogener voller Kirchengemeinschaft. Er betont in einem gewissen proleptischen Optimismus die Zuversicht, dass diese volle Kirchengemeinschaft erreicht werden wird.

Hinsichtlich der Anwendbarkeit des Begriffes „Schwesterkirchen" auf die Kirchen der Reformation zeigt sich die Note der Glaubenskongregation noch skeptischer: Der Begriff „Schwesterkirchen" sei nur auf Kirchen anwendbar, „die den gültigen Episkopat und die gültige Eucharistie bewahrt haben" (Note über den Ausdruck „Schwesterkirchen, Nr. 12).

Diese katholische Zurückweisung des Gedankens einer Gemeinschaft der Kirche als Gemeinschaft der Kirchen ist insbesondere durch die Kirchen der Reformation als kränkend empfunden worden.

Ökumene der Heimkehr

Die ökumenische Bewegung, die seit Ausgang des 19. Jahrhunderts die christliche Welt erfasste, stieß in der katholischen Kirche zunächst auf massive Kritik. In seiner Enzyklika *„Mortalium animos"* von 1928 verurteilt Pius IX. die sich entwickelnde Ökumenische Bewegung, die in der Enzyklika als Bewegung der *„Pan-Christen"* bezeichnet wird. Diese Bewegung wird nicht jene Einheit herbeiführen, nach der sich die Kirche sehnt, die ihre irrenden Söhne zurückführen möchte an ihre Brust (vgl. ebd. Nr. 4). Der richtige Weg besteht in der Rückkehr zur katholischen Kirche. In seinem Apostolischen Schreiben *„Iam vos omnes"* fordert Pius IX. anlässlich des beginnenden Ersten Vatikanischen Konzils die nichtkatholischen Christen auf, ihrer Konfession zu entsagen und „sich jenem Zustand zu entreißen, in dem sie ihres Heils nicht sicher sein können" (DH 2999). Pius XII. fordert in seiner Enzyklika *„Summi pontificatus"* 1939 die nichtkatholischen Christgläubigen zur Rückkehr in die katholische Kirche auf und verheißt ihnen liebevolle Aufnahme im Vaterhaus.

Die wartende Offenheit für die einzelnen Gläubigen anderer Konfessionen setzt eine gewisse Anerkennung ihres Christseins voraus. Diese ergibt sich zunächst einmal nach den altkirchlichen Entscheidungen zur Gültigkeit der Häretikertaufe. An dieser Stelle knüpft auch Paul VI. an, als er 1969 den Ökumenischen Rat der Kirchen in Genf besucht: Die Taufe verbindet alle Christen untereinander *in einer zwar unvollkommenen, aber dennoch realen Einheit.*

Darüber hinaus begann man ab den sechziger Jahren die Mitgliedschaft in einer christlichen Konfession als *„votum ecclesiae"* zu deuten. So wie bei der Begierdetaufe über die Mitgliedschaft in der Kirche der dringende Wunsch nach Mitgliedschaft entscheidet, so kann das aufrichtige Bemühen des rechtschaffenden Protestanten als Hinweis auf eine (möglicherweise anonyme) Begierdezugehörigkeit zur Katholischen Kirche gedeutet werden.

Einheit als Einigung: Aber nicht nur die einzelnen Gläubigen, auch die kirchlichen Institutionen erfahren nun eine wohlwollendere Bewertung. Man sieht nunmehr in ihnen Spuren echter Kirchlichkeit, *„vestigiae ecclesiae".* Dieser rudimentären Kirchlichkeit auf protestantischer Seite steht die Vollgestalt christlicher Kirche, wie sie in der katholischen Kirche existiert, gegenüber (Neuner/197:142 f.).

Die Kirchenkonstitution des II. Vaticanums nimmt im ersten Kapitel eine ausführliche Wesensbestimmung der Kirche als „Geheimnis" der sakramentalen göttlichen Wirksamkeit in der Welt vor, um dann gegen Ende des Kapitels *(Nr. 8)* eine Identitätsaussage zu fällen: „Haec ecclesia in hoc mundo subsistit in Ecclesia catholica, a succesore Petri et Episcopis in eius communione gubernata [...]" (DH 4119). Peter Hünermann übersetzt das Prädikat der Identitätsaussage *(„subsistit in")* gediegen mit *„ist verwirklicht in"* (ebd.). Die Übersetzung entspricht dem einschlägigen Kommentar zum Konzilstext von Alois Grillmeier (LThK²E I, S. 174): Das Konzil wähle die an die Christologie gemahnende „subsistit-Formel", um ein exkludierendes *„esse"* zu vermeiden (Lüning/193:4–7). Damit ist aber nicht positiv ausgesagt, die Kirche Gottes subsistiere außer in der katholischen Kirche in gleicher Weise auch noch in anderen Kirchen. Es ist allerdings eine Formulierung gewählt, die offen lässt, ob nicht in anderen Kirchen manches oder vieles von der von Gott gewollten Kirche anzutreffen ist.

Deutet man das Konzil in diesem Sinne, so ermöglicht es jene positive Grundhaltung anderen christlichen Konfessionen gegenüber, die die Möglichkeitsbedingung eines echten *Dialoges* ist. „Dialog" wird unter Paul VI. zum *Grundwort der Ökumene.* Das Ziel des Dialoges ist die wechselseitige *Überwindung von Missverständnissen,* die zu wechselseitigen Verurteilungen führten.

Seit der Weltkonferenz für Glauben und Kirchenverfassung *(faith and order)* 1927 in Laussane wurde die Notwendigkeit gesehen, dass alle christlichen Kirchen einen Grundkonsens über ihre Auffassungen von Taufe, Eucharistie und Amt erreichen. In einem langjährigen Diskussionsprozess, an dem seit 1968 auch die katholische Kirche beteiligte war, entstand als eines der wichtigsten Ergebnisse konsensökumenischer Dialoge das 1982 den beteiligten Kirchen zur Stellungnahme unterbreitete Papier „Taufe, Eucharistie und Amt. Konvergenzerklärungen der Kommission für Glauben und Kirchenverfassung des Ökumenischen Rates der Kirchen (DwÜ I, S. 545–585). Die Konvergenzerklärung, die auch kurz „Lima-Dokument" oder „BEM" (= Baptism, Eucharist, Ministry) genannt wird, wurde in den Kirchen breit diskutiert (Thurian/211). Die Reaktion zeigt zwar einerseits, dass die Kirchen jeweils ein großes Bedürfnis haben, bei ihrer jeweiligen Praxis zu bleiben, andererseits aber machten der Konvergenztext und die breite Reaktion auf ihn auch deutlich, dass Notwendigkeit und Sinn einer weltweiten kirchlichen Verständigung über wesentliche Grundlagen der eigenen sakramentalen Praxis gesehen werden.

Anlässlich des ersten Papstbesuches in Deutschland 1980 wurde zwischen der Evangelischen Kirche Deutschlands (EKD) und der katholischen Kirche eine gemeinsame Bischofskommission gegründet, die das Ziel ver-

Kirchlichkeit protestantischer Denominationen

Das Lima-Papier

Lehrverurteilungen kirchentrennend?

folgte, zu prüfen, ob die Lehrverurteilungen des 16. Jahrhunderts, mit denen einerseits das Konzil von Trient den Protestantismus, andererseits die lutherischen Bekenntnisschriften den Katholizismus verwarfen, die heute praktizierten Gestalten von evangelischer und katholischer Kirche überhaupt noch treffen. Als Ergebnis der Lehrverurteilungsstudie (Lehmann/Pannenberg/190:15) stellen die von evangelischer und katholischer Seite beteiligten Autoren fest, dass „die heutige Lehre nicht mehr von dem Irrtum bestimmt wird, den die früheren Verurteilungen abwehren wollten." (ebd., S. 15). Dafür kann es verschiedene Gründe geben (ebd., S. 16):

(1) Manche Lehrverurteilungen der Reformation betrafen nie die verbindliche katholische Lehre, sondern *Lehrmeinungen des 16. Jahrhunderts*.

(2) Manche Lehrverurteilungen beider Seiten beziehen sich auf (denkbare) *Extrempositionen* der jeweils anderen Seite, nicht jedoch auf den innerkirchlichen Konsens und die normale Praixs der jeweils anderen Kirche.

(3) Manche Lehrverurteilungen richteten sich gegen *Zuspitzungen* der Praxis und des Glaubens der jeweiligen Gegenseite.

(4) Manche Lehraussagen, die ursprünglich als *exklusiv* erschienen, lassen sich heute als *komplementär* zueinander interpretieren.

(5) Manche Lehraussagen, die die Gegenseite in einer Kirche vermisst, finden sich in ihrer Lehre sehr wohl, allerdings in anderen Zusammenhängen und mit anderer Terminologie.

(6) Die Sprach- und Denkformen des 16. Jahrhunderts, in denen manches als gegensätzlich erscheinen konnte, haben sich inzwischen geändert.

Die Lehrverurteilungsstudie fand insofern eine positive Rezeption (Lehrverurteilungen im Gespräch/191), als die VELKD und die Arnoldshainer Konferenz jeweils erklären, dass die Lehrverurteilungen zwar auch heute noch teilweise treffen. In der *Rechtfertigungs- und Sakramentenlehre* seien die Differenzen jedoch *nicht mehr kirchentrennend*. Dieses Ergebnis klingt nur bescheiden. Bedenkt man aber, dass die evangelische Tradition in der Lehre von der Rechtfertigung die Mitte des Evangeliums erkennt und dass es gerade die Rechtfertigungslehre ist, aufgrund derer sich die lutherische Reformation von der katholischen Kirche trennte, so ist die Einsicht, dass die alten Verurteilungen der Rechtfertigungslehre des jeweils anderen den Partner von heute nicht mehr treffen, eine sehr weitreichende Erkenntnis, die aus protestantischer Sicht nahe heranreicht an die Feststellung faktischer Kirchengemeinschaft, zumal die *„Confessio Augustana"* als der fundamentale lutherische Bekenntnistext die Übereinstimmung in der Lehre von der Rechtfertigung und von den Sakramenten als das entscheidende Kriterium echter Kirchlichkeit benennt (CA, Nr. 7 = BSLK 13).

Was die Lehrverurteilungsstudie durch den Ausschluss der Verurteilungen von damals erreichte, wird überboten durch den Versuch, den gemeinsamen Glauben an die Rechtfertigung positiv auszusagen.

Gemeinsame Erklärung zur Rechtfertigungslehre

Dieses Ziel verfolgt die „Gemeinsame Erklärung zur Rechtfertigungslehre des Lutherischen Weltbundes und der Katholischen Kirche" von 1999. Seit 1994 arbeitete eine gemeinsame römisch-katholische und evangelisch-lutherische Kommission an der Erstellung des Papiers. Seit 1997 wurde die in der Kommission erstellte *Gemeinsame Erklärung (GE)* in den Mitgliedskirchen des Lutherischen Weltbundes diskutiert. Das Ergebnis ermöglichte es, dass am Reformationstag des Jahres 1999 in Augsburg der Präsident des Lutherischen Weltbundes sowie der Leiter des Päpstlichen Rates zur Förderung der Einheit der Christen ihre Unterschriften unter ein Dokument setzen konnten, mit dem beide Kirchenvertreter offiziell feststellen, dass „in den Grundwahrheiten" der Rechtfertigungslehre zwischen der katholischen Kirche und den lutherischen Kirchen „Konsens" besteht, der „unterschiedliche Entfaltungen" findet, die aber nicht als kirchentrennend bewertet werden (GE, Nr. 14 und Nr. 40).

Aus evangelische Sicht kann diese Erklärung aufgrund der fundamentalen und *kriteriologischen Bedeutung des Rechtfertigungsglaubens* verstanden werden als die Feststellung einer faktischen Einheit der Kirche, als jener *magnus consensus*, der die Kirchengemeinschaft trägt.

Aus katholischer Sicht gilt dagegen, dass der Konsens in der Rechtfertigungslehre zwar fundamental und von kriteriologischer Bedeutung ist. Er kann jedoch lediglich die Grundlage bilden für weitere Konsensgespräche mit dem Ziel, weitere bestehende Differenzen zu überwinden. Diese Perspektive wird von der gemeinsamen Erklärung selbst am Ende der Erklärung (ebd., Nr. 43) angedeutet.

Hinter dieser Einschätzung steht die katholische Überzeugung, dass trotz der kriteriologischen Funktion der Rechtfertigungslehre zur vollen Kirchengemeinschaft die Affirmation weiterer Lehrinhalte notwendig ist. Unter diesen ragt naturgemäß der Glaube an die Leitung der Kirche durch Papst und Bischöfe heraus.

Als Ergebnis der langjährigen Bemühungen um einen Konsens im Glauben erscheint somit heute noch kein *magnus consensus* hinlänglicher Übereinstimmung im Bekenntnis des Glaubens, sondern lediglich ein *differenzierter Konsens*, mit dem die beteiligten Kirchen erklären, auf dem Weg der lehrmäßigen Angleichung aneinander vorangekommen zu sein. Ein solcher differenzierter Konsens ermöglicht es den Katholiken, in den evangelischen Christen immer mehr getrennte Brüder und Schwestern im Glauben zu sehen und die evangelischen Kirchen immer stärker als legitime Organisationsformen von Christen wahrzunehmen.

Auf evangelischer Seite ist der erreichte Konsens hinreichend, um die Kirchengemeinschaft im Sinne einer Konkordie getrennter Kirchen zu erklären. Die weiterbestehende Weigerung der katholischen Kirche zur vollgültigen Anerkennung der Kirchen der Reformation als „Schwesterkirchen" wird als unverständlich empfunden. Mit dem Konsensus in der Rechtfertigungslehre ist die Einheit der Kirche in der kriteriologisch entscheidenden Frage hergestellt. Was soll da ein weiteres Beharren auf der Notwendigkeit weiterer Gespräche? Ein weiteres Drängen auf lehrmäßige Einigung wird nicht selten als bedrohlicher „Konsensdruck in der Ökumene" empfunden (Rieske-Braun/203). Soll hier auf dem Wege des Dialoges eine Rekatholisierung der evangelischen Kirchen erfolgen?

Der Verdacht ist verständlich. Er lässt jedoch unberücksichtigt, dass sich auch katholische Vertreter im ökumenischen Gespräch als Belehrte empfinden. Auch die Hierarchie der Wahrheiten in der katholischen Kirche hat durch die ökumenischen Gespräche eine Umwertung erfahren. Von einigen werden entsprechende Umgewichtungen innerhalb der katholischen Glaubenslehre als eine Bedrohung durch Protestantisierung empfunden.

Differenzierter Konsens

Andererseits ermuntert gerade Papst Johannes Paul II. ausdrücklich zur Suche nach einer gemeinsamen Lehrgestalt.

Neben der Grundkonzeption eines inner- und zwischenkirchlichen Pluralismus und der Konzeption einer gewahrten Einheit im Ursprung taucht auf diese Weise am Horizont des ökumenisch-ekklesiologischen Denkens die Leitidee einer *Einheit im Ziel* auf.

Kirche – geeint in der Bewegung auf ein Ziel hin

Finalitätsorientierte Modelle der Einheit der Kirche: Aus den ökumenischen Gesprächen nehmen Christen unterschiedlicher Konfessionen nicht selten die Erfahrung mit, in der Auseinandersetzung mit den anderen dem Sinn des eigenen Christseins selber näher gekommen zu sein. Der Hintergrund dieser Erfahrung ist die Tatsache, dass Mitte und Ziel allen kirchlichen Lebens der lebendige Gott in seiner sakramentalen Selbsthingabe an die Menschen ist. Gott aber bleibt unbegreiflich. Als der Unbegreifliche fordert er den menschlichen Intellekt zu Akten der Selbsttranszendenz heraus. Als das unergründliche Geheimnis weckt er die Liebe der Menschen zu sich.

Die Liebe zu Gott und die Erkenntnis der Wahrheit sind aber in veränderten gesellschaftlichen und zeitgeschichtlichen Umständen jeweils neu zu aktualisieren in der Liebe zu den Menschen und in der Aussage Gottes in einer Sprache, die dem Empfinden und Denken der jeweiligen Zeit entspricht.

Das theologische Selbstverständnis der Kirche ist in der Tradition der Pastoralbriefe und der katholischen Konzeption der Einheit vom Ursprung her traditionsorientiert und im guten Sinne bewahrend, konservativ. Das Bewahrte muss aber in der Praxis und im Denken der Kirche immer wieder auch aktualisiert und konkretisiert werden, um Verständlichkeit, Kraft und Wirksamkeit auch in der Gegenwart entfalten zu können. Was aber kann das Ziel der in dieser Aktualisierung beschlossenen intellektuellen und pragmatischen Dynamik sein?

Gemeinschaft durch Teilhabe an Jesus Christus

Konsequent in der Linie der Ekklesiologie des II. Vaticanums deutet Wolfgang Thönissen die Einheit der Kirche als eine *sakramentale Wirklichkeit*, die ihren lebendigen Grund in der sakramentalen Gegenwart des erhöhten Herrn in seiner Kirche hat. Kirche ist geeint durch die „durch Christus gewährte Anteilhabe an seinem Lebensschicksal", die „zugleich die sakramentale Gemeinschaft der daran Anteil habenden begründet" (Thönissen/210: 361). Quelle und Höhepunkt des Gemeinschaftseins in der Kirche ist die Eucharistie, die zugleich auch der Höhepunkt allen sakramentalen Lebens der Kirche ist. „Kirchengemeinschaft [...] meint im Kern Eucharistiegemeinschaft." (ebd., S. 385). Wo auf diese Weise die Eucharistie als der wirksame Kern kirchlicher Gemeinschaft erkannt wird, rückt als erstes die Ortskirche als kirchliche Realisationsgestalt in den Blick: Hier wird Eucharistie gefeiert. Hier erfahren Christen die Mitte ihres Christseins. Dieser sakramental-ontologische Lebensgrund der Kirche hat den Vorrang vor der kanonisch-juridischen Ausgestaltung des Kircheseins (ebd., S. 389). Er entfaltet eine integrative Kraft und Dynamik, die die Kirchen drängt, der sakramentalen Tiefenstruktur ihres einander Verbundenseins tatsächlich zu entsprechen (ebd., S. 389) und in Erscheinung treten zu lassen, was die Kirchen jeweils eint und untereinander verbindet (ebd., S. 383).

Nach katholischem Verständnis gehört zur Gemeinschaft der Eucharistie das verbindende Bekenntnis der Ortsgemeinde unter einem Bischof. Die Ortsgemeinde drängt aber aus der eucharistischen Dynamik heraus über sich hinaus zur Gemeinschaft der bischöflich verfassten Ortskirchen und zur Gemeinschaft mit dem Bischof von Rom.

Nach katholischem Verständnis setzt die Eucharistiegemeinschaft die Kirchengemeinschaft voraus (Löser/192:172). Die Kirchengemeinschaft aber wird nicht alleine durch den Assens zum gelehrten Glauben und durch die institutionelle Einordnung in die katholische Kirche geschaffen, sondern ist selber eine Wirkung der Eucharistiegemeinschaft. Karl Lehmann beschreibt das Zueinander dieser beiden Grundsätze von der Kirchengemeinschaft als Ausdruck und als Frucht der Eucharistiegemeinschaft als „Dilemma", das in der Praxis nicht zu lösen ist (Lehmann/188:148). Franz-Josef Nocke wirbt angesichts dieses Dilemmas offensiv für ein deutlicheres Bekenntnis zum Glauben an die Einheit schaffende „Wirkkraft des Sakramentes" (Nocke/198:138). Mit Recht erklärt Peter Neuner, dass das Ziel der ökumenischen Bemühungen nicht eine Interkommunion sein kann, bei der die Getrenntheit der am Tisch des Herrn versammelten Gemeinden zu einer quantité négligable depotenziert würde (Neuner/195:225). Solange nicht die volle Einheit im Glauben hergestellt ist, solange ist auch keine volle Einheit am Tisch des Herrn gegeben.

Kirchengemeinschaft und Eucharistie-gemeinschaft

Die Diskussion um die Abendmahlsgemeinschaft liegt oft weit entfernt von dem Glauben und Empfinden der Christen. Angesichts des faktischen Pluralismus in den Kirchen tut sich heute eine Kluft auf zwischen der gefühlten und gelebten Kirchengemeinschaft und der theologisch-amtlichen Vorstellung von Kirchengemeinschaft durch Glaubensassens.

In der Deutung Thönissens erscheint die Eucharistie als das dynamische Lebensprinzip der Kirche Jesu Christi, die im Vollzug der Eucharistie an die Gestalt Jesu Christi angeglichen wird. Als das dynamische Lebensprinzip der Kirche von Gott her, das sich in allen Gliedern der Kirche als wirksam erweist und sie auf Christus ausrichtet, nennt der Epheserbrief den „Geist" (Eph 2,21 f.). In der Metapher der durch den heiligen Geist (Wind!) auf den Fundamenten der Apostel errichteten „Wohnung Gottes", die Christus zum Schlussstein hat, verbindet der Epheserbrief mit der statischen Metaphorik des Gebäudes die Größen der Apostel und Jesu Christi. Finalisiert ist das ganze Gebäude darauf, alle Menschen zu einer „Wohnung Gottes" zusammenzubinden. Dieses Ziel wirkt der Geist Gottes. Dorothea Sattler betont diese Perspektive ökumenischer Ekklesiologie (Sattler/206). Die Kirche hat nicht nur ein statisches Fundament. Sie hat im Geist Gottes von Gott her *ein dynamisches Prinzip ihres Wachstums und ihrer Entwicklung*. Eine pneumatologische Ekklesiologie neigt dazu, die Entwicklungsfreiheit und Veränderlichkeit der Kirche zu betonen. Der Epheserbrief kombiniert die pneumatologische Perspektive mit der christologischen. Der Geist baut ein Gebäude auf, das auf den Schlussstein Christus hin finalisiert ist. Entwicklungsfreiheit und Ursprungstreue verbinden sich mit einer Finalisierung auf Jesus Christus und sein Lebenswerk. Einheit erscheint in dieser Perspektive als das spannungsreiche Verhältnis zwischen der normierenden Kraft von Ursprung und Ziel einerseits und der Freiheit des Geistes andererseits. Das Ziel ist mit Jesus Christus präzise bestimmt. Doch die lebendige Biographie Jesu fordert zur Deutung heraus. Die vielen können nicht anders als „im

Gemeinschaft durch Teilhabe am Geist Gottes

Geist" zusammengefügt werden. Der Geist aber beinhaltet den Respekt vor der Verschiedenheit. Die Verschiedenheit aber ist nicht wie in der Logik des Pluralismus Wert an sich. Sie bleibt auf eine *Einheit der Verschiedenen* finalisiert. Die geistgewirkte Einheit in Verschiedenheit kann nicht der Versuchung erliegen „versöhnte Verschiedenheit" als mehr oder weniger desinteressiertes interkirchliches *Laissez-faire* zu konkretisieren. Die geistgewirkte Einheit drängt dazu, das Andere zu respektieren und anzunehmen, es aber immer neu zu konfrontieren mit dem gemeinsamen Ziel und dem gemeinsamen Ursprung. Die Verschiedenheit der Kirche hat in diesem Deutungskontext nicht möglichst bald in einem institutionellen Akt beigelegt zu werden. Sie hat aber auch nicht den Sinn, als versöhnte Verschiedenheit zu einer friedvoll-desinteressierten Koexistenz des Pluralen zu führen. Sie ist vielmehr ein durch Konfrontation provozierendes Element der Wirksamkeit des Geistes für die Einheit der Kirche Gottes. Diese Einheit ist geistgewirkte und christusfinalisierte Einheit, die Gott selber wirkt. Als Gottes Einheit für die Kirche steht sie unter der Prärogative des geschichtlichen Handelns Gottes. In der Logik dieses Ansatzes liegt eine geschichtstheologische Legitimierung der Entzweiung ebenso wie das Postulat, die Überwindung der Entzweiung als das Ziel fortgesetzter theologischer Bemühung zu erkennen.

Die Betonung der Bedeutung des Heiligen Geistes in der Ekklesiologie ist immer auch Betonung eines nicht-hierarchischen Lebensprinzips der Kirche. Kirche realisiert sich nicht nur in den Manifestationen der Kirchenleitungen, sondern in dem vom Gottesgeist getragenen Bemühen aller Christen. Karl Rahner hatte diese Wirksamkeit des Gottesgeistes bereits 1958 ausgemacht und die Wirksamkeit des Gottesgeistes beschrieben als ein Zusammenspiel von „institutionellen Charismen" und „nichtinstitutionellen Charismen" (Rahner/125).

Die nichtinstitutionelle Wirksamkeit des Gottesgeistes analysiert Rahner in der Tradition seines Ordens als „Logik der existentiellen Erkenntnis", die eine Verbindung herstellt zwischen den Entscheidungen, die jeder Mensch als handelnder und gestaltender in seinem Leben fällen muss, und der Wirklichkeit der Gotteserfahrung, die jedem Menschen in der Mitte seiner Existenz angeboten ist. Die Aufgabe und die Verheißung bestehen für den Christen darin, die Entscheidungen seines Lebens im privaten, beruflichen, politischen und kirchlichen Bereich in innerer Übereinstimmung mit der Erfahrung Gottes als des eigentlichen Grundes und Ziels der eigenen Existenz zu fällen. Wo dies geschieht, lebt Gottes Geist wirksam in den Gestaltungsleistungen der Gläubigen und wirkt so eine Einheit „von unten", die sich notwendig als sehr vielgestaltig darstellen kann. Rahner sieht deutlich, dass eine solche Einheit auf der Grundlage der vielen Subjekte, die in ihrer geistlichen Würde, echte Träger von Gotteserfahrung zu sein, anerkannt werden, eine *labile Gestalt der Einheit* ist. Einerseits steht er in der Tradition seines Ordens, wenn er gegen diese Labilität den Gehorsam gegenüber den rahmensetzenden Verfassungsgegebenheiten der Kirche betont. Andererseits sieht er klar, dass dieser bloße Gehorsam, der für Bellarmins Vorstellung von der Kircheneinheit durch Unterordnung steht, für die Kirche als Gottes Wirksamkeit in der Welt unzulänglich ist. Zur Kirche gehört neben der rahmensetzenden Einheit die Einheit, die in der Vielgestalt zu suchen und je neu gemeinsam zu finden ist.

Die Einheit der Kirche von ihrem Ursprung und ihrem Ziel her, die den Kirchen als theologische Aufgabe des Ringens um die gemeinsame Identität als Christen aufgegeben ist, verbindet sich in der ökumenischen Theologie mit dem Begriff der „Una Sancta". Der Begriff bezeichnet die Einheit der einen Kirche Jesu Christi als trotz und in den Spaltungen weiter bestehende. Als von Gott her gewollte und in den Kirchen nicht ganz verloren gegangene Einheit ist sie den Kirchen aufgegeben: Die Kirchen haben die sichtbare Gestalt dieser ihnen vor- und aufgegebenen Einheit herauszuarbeiten und geschichtlich heraufzuführen (Voss/18:374).

Una Sancta

Ökumenische Gespräche haben früh zu der Einsicht geführt, dass die Spaltungen zwischen Christen mit Schuld zusammenhängen. Spaltungen sind nicht nur das Resultat achtbarer Gewissensentscheidungen, in denen Christen sich verpflichtet wissen, der eigenen Erkenntnis der Wahrheit gegenüber dem Zeugnis der Einheit den Vorrang zu geben. In der Kirchengeschichte sind auch schuldhafte Dimensionen der Kirchenspaltungen erkennbar. Eine zeitgenössische Dimension solcher schuldhafter Verhinderung der sichtbaren Einheit aller Christen ist der *Konfessionalismus*. Unter Konfessionalismus versteht man eine Haltung, die den christlichen Glauben nach dem Modell einer Gruppenideologie missversteht. Gruppenideologien schaffen Einheit insbesondere auch durch Aus- und Abgrenzung. Die auf diese Weise geschaffenen sozialen Gebilde sind außerordentlich stabil. Die Kirchen sind der Gefahr immer auch wieder erlegen, ihre eigene institutionelle Stabilität und Identität durch Ausgrenzung und Absetzung zu sichern. Je mehr ein Mensch sich wirklich vom Geist Gottes auf das Zielbild Jesu Christi hin formen lässt, um so sekundärer und unwichtiger werden bestimmte konfessionelle Eigenarten, die vom Konfessionalismus in den Vordergrund gespielt werden. In der Ökumene erkennen Christen beschämt, dass sie ihre eigene Identität oft weniger in der Gemeinschaft mit dem dreifaltigen Gott gefunden haben als in der Identifikation mit einer Kirche, die ihre scharfen Konturen fand in der Absetzung von anderen Kirchen. Ein exklusiver Stolz auf das eigene Katholischsein oder Evangelischsein, interkonfessionelle Provokationen und Lieblosigkeiten gehören hierher. Ein Pfarrer, der in den fünfziger Jahren gegen die mit dem Krieg in seinen Stadtteil verpflanzten Protestanten predigte, wollte verhindern, dass mit der Geschlossenheit der katholischen Lebenswelt die Fraglosigkeit der Identifikation mit der eigenen Kirche in Gefahr geriet. Statt die eigenen Gläubigen in den Fundamenten ihres Glaubens zu stärken, setzte er auf das einfachere Mittel des Gruppenstolzes. Statt Glaube wurde ein exklusives Gruppengefühl zum Grund der eigenen Identität.

Einheit und Umkehr

Das II. Vaticanum wies dagegen den Weg, in „Buße und Erneuerung" den Weg der Einheit zu suchen (*Lumen gentium, 8*). Es erkannte die Notwendigkeit der inneren Bekehrung, der Buße und der Umkehr als Möglichkeitsbedingungen der Einheit (*Unitatis redintegratio, 7*). Die Kirchen erkennen nun, dass sie die Gabe der Einheit von Gott erhoffen. Sie bemühen sich, wechselseitige Verurteilungen in ihrem sachlichen Gehalt zu überwinden und Vertrauen untereinander wachsen zu lassen. Sie suchen nach

Möglichkeiten, gemeinsam in Wort und Tat Zeugnis abzulegen für die Hoffnung, die sie als Christen bewegt (Schütte/209).

d) Die Heiligkeit der Kirche

Biblische Qualifizierung von „Heiligkeit"

Wer die Eigenschaft der Heiligkeit theologisch angemessen verstehen will, muss sich heute die Differenz vor Augen führen, die zwischen einem jüdisch-christlich qualifizierten Begriff der Heiligkeit und einem umgangssprachlichen Heiligkeitsbegriff besteht. Umgangssprachlich wird „heilig" wieder in einem religionsgeschichtlichen Sinne verwendet als Begriff, der irgendwie eine reale oder eingebildete Alltagsentrücktheit im kultisch-religiösen Kontext bezeichnet. In diesem Sinne kann es heilige Zeiten, Räume, Gegenstände und Personen geben.

Heiligkeit ist alttestamentlich eine Wesenseigenschaft JHWHs: Gott ist der *„qôdæš"*, sein Name ist heilig (Lev 20,3). Gott ist heilig *(qâdûš)*. Gerade das unterscheidet ihn vom Menschen (Hos 11,9). JHWHs Heiligkeit umfasst die (kultische) Reinheit und die sittliche Rechtheit. Als der im sittlichen Sinne Heilige fordert JHWH die Heiligkeit des Volkes, durch die das Volk zu seinem Volk wird, ihm entsprechend und gemäß (Lev 19,2). Diese Grundidee von Gott, der sich gegenüber der Welt nicht durch seine überlegene Potenz auszeichnet, sondern durch Gerechtigkeit und sittliche Heiligkeit, durchzieht die ganze biblische Heilsgeschichte und unterscheidet sie von Religionen und Theologien, die in der Gottesidee nur die Steigerung menschlicher Sehnsüchte und Träume entdecken. Gottes Sehnsucht ist die dem Menschen zunächst fremde Gerechtigkeit des Wohlwollens gegenüber dem anderen. Gottes Vorzug gegenüber der Welt ist sein vollkommenes Durchdrungensein von dieser Intuition der Gerechtigkeit und des Wohlwollens. So ist er der Heilige, der seinen Geschöpfen Heiligkeit zumutet.

Dramatisch ist die Heilsgeschichte Israels, weil und insofern sie immer wieder Geschichte des Scheiterns an diesem Wesen Gottes ist. Das Drama erfährt seine Zuspitzung im stellvertretenden Tod des Gerechten für die Sünder, mit dem Gott seinen Willen offenbart, die Heiligung der Menschen gegen deren Bosheit mit der überwältigenden Kraft seiner Liebe durchzusetzen. Die paulinische Rechtfertigungslehre erkennt Gott als den, der die Ungerechten gerecht macht durch die überwältigende Macht seiner größeren Liebe. Gott heiligt sein Volk, obwohl dieses Volk alt- wie neutestamentlich ein Volk ist, das in immer neuer Sünde zeigt, dass es der Wirklichkeit Gottes nicht gewachsen ist. In der Erfahrung des Versagens vor der Heiligkeit Gottes sind Israel und die Kirche zusammengefasst. Im Glauben der Kirche sind Israel und die Kirche aber auch zusammengefasst durch den an beide ergehenden Ruf zur Heiligkeit. Israel und die Kirche können beide Gottes Ringen um die Heiligkeit des Volkes bezeugen. Für die Kirche steht dabei das Schicksal Jesu im Vordergrund. In Jesus erkennt die Kirche Gottes Liebe als die Macht, in der Gott bei seinem Kampf um den Menschen bis zum Selbstopfer fähig ist. Die Kirche bekennt als die Mitte ihres Glaubens (GE, Nr. 14) die Überzeugung, dass dieser Einsatz Gottes Menschen, da wo sie sich ihm gläubig öffnen, innerlich verwandelt, hin zu jener Gerechtigkeit und Heiligkeit, die Gott selber ist. Wo Christen das Knie beugen vor dem Gekreuzigten, da verwandelt sich ihre gewalt- und konkurrenzorientierte Seinsweise, mit der sie sich den Götzen der Exklusivität und des Neides ausliefern, in eine Haltung der Empathie mit den Opfern, da wächst in ihnen langsam der Glaube an den Gott, dessen Heiligkeit durch seine Selbsthingabe Menschen zu sich zieht, hin zu einem Lebensstil, der durchdrungen wird von der Heiligkeit der Gerechtigkeit und des Wohlwollens.

Ontologische Heiligkeit
Wenn die Kirche sich selbst als „heilig" bezeichnet, so bringt sie damit auf sich selbst bezogen die zentrale Einsicht in die Heilsbedeutsamkeit von Leben und Sterben Jesu Christi zum Ausdruck. Die Kirche bekennt von Jesus Christus, dass in seinem Lebensschicksal Gottes Handeln zur Heiligung der Menschen seinen entscheidenden Höhepunkt erreicht hat. Gott selber macht sich zum menschlichen Subjekt der von ihm für die Menschen gewollten Heiligkeit. Im Leben und Schicksal Jesu ist die von Gott inspirierte Heiligkeit menschheitsgeschichtlich Ereignis geworden. Sie wird nicht nur als Erinnerung an ein vergangenes Ereignis in der Geschichte der Kirche tradiert. Die Kirche bekennt vielmehr, dass gerade in der Hinrichtung des Heiligen Gottes Handeln machtvoll offenbar wurde. Der getötete Heilige wurde von Gott zum Grund eines erneuten, auf ihn hin finalisierten Heiligungsprozesses. Der Gekreuzigte lebt in seiner Kirche als der Grund einer neuen Existenzform des Durchformtwerdens nach dem Bilde Jesu Christi, des Menschen, der wahrhaft heiligt. Ereignis wird dieses Durchformtwerden von der Lebensinspiration Jesu Christi da, wo Christen sich zur Feier des Brotbrechens versammeln. Die Erinnerung an Leben und Sterben Jesu wirkt in dieser Feier so, dass in ihr Menschen sich wirklich verwandelt wissen hin auf die Heiligkeit Gottes. Menschen erfahren dabei, dass die Wirkung ihres lobpreisenden, Dank sagenden, erinnernden Handelns das bei weitem übersteigt, was aus der Intentionalität von Menschen machbar wäre. Sie bekennen, dass in der Feier der Eucharistie die Gegenwart Jesu Christi unter ihnen machtvoll erfahrbar ist. Diese zentrale Erfahrung nennt das II. Vaticanum mit Recht „Quelle" und „Höhepunkt des ganzen christlichen Lebens" (*Lumen gentium, 11*). Aus dieser Quelle erneuert sich das Denken und Empfinden der Christen. In der Begegnung mit dem Heiligen als dem immer wieder überraschend Anderen, das Christen provoziert, das aber zugleich sich zeigt als zur Hingabe bereite Liebe, ereignet sich immer neu das Durchformtwerden der Gemeinde hin auf das Urbild dessen, der der „Heilige Gottes" ist (Mk 1,24). Im Vertrauen auf die von Gott in Jesus Christus zugesagte Wirksamkeit Gottes zur Heiligung der Menschen, die die Gemeinde als wirksam erfährt in der Feier des Brotbrechens, kann die Kirche von sich selbst vertrauensvoll als einer von Gott geheiligten Gemeinde sprechen.

Paulus spricht die Christen in Rom an als „Geheiligte in Christus" (1 Kor 1,2). Der Hebräerbrief wählt die Ansprache „Heilige Brüder [und Schwestern]" (Hebr 3,1). Der 1. Thessalonicherbrief nennt die Heiligung das Werk Gottes an den Christen (1 Thess 5,23). Die Christen sind (passivum divinum!) „geheiligt" und „gerecht geworden" (1 Kor 6,11).

Diese ontologische Heiligkeit gründet im Handeln Gottes. Sie ist aber nicht einfach eine sachhaft-statische Gegebenheit, sondern eine personal-dynamisch sich durchsetzende Wirklichkeit. Keine Person kann von Gott her heilig werden, ohne dass diese Heiligkeit auch den freien personalen Vollzug durchformte. Als freier personaler Vollzug steht er zwar einerseits unter der Wirksamkeit des beispielhaften göttlichen Liebeshandelns, dem er sich im Glauben öffnet, zugleich aber bedarf es immer wieder auch der sittlichen Umsetzung des neuen Seins. Diese sittliche Umsetzung bedarf des ethischen Appells, dem neuen Sein auch praktisch zu entsprechen und so zu leben, wie es sich für Heilige geziemt (1 Thess 4,7; 1 Kor 1,22; Eph 5,3).

Die Kirche bekennt die Heiligkeit Gottes als in ihr selbst wirksam und machtvoll Menschen zu sich hinziehend. Sie erkennt sich so selber als heilig. Zugleich aber muss sie sehen, dass Heiligkeit nach sittlicher Umsetzung verlangt. Diese aber ist wesenhaft immer frei zu wirken und einzuüben. Deshalb ergeht an die Christen derselbe sittliche Appell, der an Israel ergeht: „Seid heilig!" (Lev 19,2 und 1 Petr 1,16).

Sittliche Heiligkeit

Sanktionen in der paulinischen Gemeinde

Die Paulusbriefe spiegeln das Zueinander von ontologischer Heiligkeit und sittlicher Heiligkeit: Gott heiligt durch sein Handeln in Jesus Christus sein Volk. Das ist die indikativische Zusage der Rechtfertigung. Ihr schließt sich jedoch stets die imperativische Paränese an, der von Gott gewollten und gewirkten Heiligkeit auch zu entsprechen. Die paulinische Gemeinde erlebt sich als von der kosmischen Macht des Bösen befreit (Röm 8,21; 1 Kor 6,20; 7,23) und dazu berufen, der neuen Freiheit zu entsprechen.

Aber gerade die indikativische Befreiungszusage kann im Sinne einer Ermunterung zur Permissivität missverstanden werden. So muss Paulus die korinthische Gemeinde energisch ermahnen, sich nicht ihrer Großzügigkeit zu rühmen, wenn sie einen Fall öffentlichen Inzests in ihren Reihen duldet (1 Kor 5,1–6a). Paulus fordert den Ausschluss des Betreffenden aus der Gemeinde. Diese Exkommunikation wird als gottesdienstliche Handlung stilisiert (V. 4f.) Der Sünder wird aus der Gemeinschaft ausgeschlossen, um durch das ihm dadurch zugefügte Urteil für den „Tag des Herren" zu sühnen (V. 5). Außer mit dem Heil des Delinquenten begründet Paulus die Ausschlusshandlung mit der schädlichen Wirkung des Unzüchtigen auf die Gemeinde (V. 6). Christen sollen sich nicht als Richter aufspielen, aber sie sollen in ihren Reihen keine Götzenverehrung, Lästerung, Trunksucht und Raub dulden (V. 11). In all diesen Fällen gilt, was bereits im Matthäusevangelium als Handlungsanweisung gilt: „… dann sei er für dich wie ein Heide oder ein Zöllner." (Mt 18,17).

So rigoros Paulus in Fällen erwiesener, öffentlicher, schwerer Sünde zur innergemeindlichen Rechtsprechung ermahnt, so konsequent fordert er von den Christen, vor der staatlichen Justiz nicht gegeneinander zu streiten. Hier soll der Einzelne Bereitschaft zeigen, Unrecht zu leiden (1 Kor 6,8).

Taufe und Buße

Die Taufe wird bei Paulus als Erleben von Tod und Auferstehung Jesu am eigenen Leib gedeutet (Röm 6). Mit der Taufe stirbt der alte Adam, und der Christ beginnt sein Leben mit Jesus Christus. Die Sünde soll den Christen nicht länger beherrschen.

Die Kirchenordnung des Hippolytus von Rom († 235) lässt erkennen, wie ernst die römische Gemeinde des dritten Jahrhunderts diese Deutung der Taufe als existentiellen Neuanfang nahm. Auf J. A. Jungmann machte die Kirchenordnung des Hippolyt den Eindruck, „dass die Kirche Schranken und Mauern errichtet habe, um den Heiden den Zutritt zu erschweren" (Jungmann/53:79). Ein Taufbewerber musste von einem Christen empfohlen werden. Er durfte keinen Beruf ausüben, der mit heidnischen, unsittlichen oder gewalttätigen Verrichtungen verbunden war. Heidnische Priester, Theater- und Zirkusbeschäftigte, Soldaten, Beamte, Künstler und Lehrer wurden zurückgewiesen. Die einen, weil ihr Beruf ihnen das Töten gebot, die anderen, weil ihr Beruf unlösbar verknüpft war mit heidnischem Gottesdienst oder auch nur heidnischer Mythologie (Lehrer). Drei Jahre lang wurden Taufbewerber als Katechumenen unterrichtet. Der Empfang der Taufe wurde als Abkehr vom Teufel und der Finsternis (Westen) und als Hinkehr zu Christus und dem Licht (Osten) zelebriert. Der Täufling wurde entkleidet. Nackt wie ein Neugeborener beginnt er ein neues Leben.

Angesichts dieser Deutung der Taufe ist verständlich, dass die alte Kirche zunächst keine Möglichkeit sah, einen Menschen, der nach dem Empfang der Taufe eine schwere Sünde (Tötung, Ehebruch) begangen hatte, in ihren Reihen zu dulden. Aufgrund der Deutung der Taufe als vollkommener und einziger Tilgung aller Schuld und Eintritt in die grundsätzlich verlierbare Gotteskindschaft konnte es zur *Klinikertaufe* kommen, also dazu, dass Menschen sich erst auf dem Sterbebett *(klíne)* taufen ließen.

Die Deutung der Taufe als einziger vollkommener Sündennachlass machte es der Kirche schwer, sich zur Vorstellung einer zweiten Versöhnung mit Christus und der Kirche nach schwerer Sünde durchzuringen. Ab dem zweiten Jahrhundert wurde sie jedoch bereits allgemein zugestanden. Die Vergebung wurde an ein kirchliches Bußverfahren geknüpft (Frank/49:53). Das Bußverfahren, die *Exhomologese,* wie sie aus den Schilderungen *Tertullians* († 220) oder des *Cyprian von Karthago* († 258) rekonstruiert werden kann, beginnt mit dem öffentlichen Bekenntnis der Sünde *(publicatio sui).* Es folgt das öffentliche Bußwerk, das sich über Jahre hinziehen konnte: Der Sünder wurde aus der feiernden Gemeinde ausgeschlossen *(excommunicatio).* An der Kirchenschwelle *(„in foribus ecclesiae"* am *„limen ecclesiae")* fleht er die Gläubigen, den Bischof, die Priester um Wiederaufnahme an. Der Bußzeit folgte die Versöhnung *(reconciliatio)* mit der Gemeinde, die als Wiederherstellung der christliche Würde *(restitutio)* gedeutet wurde (Rahner/72:197). Mitte des 2. Jahrhunderts spricht eine radikale Reformbewegung der Kirche das Recht ab, schwere Sünden zu vergeben. Diese seit der 2. Hälfte des 4. Jahrhunderts „Montanisten" genannte Gruppe, der 207 auch Tertullian beitritt und die nach ihrer Ausgrenzung aus der Großkirche eine Parallelhierarchie ausbildete, kämpfte für eine deutlich rigidere Disziplin der christlichen Gemeinden.

Infolge der *Christenverfolgung unter Diokletian* (284–305) entbrennt in Nordafrika ein Konflikt über den Umgang der Kirche mit denen, die während der Verfolgung ihren Glauben verleugneten. Durch einen allgemeinen Opferbefehl hatte der Kaiser die Christen in die Notlage gebracht, entweder durch eine Opfergabe an die heidnischen Götter ihr Christsein zu ver-

Kirche der Reinen?

raten oder das Martyrium erleiden zu müssen. Wer in dieser Zeit vom Christentum abfiel, galt als verlorener *Apostat*. Nach dem *Toleranzedikt von Mailand (303)* begehrten nun viele dieser *„lapsi"* ihre Rekonziliation. Eine radikal puristische Position vertritt Bischof *Donatus von Karthago* (313–316): Taufe und Weihe sind verlierbare Gaben Gottes. Christsein schließt notwendig die Bereitschaft zum Martyrium für Christus ein. Kirche und Staat sind strikt zu trennen. Donatus fordert eine *Kirche der wirklich reinen Christen*, die sich der Welt enthalten und in absoluter Identifikation mit dem erhöhten Christus leben. Der zeitgeschichtliche Hintergrund macht die Forderungen des Donatus noch verständlicher: Den Märtyrern und jenen, die in der Verfolgungszeit Hab und Gut verloren haben, steht eine neue Gruppe von Menschen gegenüber, die sich zum Christentum als der kommenden Staatsreligion hingezogen fühlen. Gegen die auf Donatus zurückgehende Bewegung der Donatisten und ihr rigoristisches Verständnis kirchlicher Disziplin tritt *Augustinus von Hippo* (354–430) auf. Augustinus übernimmt die Trennung zwischen rein und unrein, zwischen vollkommen und defizitär. Auch er ordnet diesen Gegensatzpaaren dasjenige von wahrer und falscher Kirche zu. Allerdings löst er den Gegensatz anders als Donatus nicht ethisch und disziplinär, indem er die wahre Kirche zum Ziel moralischen Leistungswillens erhebt. Augustinus ist viel zu tief geprägt von der eigenen Erfahrung, dass im Unvollkommenen und Sündhaften unter Gottes Gnade und Führung ein Prozess der Vervollkommnung und der Bekehrung stattfinden kann. Die reale Kirche muss deshalb eine Kirche sein, die der Gnade Gottes als der Dynamik christlicher Vervollkommnung Raum gibt. Eine Kirche, die nur aus Reinen zu bestehen trachtete, verdrängte die grundlegende christliche Erfahrung der Wirksamkeit Gottes in seiner verzeihenden Gnade zugunsten einer menschlichen Leistungsethik, wie sie Augustinus in seiner Auseinandersetzung mit Pelagius bekämpft. Nicht die Leistung des Menschen, sondern die Führung Gottes soll das Leben der Kirche bestimmen. Gemessen an der Idee einer vollkommenen und reinen Kirche ist die *„ecclesia qualis nunc est"* eine ziemlich unreine Gruppe, eine *„ecclesia mixta"*. Allerdings kann sich Augustinus auf Mt 13, 24–40. 47–50 berufen, um diese *„ecclesia mixta"* als Gottes Willen für die Kirche zu erkennen. Um das Problem zu lösen, dass schwerlich angenommen werden kann, dass Gott das Böse wolle in seiner Kirche, greift Augustinus auf die Denkmittel des Platonismus zurück. Gott will in seinen Ideen die Kirche rein und ohne Makel. Diese ideale Kirche existiert bereits als *„civitas Dei"* im Himmel. An diesem Gottesstaat gewinnen Christen, die *„de merito"* der Kirche angehören, Anteil. Neben diesen echten Christen, die zugleich schon Bürger des Himmels sind, gibt es allerdings auch Christen, die der Kirche *„de numero"* angehören. Sie sind Glieder der irdischen, aber nicht der himmlischen Kirche. Jesus Christus aber ist durch die Inkarnation zum *„caput ecclesiae, qua in hominibus est"*, also der irdischen Kirche, geworden. Deshalb hat die irdische Kirche eine Dynamik hin zur himmlischen Kirche. Diese wird wirksam etwa in ihrem sakramentalen Handeln. In ihm handelt Christus selber an den Menschen. Das sakramentale Handeln der Kirche vermittelt so echtes, göttliches Heil, unabhängig von der sittlichen Würde des Spenders. Die Kirche hat ihr Ziel noch nicht erreicht. Sie ist allerdings in einer Entwicklung. In diesem Entwicklungsprozess eine exkludierende Grenze ziehen zu wollen, würde der Dynamik der göttlichen Gnade und dem göttlichen Einsatz der Inkarnation zuwiderlaufen. Bis die Kirche „ohne Makel und Runzel" rein erscheint, bedarf es der eschatologischen Geduld. Erst bei seiner Wiederkehr wird Christus den Gottesstaat vollenden.

Die Problematik der Kirche der Reinen wird immer wieder in der Geschichte zum Thema der Theologie. Sie verbindet sich mit den *Bewegungen der Katharer und Waldenser*. In der Armutsbewegung des 12./13. Jahrhunderts spielt das Motiv der radikalen Angleichung an den *pauper Christus* die entscheidende Rolle. In einer Gesellschaft wachsenden Wohlstandes und wachsender Ungleichheit suchen Christen in der Absage an Konsum und Reichtum die vollkommene Identifikation mit Christus. Sie hat in der katholischen Kirche eine Realisationsform in der Kirche der Orden gefunden. Die Orden eröffnen einerseits die Möglichkeit, entsprechend den jeweiligen zeitgeschichtlichen Bedürfnissen in radikaler Weise Christusnachfolge zu leben, ohne andererseits der Großkirche mit ihrer Trägheit und moralischen Laxheit das Christ- und Kirchesein abzusprechen. In den Kirchen der Reformation scheinen die freikirchlichen Bewegungen eine ähnliche Rolle übernommen zu haben. In den Friedenskirchen der *Mennoniten*, der *Quäker* und *Hutterer* werden Militärdienst, Schwören und öffentliche Ämter abgelehnt. Die Gemeinde erfüllt einen priesterlichen Dienst an der Welt, mit der sie sich aber nicht gemein machen soll.

In der gemeindlichen Disziplin setzen die freikirchlichen Gruppen Impulse fort, die im reformierten Zweig der Reformation bestimmend waren: *Johannes Calvin* (1509–1564) legt in seiner für Genf und Straßburg verfassten Kirchenordnung größten Wert auf die gemeindliche Disziplin und die durch diese Disziplin erst ermöglichte würdige Feier des Abendmahls.

Die augustinische Zweiteilung der Kirche in eine unter den Menschen *Ecclesia abscondita* existierende sichtbare Kirche und den unsichtbaren Gottesstaat, der mit der sichtbaren Kirche lediglich eine Teilmenge bildet, findet bei *Martin Luther* (1483–1546) eine Aufnahme im Theologoumenon der verborgenen Kirche. Die verborgene Kirche ist die wahre *communio sanctorum*. Sie bildet eine Teilmenge der äußeren Kirche, die durch Satzungen und Regeln geordnet ist. Dieses „Kirchenregiment" mit seinem Eherecht, Sakramenten- und Ordinationsrecht ist eine durchaus weltliche Angelegenheit. Es ist deshalb auch möglich, dass die weltlichen Herrschaften diesen Teil der kirchlichen Ordnung als Häupter der Landeskirchen in ihre Hand nehmen.

Die Kirche, in der sich die Gerechten versammeln, die *ecclesia ab Abel*, ist für Luther eine unsichtbare Größe wie die *civitas Dei* des Augustinus. Unsichtbarkeit aber bedeutet bei Luther nicht mehr wie bei Augustinus die Verborgenheit in der geheimnishaften Wirklichkeit Gottes, sondern *Verborgenheit im menschlichen Fühlen und Denken*. Unsichtbarkeit ist eine *Realität der Innerlichkeit des gläubigen Subjektes*. Dieser Grundgedanke der lutherischen Reformation hat nachgewirkt auf das Verständnis von Ethik und Kultur. Der gute Wille des Einzelnen wird in der Ethik Kants als das einzig vorstellbare sittliche Gut auf Erden erkannt. Das Entscheidende für den Christen ist eine innerliche Wirklichkeit.

Damit aber stellt sich für die Kirche die Frage nach ihrer Notwendigkeit.

Anders als Luther hatte Augustinus über den Gedanken der Inkarnation im sakramentalen Handeln der Kirche das Ereignis der Gegenwart Jesu Christi selber sehen können. Die in der Wirklichkeit Gottes selber verborgene *civitas Dei* wird sichtbar im sakramentalen Handeln der Kirche, in dem der inkarnierte Christus selber zum Heil der Menschen gegenwärtig ist. Zum sakramentalen Handeln wird der Einzelne durch die Kirche bevollmächtigt. Diese Vollmacht *(potestas)* allein begründet die *objektive Würde und Wirksamkeit* des Handelns im Namen der Kirche. Sie bedarf nicht der subjektiven Würdigkeit und Sündenfreiheit des Sakramentenspenders oder der Sakramentenempfänger.

Anders als Luther kann Augustinus so die geistliche Bedeutsamkeit der geschichtlich-realen Kirche beschreiben, ohne diese an deren spürbarer Wirkung auf das Innere des einzelnen Gläubigen zu knüpfen. Luther dagegen sieht das Ereignis der Gegenwart Gottes nicht im objektiven, amtlichen Handeln der Kirche, sondern *im gläubigen Herzen des Einzelnen*. Wo aber eine solche Gegenwart Gottes im gläubigen Herzen nicht vernommen wird, da wird das kirchliche Handeln zu einem äußerlichen Geschehen ohne Relevanz.

Genau vor dieser Aufwertung des Einzelnen zum Dreh- und Angelpunkt, an dem sich die Bedeutung der Kirche festmachen ließe, hatte Augustinus in seinem Wissen um die moralische Velleität und Anfälligkeit des Menschen zurückgeschreckt. Seine eigene Biographie belegt, wie lange ein Mensch im Kontakt mit der Kirche keinerlei geistliche Regung empfinden kann, wie weit und wie dramatisch der Weg zur Teilhabe an der Kirche im inneren Empfinden ist. Die Anwesenheit Gottes in der Welt hat im Inneren des Menschen nur einen sehr schwankenden und unsicheren Stand. Ihm muss immer wieder das objektive Wort Gottes zur Seite treten und die objektiv verwandelnde Kraft der Sakramente, die unabhängig sind von der subjektiven Würdigkeit und Heiligkeit des Spenders.

Die Reformation rebelliert gegen diese Betonung des Objektiven, weil sie den kirchlichen Missbrauch eines objektivistisch-sachhaften Verständnisses der Gnadenwirksamkeit sakramentalen Handelns kennen gelernt hat. Geistesgeschichtlich ist im 16. Jahrhundert der Punkt erreicht, an dem Menschen danach verlangen, nicht nur objektive geistliche Realitäten zugesprochen zu bekommen. Sie verlangen vielmehr danach, diese Realitäten in ihrem Leben zu erfahren und umzusetzen. Damit aber ist ein Niveau erreicht, das auch die Alte Kirche bereits geprägt hat. Augustinus teilt mit Luther das Bedürfnis nach Erfahrbarkeit und Lebbarkeit des Glaubens. Allerdings macht er von der Erfahrung und der sittlichen Umsetzung nicht die innerweltliche Realität des Glaubens und der Kirche abhängig, weil er weiß, dass die objektiven Gegebenheiten der Kirche Bedingungen gläubiger Subjektivität sind.

Umgekehrt wird gegen die moderne Forderung nach dem Erlebniswert des kirchlichen sakramentalen Handelns einzuwenden sein, dass die Fähigkeit, qualifiziert zu erleben, nicht einfach gegeben ist, sondern sich an den Sakramenten der Kirche bilden kann.

Zwischen der Forderung nach der Erfahrbarkeit des Glaubens im Inneren und der These von der objektiven Gegebenheit des Erfahrungsjenseitigen im sakramentalen Handeln der Kirche herrscht eine unlösbare Spannung.

Der Anspruch nach Erfahrbarkeit kann nicht zurückgewiesen werden, weil das sakramentale Zeichen von seinem Zeichencharakter her selbstverständlich auf Erfahrbarkeit angewiesen ist. Ein Zeichen, für das die Eigenschaft der Erfahrungsjenseitigkeit postuliert würde, wäre ein Widerspruch in sich. Umgekehrt aber steht das sakramentale Zeichen für die Wirklichkeit Gottes als der verwandelnden Macht im Leben des Menschen. Die Erfahrbarkeit dieses Gottes ist vom Menschen nicht steuerbar. Sakramentales Handeln gestaltet sich so zwischen den beiden Polen der Forderung nach Versinnlichung und dem Wissen um die absolut unverfügbare Transzendenz des Versinnlichten.

Die Überlegungen zur sittlichen Heiligkeit der Kirche offenbaren eine weitere unlösbare Spannung, diejenige zwischen Laxismus und Rigorismus. Sie hat die Kirche immer wieder beschäftigt. Vertraut die Kirche auf die heiligende Kraft des Handelns Jesu Christi in ihr und öffnet weit ihre Tore für jedermann, wie sie es am Handeln Jesu selber als Vorbild ablesen kann, so findet sie sich schnell in der Lage des Paulus, den die Gemeinde in Korinth damit überrascht, dass in ihr beim Liebesmahl nach der Eucharistie die Armen hungern und die Reichen sich laben (1 Kor 11,17–34).

Zwischen Rigorismus und Laxismus

Sorgt sie dagegen durch strenge Kirchenzucht für eine heiligmäßige Ordnung in der Gemeinde, so wird diese Gemeinde sich schnell der Anfrage ihres Herrn selber gegenüber sehen, dem der reuige Zöllner allemal lieber war als der selbstbewusste Fromme.

Die Kirche wird einerseits den Eindruck der billigen Gnade in ihren Reihen vermeiden. Sie wird aber andererseits auch wissen, dass das geflügelte Wort Dietrich Bonhoeffers von der „billigen Gnade" eine unangemessene Ausdrucksweise ist, weil Gottes vergebende, rettende und heiligende Gnade mehr als billig ist, nämlich umsonst.

Die Kirche wird so ihre Praxis zu bestimmen haben zwischen den beiden Polen von Rigorismus und Laxismus. Wenn zwischen diesen Polen nicht einfach ein beliebiges Schwanken und Taumeln stattfinden soll, so müssen Kriterien benannt werden, die ein strenges und urteilendes Handeln der Kirche erfordern.

Die Bußpraxis der alten Kirche lebt bis heute fort in der kirchenrechtlichen Institution der Beugestrafen *(censurae)*, insbesondere der Exkommunikation, durch die katholischen Christen untersagt wird *(vetatur)*, Sakramente und Sakramentalien zu spenden oder zu empfangen, an liturgischen Feiern teilzunehmen, kirchliche Ämter, Dienste und Aufgaben auszuführen oder Würden zu erlangen *(CIC, can 1331)*. Für alles kirchliche Strafen gilt der Grundsatz *(norma generalis)*, dass die „besondere Schwere der Rechtsverletzung eine Bestrafung fordert *(CIC, can 1399)*. Das Kirchenrecht legt sich also auf ein eher *defensives Strafhandeln* fest. Zum einen wächst christliche Motivation zum Guten nicht aus der Strafangst, sondern aus dem Glauben an den gerechten Gott, der gerecht macht. Zum andern ist die menschliche Bosheit so kreativ, dass kasuistisches Strafrecht ihr nur schwer beizukommen vermag. In einer entwicklungsoffenen, pluralen gesellschaftlichen Situation ist auch das normative Bewusstsein der Menschen vielgestaltig. Auch wenn man diese Situation nicht schätzt, so muss man doch dem Einzelnen zugestehen, dass sein persönliches sittliches Gewissen ihn erst langsam zur Zustimmung zu bestimmten Inhalten der kirch-

Die urteilende und verurteilende Kirche

lichen Sittenlehre drängt. All diese Umstände machen es schwer, die Legitimität von Beugestrafen zu begründen. Wäre eine Haltung, die die gesamte sittliche Lebensführung dem Gewissen des Einzelnen überlässt, nicht einer Zeit gemäßer, in der die Standards von Gut und Böse ins Gleiten geraten sind? Könte sich die Kirche nicht darauf beschränken, den bedrückten Gewissen derer, die sich immer sündig fühlen müssen, das Trostwort der vergebenden Nähe Gottes zuzusprechen?

Damit aber würde sich die Kirche selbst transformieren zu einer Agentur des rein innerlichen und jenseitigen Lebens. Der Anspruch der Inkarnation selbst verlangt von der Kirche, dass sie je für ihre Zeit erkennt und aussagt, in welchen Haltungen und Handlungen ein Widerspruch zum Leben und Fühlen der Kirche besteht, mit dem sie nicht koexistieren kann und will. Die Zielsetzung ist dabei nicht das Leid des Einzelnen, dem die Strafe zugefügt wird, sondern die Wirksamkeit des kirchlichen Wahrheitszeugnisses.

In diesem Sinne bestimmt der neue *Codex Iuris Canonici* von 1983 für eine vorgenommene Abtreibung die Tatstrafe der Exkommunikation. Es kann hier nicht darum gehen, verzweifelte Frauen zu bestrafen. Der Codex verzichtet ja auch darauf, andere Verbrechen mit eigenen kirchlichen Zensuren zu belegen. Die Zielsetzung ist vielmehr, in einer gesellschaftlichen Situation der bestrittenen Würde des Embryos die Unvereinbarkeit zu betonen zwischen der christlich-kirchlichen Überzeugung von der unbedingten Würde jedes Menschen von Anfang an auf der einen Seite und einer Mentalität auf der anderen Seite, die die Würde des Menschen als Funktion menschlicher Fähigkeiten denkt.

Das Lehramt der Kirche „de rebus morum" Die Modelle von Gemeinde- und Kirchenordnungen sind ebenso wie der *Codex Iuris Canonici* Texte von großer Allgemeingültigkeit, die insbesondere in schnell sich ändernden gesellschaftlichen Verhältnissen schwerlich alle ethisch relevanten Aspekte des Christseins abdecken können. Die katholische Kirche hat deshalb die Tradition, zu bedrängenden ethischen Fragen der jeweiligen Gegenwart autoritativ Stellung zu beziehen. Häufig laufen diese Stellungnahmen auf die Feststellung der Unvereinbarkeit bestimmter Handlungsweisen mit dem Christsein hinaus. Es besteht so die Gefahr, dass die kirchliche Sittenlehre den Eindruck erweckt, ausschließlich negativ-abwehrenden Charakters zu sein. Soziologisch impliziert eine solche Strategie die Selbstfestlegung auf ein bestimmtes ekklesiales Milieu.

Aus einer positiv-werbenden Darstellung der kirchliche Wertüberzeugungen, die den Verboten zugrunde liegen, könnte dagegen der Kirche Attraktivität für solche Menschen erwachsen, die selber die sittliche Unzulänglichkeit ihrer nicht-kirchlichen Umwelt schmerzhaft erkennen.

Karl Rahner betont in seiner Ekklesiologe stark den Aspekt, dass das Sündersein des Menschen, das auch eine intellektuelle Dimension umschließt, dazu führt, dass er seinem subjektiven sittlichen Urteil immer auch misstrauen muss. Diesem Misstrauen gegenüber dem eigenen Urteil entspricht bei Rahner ein Grundvertrauen gegenüber dem Lehren der Kirche. Die Fremdheit des Lehrens der Kirche spiegelt eine Situation der ethischen Verunsicherung. Umgekehrt kann die Fremdheit des Lehrens der Kirche im Einzelfall aber auch auf die Notwendigkeit einer echten Akkomodation kirchlichen Lehrens an veränderte Lebensumstände bedeuten. Die Frage, ob es sich um das eine oder das andere handelt, kann nicht einfach aufgelöst werden. Auch hier bedarf es eines Lernprozesses, der allerdings vom Gläubigen ein Grundvertrauen gegenüber dem Lehren der Kirche verlangt.

Die Setzungen des Kirchenrechts haben in einem Land wie Deutschland, in dem die Kirche als Arbeitgeber im großen Umfang auftritt, Auswirkungen auf das kirchliche Arbeitsrecht. Kann jemand im kirchlichen Auftrag lehren, verkündigen, als Ärztin oder Krankenpfleger tätig sein oder die Aufgaben eines Küsters versehen, der oder die nach einer Scheidung ihrer sakramentalen Ehe in einer zweiten standesamtlich geschlossenen Ehe lebt? Die Praxis der kirchlichen Arbeitgeber ist in diesem Feld geprägt durch eine Gratwanderung zwischen Rigorismus und Großzügigkeit. Die einen argumentieren mit der Liebe Jesu zu den Sündern, die anderen fürchten, dass eine Kirche, in der nicht einmal die Bediensteten der kirchlichen Sittenlehre folgen, unglaubwürdig wird. Beide Argumente repräsentieren einen berechtigten Anspruch. Der Gegensatz zwischen Rigorismus und Laxismus lässt sich im kirchlichen Handeln nach keiner der beiden Seiten einseitig auflösen. Zum einen ist die faktische menschliche Schwäche und Konkupiszenz auch in der Gemeinschaft der Heiligen nicht aufgehoben. Zum anderen wird in einer pluralistischen Gesellschaft, in der es keine lückenlos sozialisierenden kirchlichen Milieus mehr gibt, die sittliche Anfälligkeit des Menschen gesteigert dadurch, dass über das sittlich Gesollte zahlreiche Auffassungen miteinander konkurrieren und für das Gewissen die Angleichung an die kirchliche Norm nicht mehr selbstverständlich einen Wert darstellt.

Konflikte im kirchlichen Arbeitsrecht

Unter den Bedingungen des gesellschaftlichen Pluralismus gestaltet sich die Angleichung an die kirchliche Glaubens- und Sittenlehre idealerweise als biographischer Lernprozess, der möglicherweise auch in einem späteren Lebensalter beginnt.

Das Problem des ethischen Pluralismus

Dieser persönlich-biographische Aneignungsprozess koexistiert aber mit einer volkskirchlichen Sozialisationsstruktur, die von der Kindertaufe über die Kinderkommunion und die Heranwachsendenfirmung bis zur kirchlichen Eheschließung das Leben der Christen begleitet, so als lebten diese noch in einem ungebrochen kirchlichen Milieu.

Das Konkurrieren beider Gestalten des Hineinwachsens führt zu Konflikten: So finden Menschen biographisch möglicherweise zu einem Verständnis sakramentaler Ehe zu einem Zeitpunkt, zu dem ihre kirchlich geschlossene Ehe bereits geschieden wurde.

Die geschilderte Situation verlangt dringend nach *kirchlichen Strategien*, mit denen der ethische Ernst christlicher Existenz und die Übereinstimmung der Christen über ethische Grundnormen vermittelt werden können mit einer Praxis gelebten, verkündigten und sakramental zugesagten und gefeierten Rechtfertigungsglaubens.

Eine andere Problematik des ethischen Pluralismus der Gegenwart besteht in der Möglichkeit einer Legitimität verschiedener ethischer Überzeugungen, denen nebeneinander Existenzrecht in der Kirche zugesprochen werden muss. Kirchliche Praxis muss unter den Umständen eines *legitimen Pluralismus* in ihrer Verkündigung und Gemeindedisziplin einerseits den Eindruck der Beliebigkeit vermeiden, andererseits kann sie den faktischen Pluralismus nicht einfach dezisionistisch aufheben.

Aus der geschilderten Situation ergibt sich die Notwendigkeit einer kirchlichen Kultur des sittlichen Ernstes, der Gesprächsbereitschaft, der Lernwilligkeit und der Bereitschaft, sich korrigieren zu lassen. Die Situation eines ethischen Pluralismus auch innerhalb der Kirche verlangt danach, dass eine entsprechende Kultur auf allen Ebenen des kirchlichen Lebens gepflegt wird.

Für die Entstehung einer solchen Kultur ist es wichtig, sittliche Heiligkeit im christlichen Sinne in Kategorien und Metaphern zu denken und darzustellen, die der spezifisch-christlichen Erfahrung der Heiligung durch Gott entsprechen. Es gilt also zu fragen, wie christliche Vollkommenheit so gedacht werden kann, dass der *biographische Prozesscharakter der Heiligung*, sein Ursprung aus der Gnade Gottes, seine Dramatik und dauernde Angewiesenheit auf die helfende Unterstützung durch die Gemeinschaft der Gläubigen und das kirchliche Amt angemessen zur Darstellung kommen.

Die Heiligen des Himmels Eine spezifisch-christliche Kultur der sittlichen Heiligung lebt aus der Achtung vor der irreduziblen Individualität des Einzelnen und der Eigenart seiner Verantwortung vor Gott. Sie interpretiert dabei die Individualität als *Berufung* und nicht als Vollkommenheit. Unter dem Anruf der Gnade Gottes muss erst noch werden, was aus diesem besonderen Menschen im Angesicht Gottes werden kann. Sie interpretiert Individualität, anders als ein bürgerlicher Individualismus, nicht als absolute Größe, sondern als Bezogenheit des Menschen auf Gott und Gemeinde in der Konkretheit seiner geschichtlichen Situation. Individualität ist anders als in der idealistischen deutschen Philosophie des 19. Jahrhunderts nicht einfach Ewigkeitscharakter des Ich, sondern Ich-Werdung des Menschen in einer konkreten geschichtlichen Verantwortungssituation.

Die katholische Praxis der Heiligenverehrung spiegelt diese Sichtweise christlicher Heiligkeit.

Sie erkennt zunächst in Maria die Urgestalt der Heiligen. Marias sittliche Auszeichnung besteht nach dem Lukasevangelium in der Konkretheit ihrer Verfügbarkeit für den Willen Gottes, den sie in einer Zustimmung realisiert, die für sie biographisch folgenreich war, deren Heilscharakter ihr aber verborgen bleibt.

Die nächste Gestalt, in der die Kirche Menschen als exemplarisch von Gott geheiligte erkennt, sind die Blutzeugen der ersten Jahrhunderte. An den Gräbern der Märtyrer versammelt sich die Gemeinde in dem Bewusstsein einer besonders intensiven Verbundenheit der kämpfenden Kirche auf Erden mit der *ecclesia* des Himmels. Auch evangelische Theologie erkennt bei aller Zurückweisung ethischen Leistungsdenkens, das sich mit der Heiligenverehrung verbinden könnte, den Wert der Märtyrer für die Kirche an (Moltmann/222:219–225): „Die Märtyrer einer Kirche verbinden diese auf eine besondere Weise mit dem Kreuz Christi in seinem Leiden und Sterben am Kreuz. Es ist darum recht und würdig, die Märtyrer zu ehren, ihre Namen zu nennen und sich an der Geschichte ihres Lebens und Sterbens zu orientieren." (ebd., S. 219). Das Martyrium ist dabei keine Episode einer fernen Vergangenheit, sondern gehört konstitutiv zu einer christlichen Existenz, die sich wirklich bestimmen lässt von der Hoffnung auf den messianisch an der Welt handelnden Gott. Messianismus schließt immer die wachsame Realisation der schmerzhaften Differenz zwischen der konkreten Gestalt der Welt und dem Willen Gottes für die Welt ein. Messianismus realisiert sich im konkreten Widerspruch zu einer Welt der Gewalt des Menschen gegen Menschen. „Die leidenschaftliche Erwartung des ‚Tages des Herrn'" (Metz/221: 156) prägt eine Gemeinschaft von Menschen, die sich den Gesetzen politischer, ökonomischer, psychologischer und religiöser Verhinderung des von Gott gewollten Menschseins widersetzen. Messianismus ist dabei selbst gewaltfrei, weil er auf die andersartige Macht (dýnamis) des Märtyrers vom Kreuz, der von Gott auferweckt wurde, setzt. Für Moltmann ist deshalb das Martyrium *Merkmal der Kirche* auch in der Gegenwart. An konkreten Märtyrern (Paul Schneider, Dietrich Bonhoeffer, Oscar A. Romero) entwickelt Moltmann eine „Martyrologie" der Gegenwart: Märtyrer sterben heute im Verborgenen. Sie werden häufig nicht um ihres Glaubensbekenntnisses willen ermordet, sondern wegen der Konsequenz, mit der sie dieses Bekenntnis in alltägliche Lebenspraxis umsetzten. Weil das so ist, werden Christen heute auch von Christen verfolgt. In der Regel ist das Martyrium heute anonymes Martyrium (Moltmann/222:220f.).

Moltmann gewinnt diese Kennzeichnungen gerade in Absetzung von den Märtyrern der Alten Kirche. Von ihnen berichtet eine breite frühchristliche Märtyrerliteratur (Rahner/70). Das Leiden und Sterben der Märtyrer erhebt sie über die Masse der Unbekannten. Es ist persönliches, öffentliches Leiden. So werden die Märtyrer zu Blut-*zeugen (mártyres)*. Ihr Beispiel zieht Menschen an. Sie sterben in freier bewusster Annahme eines Todes, der ihnen aus Hass gegen den Glauben (*odium fidei*) zugefügt wird. Die Urform des Martyriumberichtes ist das Martyrium des heiligen Bischofs *Polykarp* († 156), das um 160 durch einen Brief seiner Gemeinde von *Smyrna* beschrieben und gedeutet wird (*Martyrium Polycarpi*). Hier findet sich auch zum ersten Mal der Begriff „mártyr". Die Verehrung der Märtyrer der ersten Jahrhunderte stand so mehr als das Gedächtnis heutiger Märtyrer in der Gefahr, zu einem eigenen Kult zu werden. Dies geschieht nach Moltmann überall da, wo der Märtyrer nicht als eine Gestalt des eigenen Christseins erkannt, sondern als eine übermenschliche Größe verehrt wird (Moltmann/222:219).

Nach dem Ende der Verfolgungszeit wurde die Verehrung der Märtyrer ausgedehnt auf Menschen, deren exemplarisch asketisches oder heroischchristliches Leben sie als „unblutige Märtyrer" erscheinen ließ. An den Heiligen ist beispielhaft abzulesen, wie sich die Heilsgeschichte in kirchlicher Zeit in einer großen *Pluralität der Charismen und Stile* entfaltet. Darüber hinaus ist erkennbar, wie die Umsetzung christlicher Grundüberzeugungen in unterschiedlichen politischen und gesellschaftlichen Situationen jeweils sehr konkrete Gestalten des christlichen Engagements hervorbringt. Die Heiligen werden so zu Exempla für die gesellschaftlich-politische Konkretheit christlicher Existenz, in der es darauf ankommt, die Zeichen der Zeit zu erkennen und Nachfolge Jesu Christi situativ zu präzisieren. Die Verehrung der Heiligen stand lange unter dem Vorzeichen der Bewunderung exemplarischer Heroengestalten des Glaubens. In diesem Sinne konnte der schwer verwundete Offizier *Ignatius von Loyola* auf dem Krankenbett in Manresa in den Heiligen christliche Helden erkennen, deren

Ruhm lediglich auf anderem Felde erworben wurde. Heute tritt in der Spiritualität der Heiligenverehrung dagegen der Aspekt der Gnadengeleitetheit in den Vordergrund. Nicht der Heroenmut der Heiligen erscheint als das sie Auszeichnende, sondern Gottes Gnade, die in bestimmten Menschen eine beispielhafte Aufnahme und so eine geschichtlich-konkrete Manifestation gefunden hat. So verstandene Heiligenverehrung braucht nicht länger auf den kontroverstheologischen Widerstand evangelischer Kirchen zu stoßen. Dementsprechend wird in dem Dokument „Communio Sanctorum" als Vorschlag für ein ökumenisches Verständnis der Heiligenverehrung formuliert: „Das Wissen um die umfassende Gemeinschaft der Heiligen (vgl. Hebr 12,22–24) stärkt und inspiriert die Gemeinde der Glaubenden auf Erden in ihrem Engagement, mit dem sie sich den drängenden gesellschaftlichen Herausforderungen der Zeit zu stellen hat." (Communio Sanctorum/176:23).

Kirche und Rechtfertigung

Kirche
der gerechtfertigten
Sünder

Anlässlich der Unterzeichnung der „Gemeinsamen Erklärung zur Rechtfertigungslehre" (GE) kam es zu einer ausführlichen Behandlung des protestantischen Prinzips *simul iustus et peccator*. Von katholischer Seite wurde immer wieder betont, dass die Heiligung durch Gott nicht alleine eine imputative Anerkennung des Sünders als eines Gerechten aufgrund der Verdienste Christi ist, sondern dass die Heiligung von Christen, die mit der Rechtfertigung beginnt, tatsächlich Gutes und Gerechtes im Menschen wachsen lässt. Im Blick auf die Kirche impliziert diese Sicht der Heiligung die Bereitschaft, in der Gemeinschaft der Heiligen immer auch das Gelingende und Gelungene dankbar wahr- und anzunehmen (Pemsel-Maier/201:37–51). Auch betont die katholische Tradition stärker die Instrumentalität der Kirche und ihrer Sakramente für das Gelingen der Rechtfertigung des Sünders. Genau diese Vorstellung einer auch sichtbaren Heiligkeit der Kirche im konkreten Lebensvollzug ihrer Glieder und im Handeln ihrer Amtsträger muss jedoch ein um so größeres Entsetzen angesichts der faktischen Sündhaftigkeit und Unvollkommenheit der Kirche hervorrufen.

Seit den Väterzeiten steigert sich deshalb die Polemik der Theologen gegen die Kirche in ihrer faktischen Sündhaftigkeit. Immer wieder greifen die Väter dabei auf die aus dem Hoseabuch bekannte Dirnenmetaphorik zurück (v. Balthasar/118:203–305): *Johannes Chrysostomos* († 407) nennt die Kirche „Hure" (In Matthaeum homiliae, 3,4), Augustinus erkennt in der Hure den Typus der Kirche (Sermo 188,4). Im Mittelalter steigert *Wilhelm von Auvergne* († 1249) gar die biblische Hurenmetaphorik, indem er die „Hure Babylon" aus der Apokalypse des Johannes mit der Kirche identifiziert (Syntagma de statu ecclesiae, c. 12). Der florentinische Bußprediger *Savonarola* († 1498), die Katharer und die Albigenser greifen auf die Hurenmetapher zurück.

Die Dirnenmetapher evoziert als komplexe Metapher ein breites heilsgeschichtliches Bedeutungsspektrum: Die Kirche wurde als Unwürdige erwählt und auf diese Weise von der Hurerei befreit und zur Jungfrau gemacht. Die Erwählte erweist sich aber als unwürdig und kehrt immer wieder zur Hurerei zurück. Dieser Untreue aber steht die bleibende Treue des himmlischen Bräutigams Jesus Christus als heilende Kraft gegenüber (Werbick/37:223–238).

Stärker als die katholische Seite deutet die evangelische Theologie die Erwählung als den zentralen Grund aller kirchlichen Existenz. Wie Israel zum Volk Gottes wurde durch dessen freie Erwählung, so die gerechtfertigten Sünder, die als gerechtfertigte Gläubige die *congregatio fidelium* bilden (Ritschl/228:161–167).

Die Dirnenmetaphorik spiegelt das Leiden an dem Missverhältnis zwischen Anspruch und Wirklichkeit und ist zugleich Moment an der Durchsetzung des Anspruches gegen die Wirklichkeit. Funktionäre von Verbänden und Parteien müssen sich vor Kritik an ihrer Organisation hüten. Zum einen stellt eine solche Kritik sie selber als Mitglieder in Frage. Zum anderen ist die Organisation nur bedingt bereit, sich grundsätzlich in Frage stellen zu lassen. Die Polemik der Kirchenväter gegen die Kirche dagegen ist keine sachliche Kritik, sondern spiegelt schlicht das blanke Entsetzen. Das Entsetzen kann aber artikuliert werden, ohne zerstörerisch zu wirken, weil die Grundlage der Kirchengemeinschaft nicht der Konsens der Wertschätzung für die faktische Kirche ist, sondern das Bewusstsein des eigenen Erwähltseins durch Gott, der den Sünder zum Gerechten beruft und der ihn auch da nicht seinem Schicksal überlässt, wo dieser Sünder rückfällig wird. Als Kirche der Sünder, die Gottes gerecht machende Beziehungswilligkeit in ihrem Leben erfahren, sind die Sünder schonungslos im Blick auf die eigene Sünde, weil sie wissen, dass nicht die eigene Güte sie trägt, sondern das göttliche Erbarmen. Die Fähigkeit zur Selbstkritik und zum Leiden an der eigenen Kirche können auf dem Hintergrund dieser Überlegung gar bezeichnet werden als eine *‚nota ecclesiae‘*, als ein Merkmal also, an dem die wahre Kirche erkannt wird. „Die Kirche lebt eine Kontrastgesellschaft, weil sie in einer alternativen Qualität von Gemeinschaft gründet." (Enns/177:277).

ecclesia semper reformanda

Das Leben der Kirche ist so notwendig das Leben der Gemeinschaft derer, die, von Gott zur Heiligkeit und zur Gemeinschaft mit ihm berufen, als Gemeinschaft vor ihm immer wieder ihr eigenes Versagen erkennen und bekennen. Die Kirche thematisiert so immer neu, dass sie von sich aus, also insofern sie auf menschlichem Handeln und Gestalten *(opus hominum)* beruht, nicht erreicht, was ihr aber als Gottes Werk *(opus Dei)*, als ihr Wesen, ihre Erfüllung und ihr eschatologisches Ziel zugesagt ist. Sie findet den Mut und die Stärke zu ihrer kritischen Selbstreflexion in dem Wissen, dass nicht ihr eigenes Werk sie erlöst, sondern Gottes Erwählung.

In der calvinistischen Theologie des 17. Jahrhunderts wird die gemeinte Selbstkritik der Kirche in die Formel *„ecclesia semper reformanda"* gebracht. Das II. Vaticanum hat diese Formel an zwei Stellen in seine Texte aufgenommen *(Lumen gentium, 9; Unitatis redintegratio, 6)*.

Gottes Erwählung wird für die Kirche aktuell und qualifiziert erfahrbar in der Feier der Eucharistie. Hier erfährt sie die Gemeinschaft mit dem auferweckten Gekreuzigten als Zuspruch der Versöhnung mit Gott. Hier vollzieht sie diesen Zuspruch aber eben als die *Anamnese* der Ermordung des Unschuldigen in einem Festrahmen, der an die Opfer der Religionsgeschichte und des Alten Testaments erinnert. Das menschliche Gedächtnis der Gewalt und die göttliche Zusage der Erlösung treten dabei so nahe zusammen, dass die befreiende Erlösungsbotschaft nicht zu hören ist, ohne dass zugleich das Wort vom gewalttätigen Menschen mitgehört würde. In der Spannung zwischen der liebevollen Hingabe Jesu und dem Versöhnungswort des Auferstandenen einerseits und der Anamnese der Gewalt andererseits wird eine Transformation der Sünder möglich, die abkehren von ihren Wegen der Gewalt und sich einstimmen auf die Wege dessen, der sein Leben ganz von Gott bestimmen ließ, daran aber in einer Welt der Sünde scheitern musste.

Wo sich Kirche von dieser Quelle und diesem Höhepunkt ihres Lebens formen lässt, da bedeutet *„ecclesia semper reformanda"* keine neuigkeitsheischende Innovationsideologie, da wird vielmehr realisiert, dass die Kirche in all ihren Gliedern davon lebt, dass sie sich immer wieder auf den Weg Jesu Christi bringen lässt, den Gott der Welt als den Weg zum Heil offenbart hat. Darin aber lernt jedes Kirchenglied und mit ihm die Kirche als ganze die Abkehr von gewaltverherrlichenden Verhältnissen der Herrschaft und Unterdrückung und Hinkehr zu dem Lebensstil dessen, der sich ganz erfassen lässt von Gottes Willen, Leben zu fördern.

Wenn man die heiligende Wirkung der Eucharistie als die praktische Verwandlung handelnder Menschen in der Begegnung mit dem menschgewordenen Gott versteht, dann verliert die theologische Aussage, dass die *„communio sanctorum"* Gemeinschaft der Heiligen nur sein kann als die Gemeinschaft derer, die am Tisch des Herrn als dem Heiligen partizipieren, jeden magisch-ritualistischen Sinn. Die Heiligung des Menschen ist im christlichen Denken weder das Werk einer heroischen Leistungsethik noch das Werk eines vorethischen magischen Rituals. Es ist vielmehr die kommunikative Gemeinschaft mit dem Auferstandenen, dessen Herrsein in Zeit und Geschichte sich in seiner Macht erweist, Menschen in Wort und Geste zu sich hinzuziehen.

Jürgen Werbick bestimmt die Funktion der Sakramente im Sinne der hier skizzierten Eucharistietheologie: Die Sakramente öffnen das menschliche Leben an Stellen, „an denen menschliches (gemeinschaftliches) Leben in besonderer Gefahr steht, sich in abgeschlossenen Funktionszusammenhängen selbst zu verdinglichen und so seine Offenheit für das „Geheimnis des Lebens" einzubüßen (Werbick/37:236).

e) Die Katholizität der Kirche

Begriffsgeschichte des Wortes „katholisch"

Das Nicaeno-Constantinopolitanum bringt den Glauben der noch ungeteilten Christenheit zum Ausdruck. Es gilt deshalb als das ökumenischste aller Glaubensbekenntnisse. Martin Luther bezeichnet es schlicht als „den Glauben". Dennoch heißt es in diesem ehrwürdigen Text über die Kirche, sie sei nicht nur eine, heilig und apostolisch, sondern eben auch „katholisch". „Katholisch" kann 381, im Jahr des 1. Konzils von Konstantinopel, nicht bedeutet haben, was wir heute mit dem Begriff verbinden. Eben diese Bedeutungsdifferenz ist die Grundlage dafür, dass auch evangelische Christen sich mit dem Großen Glaubensbekenntnis zur „katholischen" Kirche bekennen.

Heute ist der Begriff „katholisch" in der ersten alltagssprachlichen Wahrnehmung ein konfessioneller Eigenname für eine der vielen christlichen Kirchen. Dieser Deutung des Begriffes entspricht orthographisch die Großschreibung des Adjektives „katholisch". In Deutschland wird der Begriff verstanden im Kontext des semantischen Minimalpaares katholisch–evangelisch.

In der Alten Kirche hörte man den Begriff *„kat-holisch"* anders. Der griechische Begriff bedeutet „allgemein, umfassend, umgreifend". Er bezeichnet somit das präzise Gegenteil eines konfessionellen Eigennamens. „Katholizität" ist eine Eigenschaft der Entgrenzung und Verbindung, nicht der Abgrenzung und des Ausschlusses.

Was bewegte Christen des 3. Jahrhunderts, die Kirche „katholisch" zu nennen? Zunächst handelte es sich nicht um ein differenzierendes Attribut, sondern um ein explizierendes: Die Kirche ist nicht katholisch im Unterschied zu anderen, sondern die Katholizität entspricht ihrem innersten Wesen. Umfassendheit wird zunächst im Sinne von Vollkommenheit gedeutet. Wenn die Kirche ihren Ausgang in nichts Geringerem hat als in der Menschwerdung des einen und ewigen Gottes selber, dann ist die mit ihr in die Welt getretene Wahrheitsmitteilung kein partikulares Offenbarungsereignis, sondern die von Gott her vollzogene endgültige, vollkommene und universale Offenbarung des Sinns von Welt und Menschsein. Wenn in der Kirche das Ereignis der Menschwerdung fortdauert in der sakramentalen Präsenz des erhöhten Herrn, dann ist die Kirche nicht irgendein partikulares Heilsereignis neben anderen, sondern dann ist die Kirche das Ereignis der Gegenwart des retten und heilen wollenden Gottes, die sich nicht gruppenegoistisch okkupieren lässt, die vielmehr eine allumfassende Dynamik darin entwickelt, dass sie jeden Menschen erreichen will.

Katholizität ist ein Aspekt der Vollkommenheit der Offenbarung in Jesus Christus. Vollkommenheit bezeichnet hier nicht in überzogener Weise eine Steigerung irgendwelcher Qualitäten, sondern eine Eigenschaft Gottes, an der die Kirche da *partizipiert,* wo Gott in ihr zum Heil der Menschen wirksam ist. Katholizität in diesem Sinne bezeichnet eine von Gott her kommende Kraft und Dynamik, die Menschheit als Ganze untereinander und mit Gott zu vereinen.

Der Begriff impliziert somit bereits, was sich in seiner Rezeption durch Augustinus ab dem vierten Jahrhundert als eine seiner Bedeutungsnuancen herauskristallisiert: den Aspekt der auch räumlich verstandenen Allumfassendheit oder *„universalitas".* Als die *kat-holische* Kirche ist die Kirche überall auf der Welt verbreitet, weil die Wahrheit Gottes alle Menschen anspricht.

Ab dem fünften Jahrhundert wird der Begriff um die diachrone Dimension erweitert. Das von *Vinzenz von Lérins* († 450) geprägte berühmte Prinzip, dass (im Glauben) festzuhalten ist an dem, was überall, immer und von allen geglaubt wurde", ja, dass dies (alleine) wahrhaft katholisch sei (*„curandum est, ut id teneamus, quod ubique, quod semper, quod ab omnibus creditum est, hoc est etenim vere proprieque catholicum":* Commonitoria, 2,5), betont eine weitere neue Dimension des Begriffes: Hatte der Begriff „katholisch" ursprünglich eher prospektiv die missionarische Dynamik betont, die in dem Anspruch auf Universalität der einen Lehre impliziert ist, so betont Vinzenz die retrospektive Dimension des Begriffes:

Universalität des Glaubens als korrigierende Norm der Glaubensentwicklung: Vinzenz von Lérins

Katholizität wird nun zu einem Abwehrbegriff gegen Neuerung. Die Umfassendheit der Offenbarung, die ursprünglich den Grund für ihre universale Geltung und Verbreitung bildete, wird bei Vinzenz zum Argumentationsgrund gegen Neuerungen. Das Anliegen des Vinzenz ist nicht neu: Bereits in der neutestamentlichen Briefliteratur spielt der Kampf gegen Neuerer eine entscheidende Rolle. Vinzenz aber verknüpft dieses Anliegen mit dem Begriff der Katholizität, der somit zu einem *konservativen Prüfprinzip der Glaubensentwicklung* wird. Das Prinzip schließt die Entwicklung des Glaubens ebenso wenig aus wie neue Glaubensformulierungen und Sprachregelungen. Allerdings ist jede Neuerung zu prüfen, ob plausibel gemacht werden kann, dass das mit ihr Ausgesagte mindestens *implizit* bereits zuvor in der Kirche geglaubt wurde. Zu diesem Zweck kann es dienlich sein, darzustellen, welche Zeitläufte und äußeren Umstände es plausibel erscheinen lassen, warum eine implizit immer schon gewusste Glaubensüberzeugung zu einem bestimmten Zeitpunkt in das explizite Glaubensbewusstsein treten musste. Berühmt geworden ist die Berufung des Ignaz Döllinger auf das bekannte Wort des Vinzenz von Lérins. Döllinger begründet mit der Anwendung dieses Prinzips seine Ablehnung des Infallibilitätsdogmas. Umgekehrt akzeptiert die katholische Theologie nach 1871 das Prinzip des Vinzenz von Lérins, wenn sie es als ihre Aufgabe begreift, detailliert nachzuweisen, dass implizit bereits auf dem Konzil von Chalkedon (451) eine Anwendung des Infallibilitätsprinzips gegeben war.

Das Präskriptions-argument

Das Konzil von Trient wendet die konservativ-abwehrende Glaubensregel des Vinzenz in ein Argument zur Rechtfertigung faktischer kirchlicher Glaubensentwicklung. War für Vinzenz nur das zu glauben, was immer alle schon überall in der Kirche geglaubt haben, so kehrt das Tridentinuum die Argumentationsrichtung um, wenn es erklärt, was über lange Zeit in der Kirche von allen geglaubt wurde, das könne schwerlich illegitime menschliche Erfindung sein, sondern habe sich zuverlässig als zur Offenbarung implizit zugehörig erwiesen. Wenn Christen in ihrer Bindung an das Evangelium über lange Zeit keinen Anstoß an einem Glaubenssatz nehmen, dann beweist das historische Experiment die Vereinbarkeit dieses Glaubenssatzes mit dem christliche Glauben insgesamt. Für das Konzil wird diese Regel zum Argumentationsgrund gegen den lutherschen Versuch, durch den Rückgriff auf das Neue Testament die Illegitimität der kirchlichen Praxis etwa in der Frage der Anzahl der Sakramente zu beweisen.

Vom explizierenden zum exkludierenden „katholisch"

Mit Vinzenz von Lérins wird der Begriff des Katholischen zu einem (negativ) abwehrenden Begriff der Rechtgläubigkeit, der helfen soll, legitime Überzeugungen und Praxisformen von illegitimen Neuerungen zu unterscheiden. In diesem Sinne wird auch das Präskriptionsargument vom Konzil von Trient verwendet. Immer geht es darum, zwischen der wahren Kirche und Abweichlern zu unterscheiden. Der ursprüngliche Sinn von „kat-holisch" kam dabei zu einer neuen Bedeutung: Kat-holisch bezeichnet nun die allgemeine Kirche im Sinne eines *mainstreams* von allen Christen geteilter Überzeugungen. Von dieser großen durchgehenden Linie geschichtlicher Identität weichen rechts und links die vielen kleinen christlichen Gruppen und Denominationen ab. Auf diese Weise endlich wird der Begriff kat-holisch zu dem, was er von seiner Grundintention her gerade nicht sein sollte. Er wird zur exkludierenden Bezeichnung einer Kirche neben anderen.

Martin Luther hat zu dieser Begriffsentwicklung durch seine Übersetzung des Nicaeno-Constantinopolitanums beigetragen. Luther übersetzt „katholisch" mit „christlich", um die exkludierend-konfessionelle Konnotation, die der Begriff „katholisch" inzwischen angenommen hat, für den evangelischen Gottesdienst zu vermeiden. Damit aber wird die inkludierende, tendenziell Konfessionsgrenzen überschreitende Konnotation des Begriffes „katholisch" verloren gegeben. Diese Resignation vor einer konfessionell enggeführten Begriffsgeschichte ließe sich nur durch eine Rückkehr des evangelischen Gottesdienstes zum altkirchlichen Sprachgebrauch überwinden. Durch eine solche Rückkehr würde wieder in das allgemeine Bewusstsein gerufen, dass die christliche Kirche als Trägerin der Offenbarung Gottes für alle Menschen notwendig „katholisch" sein muss (Staats/229: 29). Diesem originär christlichen Begriff von Katholizität widerspricht eine konfessionalistisch engführende Okkupation des Begriffes im Sinne eines Eigennamens.

Die Katholizität ist der Kirche Gottes als eine ihr von ihm her zukommende Eigenschaft, als Aufgabe aufgegeben. Sie ist damit jenes *opus hominum*, das im tripolaren Spannungsfeld zwischen göttlicher Forderung, menschlichem Versagen und göttlicher Versöhnung und Beistandsverheißung je geschichtlich neu zu gewinnen ist. Katholizität gilt es immer neu zu gewinnen. Das Bemühen um die Katholizität kann sich als das Ringen um die allseits bejahte Geltung des Wortes Gottes für jeden Menschen nicht anders verwirklichen als im ökumenischen Ringen um die rechte Erkenntnis und Formulierung der Offenbarungswahrheit.

f) Die Apostolizität der Kirche

Wie der Begriff der Katholizität, so benennt auch der Begriff der Apostolizität ein Charakteristikum, das der Kirche zukommen muss, wenn sie wirklich Kirche Jesu Christi sein will. Ergibt sich das Kriterium der Katholizität aus der Göttlichkeit des Offenbarungsursprunges, so ergibt sich das Kriterium der Apostolizität aus der Geschichtlichkeit des Offenbarungsereignisses. Geschichtliche Ereignisse bedürfen der Tradition. Tradition impliziert immer ein Moment von *Interpretation und Akkomodation*. Gegenüber dem Recht der verstehenden Subjekte, das sich in Prozessen der Interpretation und Akkomodation verwirklicht, bedarf der Traditionsprozess einer Anwaltschaft für die Authentizität der geschichtlichen Überlieferung. Die Alte Kirche hat in ihren großen theologischen Kontroversen die Beharrlichkeit einer Tradition vor Augen geführt, die sich sperrig behauptet gegenüber der Eigendynamik theologischen Verstehens: Die Gnosis presst das gesamte neutestamentliche Heilsgeschehen in einen umfassenden kosmisch-theologischen Deutungsrahmen. Der Markionismus kreiert um der Systematik des Glaubensgebildes willen ein heilsgeschichtliches Deutungsraster eigener Art. Der Arianismus schließlich vermittelt heidnischen und jüdischen Monotheismus mit dem christlichen Inkarnationsglauben. In all diesen Fällen wurden Abstriche an der Glaubensüberlieferung notwendig. Gegen eine

Was heißt Apostolizität?

Theologie, die durch Abstriche an der Glaubensüberlieferung die Transformation des Glaubens in eine theologische Systematik leistet, steht *das Prinzip des Apostolischen als Garant für die Integrität einer Überlieferung, die ihre Würde und ihr Ansehen durch das Inkarnationsbekenntnis erhält.*

Apostel historisch Die neutestamentliche Begriffsbildung „*apóstolos*" beruht wahrscheinlich auf dem alttestamentlich-jüdischen Instituts des „*šâlûach*", einer insgesamt im Alten Orient verbreiteten Aussendungspraxis (Roloff/15:432), die sich in der Aussendungsrede Jesu (Lk 10,4–12; Mt 10,2–15) spiegelt: Vor allem das Grußverbot der Aussendungsrede (Lk 10,4; parr.) betont die angezielte Unmittelbarkeit zwischen Sendendem und Adressaten. Zeitlich (Verhinderung von Verzögerung) und inhaltlich (Verhinderung von Ablenkung) soll möglichst unmittelbar die Botschaft in ihrer ursprünglichen Gestalt den Adressaten erreichen. Aus dem Munde des Boten soll der Adressat die Nachricht hören, als hörte er sie unmittelbar vom Sendenden selbst.

Kennzeichnend für den neutestamentlichen Apostel ist seine persönliche Nähe zu Jesus, durch den er persönlich eingesetzt wird. Paulus sieht sein Apostolat gegründet in einer persönlichen Einsetzung durch den erhöhten Herrn (Gal 1,15f.), deren Bestätigung durch die anderen, die vor ihm Apostel waren (Gal 1,17), dem Paulus aber für seine Sendung als wichtig erscheint.

Die eigentümliche Aufgabe der Apostel besteht nach Apg 1,21f. in der Bewahrung der Kontinuität zwischen der wachsenden Christengemeinde und Jesus Christus.

Die *Didaché* (11,3–9) lässt Anfang des 2. Jahrhunderts das Vorhandensein einer bestimmten Lebensform von „Aposteln" in der Kirche erkennen: Es handelt sich um Wandercharismatiker, deren Nähe zu Jesus Christus sich als Nähe zur jesuanischen Lebensform realisierte. Durch ihre Lebensform werden die wandernden Apostel bereits früh zu Funktionären kirchlicher Universalität. Als Kommunikatoren verknüpfen sie die Ortsgemeinden zu einem Netz und konkretisieren so die mit der Inkarnation immer schon mitgegebene Katholizität der Kirche.

Die Paulusbriefe lassen Konflikte zwischen verschiedenen Wanderpredigergruppen erkennen. Am bekanntesten ist die Auseinandersetzung zwischen Paulus und Petrus in Antiochien, der eine grundlegende Differenz zwischen dem Heidenmissionar Paulus und der judenchristlichen Gruppe um den Herrenbruder zu Grunde liegt (Gal 2,11–21). Anfang des zweiten Jahrhunderts verlieren die wandernden Apostel in den Gemeinden an Ansehen (Offb 2,2). Die Lebensform des wandernden Apostels verliert gegenüber den Formen ortsansässiger Gemeindeleitung an Bedeutung.

Daraus ergeben sich zwei theologische Konsequenzen: (1) Die apostolische Zeit wird zunehmend als abgeschlossen wahrgenommen. Der Begriff des Apostels im theologisch-emphatischen Sinn wird nun reserviert für die Generation der unmittelbaren Jesuszeugen. Ihnen wird nunmehr eine besondere Autorität in der Kirche zugesprochen. Gemeinden, die ihre Gründung auf einen dieser unmittelbaren Zeugen zurückführen können, stehen in besonderem Ansehen. (2) Die Verbindung zwischen der apostolischen Zeit und der kirchlichen Gegenwart erscheint nun nicht mehr als eine Funktion der apostolischen Lebensform, sondern als eine Funktion apostolischer Beauftragung örtlicher kirchlicher Autoritäten. So empfinden sich

Timotheus und Titus als durch Paulus legitimiert (1 Tim 1,3; Tit 1,5). Als Apostelschüler bieten sie Gewähr für die unverfälschte *traditio fidei* (2 Tim 1,13; 3,14). Außer dieser außerordentlichen apostolischen Legitimation wurde den beiden jedoch auch eine reguläre Ordination zuteil: Dem Timotheus wurde eine besondere Gnade verliehen, als ihm die Ältesten aufgrund prophetischer Worte gemeinsam die Hände auflegten (1 Tim 4,14).

Der 1. Clemensbrief deutet bereits Ende des ersten Jahrhunderts die Legitimität der kirchlichen Amtsträger als Folge ihrer apostolischen Einsetzung: „So predigten sie [die Apostel: R. M.] in Stadt und Land und setzten ihre Erstlinge nach vorhergegangener Prüfung im Geiste zu Bischöfen und Diakonen für die künftigen Gläubigen ein." (1 Clem 42,4). Im Kontext dieser Erklärung im ersten Clemensbrief wird die apostolische Sukzession zu einem Argument gegen die Absetzbarkeit missliebiger Amtsträger: Die Ältesten der Gemeinde ordinieren zwar den Episkopen durch Handauflegung. Er ist jedoch nicht ihre Kreatur, die sie so wieder entmachten könnten, wie sie sie in Amt und Würden gebracht haben. Ein solches Verfahren entspräche der Vorgehensweise bei der zeitweisen Übertragung von Ämtern, wie sie für demokratische Systeme konstitutiv ist. Clemens von Rom dagegen ist überzeugt von der grundsätzlichen Nichtabsetzbarkeit eines Amtsträgers, der einmal von der Gemeinde ordiniert und dessen Amtsführung lange Zeit unbeanstandet blieb (1 Clem 44,3–4). Dies wiederum legitimiert sich daraus, dass der Amtsträger nicht alleine Funktionsträger der Gemeinde ist, sondern in der apostolischen Sukzession zugleich *Garant einer Kontinuität*, deren Rang und Würde jenseits der gemeindlichen Interessen und Tendenzen liegt. Die Apostolizität bezeichnet die der Gemeinde auch entgegenstehende Verpflichtung auf die Kontinuität mit dem historischen Ursprung des Glaubens in Jesus Christus. Als historische Wahrheit ist die Offenbarung Gottes in Jesus Christus auf historische Tradierungsgrößen angewiesen. Diese stehen in einer naturwüchsigen Spannung zu der pneumatischen Dynamik in den einzelnen Gemeinden. Das Pneumatische aber muss in seiner Eigendynamik immer wieder auf den Grund der historischen Offenbarung bezogen werden. Das Individuelle, das Besondere jeder einzelnen Gemeinde muss rückgebunden werden an die Allgemeingültigkeit des geschichtlich ergangenen Gotteswortes in seiner historischen Positivität. Unter der Leitidee der *successio apostolica* tritt neben die pneumatische Würde der Ortskirche der in der Historizität des Christusereignisses gründende universalkirchliche Anspruch des Historisch-Konkreten.

successio apostolica

Die Idee der *successio apostolica* verbindet sich ab dem 1. Clemensbrief mit dem Gedanken einer gewissen Unabhängigkeit des Amtsträgers von seiner Ortskirche. Damit ist auch eine Gefahr gegeben, die Jürgen Werbick auf den Begriff bringt, wenn er darstellt, dass die apostolische Sukzession *legalistisch* missverstanden werden könnte als eine Legitimationsfigur, mit der der Amtsträger formalrechtlich Ansprüche im Sinne einer persönlichen Herrschaftsgewalt gegenüber seiner Gemeinde begründet. Eine entsprechende Ekklesiologie hätte vor allem Wert zu legen auf den Gedanken der bruchlosen Kette von Bevollmächtigungen von Jesus über die Apostel bis zum einzelnen zeitgenössischen Ortsbischof. Durch sie würde dieser Bischof *iure Divino* aufgewertet zu einer Autorität, die ihre Einsetzung in

successio als Legitimationsfigur

lückenloser historischer Sukzession auf Christus als göttliche Autorität zurückführen kann (Werbick/37:86 ff.).

Eine solche Konstruktion der *successio apostolica* liefe jedoch auf eine Überbetonung der Dimension geschichtlicher Kontinuität und der objektiven Geltung des geschichtlich ergangenen Offenbarungswortes hinaus. Das Wort Gottes wird ja nicht nur in seiner Objektivität gehört. Es muss auch notwendig subjektiv verstanden werden, um wirksam werden zu können. Eine Konzeption der Sukzession, die das objektive Prinzip geschichtlicher Offenbarung gegen das subjektive Prinzip ortskirchlicher Aneignung des Geoffenbarten auszuspielen versuchte, würde die trinitarische Struktur des Offenbarungsgeschehens, in dem immer der Geist in die Wahrheit dessen führt, was der Sohn offenbart, verfehlen.

Volle Apostolizität ist nicht in der Eindimensionalität des Zueinanders bischöflicher apostolischer *potestas* zu gemeindlichem Gehorsam zu erreichen. Seine volle Autorität entfaltet das apostolische Amt vielmehr in der Treue zur Amtsführung etwa des Paulus. In der Amtsführung des Apostels sind beide Elemente erkennbar. Er traut den Gemeinden ein hohes Maß an Selbständigkeit in ihrem Geführtsein im Geist zu, stellt sich ihnen aber ebenso mutig entgegen, wo er gewiss ist, um die Authentizität der Christusoffenbarung kämpfen zu müssen. Die kämpferische Erregtheit des Apostels lässt ebenso wie sein argumentativer Aufwand einerseits die Stärke seiner Gegner und andererseits die von ihm erkannte Wahrheitsgefährdung durch diese Gegner erkennen. Apostolische Autorität ist im Neuen Testament streitbare, engagiert-kämpferische Autorität, die sich *mit Argumenten* durchsetzt. Darin unterscheidet sie sich allerdings von einer rein formalrechtlichen *potestas*. Apostolizität der Kirche kann aufgrund dieser Argumentation auch im katholischen Verständnis als Aufgabe der Kirche verstanden werden.

Apostolizität ökumenisch

Unstrittig zwischen den Kirchen ist ein Verständnis von kirchlicher Apostolizität, das die *Herkunft der Kirche von den Aposteln* als den ersten Zeugen Jesu Christi sowie die bleibende Funktion dieser ersten Zeugen als *Fundament der Kirche* betont (Schütte/172:117).

Die Dimension der *Treue zur apostolischen Botschaft* im Sinne einer Kontinuität im Glauben wird im protestantischen Verständnis als eine Anforderung an den individuellen Glauben verstanden, der sich auszurichten hat am Fundament des apostolischen Zeugnisses, wie es allein in der Schrift gegeben ist. Die Heilige Schrift aber ist in der Vielfalt der Auslegungsmöglichkeiten nicht mehr der Garant jener Positivität, die das Theologoumenon vom apostolischen Fundament impliziert. An dieser Stelle sieht G. Ebeling eine entscheidende Funktion der Theologie. Sie hat der Apostolizität der Kirche zu dienen, indem sie „[...] an der Verständigung und der Verständlichkeit im Dienste einer solchen allgemein mitteilbaren und annehmbaren christlichen Lehre [...]" (Ebeling/4:378) arbeitet. Auf dem Weg des Glaubens und der theologischen Erhellung des Glaubens im Interesse einer Überwindung der rein subjektivistischen Interpretation wird eine *successio apostolica fidei* als innere Glaubensübereinstimmung der heutigen mit den früheren und mit den apostolischen Urbildern sowie mit Jesus Christus selber erhoffbar.

Auch orthodoxe Theologen deuten die Apostolizität als einen „dynamisch[en] Prozess, in dem die Kirche, inspiriert und geleitet vom Hl. Geist, immer neue Ausdrucksformen für den einen apostolischen Glauben entwickelt, um auf diese Weise die apostolische Botschaft den Menschen nahe zu bringen." (Oeldermann/199:377).

Neben der persönlich zu leistenden Treue zur apostolischen Überlieferung halten die katholische Kirche, die Kirchen der Orthodoxie, die anglikanische und die altkatholische Kirche an der Bedeutsamkeit des bischöflichen Leitungsamtes als eines Garanten der Apostolizität fest.

successio apostolica episcopalis oder *ordinis*

Der Dialog zwischen der orthodoxen und der römisch-katholischen Kirche führte zu klärenden Aussagen über die apostolische Sukzession der Bischöfe: Es handelt sich bei der Nachfolge der Bischöfe im apostolischen Dienst an der Echtheit und Einheit des Glaubens nicht um eine „bloße Übertragung von Vollmachten" an ein Individuum, das dann als solches Inhaber dieser Rechte wäre. Gegen ein solch rein-legalistisches, vollmachtsorientiertes Verständnis von *successio* formuliert eine katholisch-orthodoxe Kommission 1988 in Valamo das altkirchliche Ideal der Eingliederung des einzelnen Bischofs „[…] in die Zahl derer, denen die besondere Verantwortung für den Heilsdienst anvertraut wurde […]" (O-RK I/9: DWÜ II, 556–567, hier: S. 563). In der Gemeinschaft der Bischöfe ist der Bischof Teilhaber an der apostolischen Leitungsvollmacht, die ihm also nicht wie eine persönliche Gewalt zukommt.

Altkatholische und orthodoxe Kirchen bestimmen in der Gemeinsamen Erklärung von Chambésy 1977, Bonn 1979 und Zagorsk 1981 die Apostolizität der Kirche als Zueinander einer Innenseite der Apostolizität, die in der treu bewahrten christlichen Lehre besteht, und einer Außenseite, die durch die „von den Aposteln ausgehende ununterbrochene Reihe und Nachfolge der Hirten und Lehrer der Kirche" repräsentiert wird (AK-O/3: DWÜ I,39).

Im ökumenischen Gespräch mit lutherischen Kirchen zeichnet sich die gemeinsame Überzeugung ab, dass neben der inneren Apostolizität im Geist Gottes die „Kette der Handauflegungen" als ein äußeres Zeichen für die durch den Geist Gottes gewirkte innere Apostolizität der Kirche dienen kann (Sattler/153:63).

Die Reformation spricht der Wahrung der Apostolizität der *Theologie* eine eigene Bedeutung zu. Das Fundament der Apostel als Garant des rechten Glaubens liegt in historisch fernen Zeiten. Die Vorstellung, es könne durch die formelle Nachfolge der Bischöfe im apostolischen Amt treu bewahrt werden, wurde nach Einschätzung der Reformatoren historisch widerlegt. Die Zielsetzung Martin Luthers ist nicht etwa die Gründung einer neuen Kirche, sondern die Rückkehr zu den apostolischen Quellen des Glaubens, die er überlagert fand durch eine verselbständigte kirchliche Lehrentwicklung (Bouyer/42:69f.). Zwar ist der individuelle Glaube, angeleitet durch den Heiligen Geist, ein sicherer Weg der inneren Übereinstimmung mit den Aposteln. Allerdings ist dieser Glaube auf das Zeugnis der Schrift angewiesen, die wiederum der Interpretation bedürftig ist. So wird die Theologie zum wichtigen Begleiter des Gläubigen auf dem Weg zurück zum Fundament des Glaubens. Das von einer bilateralen Kommission der katholischen und der evangelischen Kirche in Deutschland erarbeitete Dokument „Communio Sanctorum" übernimmt diese

Die Theologie als Bezeugungsinstanz

hohe Bewertung der Theologie als einer „Bezeugungsinstanz des Wortes Gottes". „Sie hat menschliche Verkürzungen und Verformungen in der Vermittlung der Offenbarungswahrheit bewusst zu machen und nach Kräften zu korrigieren." (Communio Sanctorum/176:42) Übereinstimmung mit dem apostolischen Glauben bedarf nicht allein des subjektiven Glaubens an die Schrift. Sie ist auch nicht allein schon durch das Bischofsamt realisiert. Bischofsamt und Gläubige wissen sich auf die Schrift und das Wort Gottes als historische Offenbarungsinhalte verwiesen. Ihr geistliches Zeugnis weiß sich deshalb zurückverwiesen auf die historische und wissenschaftliche Rückfrage nach den Inhalten der Offenbarung. Die Theologie versieht einen eigenen Dienst an der Apostolizität der Kirche.

2. Wesentliche Vollzüge der Kirche

Die Lehre von den drei Ämtern Christi

Bei der Beschreibung der Grundvollzüge der Kirche greift die neuere Theologie auf die neutestamentlich bezeugte Trias von *martyría, leitourgía* und *diakonía* zurück (Wiedenhofer/21). Die Trias hat eine gewisse systematische Nähe zu der alten Ämter-Christi-Lehre. *Justin Martyr* († 165) formulierte sie als Erster (Dialog mit Tryphon 86, 2). Der Reformator *Jean Calvin* gebraucht sie als soteriologisches Grundraster. Ab dem 18. Jahrhundert taucht sie in der katholischen Dogmatik auf. Matthias Scheeben verwendet sie als soteriologisches Einteilungsprinzip. Die Schuldogmatik folgt ihm hierin. Mit der Enzyklika *Mystici Corporis* von 1943 rezipiert Pius XII. die Rede von den drei Ämtern Christi als *ekklesiologisches Gliederungsprinzip*. Die Drei-Ämter-Lehre sieht Jesus Christus als Inhaber des *prophetischen*, des *königlichen* und des *priesterlichen* Amtes. Die Kirche führt diese Ämter als *munus docendi, munus regendi und munus sacerdotale* weiter. Johannes Paul II. sieht bei jedem Glied der Kirche, auch den Laien, eine Teilhabe an den drei *munera Christi*. Er gebraucht nun auch wieder die alte Kennzeichnung „*munus propheticum*" (DH 4852).

a) Martyría

Lehre und prophetisches Zeugnis in der Kirche

martyría oder *munus docendi?*

Die Deutung des *munus docendi* als *martyría* impliziert vier Aspektverschiebungen.

(1) Der Begriff der *martyría* vermeidet die sachhaft-neutrale Missdeutung, das Zeugnis der Kirche sei eine Mitteilung intellektueller sachhaft-neutraler Inhalte. Eine solche Missdeutung läge in der Konsequenz eines rationalistischen Intellektualismus. Der Inhalt der christlichen Botschaft erschließt sich in seiner Wahrheit jedoch erst da vollkommen, wo er gläubig nachvollzogen wird. Die intellektuellen Inhalte des Glaubens stehen in einer Wechselwirkung mit der personalen Lebensentscheidung, ihrer handelnden und kommunikativen Umsetzung. Die christliche Lehre ist keine sachhaft lernbare Ideologie, sondern eine *kommunikative Praxis*, in die Christen *auch* über die Aneignung intellektueller Inhalte hineinwachsen.

(2) Die in dem Begriff der *martyría* implizierten Aspekte des kommunika-

tiven *Bezeugens* und *Bekennens* sowie der Aspekt der Lebenshingabe, der im Begriff des Martyriums miteingeschlossen ist, werden der beschriebenen existentiellen Dimension des Glaubenlernens gerecht. Glauben wird nicht durch sachhafte Mitteilung von Glaubensinhalten gelernt, sondern durch personale Begegnung, in der Menschen nicht nur Glaubensinhalte bezeugen, sondern auch erkennen lassen, welche Bedeutung diese Inhalte im Leben der Bezeugenden entwickeln konnten.

(3) Das *munus docendi* scheint eine Funktion der Kirche zu bezeichnen, die nur von einigen zur Lehre Berufenen wahrgenommen wird. Der Begriff „*martyría*" entspricht demgegenüber der Tatsache, dass die Aufgabe, den Glauben zu bekennen und zu bezeugen, als ein Wesensvollzug der Kirche insgesamt Vollzug jedes Gliedes der Kirche ist.

(4) Der Begriff des *munus docendi* kann schwerlich mit dem konkreten Tun und Erleiden der alttestamentlichen Propheten zusammengebracht werden, was aber beabsichtigt ist, wenn der Begriff das *Prophetenamt Christi* bezeichnen soll. Der Prophet ist eher *martyrischer Zeuge und Bekenner als beamteter Lehrer.* Er erfährt ja gerade existentiell, dass die auszurichtende Botschaft ihn aller Selbstverständlichkeiten entfremdet und in die Konfrontation mit Gott selber hineinzieht, in der weder er selber noch die Adressaten seiner prophetischen Botschaft unverwandelt bleiben können.

Die *martyría* hat eine doppelte Richtung (Arens/214): Als Zeugnis in die Kirche hinein ist sie *Bekennen.* Das Bekenntnis des Glaubens gehört zu den Vollzügen der Kirche von Anfang an. Es findet seine ersten amtlichen Gestalten in den Taufsymbola der Alten Kirche. Der Name „Symbolon", der in der Antike ein Wiedererkennungszeichen bezeichnet, macht deutlich, worum es dabei geht: Der Einzelne soll für die Gemeinde als Christ erkennbar werden und sich im Glauben der Gemeinde selber wiedererkennen. Edmund Arens kennt außer dem gottesdienstlichen Bekennen noch das lehrende und das situative Bekennen in der Kirche. Neu und wichtig an der Untersuchung fundamentaler Sprechhandlungstypen kirchlichen Handelns ist die Deutung des Bekennens als einer Handlung. Deutet man das Bekennen als Handlung, dann erzeugt es eine Wirkung in der Welt. Nach einem Bekenntnis ist die Welt nicht mehr, wie sie vorher war. Das bekennende Subjekt definiert sich selbst für eine Kommunikationsgemeinschaft und wird auf diese Weise kenntlich und verbindlich.

Lehren als Bekennen in diesem Sinne gedeutet, bedeutet: Der Lehrende steht mit seiner ganzen Person vor dem Belehrten für die Wahrheit der Lehre ein. So schafft er den Vertrauensgrund, auf dem der Belehrte seine existentielle Glaubensentscheidung wagen kann. In dieser Haltung aber kann der Belehrende nicht in sich selber stehen, weil der Anspruch seiner Lehre weit über das hinaus geht, was sich im Herrschaftsbereich des Lehrenden befindet. Der im christlichen Sinne Lehrende steht vor dem Belehrten für Gott ein. Ein solches Einstehen für Gott aber ist nur möglich, wo in einem *commercium admirabile* (einem „wunderbaren Tausch") Gott selber für sich beim Lehrenden einsteht. Stellvertretungstheologisch gesprochen: Der Lehrer kann für Gott vor dem Schüler einstehen, weil Gott vor ihm für sich einsteht. Lehre ist als Vergegenwärtigung Gottes für den Anderen Gnadengeschehen, das nur als solches gelingen kann.

Handlungstheoretische Deutung martyrischer Grundvollzüge

Diese Deutung kirchlichen Lehrens lässt aus der kirchlichen Praxis heraus wesentliche Aspekte für eine Korrektur zeitgenössischer Missverständnisse über das Lehren erkennen: (1) Lehren, so ist nach dem bisher Gesagten erkennbar, ist eine christliche Grundaufgabe, die sich nicht auf einen speziellen Stand in der Kirche delegieren lässt. Vielmehr muss die Kirche als ganze sich als Lehrerin und jedes ihrer Glieder als zur Lehre berufen begreifen. (2) Lehren ist ein die ganze Person des Lehrenden involvierender Zeugnisakt.

So verstandenes Lehren und Zeugnisgeben prägt das Leben der Kirche und wirkt über sie hinaus heilsam auf die Welt als ganze: Christen deuten alle ökonomischen, politischen, kulturellen Verhältnisse im Lichte des Evangeliums. Ihr intellektuelles Leben ist so ein fortgesetzter Prozess des Lernens, in dem sie sich wechselseitig bereichern. „Den Christen obliegt es, heute ein Werk zu vollenden, das in vergangenen Zeiten kaum etwas Ähnliches hat: Sie müssen nämlich jene ,Zivilisation der Liebe' verwirklichen, die eine Zusammenfassung des ganzen christlichen Erbes des Evangeliums ist." (*Dominum et vivificantem*, *81/*DH 4776) So verstandene Teilhabe am prophetischen Lehramt der Kirche ist nicht monologisch, sondern notwendig ein Prozess *allseitigen Lernens und Belehrens*, den Johannes Paul II. zu Recht als das Werk des Heiligen Geistes interpretiert.

Prophetie, Lehre und Charisma

Wenn Christen in ihrem prophetischen Bezeugen und Bekennen immer als Glaubende involviert sind mit der ganzen Hingabe ihrer religiösen Existenz, so sind Prozesse des Lehrens und der Zeugnisgabe in der Kirche unvermeidlich niemals sachlich und mithin immer konfliktträchtig.

Diese Erfahrung prägt bereits auf vielfältige Weise die paulinische Gemeinde.

Im 1. Korintherbrief gibt Paulus darum eine christliche Lektion über innerkirchlichen Pluralismus der Begabungen: Lehre, exemplarische Glaubensstärke, Heilergabe, Zungenrede und Deutungskraft. All diese Begabungen sind nach Paulus „Charismen", also von der Gnade Gottes (*cháris*) eingegebene Kräfte. Die Charismen mögen einander so fremd sein, dass Respekt und Verständnis schwer fallen. Paulus aber appelliert an die Korinther, einander mit dem Vorverständnis zu begegnen, dass die Begabung des jeweils Anderen wirklich eine Begabung durch das göttliche Pneuma ist. Dazu ist vor allem gefordert, dass diese Begabung sich für die Menschen in der *ekklesía* als nützlich erweist, denn: „Jedem wird die Offenbarung des Geistes geschenkt, damit sie anderen nützt." (1 Kor 12,7)

Der Pluralität der Charismen entspricht eine Pluralität der innerkirchlichen Aufgaben. Es ist nahe liegend, dass der, der die Gabe hat zu lehren, sich in der Gemeinde als Lehrer betätigt, während ein anderer sich als Prophet betätigt (12,28). Es bedürfte wohl nicht der Allegorie des Leibes mit den vielen Gliedern, die Paulus an dieser Stelle (1 Kor 12,12–27) heranzieht, wenn es nicht Zweifel an der Einheit des Verschiedenen gegeben hätte. Paulus hält dem exkommunizierenden Misstrauen die Maxime entgegen, dass als Christ zu gelten habe, wer sich zu Christus bekennt (1 Kor 12,3).

Pluralismus der Geistgaben bei der Einheit des Geistes ist für Paulus kein Indifferentismus. In handfesten Lehrkontroversen wie der Frage über die Notwendigkeit der Beschneidung kann Paulus einer abweichenden Lehrmeinung auch entgegentreten, indem er den christlichen Gegner als „Hund" und „falschen Lehrer" bezeichnet (Phil 3,2).

Der Blick auf die paulinische Gemeinde führt zu einem doppelten Befund: Es gibt Konflikte und Unterschiede in der Gemeinde, die sind Ausdruck eines legitimen, weil der Gemeinde insgesamt förderlichen Pluralismus. Es gibt allerdings auch die Gefahr der zerstörerischen abweichenden Lehrmeinung.

Das kirchliche Magisterium

Wie keine andere Religion hat das Christentum eine *antihäretische Dynamik* entfaltet. Dieser Umstand ergibt sich aus der Menschwerdung Gottes. Der erste Satz des Hebräerbriefes bringt die entsprechende theologische Einsicht auf den Begriff: „Viele Male und auf vielerlei Weise hat Gott einst zu den Vätern gesprochen durch die Propheten; jetzt in dieser Endzeit hat er zu uns gesprochen durch seinen Sohn, den er zum Erben des Alls eingesetzt hat; er ist der Abglanz seiner Herrlichkeit und das Abbild seines Wesens [...]." (Hebr 1,1–3) Die Pluralität göttlicher Offenbarungen führte schließlich zu der einen Menschwerdung Gottes selber. Der durch den radikalen jüdischen Monotheismus in seiner absoluten Transzendenz erkannte, universale eine Gott steigt nach der Urintuition christlichen Glaubens aus der Entzogenheit seiner unverfügbaren Transzendenz in die von nun an in Ewigkeit dauernde Verbundenheit mit allen Menschen. Dieser unvorstellbaren Selbstabwertung Gottes entspricht eine ebenso unglaubliche Aufwertung des Menschen. Der Mensch soll nun der authentische Zeuge Gottes selber in der Welt sein. Er soll nicht einfach nur bekennen – was an sich schon viel ist –, dass Gott, der Ewige, der Unbegreifliche, der Gerechte ist als fernes Gegenüber des Menschen, sondern er soll bezeugen, dass dieser Gott sich verwirklichen konnte als ein Mensch und dass er diese Selbstverwirklichung als Mensch und im Leben der Menschen immer wieder will. Menschliches Leben und menschliche Geschichte erhalten so eine nie da gewesene Wichtigkeit. Die Häresien der ersten Jahrhunderte können gedeutet werden als der Versuch, vor der Ungeheuerlichkeit der Zumutung, die die Inkarnation bedeutet, auszuweichen. Mit dem Wissen um die reale Inkarnation Gottes aber ginge auch Gottes Plan, in Jesus Christus alles mit sich zu vereinigen, unweigerlich verloren. Die Inkarnation wertet nicht einfach den Menschen *in abstracto* auf, sondern sie konfrontiert ihn im Denken, Handeln und Bekennen damit, Zeuge der Menschwerdung Gottes sein zu müssen, wenn diese Menschwerdung in ihrer soteriologischen Zielsetzung erfolgreich sein soll.

Das Glaubenswissen wird so zu einer soteriologisch relevanten Größe. Gott rettet die Welt niemals anders als durch Jesus Christus. Der Lebensweg des Mannes aus Nazaret wird zur Offenbarung des göttlichen Heilswillens nicht allein in seiner *Universalität*, sondern auch in seiner *Spezifität*. Das Christentum verkündet nicht irgendein Heil, das irgendwie jedem Menschen zuwendbar wäre. Es verkündet vielmehr eine *salus specifica*, die nur in der Beziehung zu Gott, wie er sich in der Menschwerdung selbst zeigt, gelingen kann. Die Authentizität der Überlieferung von Jesus Christus und die Angemessenheit der theologischen Deutung dieser Selbstoffenbarung Gottes werden damit zu erstrangigen religiösen Inhalten.

> Die antihäretische Dynamik christlichen Denkens

In der Mitte des Christentums steht eine *historische Botschaft*, deren Wahrheitskern sich aber nicht in der bloßen Faktizität erschöpft, sondern der sich erschließt, wo die historische Botschaft zum Verstehensschlüssel des religiösen Fragens der Menschen wird. Damit aber entziehen sich die positiven Glaubenstatbestände wieder in einen relativen Subjektivismus der Deutung. Genau darin aber liegt der Zwang des Christentums zur Theologie beschlossen. Es gilt immer wieder neu, die existentielle Bedeutung der historischen Menschwerdung Gottes zu formulieren. Damit aber ist immer auch die Gefahr gegeben, dass die theologische Deutung der Menschwerdung durch den Menschen die Wahrheit der Menschwerdung verfehlt.

Die Bedeutung der Theologie im antihäretischen Widerstand der Kirche

Die Häresie hat zunächst eine Bedeutung für das Entstehen der christlichen Theologie. Die Gnosis zwingt das junge Christentum zu einer intellektuellen Anstrengung, um gegen eine Spiritualisierung der Erlösungsbotschaft die Wahrheit der In-*kar*-nation festzuhalten.

Die Theologie aber führt selber in die Untiefen der Häresie. Ein Merkmal häretischen Denkens ist der Versuch, die christliche Glaubenswahrheit in die Geschlossenheit eines intellektuellen Systems, das man glauben kann oder nicht, zu überführen. Originär christliche Theologie zielt dabei nicht auf die Geschlossenheit eines Systems, sondern auf die Offenheit einer Gottesbotschaft, die als angenommene eine verändernde Kraft auf den Menschen ausübt. Authentisch christliche Verkündigung kann letztlich deshalb nicht *systematisch* sein, weil ihr Urerlebnis die Erfahrung der Sprengung menschlicher Erkenntnisstandards in der Biographie Jesu ist: der Gekreuzigte als Herr, der Tote als Auferstandener, als universal Anwesender, der Gerichtete als Retter. Die intellektuelle Zumutung dieser Ursätze christlichen Glaubensbekenntnisses schreit nach einer systematischen Lösung der Widersprüchlichkeit, die sich jedoch christlich *nicht systematisch*, sondern *nur existentiell* lösen lässt, weil es auch intellektuell in einem profunden Sinne wahr ist, dass Christsein sich nur als Neugeburt realisieren lässt. Wo systematische Lösungsversuche unternommen werden, zielen sie immer darauf, das revolutionär die menschliche Epistemologie sprengende Handeln Gottes zurückzubiegen auf die Leistung des Alltagsverstandes. Aus dem hörenden Glauben wird ein verstehender Glaube, dessen Verstehen jedoch nur die Selbstimmunisierung gegen das Hören ist. So wird der Doketismus der Zumutung des Gekreuzigten ausweichen, indem er die Leiblichkeit der Inkarnation leugnet.

Authentische Theologie hat diese Einsichten gegen den immanenten Häresieimpuls des Denkens zu bewahren. Dabei aber realisiert sie sich selber als systematisierend. In ihrem Mühen um die authentische Offenbarung muss Theologie notwendig auf die Denk- und Vorstellungsmuster der Zeit zurückgreifen. Dabei begibt sie sich immer in die Gefahr, selbst dem Strudel eines häretischen Verstehensinteresses, das gegen die Offenbarungswirklichkeit immunisiert, zu verfallen. Dieser Umstand ist wohl der Grund für ein gesundes christliches Misstrauen gegenüber der Theologie. Wo aber in Predigten und populärer Rede allzu selbstbewusst auf dieses gesunde Misstrauen zurückgegriffen wird, da muss die Einsicht geweckt werden, dass selbst die intellektuell schlichtesten Verkünder des Evangeliums immer schon seine Deuter sind, zurückgreifend auf ihnen selbstverständliche, aber in ihrer Christlichkeit durchaus fragwürdige Modelle und Theoreme. Wo solche Verkünder sich weigern, Theologie zu treiben, entziehen sie sich nicht nur sicher den möglicherweise häresiogenen Impulsen der Glaubenswissenschaft, sondern sie entziehen sich zugleich der anti-häretisch aufklärenden Funktion der Theologie gegenüber den unhinterfragten eigenen Denkgewohnheiten und Strukturen.

Bereits die Pastoralbriefe lassen einen engen Zusammenhang erkennen zwischen den Prophetenschülern Timotheus und Titus und den örtlichen Gemeindeleitern. Timotheus und Titus wissen ihre herausragende Stellung legitimiert durch ihre Herkunft von Paulus. Besondere Bedeutung haben sie in der Gemeinde als beauftragte Bewahrer der von Paulus empfangenen christlichen Lehre (2 Tim 3,14), die von zahlreichen Gegnern bedroht ist. Subjekte der Bedrohung sind „immer neue Lehrer, die den Ohren schmeicheln" (2 Tim 4,3). Sie verkünden nicht mehr die Wahrheit, sondern ausgedachte „Fabeleien" (2 Tim 4,4). Ihr „gottloses Geschwätz" wirkt wie ein „Krebsgeschwür" (2 Tim 2,16f.). Bei ihrem Dienst des unermüdlichen Belehrens und Ermahnens ungeachtet der positiven oder negativen Aufnahme werden die Apostelschüler unterstützt von örtlichen Gemeindeleitern. Der Titusbrief spricht davon, Titus setze die Gemeindeleiter ein (1 Tit 1,5). Timotheus dagegen ist nicht nur legitimiert als Prophetenschüler, sondern hat darüber hinaus eine Ordination durch Handauflegung empfangen (1 Tim 4,14). Zur Zeit der Pastoralbriefe, also Ende des ersten Jahrhunderts, lässt sich also bereits ein Übergang des Wächteramtes von den Prophetenschülern auf örtliche Amtsträger erkennen.

Örtliche Gemeindeleiter als Bewahrer der Lehre

Dieser Befund passt zur konservativen Grundintention der Pastoralbriefe. Der rechte Glaube ist gegen Neuerung zu Bewahren. Der Intention der Bewahrung entspricht das Persönlichkeitsprofil der Episkopenregel (1 Tim 3,1–7): Ein Episkop soll ein besonnener, nüchterner, bescheidener, allseits anerkannter Familienvater sein. Neubekehrte werden von diesem Amt bewusst ausgeschlossen.

Ende des ersten Jahrhunderts ist die neue Lehre innerhalb des Judentums zu einem bewährten Weg geworden, den es gegen Neuerer zu bewahren gilt. Waren die wandernden Apostel und Propheten der christlichen Frühzeit die Protagonisten der Lehre in der ersten und zweiten christlichen Generation, so geht nun die Lehraufsicht an ortsansässige, von ihrer gesamten Lebenssituation her eher konservativ geprägte Episkopen über. Die Lehrer und Propheten dagegen geraten in den Verdacht, die gesunde Lehre durch gewagte Spekulationen zu ersetzen. Sie werden nun mehr und mehr als Gefährdung des Glaubens empfunden. Die *Diadaché*, eine syrisch-palästinensische Gemeindeordnung des frühen 2. Jahrhunderts, begegnet den wandernden Aposteln bereits mit einer Regel, die Rückschlüsse auf deutliches Misstrauen erlaubt: „Jeder Apostel, der zu euch kommt, soll jedoch nur einen Tag bleiben; wenn es nötig ist, auch einen zweiten! Wenn er aber drei Tage bleibt, ist er ein Lügenprophet. Geht der Apostel weiter, soll er nichts bekommen außer Brot, bis er übernachtet! Wenn er aber Geld nimmt, ist er ein Lügenprophet." (Didaché, 9,1).

Die Hochschätzung des Ortsbischofes als Entscheidungsinstanz in Glaubensfragen verfestigt sich im zweiten und dritten Jahrhundert. In den einflussreichen Briefen des *Ignatius, Bischof von Antiochien* (✝ vor 170), stellt

Der Bischof als Träger des Lehramtes

Ignatius die Regel auf, christliche Identität lasse sich bewahren durch Einheit und Übereinstimmung mit dem Bischof: „Folgt alle dem Bischof wie Jesus Christus dem Vater, und dem Presbyterium wie den Aposteln; die Diakone aber achtet wie Gottes Gebote." (Brief an die Smyrnäer, 8,1).

Irenäus von Lyon († um 202) erweitert die Theologie des bischöflichen Lehramtes um die Elemente (1) der apostolischen Sukzession, (2) der (lokal verstandenen) Katholizität und (3) die Vorstellung einer bewahrten Glaubenshinterlassenschaft: Der Bischof ist authentischer Lehrer des Glaubens in der Nachfolge der Apostel, als Traditor der überlieferten Lehre und in der universalen Gemeinschaft mit allen Christen der Kirche gleich welcher Sprache (Aversus haereses, I, 10).

Cyprian von Karthargo († 254) fordert von den Römern Gehorsam gegenüber dem römischen Bischof Cornelius und begründet diese Forderung damit, dass Cornelius als verdienter Mann, der alle Stufen der kirchlichen Ämter durchlaufen hat, von zahlreichen Bischöfen zum Bischof erhoben wurde. Die Abstimmung von Klerikern und des Volkes, die der Erhebung voranging, spiegelt in ihrem Ergebnis den Willen Gottes und seines Gesalbten. Außerhalb der Unterordnung unter diesen Bischof kann es deshalb nur Ketzerei und Abtrünnigkeit geben (25. Brief, 8).

Die Entwicklung der Alten Kirche führt dazu, dass im örtlichen Bischof der Garant der authentischen Lehre des Christentums erblickt wurde und der Garant der katholischen Einheit in der Lehre. Letztere verlangt natürlich nach Konsultation und Abstimmung der Bischöfe, die auf zahlreichen Provinzsynoden erreicht wurde. In der Gemeinschaft der Bischöfe nehmen die Vorsteher altehrwürdiger, womöglich von Aposteln gegründeter, einflussreicher und großer Mutterkirchen mit zahlreichen Filialgründungen einen Vorrang ein. An diesen Patriarchalsitzen bilden sich theologische Zentren. Die Patriarchate von Alexandrien, Antiochien und Konstantinopel bilden kontroverse Zentren der theologischen Urteilsbildung in den christologischen Auseinandersetzungen der Alten Kirche. Die Patriarchen treten jeweils als die Exponenten einer Lehrmeinung auf. Ab dem vierten Jahrhundert und der Erhebung des Christentums zur Reichsreligion reichen regionale Klärungsprozesse nicht mehr aus, um jeder Gemeinde die Gewissheit zu geben, in innerer Übereinstimmung mit allen anderen Gemeinden festzuhalten am apostolischen Glauben. Der Streitfall um die Christologie des Arius führt zu ernsthaften innerkirchlichen Verwerfungen. Zu deren Überwindung wird erstmals in der Kirchengeschichte 325 die Katholizität und Universalität der Kirche auf eine neue Weise konkretisiert. Galt bis dahin in der Alten Kirche für die Gesamtkirche die Unterstellung des gemeinsamen Glaubens und für die Nachbarkirchen das Verfahren der synodalen oder regionalkonziliaren Entscheidung in Streitfragen, so macht die neue Situation der Staatsreligion des Römischen Reiches alle Kirchen im Imperium zu Nachbarkirchen, die um eine gemeinsame Glaubensüberzeugung zu ringen haben.

Ökumenische Konzilien

Das Konzil von Nikaia (325) begründet die Praxis der weltweiten Bischofsversammlungen (Ökumenische Konzilien) zu dem Zweck der Klärung von Streitfragen im Glauben. Der Anspruch der Vorsteher ihrer Kirchen, gemeinsam zu einer hinlänglichen Erkenntnis des wahren Gehaltes christlicher Tradition gelangen zu können, der bereits in der Praxis regionaler Synoden vorausgesetzt wurde, wird durch die Institution eines vom Kaiser einberufenen Konzils, dessen Beschlüsse den Charakter von *Reichsgesetzen* haben, ins Prinzipielle gesteigert. Dennoch vermeiden es die Konzilsväter von Nikaia, Glauben und Denken der Kirche *dekrethaft* festzulegen. Zwar weisen sie die Christologie des Arius entschieden zurück und behaupten mit der Schrift: Jesus Christus ist wahrhaft der Sohn Gottes, *wie* diese Gottheit eines Menschen aber näherhin zu denken ist, darüber lassen die Väter von Nikaia eine große Bandbreite von Deutungsmöglichkeiten nebeneinander stehen. Es geht nicht darum, den Glauben einzelner Teilkirchen inhaltlich möglichst eng zu reglementieren. Im Gegenteil, die enge Reglementierung, die in der dezidierten Festlegung auf eine Christologie des Arius bestanden hätte, soll zurückgewiesen werden. Der Kirche entsteht so ein Raum *legitimer Vielfalt im Verständnis der gemeinsamen Glaubensinhalte*. Erst als die Auseinandersetzungen um die Streitfrage über das Verhältnis von Gottes- und Menschennatur Jesu sich wieder so zuspitzen, dass es zum Bruch der Einheit des Glaubens zu kommen droht, finden auf dem *Konzil von Chalkedon (451)* weitere gesamtkirchliche Klärungen statt, die aber wieder den Charakter einer Kompromissformel haben. Vor allem aber verweisen die Beschlüsse sowohl von Nikaia als auch von Chalkedon den Weg einer Überwindung der Glaubensstreitigkeiten nicht durch Entscheidung für die eine oder andere Seite. Der Weg der Überwindung kann nicht die Entscheidung sein, sondern der Verweis auf die Notwendigkeit eines vertieften Verstehens auf beiden Seiten. Die Strenge der konziliaren Entscheidung richtet sich deshalb immer gegen die Option, die den Weg eines vertieften Verstehens durch eine abschließende Formel blockieren will. Gegen die Begriffsgläubigkeit der abschließenden Formel setzen die Konzilien des Altertums den Hinweis, dass die Inkarnation nicht bedeutet, dass sich Gott zum begrifflich fassbaren Tatbestand in der Welt verendlicht hätte, sondern dass der Unendliche der Welt nahe kommt und ihr einwohnt, um Menschen in die Weite seines eigenen Lebens zu führen.

Dogmatische Aussagen sind immer *analytische Urteile*. Immer geht es darum, verstehend ins Wort zu bringen, was den Glauben *immer schon* prägt. Diese Deutung ergibt sich aus dem Obersatz von der Abgeschlossenheit der Offenbarung, der seinerseits eine Weitung der Überzeugung von der Menschwerdung Gottes ist. Theologisches Erkennen ist niemals neu, sondern immer nur *Explikation* dessen, was eigentlich immer schon und überall von allen Christen geglaubt wurde. Insofern kann das I. Vaticanum auch erklären, dass unfehlbare Glaubenslehren *„ex sese"*, aus sich selbst heraus und nicht aufgrund irgendeiner Setzung irreformabel sind (DH 3074).

Der Wahrheitsgehalt dogmatischer Aussagen

Aus diesem Grundsatz ergibt sich die *Unmöglichkeit eines politischen Dezisionismus*, wie er einem *konsenstheoretischen Wahrheitsbegriff* entsprechen würde. Die Wahrheit des Glaubens wird in der Kirche nicht durch Mehrheitsentscheide oder durch Autoritäten festgesetzt. Sie kann in der Kirche als die Wahrheit Jesu Christi, die allen zu glauben vor- und aufgegeben ist, gar nicht anders gegenwärtig sein denn als die je wieder von jedem Einzelnen und von der Gemeinschaft aller zu findende.

Mit Recht wird auf der Grundlage dieser Überlegungen die Vorstellung einer demokratischen Abstimmung über Glaubensinhalte immer wieder zurückgewiesen.

Allerdings verfehlt man den Wahrheitsgrund dieser Zurückweisung, wo man sie als Legitimation für einen autokratischen Führungsstil missbraucht. Die implizit in dem Glauben eines jeden Christen wirksam anwesende Wahrheit Gottes selber verlangt nach einer Form kirchlicher Lehre, die dem Einzelnen hilft, das bewusst zu begreifen und auszusagen, was ihn in seinem Glauben eigentlich bestimmt. Die dogmatischen Aussagen der Kirche stehen damit unter dem Anspruch, *Lehre* zu sein, die hilft, den Glauben in eine angemessene Aussage zu bringen, und die ihn auf diese Weise im persönlichen Leben befestigt.

Eine schlichte Rezeption konsenstheoretischer Wahrheitstheorien, die die Frage der Wahrheit durch prozedurale Vorgaben für den Prozess der Wahrheitsfindung entschieden sehen, ist für das kirchliche Wahrheitsverständnis nicht möglich. Über die Wahrheit kann nicht beschlossen werden. Sie muss gefunden werden. Eben deshalb aber ergibt sich die Notwendigkeit einer möglichst weitgehenden, verständigen Beteiligung aller Glaubenden. Einer solchen Beteiligung entspricht die *„Verpflichtung zur Argumentation* im Prozess der Wahrheitsfindung" (Scharr/102:231).

Eine solche Gestaltung des Prozesses kirchlicher Wahrheitsfindung lässt sich leiten von der Einsicht in den dynamischen und intersubjektiven Charakter jeder Wahrheitserkenntnis (ebd., S. 229). Sie trägt der Erfahrung Rechnung, dass ein kirchliches Lehren ohnehin unfruchtbar bleibt, das sich nicht in einen dynamischen Aneignungsprozess durch die Gläubigen hinein vermittelt. Glaubenswahrheit kann als Moment an der Heilsgeschichte Gottes mit den Menschen und mithin als Beziehungswahrheit nicht anders gefunden und vermittelt werden als in dialogischen Prozessen. In diesen dialogischen Prozessen des Lernens und Lehrens ereignet sich kirchliche Rezeption einer Glaubenswahrheit, wächst langsam die Einsicht, dass und warum eine bestimmte Lehre wirklich unaufgebbar christliches Glaubenszeugnis ist.

Geschichtlich werden dogmatische Aussagen offensichtlich immer in Konfliktsituationen notwendig, indem machtvolle heterodoxe Versuchungen es den Christen schwer machen, ihren Glauben zu bewahren. Dogmatische Aussagen haben in diesen Situationen die Funktion der Ermöglichung von Unterscheidung und Entscheidung. Ihre Sprachgestalt ist dementsprechend schroff und formelhaft. Das darf jedoch nicht darüber hinwegtäuschen, dass die Kirche als ganze immer neu verpflichtet ist, die schroffe Formel zurückzuübersetzen in eine Sprache, die existentiell nachvollziehbar ist. Dabei muss die dogmengeschichtliche Forschung jeweils den Entscheidungskontext und die Absicht rekonstruieren, mit der eine dogmatische Aussage formuliert wurde. Nur so kann verstehbar werden, welchen Wert eine dogmatische Aussage für das heutige Glaubensleben hat.

Peter Hünermann stellt gar in Frage, ob in der gegenwärtigen Zeit pluraler geistiger Horizonte, in der die Theologie gelernt hat, die Kontexte theologischer Aussagen als notwendige Bedingung ihres richtigen Verständnisses mitzubedenken, das Lehramt der Kirche überhaupt noch in der Lage sein kann, in knappen dogmatischen Formeln richtig und falsch trennscharf zu separieren (Hünermann/159:204–209). Die Entwicklung der lehramtlichen Verlautbarung von der knappen Ein-Satz-Formel des klassischen Lehrentscheides hin zu langen Lehrstücken scheint der Skepsis Hünermanns Recht zu geben.

Aus dem Gesagten ergibt sich das theologische Thema der *Rezeption*. Konzilien, die sich selbst verpflichtet wissen, keine neue Lehre zu verkündigen, sondern die Weisheit der göttlichen Offenbarung vor vorwitzigen, engführenden Deutungen zu bewahren, sehen sich vor dem *Gericht der kirchlichen Vergangenheit*. Wendet man das Prinzip des *Vinzenz von Lérins* an, so wird dieses Gericht der Vergangenheit in der Zukunft vollzogen. In der Zukunft nach einem Konzil nämlich zeigt sich, in welchem Maße seine Formeln und Beschlüsse den Glauben der Kirche zu prägen vermögen, in welchem Maße künftige Christen in ihnen das erkennen, was sie nicht nur mit den Vätern des Konzils, sondern darüber hinaus mit allen Christen aller Zeiten verbindet.

Das Prinzip der Rezeption

Bei der Rezeption der Konzilien als Ökumenische Konzilien, die für die gesamte Christenheit Geltung beanspruchen, hat der Bischof von Rom eine erhebliche Rolle gespielt. Es erweist sich darin das nicht nur im Westen außerordentliche Ansehen der *cathedra von Rom*, die spätestens seit der Mitte des zweiten Jahrhunderts als *Cathedra Petri* galt. Konzilien, die sich selbst für ökumenisch hielten, denen die entsprechende Anerkennung durch den Papst verweigert blieb, konnten sich in der Kirche nicht durchsetzen. Umgekehrt wertete die päpstliche Rezeption Partikularsynoden de facto bis zum Rang Ökumenischer Konzilien auf (Sieben/17:346 f.). Die heute in der katholische Kirche geführte Liste von 21 Ökumenischen Konzilien geht auf *Robert Bellarmin* (1546–1621) zurück.

Rezeption und Papstamt

Berühmt geworden ist die Akklamation, mit der die Väter von *Chalkedon (451)* den *Tomus Leonis* aufnahmen, mit dem Papst Leo I. die Auseinandersetzung zwischen Nestorianern und Monophysiten zu lösen suchte: „Das ist der Glaube der Väter, das ist der Glaube der Apostel! Wir alle glauben so […] Petrus hat durch Leo gesprochen!" (Camelot/44:142). In der Tat aber bringt die Stelle gut das notwendige Verhältnis von Einmütigkeit im verbindenden Bekenntnis zum Ausdruck, das bestehen muss zwischen dem bedeutendsten Bischof der Christenheit und der Versammlung aller Bischöfe. Wo diese *Einmütigkeit im Glauben* nicht hergestellt werden könnte, kann keine Kampfabstimmung die beschädigte und verlorene Einheit retten. Notwendig wäre in einem solchen Fall ein Prozess geduldigen Suchens und Fragens.

Kirchengeschichtlich wird die Konkurrenz von Papst und Konzil in dem Moment zum Thema, in dem das Papstamt durch das abendländische Schisma erheblich geschwächt ist. Die unmittelbare Evidenz der universalen Repräsentanz war verloren gegangen. Die schismatische Situation verlangte nach einer Klärung, die auf dem Konzil von Konstanz (1414–1418) erfolgte. Mit der Absetzung der drei damals regierenden Päpste hat das Konzil von Konstanz *faktisch* eine Oberhoheit über den Papst ausgeübt. Die Kanonisten des 15. Jahrhunderts versuchen diese Oberhoheit als ein kirchenrechtliches Prinzip zu verankern *(Konziliarismus)*. Ein breites Bedürfnis nach Partizipation *(„Quod omnes tangit, ab omnibus iudicetur")* sucht hier nach rechtlichen Realisationsformen. Das rechtliche Denken

Papst und Konzil

entspricht der zunehmend von Formen europaweiten Handels geprägten Gesellschaft des Spätmittelalters, deren Kaufleute sichere Rahmenbedingungen wünschen. Dem Bewusstsein der Kirche von der Unmöglichkeit, anders als in einem wirklich *konkordiellen* Verfahren den gemeinsamen Glauben zu finden, entspricht das neue Modell nicht. Das Konzil von Konstanz löste einen historischen Konflikt. Der Konziliarismus dagegen denkt Wahrheitsfindung in der Kirche als konflikttheoretisch zu erhellendes Geschehen. Darin aber wird er den wahren Prozessen des Glaubenskonsenses nicht gerecht.

Kirchliche Inerranz Der Begriff einer grundsätzlichen *Inerranz* ist mit den Begriffen der Inkarnation und ihrer unverfälschten Tradition als dem Identitätsgrund der Kirche gegeben. Wenn es eine ungebrochene Tradition der christlichen Offenbarung gibt, aufgrund derer auch heute noch ein Mensch im Glauben der Kirche Geist, Botschaft und Wahrheit Jesu als des Christus zu erkennen vermag, so erweist sich dadurch diese Tradition *im ganzen* als irrtumsfest.

Diese Irrtumsfestigkeit des Ganzen der Kirche erkennt die Kirche als das Werk des Heiligen Geistes. Insofern der Heilige Geist in allen Gliedern der Kirche die Erkenntnis des Glaubens ermöglicht und alle Christen zu verständigen Empfängern der Offenbarung erleuchtet, begründet er in der Kirche den *sensus fidei fidelium*.

Der *sensus fidei fidelium* als Garant der kirchlichen *Inerranz* ist eine *langfristig wirkende* Begabung. Er begründet etwa das erwähnte Rezeptionsverhalten der Gesamtkirche.

Peter Scharr betont, dass sich der „sensus fidei fidelium" als „consensus fidelium" realisiert, indem nämlich die Gemeinschaft der Kirche im Diskurs miteinander gesprächsweise herausfindet, was die Wahrheit ihres Glaubens ist. Als Realisationsform dieses „Diskurses" nennt Scharr die Institution der Synode und den Prozess der Rezeption (Scharr/102: 211–225).

Die langfristige *Inerranz* der Kirche setzt allerdings voraus, dass in kritischen geschichtlichen Situationen Entscheidungen von weit reichender geschichtlicher Bedeutung gefällt werden können. Insbesondere in Bezug auf die ersten vier Konzilien sind alle Kirchen verbunden in dem Vertrauen, dass in deren kritischen Entscheidungen eine Formulierung des christlichen Glaubens gelungen ist, durch die das mit der Menschwerdung Jesu Christi Gemeinte und im Glauben zu Ergreifende nicht verdunkelt, sondern vielmehr dem gläubigen Verstehen erschlossen wurde.

Entfaltung des Inerranz-denkens ab dem 14. Jahrhundert Erst ab dem 14. Jahrhundert wird der gemeinte Sachverhalt mit dem Begriff der *Inerranz* belegt. Den Hintergrund bildet ein verstärktes Interesse an institutionellen und rechtlichen Vorgängen. Durch den Konziliarismus wird die Frage aufgeworfen, wer im Zweifelsfalle das Subjekt unfehlbarer Glaubensweitergabe sein könne. In Anwendung des altkirchlichen Prinzips von der Katholizität der Wahrheit kann es auf diese Frage zunächst keine andere Antwort geben als die, dass die *Gesamtkirche* das *Subjekt der Unfehlbarkeit im Glauben* ist. Wenn darüber hinaus gefragt wird, in wem sich in kritischen Entscheidungssituationen die Gesamtkirche manifestiert, so wird mit der Alten Kirche zunächst das Ökumenische Konzil zu nennen sein. Die Konzilien der Alten Kirche bestanden auf Einmütigkeit mit dem Bischof von Rom. Die Konzilien nach der Trennung von orthodoxer und katholischer Welt wurden in der Regel vom Papst initiiert. Das Prinzip der

Einmütigkeit in der Lehre ergibt sich allerdings auch aus dem Charakter der Lehre, die ja Glaubenseinsicht aus Glauben und Intellekt ist und nicht Setzung aus Willen und Macht. Dass an einer wirklich in der Kirche allgemein zu rezipierenden Lehre die wichtigen Protagonisten kirchlicher Urteilsbildung mitwirken müssen, erscheint als selbstverständlich. Ungeachtet ihrer ihnen historisch und kirchenrechtlich zugewachsenen Entscheidungskompetenz suchen die Bischöfe und Päpste in den zu klärenden Fragen deshalb mit Recht den Rat der Theologen und herausragender geistlicher Gestalten ihrer Zeit.

Die verrechtlichende Sprache, die ab dem 14. Jahrhundert bei der Beschreibung von Lehrbildungsprozessen Einzug gehalten hat, verdunkelt den zutiefst kommunikativen und herrschaftsfreien Charakter, ohne den die Authentizität der christlichen Lehre gar nicht bewahrt werden kann. Man kann eine gewisse Zeit eine Überzeugung aufoktroyieren. Auf die lange Sicht gesehen lässt sich der Glaube nicht auf formale Amtsvollmacht gründen. Im radikalen Fall eines solchen Missverständnisses kirchlicher Lehrautorität würde das ja heißen, dass der Glaube mit den Pontifikaten und Bischofsgenerationen den jeweiligen theologischen Moden der Zeit entsprechend ein anderer würde. Genau dies erweist sich als theoretisch für die Kirche unmöglich und erweist sich auch als geschichtlich nicht geschehen.

Die verrechtlichte Auffassung kirchlicher Lehrvollmacht hat eine unglückliche Rolle gespielt in den beiden großen Verwundungen, die der Einheit der Kirche zugefügt wurden. Durch sie wurde es möglich, dass die berechtigten Anliegen der Reformation nicht inhaltlich wahrgenommen, sondern auf einer Ebene der formalen Vollmachtausübung abgeschmettert wurden. Die Reformation reagiert mit der Vorstellung einer Unfehlbarkeit, die völlig abgelöst ist von jeder *potestas* und die als Merkmal der Gesamtkirche als der Gemeinschaft aller im Glauben obwaltet (M. Luther, De servo arbitrio, WA 18, 649f.; Apologie des Augsburger Bekenntnisses, 7/8, 20 = BSLK 187).

In radikaler Entgegensetzung zu diesem *spirituellen Infallibilitätsbegriff* hat die Situation der weltanschaulichen Anfeindung, die seit der Aufklärung bestand, vor allem ab der Mitte des neunzehnten Jahrhunderts zu einer radikalen Betonung der päpstlichen Leitungsvollmachten geführt. Die Verrechtlichung des Infallibilitätsdenkens erreicht in dieser Zeit ihren Höhepunkt. Ein besonders krasses Beispiel bildet der auf dem Konzil als Infallibilitätsbefürworter sehr rege katholische Erzbischof von Westminster, *Kardinal John Edward Mannings (1808–1892)*. Der Konvertit Mannings begreift in seinem Denken, Publizieren und Agitieren die (unfehlbare) päpstliche Lehrgewalt als *Moment an der päpstlichen Leitungsgewalt (Primat)*, deren Notwendigkeit und Gestalt er nicht ekklesiologisch herleitet, sondern politisch. Der neuzeitliche staatstheoretische Begriff der Souveränität bildet dabei den eigentlichen Hintergrund der Infallibilitätsforderung Mannings'. Infallibilität ist wichtig um der Einmütigkeit und Durchsetzungskraft der Institution willen (Lüchinger/167:98–110). So verstandene Infallibilität ist weder an die Geschichte der Kirche noch an die moralische oder konziliare Zustimmung des Episkopates gebunden (ebd., S. 106). Sie ist politische Herrschaft über die Kirche zu deren politischem Wohl. Theologisch

Lehre als Dekret: H. E. Mannings

begründet Mannings seine Auffassung mit der Vorstellung einer im Geist gewirkten fortdauernden Inkarnation Gottes in der Kirche. Durch sie wird Unfehlbarkeit zu einer geistgewirkten, dauernden Qualität der päpstlichen Kirchenleitung, durch die die dauernde Inkarnation überhaupt erst möglich wird (ebd., S. 100).

Gegen die Gefahren des politischen Infallibilismus: Ignaz von Döllinger

Die kirchliche Praxis seit der Definition des Infallibilitätsdogmas von 1871 zeigt jedoch, dass die katholische Kirche faktisch den katastrophalen Gefährdungen entkommen konnte, die viele Gegner des Infallibilitätsdogmas 1871 für unvermeidbar hielten. Unter ihnen ragt als tragische Gestalt der hoch angesehene Münchener Kirchengeschichtler *Ignaz v. Döllinger* heraus, der nach dem I. Vaticanum die Annahme des Infallibilitätsdogmas verweigerte und deshalb 1871 als Zweiundsiebzigjähriger exkommuniziert wurde (Neuner/69). Auf der Grundlage des Verständnisses der Alten Kirche als ekklesiologischer Norm verteidigt Döllinger die Bedeutung der Bischöfe, der Konzilien, der Laien und einer „öffentlichen Meinung" in der Kirche: Wahrheitsfindung in der Kirche wird von Döllinger auf dem Hintergrund der Hegel'schen Geistphilosophie, wie sie Johann Adam Möhler in der deutschen Theologie des 19. Jahrhunderts rezipiert hat, als Prozess verstanden, der Wissenschaft, öffentliche Meinung, redliches Bemühen jedes Christen, Konsensus der Bischöfe und Übereinstimmung mit dem Papst umfasst (Klausnitzer/161:189–200). Die Metapher des Leibes Christi wird für ein entsprechendes Verständnis de Kirche als vom gleichen Geist durchwehter Gemeinschaft leitend (ebd., S. 193 f.). Wahrheitsfindung ist ein organisches Geschehen im Leben der Kirche, keine Wirklichkeit, in der der Kirche etwas von außen dekretiert werden könnte. Ein solches Verständnis von Unfehlbarkeit allerdings erkennt Döllinger bei Mannings, und er unterstellt es auch als den Sinn der Definition des I. Vaticanums. Unter Berufung auf das Commonitorium des Vinzenz von Lérins verwirft Döllinger das Infallibilitätsdogma als eine unkatholische Neuerung, welche die übergeordnete diachrone Katholizität der Kirche verletzt (ebd., S. 158).

Lehre als Finden der Wahrheit: John Henry Newman

Die Päpste betätigen sich faktisch nicht als *Dekretoren des Glaubens,* sondern verstehen sich eher als die *Detektoren* dessen, was in der Kirche wirklich geglaubt wird und was sich in diesem gemeinsamen Glauben als die authentische Interpretation der Tradition erweist.

Der große englische Theologe *John Henry Newman* (1801–1890) stand der Definition der päpstlichen Unfehlbarkeit skeptisch gegenüber, weil er deren Begründung im Sinne Mannings' zurückwies. Kirchliche Lehrautorität bleibt auf die Offenbarungswahrheit verpflichtet und darf deshalb nicht als setzende Souveränität missverstanden werden. Wo ein solches Missverständnis provoziert wird, impliziert es vielfältige Gefahren für die Kirche (Klausnitzer/161:121).

Umgekehrt aber hält Newman gegen Döllinger fest, dass die friedliche Lehrentwicklung in der Kirche eines *Schiedsrichters* bedarf, der in kritischen Zeiten immer auch wieder den Stand der Lehrentwicklung verbindlich zu artikulieren vermag. Weil die Kirche eines solchen Amtes bedarf, deshalb darf sie auch darauf hoffen, dass der Papst in diesem Amt je und je die göttliche Stärkung erfährt, die zu seiner sachgerechten Ausübung notwendig ist.

Grenzen der päpstlichen Infallibilität

Gerade wo aber der Lehranspruch des Papstes in einer verrechtlichenden Weise definiert wird, ist es besonders wichtig, diskret auch die Grenzen der Inerranz päpstlicher Lehre zu benennen.

Grundsätzlich ist davon auszugehen, dass jede Verlautbarung des Papstes den Glauben der Kirche in authentischer Weise trifft. Jede Äußerung des Papstes ist demnach mit jenem Respekt aufzunehmen, der darauf abzielt, in der Äußerung des anderen den gemeinsamen Glauben zu erkennen. Einer solchen Forderung entspricht eine Hermeneutik die gerade nicht polarisiert, Implikationen überzieht, vom Geist des Missverstehenwollens geprägt ist, die vielmehr hinter den vielleicht für den einen oder anderen missverständlichen *oder unglücklich* klingenden Formulierungen den gemeinsamen Glauben sucht.

Wer allerdings offensiv und ohne Erklärung, Werbung und Vermittlung Glaubensgehorsam gegenüber allen päpstlichen Verlautbarungen fordert, beschädigt nicht nur den eigenen Glauben, sondern auch das Papstamt. Der eigene Glaube ist notwendig als gelebter Glaube immer *verständiger Glaube*. Der Papst aber wäre überfordert, wollte er für jede seiner Äußerungen wirklich letzte Gewissheit des Glaubens beanspruchen. Das Kirchenrecht kennt deshalb eine *Hierarchie der Verbindlichkeitsgrade*. Eine solche Hierarchie liegt in der Logik eines verrechtlichten Infallibilitätsdenkens. Die *Canones 750–752 des CIC* beschreiben eine Stufenfolge der Verpflichtung des einzelnen Gläubigen zur Glaubenszustimmung (Glaubensassensus): Sie reicht von *„fide divina et catholica credendum" (can., 750, § 1)* über *„firmiter amplectendum ac retinendum" (§ 2)* bis zu *„religiosum tamen intellectus et voluntatis obsequium" (can. 752)*.

Hans Küng hat in den siebziger Jahren des 20. Jahrhunderts gegen das kanonistisch geregelte Infallibilitätsdenken protestiert, indem er unterstellte, der Papst reklamiere notwendig für alle seine Äußerungen formelle Unfehlbarkeit (Küng/165:51–62). Eine solche werde aber durch erwiesene Irrtümer der Kirchenleitung ad absurdum geführt. Statt dessen sei von einer grundsätzlichen Inerranz der Kirche ohne formelles Recht des Lehramtes zur unfehlbaren Lehre auszugehen. In der Diskussion wurde der Grundwiderspruch herausgearbeitet, dass eine grundsätzlich inerrante Kirche als geschichtliche Institution zwangsläufig auch der historischen Manifestation dieser Inerranz in entscheidenden, das Sein oder Nichtsein der Kirche als authentische Tradentin des Evangeliums betreffenden Fragen bedarf, damit es tatsächlich eine historisch wirksame Inerranz geben kann.

Aus dieser Begründung ergibt sich notwendig eine gewisse Sparsamkeit bei der Anwendung juridisch gesicherter Infallibilitätsansprüche, wie dies ja im Übrigen auch der kirchlichen Praxis entspricht.

Auch die evangelischen Kirchen kennen den Gedanken, dass die Wahrheit des christlichen Glaubens durch (geistes-)geschichtliche Entwicklungen in akute Gefahr geraten kann. So ist es denkbar, dass in bestimmten geschichtlichen Situationen von einem Christen das „Ja" zu einer bestimmten Glaubensformel um des eigenen Christseins willen unbedingt gefordert ist. Die „Barmer Theologische Erklärung" der Bekenntnissynode, die vom 29.–31. Mai 1934 in Wuppertal-Barmen tagte, ist in der neueren Geschichte des Protestantismus ein solches Beispiel: Gegen die „Irrtümer der Deutschen Christen", die Kirche und nationalsozialistische Rassenideologie zu verbinden trachteten, stellt die Bekennende Kirche ihr Bekenntnis zu Jesus

Hans Küng und die päpstliche Unfehlbarkeit

Der Status confessionis

Christus alleine, neben dem es keine anderen, die Kirche normierenden „Ereignisse und Mächte, Gestalten und Wahrheiten" geben darf. (Barmer Theologische Erklärung, Nr. 1).

Allerdings kennt der Protestantismus für die Aktivierung der kirchlichen Widerstandskraft gegen das Abgleiten in die Gottlosigkeit kein kirchliches Amt, von dem man erhoffen darf, dass es mit Sicherheit immer bewahrt bleibt. Vielmehr muss darauf vertraut werden, dass der Geist Gottes je und je in seiner Kirche Menschen ruft, die seine Wahrheit verteidigen.

b) Leitourgía

Gebet

Die Apostelgeschichte schildert die Jerusalemer Jüngergemeinde zwischen Himmelfahrt und Pfingsten als verbunden im gemeinsamen Gebet (Apg 1,14), der Tempel wird der Urgemeinde zum Ort des Gebetes (Apg 3,1), Gebet leitet die Auswahl der geistlichen Führer (1,24–26). Im Gebet greift die Urgemeinde auf die Psalmen Israels zurück (4,23–31). Auch die Praxis, dreimal am Tag zu beten, wie sie in der *Didaché* erkennbar ist (Did. 8,3), folgt dem Vorbild der jüdischen Synagogengemeinde (Claußen/45). Das Vaterunser ist bereits in der *Didaché* als das christliche Gebet par excellence erkennbar. Neben diesem ausdrücklichen Bittgebet, das der christlichen Hoffnung auf die treue Sorge des Vaters Jesu Christi für alle Dinge des Lebens entspricht, tritt der *Lobpreis der Großtaten Gottes*. Es bildet nach Röm 15,6 die Zweckbestimmung der Gemeinde. In der Gemeinde weiß der Einzelne sich mit seinen persönlichen Anliegen aufgehoben, die Gemeinde als ganze flüchtet sich im Gebet zu Gott. Umfasst aber wird diese Dimension persönlicher Sorge durch das gemeinsame lobpreisende Gedächtnis des Handelns Gottes, in dem die Kirche sich geeint weiß mit dem Volk Israels, aber auch mit der eschatologischen Gemeinschaft aller Völker (Röm 15,11) und Geschöpfe (Röm 14,11), der sie im Lobpreis antizipierend entspricht. Gebet ist so der eigentlich-christliche Daseinsvollzug, Teilhabe am kommenden Reich Gottes. So kann Paulus das immerwährende, dauernde Gebet empfehlen (1 Thess 5,17).

Das Gebet vergegenwärtigt die Vergangenheit für die Lebenden und rückt die Gegenwart auf Gott hin in die Perspektive des erwarteten und erhofften endgültigen Heilshandelns Gottes. Es ist so der Ort der erlebten *Synchronie der Geschichte* im Horizont der Wirklichkeit Gottes. Basilius der Große wird den Gedanken zur Idee einer *kosmischen Liturgie* verdichten: Im (himmlischen) Horizont der Wirklichkeit Gottes ist aller wirkliche Lobpreis Gottes mit allem wirklichen Lobpreis effektiv verbunden zum Heil der Welt als ganzer.

Aus der frühchristlichen Tradition des gemeinsamen Gebetes hat sich die Liturgie des Stundengebetes entwickelt, die heute in der katholischen Kirche und den Kirchen der Orthodoxie gepflegt wird. Das II. Vaticanum sieht im Stundengebet die Entsprechung zum paulinischen Auftrag „Betet ohne Unterlass!" (*Sacrosanctum Concilium, 86*).

Innerhalb der Ökumenischen Bewegung wird das gemeinsame Gebet als Ermutigung und Ermahnung auf dem Weg zu einer größeren Einheit der Christen erlebt.

Außer dem Gebet nennt die Apostelgeschichte bereits als gemeinsame gottesdienstliche Praxis der ersten Christen „das Brotbrechen" (Apg 2,42). Die *Didaché* kennt die wöchentliche Versammlung zum Brotbrechen am „Herrentag", dem wöchentlichen Gedenktag der Auferstehung Jesu *(12,14)*. Seit dem 2. Jahrhundert setzt sich allgemein der Terminus technicus *„Eucharistie"* (Danksagung) durch. Mit dem neuen Begriff ist eine durchgängige Sinnperspektive für die Zeichenhandlung mit Brot und Wein verbunden: Sie ist die *dankbare Vergegenwärtigung* des Handelns Gottes in Jesus Christus zum Heil aller Menschen. Als solche hat die Eucharistie vier wesentliche Bestandteile: (1) Sie ist die erinnernde, erzählende Vergegenwärtigung (*Anamnesis*), mit der durch Schriftlesung und Schriftauslegung, Erzählung und auslegender Vergegenwärtigung die Gestalt Jesu in der feiernden Gemeinde lebendig wird. Die *Anamnesis* gipfelt in der Erinnerung an die alles integrierende *Tat der symbolischen Selbsthingabe Jesu* in seinem letzten Mahl mit den Jüngern. (2) Die Anamnesis steht im Horizont der Anrufung Gottes. In seinem Geist wird Gott dabei erfahren als in der Gemeinde gegenwärtig machtvoll anwesend. Die Wirksamkeit des Geistes, der in der *Epiklese* angerufen wird, befreit das Gedenken aus dem Bannkreis des unwiederholbar Vergangenen. Im Heiligen Geist wird das Vergangene gegenwärtig und zur gegenwartsbestimmenden und -verwandelnden Macht. (3) In Epiklese und Anamnesis lässt sich die feiernde Gemeinschaft beschenken mit der *unverfügbaren Gegenwart Jesu Christi in ihrer Mitte*. Sie nimmt die Gegenwart Jesu dankbar an und bringt mit Jesus alles Schreien der bedrängten Kreatur vor Gottes Angesicht. In diesem Akt der betenden Hineinnahme aller Menschen in die in Jesus Christus gestiftete und aktualisierte Gemeinschaft der Kirche mit Gott wird die Kirche dem ähnlich, der für alle Menschen sein Blut dahingegeben hat. (4) Aus der betenden Gemeinde wird so die mit Jesus Christus *mit-opfernden Gemeinde*, die die Eucharistie Gott als Opfer *(prosphora)* darbringt (Lies/219).

Die mittelalterliche Eucharistietheologie hat diese Zusammenhänge stark verzerrt. Die Realpräsenz wurde für sie zur Folge einer *Setzung aus priesterlicher Vollmacht,* vollzogen durch das Sprechen der Einsetzungsworte. Die alte Deutung der Eucharistie als Opfer konnte in diesem Zusammenhang so missverstanden werden, als sei durch die Wandlung dem Priester mit Jesus Christus ein unvorstellbar wertvolles Gut gegeben, das der Priester nun im Sinne der Anliegen der opfernden Gemeinde Gott darbringen dürfe. Gegen diese missverständliche Deutung der Eucharistie als Opfer erhebt sich der Protest der Reformation.

Heute wird ein ökumenischer Konsens erkennbar, dass von einem Opfer in der Eucharistie da gesprochen werden kann, wo sich damit nicht die Vorstellung der Kirche als eines gegenüber Jesus Christus selbständigen Opfersubjektes verbindet, sondern wo mit „Opfer der Kirche" die Teilhabe der Kirche am Kreuzesopfer Jesu Christi gemeint ist (Lehmann/Schlink/ 189:191).

Das II. Vaticanum nennt die Eucharistie „Quelle" und „Höhepunkt des ganzen christlichen Lebens" *(Lumen gentium, 11)*. Es wird damit der Einsicht gerecht, dass in der Eucharistie das Leben Jesu in dichtester Form gefeiert wird, um sich im Leben der Feiernden entfalten zu können. Zu diesem Zweck ist die von Pius X. (1835–1914) so genannte *„actuosa partici-*

patio" unerlässlich. Die Eucharistie fordert ihrem Wesen nach die betende, gedenkende, am Beten aller teilnehmende Grundhaltung jedes Einzelnen und darf nicht missdeutet werden als ein Opfer des Priesters. Das Opfer der Eucharistie muss auch im Vollzug erlebbar sein als das Opfer aller, die in der Eucharistie ihre Angleichung an Jesus Christus erfahren.

Sakramente
In besonderer Weise wird in der Eucharistie gegenwärtig, was die Kirche „Geheimnis", „*mystérion"* nennt: Ein Handeln Gottes am Menschen, das im menschlichen Gedenken, Beten und Handeln erfahrbar wird als Gottes verwandelnde Gegenwart in der feiernden Gemeinde. Die Eucharistie wird so zum Modellfall der neutestamentlichen „*mystéria"*, die in der lateinischen Bibelübersetzung zu „*sacramenta"* wurden. Während der griechische Begriff des „Geheimnisses" noch sehr schön deutlich machte, dass die heiligen Zeichen eine Wirklichkeit entbergen, der sich Gläubige verstehend öffnen müssen, in deren Wirklichkeitsgehalt sie sich verändernd hineinwachsen müssen, so implizierte der Begriff des „Sakramentes" eine Gefahr, die sich mit dem Frühmittelalter zu einer Verdunklung des sakramentalen Verstehens auswuchs. Ein *Sakra-mentum* konnte vom Wort her leicht missverstanden werden als ein *Mittel* zur *Bewirkung von Heiligem*: Verbunden mit dem strukturbedingten Klerikalismus des Mittelalters und der Bildungsschwäche der einfachen Christen konnte es so zu dem Missverständnis kommen, Sakramente seien Mittel, die den Herren der Kirche zur Austeilung an das Volk zur Verfügung stünden. Der ekklesiologische Verstehenshorizont sakramentalen Handelns als eines Handelns der Kirche als ganzer wird so verdunkelt. Sakramente werden Einzelnen gespendet, die diese Sakramente von der Kirche erbitten.

Wo dagegen die Eucharistie im dargestellten Sinn als Urbild der Sakramente erkannt wird, da wird deutlich: In jedem Sakrament geht es wie in der Eucharistie um ein geistgewirktes, gedächtnisgetragenes, von Gott geschenktes *Gegenwärtigwerden* Jesu Christi im Leben des Einzelnen und seiner Kirche.

Unstrittig ist unter allen christlichen Konfessionen, dass in diesem Sinne am Anfang des christlichen Lebens die Taufe steht, die bereits von der Jerusalemer Urgemeinde praktiziert wurde.

c) Diakonía

Die diakonischen Funktionen der christlichen Gemeinde sind historisch gesehen zunächst eine *gruppenbezogene Selbsthilfe,* wie sie im Römischen Reich allgemein durch Kult- und Begräbnisvereine übernommen wurde. Der Begriff der „*diakonía"* lässt allerdings in den paulinischen Briefen eine viel größere Breite erkennen: Dienst ist jeder Einsatz für Christus und sein Evangelium, Dienst als der je eigene Beitrag zum Aufbau des Leibes Christi ist die christgemäße Existenzform (Röm 11,13; 12,4; 15,31). Als Diener wird der Christ Christus ähnlich, der freiwillig zum Diener aller wurde. Entsprechend kann Paulus im Dienst an einander ein *Summarium der Ethik* sehen (Gal 5,13). Die Verknüpfung der Dienst-Metapher mit der Leib-Christi-Metapher macht die Sinnbestimmung des Dienstes deutlich: Dienst ist die Unterstützung des Anderen zur vollen Entfaltung seiner eigenen Wirkmöglichkeiten, die dann im Idealfall als Dienst an der Gemeinschaft wieder allen zugute kommen. Dienst ist so eine Investition in den Anderen in der Hoffnung auf den offenbar werdenden *Leib Christi* als die geheilte und heilende Verbundenheit aller Menschen. Christliches Dienen ist zutiefst inkarnationstheologisch bestimmt. Es erkennt im Anderen die verborgene Wirklichkeit Gottes, die in Jesus Christus offenbart hat, dass sie in Ewigkeit nicht anders sein wird als im anderen Menschen. Christlicher Dienst lebt aus der mystischen Gewissheit, dass es keine Erfahrung und keine Liebe Gottes gibt, die nicht zugleich und zuerst das Heil des Nächsten sucht (Rahner/226).

Genuin kirchlich motivierter Dienst hat immer wieder in der Geschichte der Kirche da angesetzt, wo alle Bereitschaft der Menschen erschöpft war, solidarisch für ihresgleichen einzustehen: In den Pestkatastropen des ausgehenden Mittelalters entstehen die ersten christlichen Hospitäler als *„hôtels de Dieu"*, als Obdach zur Einkehr Gottes selbst. Die gotische Kunst lehrt, im Gepeinigten Menschen das Antlitz Gottes zu suchen. Dem normalen, biologisch gut erklärbaren Instinkt der Absonderung und Ausgrenzung des Kranken wird eine mystische Minne zu den Kranken entgegengesetzt, in deren Wunden man die Wunden des Gekreuzigten erkennt. Der Dienst an den Gliedern des Leibes Christi wird so zu einer im gleichen Maße riskanten und lebensgefährlichen wie religiös erregenden Aufgabe. | **Dienst der Vergeblichkeit**

Die Vergeblichkeit führt diesen unmittelbar theologisch legitimierten Dienst am Anderen nicht ad absurdum, weil dieser Dienst seinen Sinn in der *Symbolik der Gottesbeziehung* selber hat. Und in der Symbolik dieser Gottesbeziehung liegt auch seine unverfügbare Wirksamkeit. Die Pesthospitäler des späten Mittelalters waren trotz aller medizinischen Bemühung zuvorderst Sterbehäuser. Sie ermöglichten aber ein Sterben mit menschlichem Angesicht und bestätigten darin den anderen Menschen als den, als welchen ihn der christliche Glaube von der Mitte seiner Botschaft her sieht.

In unseren modernen sozial-technologisch durchorganisierten Gesellschaften wird auch die Hilfe ökonomisiert, indem sie in eine verantwortbare Zweck-Mittel-Relation eingerechnet wird. Christliche Dienstkultur hat sich gegen diese Logik des Dienstes am Anderen als einer lohnenden Investition immer gewehrt. Sie hat sich dadurch oft dem Verdacht ausgesetzt, nicht wirklich das zeitliche Wohl des Anderen zu wollen, sondern vielleicht nur dessen Seelenheil oder dessen bleibende Abhängigkeit als Dienstempfänger. Der tiefste Grund aber für die Unabhängigkeit der christlichen Diensthaltung vom Erfolg des Dienstes besteht darin, dass der Dienst seinen Sinn nicht aus dem Erfolg bezieht, der mit dem Dienst erreicht wird. Der Dienst ist als *Gottesdienst am Menschen* ein in sich stehender Wert.

Formuliert man dieses Merkmal einer echt christlichen Diensthaltung mit Kategorien der Zeitlichkeit, so ist christlicher Dienst nicht zweckbestimmtes Handeln innerhalb einer Entwicklungslogik, sondern ein Handeln, das unmittelbar das Wohl des Anderen beabsichtigt unabhängig von den größeren Entwicklungschancen, die der Andere haben mag oder nicht. So kann christliche Diakonie zu einer Praxis auch und gerade der Fälle werden, für die ein modernes Wohlfahrtssystem sich nicht mehr zuständig | **Messianisch bestimmter Dienst** fühlt. Christliche Diakonie durchbricht die instrumentelle Vernunft, mit der soziales Handeln organisiert wird, weil sie selbst ihr Ziel nicht in dieser oder jener wünschenswerten Entwicklung oder Verbesserung sieht, sondern weil sie sich von der messianischen Liebe Gottes zu den Menschen bestimmen lässt. Die immanente Zeit- und Sinnlogik christlicher Caritas transzendiert deshalb alle innerweltlichen Zwecksetzungen und orientiert sich an der messianischen Zuwendung Jesu zu den Schwachen und Ausgestoßenen.

Dienst gegen eine negative Apokalyptik

So bestimmter christlicher Dienst lässt sich durch seine offensichtliche Erfolglosigkeit nicht entmutigen. Er begegnet vielmehr jedem Versuch, die Effizienz und den Erfolg der sozialen Hilfe in Zahlen messbar zu machen und verwertungslogisch darzustellen, mit tiefem Misstrauen. Dieses Misstrauen gründet in der Frage, was ein sozialtechnologisch agierendes System wohl jenen vorbehält, die in einer zweckrationalen sozialen Versorgungslogik nicht mehr therapierbar sind. Muss ein solches sozialtechnologisches System nicht um seines eigenen Effizienzzweckes willen gegen diese Menschen eine eliminatorische Logik entwickeln? Christlicher Dienst findet im apokalyptischen Horizont statt. Das heißt, Christen wissen um die katastrophische Bedrohtheit des Lebens. Sie bekennen aber auch im Glauben an Jesus Christus, dass Gott in Christus die Katastrophen umfasst und letztlich überwindet. Sie liefern sich deshalb weder einer pessimistischen Logik der Katastrophe aus noch einer optimistischen Logik von Wachstum und Entwicklung. Sie überlassen vielmehr Gott die Zukunft als den grenzenlosen Raum seiner Möglichkeiten. Mit dieser Haltung stellen sich Christen im Dienst an der Welt allen entgegen, die die Geschichte nun *endgültig* sanieren wollen, indem sie sich das göttliche Gericht der Scheidung zwischen Lebenswertem und Todgeweihtem anmaßen.

Life and work

„Die Lehre trennt, aber der Dienst vereint." Dieses Motto bringt gut den ökumenischen Schwung zum Ausdruck, der sich seit den zwanziger Jahren mit der ökumenischen Bewegung *„Life and work"* verband. 1925 fand in Stockholm die erste Weltkonferenz für Praktisches Christentum statt. Die schreckliche Erfahrung, dass die christlichen Konfessionen die Katastrophe des Ersten Weltkrieges nicht nur nicht verhindern konnten, sondern sich nicht selten auch selbst in Kriegsschuld verstrickten, gab der Bewegung für *„Life and work"* gleich zu Beginn einen deutlichen friedenspolitischen Grundimpuls. Zusammen mit der Bewegung *„Faith and order"* gründet die Bewegung für Praktisches Christentum 1938 in Utrecht einen gemeinsamen Ausschuss, den „im entstehen begriffenen Ökumenischen Rat der Kirchen", der schließlich 1948 in Amsterdam konstituiert werden konnte. Seitdem sind beide Arbeitsschwerpunkte kennzeichnend für den Ökumenischen Rat der Kirchen.

Insbesondere seit dem Ende der sechziger Jahre macht die Bewegung *„Life and work"* sich die Anliegen der ausgebeuteten und unterdrückten Menschen zu eigen, die im Schatten des Ost-West-Konfliktes, geplagt von Stellvertreterkriegen und neokolonialer Ausbeutung ihr Leben führen. Befreiung, gerechte Teilhabe, Frieden, nachhaltige, schöpfungsgemäße Entwicklung werden zu politischen Zielen, die der Weltrat der Kirchen verfolgt. Daneben radikalisiert der Ost-West-Konflikt das christliche Bemühen um einen weltweiten gerechten Frieden. Gerechtigkeit, Frieden und die

Bewahrung der Schöpfung werden zu Leitworten eines *konziliaren Prozesses* (Rosenberger/204; Schmitthenner/207; Vischer/212), der die Christen der Welt zusammenbindet in einer gemeinsamen Arbeit für eine innerweltliche Zukunft.

Die Erfahrung von Christen, dass sie zusammengebunden sind in der Sorge um die Schöpfung und den Frieden, lässt sie noch einmal die konstitutive Bedeutung des Dienstes für ihr Christsein erkennen. Dienst ist nicht nur eine kompensatorische Maßnahme zur Behebung einzelner Schwachstellen. Dienst ist eine Grundhaltung der Hingabe für das Leben der Anderen. In dieser Grundhaltung der Hingabe für das Leben der Anderen vollziehen Christen ihre Liebe zu Gott als die Mitte ihrer christlichen Existenz. Sie können diese Hingabe aber nicht anders als in der Leidenschaft für die konkreten Menschen in ihren konkreten Nöten vollziehen. Auf diese Weise wirkt ihre Engagement eigenartig diesseitig und politisch. Seine Echtheit ist gerade daran erkennbar, dass ihre Nächstenliebe nicht eine gegenüber der Gottesliebe sekundäre Leistung ist, sondern deren ursprünglicher Ausdruck.

III. Konkrete Realisationsformen von Kirche

Historizität
und Verpflichtungs-
charakter kirchlicher
Realisationsformen

Angesichts der konkreten Realisationsformen des kirchlichen Lebens stellt sich immer wieder die Frage: Gehört diese oder jene Eigenart des kirchlichen Lebens wesentlich und unaufgebbar zur kirchlichen Sendung oder handelt es sich um eine grundsätzlich mit dem Wandel der Zeiten reformierbare Konkretion des ursprünglichen Wesens der Kirche, das durch eine andere, neue, reformierte Ausdrucksgestalt treffender und besser in die gewandelte Zeit hinein kommuniziert werden könnte?

Ein konservatives
Grundverhalten

Wiewohl die Kirche grundsätzlich das Prinzip „ecclesia semper reformanda" anerkennt, erweisen sich alle Kirchen als extrem traditionsfreudig. Die Logik dieser Traditionsfreudigkeit ist leicht nachvollziehbar. Angesichts des Glaubens an die Menschwerdung Gottes und angesichts des Respektes vor der Tradierungs- und Deutungsleistung der Vorgänger im Glauben erscheint die eigene Deutungskompetenz mit Recht als so unsicherer Grund, dass man sich schwerlich trauen mag, auf ihm größere Schritte zu unternehmen. Sicherer ist da schon das Programm, den Spuren der Väter zu folgen.

ius divinum

Seinen kirchenrechtlichen Ausdruck findet dieses bewahrende Grundverhalten in dem Terminus des „ius divinum". Der Begriff dient dazu, bestimmte Gegebenheiten als aufgrund göttlicher Setzung (iure divino) unabänderlich zu bezeichnen. Die göttliche Setzung erkannte man in der Tradition da, wo die Verkündigung Jesu bestimmte Rechtssetzungen zu implizieren scheint. Jesu Zurückweisung der Ehescheidung (Mt 5,32; Lk 16,18) etwa wird zum Argument für die sittliche Unerlaubtheit der Ehescheidung aufgrund fehlender Berechtigung. Die Einsetzung der Apostel wird zum Argument für die Begründung des Bischofsamtes in einer göttlichen Rechtssetzung. Johannes Paul II. greift auf diese Argumentationsfigur zurück, um in seinem apostolischen Brief „Ordinatio sacerdotalis" vom 22. Mai 1994 zu begründen, weshalb die Kirche nicht die Berechtigung besitzt, Frauen zum Geistlichen Amt in der Kirche zu ordinieren (ebd., Nr. 4): Obwohl Jesus Frauen zur vollen Teilhabe an seiner Sendung berufen hat, vollzog er nicht den Schritt, Frauen zu Apostolinnen zu berufen, und auch die Apostel beriefen später nicht einmal die Gottesmutter selber zur Teilhabe an der besonderen Sendung der Apostel (ebd., Nr. 3).

Das Argument wird in Frage gestellt durch die historisch-kritische Methode, die Zweifel aufwirft, ob die den neutestamentlichen Textgattungen eigene Kommunikationsabsicht Jesu nicht verfehlt wird, wenn man diese Texte, statt sie in ihrem Kontext zu verstehen, als Rechtssetzungen für eine Kirchenorganisation deutet, die in ihrer heutigen Gestalt und Problematik dem historischen Jesus gar nicht bekannt sein konnte. Dogmatisch entspricht dieser Problematik das Problem der richtigen Verhältnisbestimmung von scientia infusa und scientia acquisita im Bewusstsein Jesu. Jesus konnte wahrer Gott sein, ohne ein positives Vorherwissen über alle geschichtlichen Entwicklungen und Eventualitäten zu haben. Er konnte die ganze Wahrheit Gottes erreichen, ohne in der Summe alle Wahrheiten der Weltgeschichte zu kennen. So ist es durchaus denkbar, dass bestimmte Setzungen Jesu eine authentische Auslegung des Willens Gottes für seine Zeit waren, aber nicht notwendig auch eine Setzung Gottes für alle Zeiten.

Karl Rahner unternimmt auf der Grundlage dieser Anfragen den Versuch, die Institution des *ius divinum* anders zu begründen (Rahner/125): Der Rang des *ius divinum* ergibt sich bei Rahner nicht daraus, dass Jesus selber Rechtssetzungen für die Kirche vorgenommen hat. Vielmehr ist damit zu rechnen, dass bestimmte Rechtssetzungen erst in der Geschichte der Kirche gemacht worden sind. Daraus ergibt sich jedoch noch nicht zwingend deren Änderbarkeit. Vielmehr ist davon auszugehen, dass bestimmte geschichtliche Entscheidungen für das Leben einer Institution unumkehrbar sind, will man Leben und Identität dieser Institution nicht zerstören. Das Wesen der Kirche nämlich subsistiert ja nicht als eine metageschichtliche Wesenheit, sondern realisiert sich nicht anders als in geschichtlichen Setzungen, die je für sich unter dem Beistand des Heiligen Geistes vorgenommen werden. Recht begründende, historisch irreversible, dem Wesen des Christentums legitim entsprechende Entscheidungen der Kirche in apostolischer Zeit können nach Rahner als *„ius divinum"* betrachtet werden (ebd., S. 262). Auf diese Weise wird die Rechtsgestalt der Alten Kirche zur Norm der weiteren Entwicklung erhoben. Die Argumentation verläuft parallel zu derjenigen, mit der der Charakter der Heiligen Schrift als *norma normans* des Christentums begründet wird. Aber die Bibel ist das Produkt menschlicher literarischer Produktion, ähnlich wie die Rechtsgestalt der Alten Kirche Produkt menschlicher Entscheidungen ist. Dennoch erkennt die Kirche in der Heiligen Schrift nicht einfach eine Offenbarung Gottes in Menschengeist, wie es unzählige vorher und nachher gab, gibt und geben wird. Sie bekennt, dass diese Offenbarung einschlussweise alle anderen enthält und allen anderen Offenbarungen die Norm vorgibt. Denn klarer und unverstellt tritt in ihr Gottes Wahrheit selbst im Menschenwort hervor.

Für die Ekklesiologie ergibt sich aus dieser Argumentation eine doppelte Konsequenz: (1) Sie muss damit rechnen, dass es unabhängig von dem expliziten Wollen des historischen Jesus in der Kirchengeschichte Setzungen gibt, die dem Willen Gottes entsprechen und die nicht umkehrbar sind, denen der Christ also unausweichlich unterworfen ist, wenn er nicht seinen eigenen Gestaltungswillen eigenmächtig über die Objektivität der göttlichen Heilsgeschichte stellen will. Daraus ergibt sich die Pflicht zu einem *Prima-Facie-Respekt* vor der Tradition und der konkreten Gestalt der Kirche. (2) *Die Unumkehrbarkeit einer Entwicklung muss nicht ihre grundsätzliche Irreformabilität bedeuten.* Es kann ja durchaus sein, dass eine Setzung über Jahrhunderte mit bestimmten Selbstverständlichkeiten identifiziert wurde, die durch die geschichtliche Entwicklung heute gar nicht mehr selbstverständlich erscheinen und deshalb die theologische Frage hervorrufen, ob wenigstens sie nicht aus der grundsätzlich weiterbestehenden Norm auszunehmen sind.

Etwa in der Frage der Frauenordination haben sich die Kirchen der Reformation und die anglikanische Kirche in langen, zum Teil sehr kontroversen und teilweise bleibend unversöhnt offenen Prozessen zu einer anderen Deutung des Verpflichtungscharakters der kirchlichen Praxis exklusiver Männerordination durchgerungen.

Als *„ius humanum"* oder *„ius ecclesiasticum"* werden jene Rechtssetzungen der Kirche bezeichnet, über deren grundsätzliche Reformabilität kein Dissens besteht. Ein in der katholischen Welt bedeutsames *„ius ec-*

ius humanum

clesiasticum" ist die Regel über die Unvereinbarkeit von Ordination und Ehe.

Nach den vorangegangenen Überlegungen zum *ius divinum* ist eine bei allfälligen Reformen stets zu verhandelnde Frage: Ist die zur Verhandlung stehende Norm eine grundsätzlich reversible Gestalt kirchlicher Entwicklung oder nicht? Die lange Dauer einer Norm spricht dabei gegen ihre Reversibilität, wenn es sich um eine Norm handelt, die für das Christsein als zentral und bedeutsam empfunden wurde.

Diese Argumentation bildet bekanntlich unter dem Namen des *„Präskriptionsbeweises"* die Grundlage der Entscheidung des Konzils von Trient über die Siebenzahl der Sakramente. Eine Praxis, die über Jahrhunderte in der Kirche als Norm gegolten hat, hat als authentisches christliches Glaubensgut zu gelten. Für sie gilt: *„quod apud multos annos unum invenitur, non est erratum, sed traditum"* (De prescriptionibus, cp. 28).

Die Validität des Argumentes hängt ab von der Beantwortung der historischen Fragen: (1) Wurde die entsprechende Lehre wirklich bruchlos und immer schon von alters her tradiert? (2) Handelt es sich wirklich um eine Lehre, die zur Mitte des Glaubensbewusstseins in einer nachvollziehbaren Beziehung steht? (3) Verstehen wir heute unter der betreffenden Lehre dasselbe wie in den Jahrhunderten ihrer fraglosen Geltung? Oder hat die betreffende Norm im geschichtlichen Prozess einen Bedeutungswandel durchgemacht?

Im Prozess der kritischen Diskussion einer Norm der kirchlichen Verfassung allerdings liegt die Beweislast bei demjenigen, der die bestehende Praxis in Frage stellt. Diese Lesart des Präskriptionsargumentes erscheint in der heutigen Fundamentaltheologie als unstrittig (Werbick/20:516f.).

In der Logik der Argumentation mit der alten Herkunft einer Norm liegt der Versuch von Stefan Heid nachzuweisen, dass es eine Pflicht zur sexuellen Enthaltsamkeit auch verheirateter kirchlicher Amtsträger „mit größter Wahrscheinlichkeit [...] durchgängig" (Heid/138:321) seit der apostolischen Zeit in der Kirche gegeben habe. Was Heid allerdings lediglich nachweisen kann, ist, dass es einen hohen Respekt vor einer ehelosen Lebensweise in der Tat in der Kirche von Anfang an gegeben hat, der allerdings da seine Grenze hatte, wo der Verdacht aufkommen konnte, die Ehelosigkeit werde nicht überzeugend gelebt (1 Kor 7,9; 1 Tim 5,14). Heid reagiert mit seiner Untersuchung auf Infragestellungen der Zölibatsverpflichtung unter Rekurs auf die Pastoralbriefe, die für die Episkopen vorsehen, dass sie Familienväter sind (1 Tim 3,4).

1. Die Ämterstruktur der Kirche

a) Grundlegendes zum Amtsverständnis

Oft hört man aus dem Munde auch von Christen Sätze wie: „Dazu sollte die Kirche einmal etwas sagen!" oder „Was sagt denn die Kirche dazu?" In einer direkten Frontstellung gegen die sich mit solchen Sätzen ausdrückende Mentalität der *„delegierten Kirchlichkeit"* stehen Sätze wie „Kirche, das sind wir alle!" oder – in Anspielung auf die Wendezeit der DDR –: „Die

Kirche sind wir!", mit denen sich so etwas wie eine *reklamierte Kirchlichkeit* ausdrückt.

Das Zueinander der beiden Satzgruppen ist Ausdruck sowohl eines kirchlichen Problems als auch einer kirchlichen Notwendigkeit.

Die besondere Stellung des „Priestertums" in der katholischen Kirche
Wenn wir in den von Jesus berufenen Boten die Vorläufer der kirchlichen Amtsträger erblicken, so vermittelt uns ein Blick in den Aussendungsbericht der Redenquelle Q (Lk 10,1–16; parr.) eine Vorstellung davon, dass bereits diese Frühform des kirchlichen Amtes gekennzeichnet war durch eine eigenartige Frontstellung der Boten gegenüber lokalen Sympathisantengruppen. In den Städten und Dörfern Palästinas wurden die Boten aufgenommen und verpflegt. Zu ihrer geistlichen Autorität gehörte jedoch, dass sie selbst nicht sesshaft wurden. Die *Didaché* enthält einschlägige Vorschriften für den Fall, dass sich ein Bote festsetzt (ebd., 9, 1). Die Nichtsesshaftigkeit der Boten war ein Moment an ihrer eschatologischen Botschaft und Glaubwürdigkeit. In den Dörfern und Städten aber war es gerade dieses *„extra nos"*, das die enge Welt der Alltagssorgen aufschloss für die große eschatologische Verheißung des Gottesreiches. Als die Nichtsesshaften standen die Boten einerseits ausgeliefert, andererseits mit der Vollmacht Jesu fordernd den Gemeinden gegenüber.

Das notwendige „extra nos" des Amtsträgers

Diese Grundsituation symbolisiert das Von-außen-Kommen des göttlichen Heils, das herausruft aus den bestehenden Strukturen und Verflechtungen, das einlädt zu der jesuanischen Radikalität, das Leben ganz und gar in der Hoffnung auf den Vater zu wagen.

Das Grundmotiv der Externität des Amtsträgers gegenüber der Gemeinde hält sich in der Kirchengeschichte als ein Aspekt des Amtsverständnisses durch:

Geschichtliche Entwicklungen der Bipolarität von Klerikern und Laien

Der 1. Clemensbrief befestigt die Amtsträger in ihrer Autonomie gegenüber der Gemeinde, indem er sich gegen deren jederzeitige Absetzbarkeit wendet (1 Clem, 37). Der Amtsträger ist nicht einfach delegierter Funktionsträger der Gemeinde, sondern deren selbständiges Gegenüber, das als solches der Gemeinde als fremdes Element zugemutet werden muss. Dass der römische Bischof Clemens sich für seinen korinthischen Amtsbruder einsetzt, lässt überdies den Aspekt einer kollegialen Verbundenheit der Amtsträger im Dienst erkennen. Als das Gegenüber der Ortsgemeinde sind die Amtsträger untereinander in die übergeordnete Kirchengemeinschaft eingebunden, die sie wiederum vor ihrer Gemeinde repräsentieren.

Unter den Bedingungen eines massenhaften Anwachsens der Kirche nach der Konstantinischen Wende stellt sich das Problem der Authentizität des christlichen Bekenntnisses und der christlichen Lebensform in radikalisierter Form: Wie können die massenhaft zum Christentum drängenden Heiden wirklich mit den Intuitionen des Christentums vertraut werden? Wie kann verhindert werden, dass sie im Christentum ihre heidnischen religiösen Modelle weiterleben? In dieser Situation knüpft das Christentum an heidnischen Terminologien und Organisationsformen an. Obwohl das Christentum keine Opferreligion ist, ist bereits Ende des 1. Jahrhunderts in Rom von christlichen Opfern und Priestern *(sacerdotes)* die Rede. *Cyprian von Karthago* (†258) zeigt eine ausgesprochene Vorliebe für die neue Priesterterminologie (Schillebeeckx/154: 82). *Augustinus (354–430)* wehrt sich noch gegen die Rede von „Priestern" *(Contra Ep. Parmeniani II, 8, 15)*. *Hippolyt von Rom* († 235) dagegen erklärt: Der Bischof ist „wie ein Hoherpriester" *(Traditio apostolica, 3 und 34)*. Die alte heidnische Trennung zwischen Laien *(laici)* und Klerikern *(clerici)* wird nun wieder übernommen. Auf diese Weise findet eine Trennung statt zwischen hauptamtlichen Expertenchristen einerseits und andererseits solchen Christen, für die das Christentum zunächst einfach nur eine Religion analog zur antiken Religion ist. Die Chance dieser Trennung in einen inneren Expertenbereich und einen äußeren Bereich des (religiös-ungebildeten) Volkes *(rudes)* liegt darin, dass die Gefahr einer *Paganisierung* des Christentums durch massenhaften Zustrom heidnischer Menschen gemindert ist. Die Gefahr der Trennung der Kirche in eine Priesterkirche und eine Laienkirche liegt darin, dass sie die gemeinsame Berufung aller Gläubigen zur Heiligung ihrer selbst und der Welt, zum Zeugnis, zum Gebet und zum Liebesdienst verdunkelt. Die Analogie des heidnischen Opferpriesters steht in einem inneren Widerspruch zur Wahrheit des Christentums. Deshalb muss das Bild des Opferpriesters immer wieder auch überwunden werden im Interesse der Betonung der übergeordneten Bedeutung der Gemeinschaft aller Glaubenden. Seine geschichtliche Funktion bestand darin, einerseits anzuknüpfen an dem, was den Heiden bekannt war, und andererseits durch die Priesterschaft einen Expertenbereich für die Pflege des genuin Christlichen zu reservieren.

Die Spaltung der Kirche in eine Klasse der Kleriker und das einfache, ungebildete Volk verschärft sich noch einmal sehr dramatisch mit dem Vordringen des Christentums in den Bereich der Kulturen, die noch kein hochkulturelles Bewusstsein für individuelle moralische Verantwortung, Innerlichkeit, göttliche Transzendenz und die Wirklichkeit des Symbolischen entwickelt haben. Jenseits der Alpen gab es keine römische Rechtskultur und keine urbane Zivilisation. Herrschaft wurde als Grundherrschaft ausgeübt. Die Religion kannte keine Autonomie gegenüber der Herrschaft. Unter diesen Bedingungen erweist sich die enge Bindung des Klerus an den Bischof von Rom als höchst funktional. Der Bischof von Rom ist der Garant dafür, dass das Christentum nicht ausgeliefert wird an die Auslegungshoheit der Grundherren. Um die Freiheit des Bischofamtes von der grundherrlichen Verfügung musste erst noch gekämpft werden. Dabei erwies sich der Bischof von Rom als außerordentlich starker Faktor in der Kirche: Papst *Gregor VII.* (Geburtsname: Hildebrand, 1020/5–1085) war niemals Mönch, schon gar nicht in Cluny (Blumenthal/41:31–43). Seine strenge Reform des Klerikerlebens im Sinne eines Zusammenlebens der Weltpriester unter Regeln *(Regularkanonikerwesen)* folgte nicht mönchischen Idealen, sondern den positiven Erfahrungen, die Hildebrand selber als römischer Regularkanoniker in Köln und Rom gemacht hatte: Das Gemeinschaftsleben des Kölner Domkapitels ist für Hildebrand der Garant der Apostolizität der Kirche von Köln. Im engen Kontakt der Kleriker untereinander entsteht eine Kultur und eine Disziplin, die den archaisch geprägten Landesherren und einer tief in heidnischen Denkgewohnheiten steckenden Bevölkerung entgegentreten kann. In der engen Bindung an die römische Mutterkirche liegt die Chance, dass Elemente kultiviert antiken

Denkens in die neuen christlichen Gebiete nördlich der Alpen importiert werden können. Der Preis dieser relativen Unabhängigkeit des Klerus von den Bräuchen ihrer archaischen Umwelt ist eine *Vermönchung des Klerus*, die in den antiken Ursprüngen des Christentums überhaupt nicht beabsichtigt war.

Pseudo-Dionysius Areopagita († um 500), der als vermeintlicher Apostelschüler im Mittelalter in höchstem Ansehen stand, konzipiert die sich herausbildende Rangfolge kirchlicher Ämter als ein System heiliger Herrschaft *(Hierarchie)*: Aufgrund einer Ordnung göttlicher Einsetzung erschließt sowohl im Himmel als auch auf Erden jeweils der höhere Hierarch dem jeweils niederen Hierarchen die göttlichen Wahrheiten *(Über die kirchliche Hierarchie, V, 2, 1)*.

Der Begriff der Hierarchie

Das Modell spiegelt und inspiriert die mittelalterliche Situation des Vordringens christlicher Missionare in den Norden des europäischen Kontinents: Aus dem römischen Zentrum heraus werden die Missionsbischöfe inspiriert, die ihrerseits durch Klöster- und Bistumsgründungen Zentren der theologischen Instruktion schaffen. Das verbindende allgemeine Humanum der antiken Kultur ist als die selbstverständliche Voraussetzung der antiken Christenheit weggebrochen. Wo sich das Christentum verbreitet, wird es nun selber zum Träger der antiken Kultur, die es als den Kontext seiner Entstehung voraussetzt. Die Kultur des Klerus steht somit in einer gewissen Spannung zur säkularen Kultur.

Der Vermittlungsmodus des hierarchischen Gehorsams widerspricht dabei dem antiken Menschenbild, entspricht jedoch dem archaisch germanischen Wissen um die Notwendigkeit der ergebenen *Gefolgschaftstreue gegenüber dem Lehnsherren* als dem einzigen Garanten von Frieden, Sicherheit und eines Mindestmaßes an allgemeiner Wohlfahrt für die vorstaatlichen mittelalterlichen Gesellschaften.

Im hierarchischen Gehorsam spiegelt sich einerseits das mittelalterliche Ideal der *Ordnung durch Unterordnung (Feudalsystem)*. Andererseits beinhaltet der Hierarchiegedanke außer demjenigen des Gehorsams denjenigen einer Tradition von Inhalten, in denen der eigentliche Zweck der Hierarchie gesehen wird. Die Inhalte begründen die Hierarchie insofern, als sie vollmächtig bezeugt mit Autorität weitergegeben werden müssen. Insofern sie jedoch verstanden und zu eigen gemacht werden, begründen die Inhalte der Tradition zugleich einen *verständigen Gehorsam*, der auch den kritischen Gehorsam nicht ausschließt.

Christliche Hierarchie überwindet so das Unerbittliche der Gefolgschaftstreue, indem es die Gefolgschaft an gemeinsame, rational verstehbare normative Inhalte von *überpersonaler Gültigkeit bindet*.

Das Zweite Vatikanische Konzil verstärkt diese Sicht der kirchlichen Hierarchie. Das Kirchendekret *Lumen gentium* entfaltet im dritten Kapitel die kirchliche Ordnung als „Hierarchie". Jedoch sind diesem Kapitel die allgemeineren und grundlegenderen Kapitel über die Kirche als *Geheimnis* der göttlichen Wirksamkeit und über das Wesen der Kirche als Gemeinschaft *(communio)* vorangegangen. Dementsprechend gibt gleich der erste Satz des Hierarchiekapitels eine bestimmte Lesart des Hierarchiebegriffes vor, wenn er alle kirchlichen Ämter innerhalb der Hierarchie als „ministeria" benennt *(Lumen gentium, 18)* und damit den *Dienstcharakter des hierar-*

Das Hierarchieverständnis des II. Vaticanums

chischen Amtes betont: Kirchliche Hierarchie hat ihr Ziel in dem der Hierarchie übergeordneten und jede Hierarchie relativierenden Inhalt: „Denn die Diener, die über heilige Vollmacht verfügen, dienen ihren Brüdern, damit alle, die zum Volk Gottes gehören und sich daher der wahren christlichen Würde erfreuen, zum Heil gelangen, indem sie frei und geordnet auf dasselbe Ziel hin zusammenwirken." (ebd.).

Absolute Ordination   In der Alten Kirche ist der Amtsträger gewählter Vorsteher einer Ortsgemeinde. Zwar bedarf jeder Vorsteher der Akzeptanz durch seine Amtsbrüder. Die Ordination eines Amtsträgers jedoch, der nicht zuvor als Leiter von einer Gemeinde gewählt oder akzeptiert worden wäre *(absolute Ordination)*, wird in Kanon 6 des *Konzils von Chalkedon (451)* verboten: „Keiner darf ohne jede Bindung zum Priester, Diakon oder zu einem anderen kirchlichen Amt geweiht werden, wenn er also nicht ausdrücklich einer Stadt- oder Landgemeinde, einer Martyrerkapelle oder einem Kloster zugewiesen ist. Das Konzil bestimmt, dass alle jene ‚ungebundenen' Weihen ungültig sein sollen, und dass die so Geweihten zur Schande desjenigen, der sie so geweiht hat, nirgends ihr Amt ausüben dürfen." (Camelot/ 44:266). In dieser Bestimmung des Konzils von Chalkedon spiegelt sich das antike Selbstbewusstsein der *pólis*, dem auch die *Synagoge* mit ihrer Leitungsorganisation entsprach: Auch, wenn der Vorsteher einer gewissen Unabhängigkeit von der Gemeinde bedarf und deshalb nicht einfach durch die Gemeinde absetzbar ist, so ist sein Amt doch ein Amt, das seine Berechtigung von der Gemeinde und von der Akzeptanz des Amtsträgers durch die Gemeinde herleitet.

Die positive Wertschätzung dieses Prinzips musste im Mittelalter aufgrund verschiedener Entwicklungen fragwürdig werden: Die Kirchen der Bischöfe jenseits der Alpen sind nun ausgedehnte Territorien, in denen Gemeinden als aktiv wählende und mitbestimmende schwerlich organisierbar waren. Dies galt umso mehr, als die Mehrzahl der Christen kaum gebildet war. Dem feudalen Geist der Grundherrschaft war eine Organisation von Leitung nach dem Modell einer Wahl völlig fremd. Alle Herrschaft war Funktion des Grundbesitzes, die Kirche folglich Eigenkirche, das *Investiturrecht*, das Recht zur Bestellung von Bischöfen, dementsprechend Recht des Herrschers. Gegen diese Pervertierung der altkirchlichen Gemeinderechte wendet sich die Politik des römischen Bischofs. Der Konflikt kulminiert im Investiturstreit unter Gregor VII. und Urban II. Als Folge dieser Entwicklungen muss verstanden werden, dass sich mit dem III. Laterankonzil (1179) die Lesart von Kanon 6 des Konzils von Chalkedon verändert. Man interpretiert die Bestimmung nun nicht mehr als Regel zum Schutz des Selbstbestimmungsrechtes einer Kirche/Gemeinde, sondern als Regel zum Schutz eines neu zu ordinierenden Priesters vor Verarmung: Ein Weihebewerber darf nur dann ordiniert werden, wenn sein *Lebensunterhalt* gesichert ist (Foreville/52:210–233), das heißt, wenn er entweder einen *titulus ecclesiae* zugewiesen bekommt oder wenn sein Bischof ihm gegenüber eine dementsprechende *Versorgungsverpflichtung* eingeht. Das Verbot der absoluten Ordination ist im Hochmittelalter nicht mehr Ausdruck eines kirchlichen Wissens um die Notwendigkeit einer Bestätigung des Amtsträgers durch die Gemeinde als *Aspekt seiner ekklesialen Eingliederung*. Durch die veränderten geschichtlichen Umstände wird das Verbot nunmehr interpretiert als Abwehrbestimmung gegen klerikale Vaganten ohne feste Anstellung in einer Gemeinde oder im Dienst einer bischöflichen Kurie (Schillebeeckx/154:89–91). Durch die neue Interpretation des altkirchlichen Verbotes der absoluten Ordination wird ein funktionales Verständnis des kirchlichen Amtes hinsichtlich der jeweiligen Gemeinde geschwächt und statt dessen ein *substantialistisches Verständnis von Priestertum* als einer substantiellen Eigenschaft, der ein Mensch auch unabhängig von einer amtlichen Funktion teilhaftig werden kann, gefördert.

Die Praxis der absoluten Ordination machte es möglich, dass Männer die Ordination anstreben konnten, um in ihrem eigenen religiösen Leben einen höheren Grad der Vollkommenheit zu erreichen. Die Ordination gerät so in die Gefahr, Medium der persönlichen Frömmigkeit zu werden.

Priestertum
als *sacra potestas*

Die Praxis der absoluten Ordination verändert das Amtsverständnis des Priesters. Der Priester ist nicht mehr der Diener einer bestimmten Gemeinde, der in seinem sakramentalen Handeln das Handeln der gesamten Gemeinde zur Darstellung bringt. Der Priester wird nun zu demjenigen, der für die Gemeinde das eucharistische Opfer darbringt (Schillebeeckx/154:95). Er repräsentiert gegenüber der Gemeinde eine eigenartige Vollmacht *(potestas)*. Diese Vollmacht ist vor allem *Konsekrationsgewalt (potestas consecrandi)*. Sie wird durch die Ordination dem Amtsträger persönlich zugeeignet. Der Priester wird so in seiner Person zum Inhaber einer göttlichen Vollmacht, die unabhängig von der Gemeinde besteht. Dieses neue Verständnis von Weihe als Zueignung einer Fähigkeit kraft göttlichen Rechts stärkt in einer feudalen Gesellschaft die Stellung der priesterlichen Amtsträger. Die eigene, heilige Vollmacht enthebt ihn der totalen Gewalt des jeweiligen Grundherrn oder Fürsten. Der Priester verfügt nach eigenem Ermessen über ein für alle anderen unermesslich wichtiges Gut. Als *Odo Casel* in den zwanziger Jahren kirchengeschichtlich gestützt im Rahmen der liturgischen Erneuerungsbewegung das Bild vom Priester als Opferpriester zugunsten des altkirchlichen Bildes vom Priester als Pneumatiker, Liturgen und Charismatiker zu überwinden versucht, tritt ihm 1929 der Eichstätter Liturgiewissenschaftler L. Eisenhofer entschieden entgegen: Die Fähigkeit des Priesters zur Feier der Eucharistie ist kein Charisma, in der Gemeinde das Heilsmysterium zur Darstellung zu bringen, sondern eine ihm übertragene *rechtliche Vollmacht*, namens der Kirche und Jesu Christi das Opfer darzubringen (Müller/146:79f.).

Selbstverständlich ist diese Autonomie des Priesters keine absolute. Sie findet ihre Grenzen aber nicht mehr bei der notwendigen Übereinstimmung mit der (möglicherweise höchst ungebildeten) Gemeinde. Deren Glaube wird vielmehr als Moment des kirchlichen Selbstvollzuges immer weniger ernst genommen. Der Glaube der Kirche ist zunehmend der Glaube der Kleriker, dem der Glaube des einfachen ungebildeten Volkes als lediglich impliziter Glaube *(fides implicita)* zugeordnet ist. Die notwendige ekklesiale Einbindung des Amtsträgers wird nun nicht mehr in seinem Gewählt- und Getragensein durch eine Gemeinde entdeckt, sondern in der rechtlich geregelten Anbindung an eine bischöfliche Kathedra, die ihrerseits in Gemeinschaft mit dem Bischof von Rom zu stehen hat. Über diese Gemeinschaft mit der kirchlichen Hierarchie wird die Gemeinschaft mit der Kirche als ganzer und mit Christus als ihrem Haupt sichergestellt.

Die Stellung des Priesters als *Gegenüber* einer Pfarrei ist durch diese Interpretation extrem betont gegenüber der altkirchlichen Formel vom *Vorsteher aus und inmitten der Gemeinde.*

Reformatorische Kritik

Mit der Reformation erwacht mit einer zunehmenden religiösen Sensibilisierung weiter Bevölkerungsschichten das Bewusstsein der Laien und niederen Kleriker für die eigene christliche Berufung. Das Christsein des einfachen Gläubigen wird nicht länger missverstanden als mehr oder weniger unbewusste *fides implicita,* die heilschaffend wirkt als gehorsame Treue gegenüber dem Bischof von Rom, in der implizit der ganze Glaube der Kirche mitbejaht wird. Die scholastische Einsicht, dass dem Glauben selbst notwendig der Wunsch zu verstehen *(fides quaerens intellectum)* innewohnt, wird nicht mehr nur auf die gebildeten Kleriker bezogen, sondern als Anspruch jedes einzelnen Christen ernst genommen. Die Theologie der Heiligen Schrift als Wort Gottes ermöglicht es, jeden Christen unmittelbar als Empfänger der göttlichen Offenbarung zu deuten: Gottes Offenbarung wird überall da aufgenommen, wo das Wort Gottes gelesen und inmitten der Gemeinde ausgelegt wird. Es bedarf zu seinem Verstandenwerden nicht der langen Vermittlung durch eine kirchliche Hierarchie.

Diesem erwachenden Selbstbewusstsein des christlichen Volkes gegenüber der Hierarchie entspricht die Kritik an der Verselbständigung des Priesterstandes in der Kirche. Ausgangspunkt der Kritik ist die Priestertheologie des Hebräerbriefes (Hebr 4,14–10.18): Jesus Christus ist alleine der Hohepriester. Sein Kreuzesopfer ist voll ausreichend. Weiterer Opfer bedarf es nicht (Hebr 10,11–14). Konsequenterweise kann es nach Christus *keine Priester im univoken Sinne* geben, also keine Menschen, die aufgrund einer größeren Unmittelbarkeit zum Göttlichen prädestiniert wären, Opfer darzubringen. *Priester in einem analogen Sinn* sind nach 1. Petr 2, 5–10 nicht mehr nur die Amtsträger in der Kirche, sondern alle Christen: „Ihr seid ein auserwähltes Geschlecht, eine königliche Priesterschaft, ein heiliger Stamm, ein Volk, das sein besonderes Eigentum wurde, damit ihr die großen Taten dessen verkündet, der euch aus der Finsternis in sein wunderbares Licht gerufen hat" (1 Petr 2,9). Der Inhalt des Priestertums aller ist die Fortsetzung des Priestertums ganz Israels als des Heiligungsdienstes, den das Gottesvolk wahrnimmt, insofern es alle Menschen zu JHWH vermitteln soll. Diese Vermittlung zwischen JHWH und allen Menschen aber geschieht nicht durch das spezifisch priesterliche Handeln der Darbringung von Opfern, sondern es ist nach 1 Petr 2,9 qualifiziert als *Verkündigungshandeln.* Als Verkündiger der Großtaten Gottes ist jeder Christ Priester, insofern durch diese Verkündigung Menschen zu Gott vermittelt werden. In diesem Sinne bezeichnet sich auch Paulus als „Priester": Als Verkünder des Evangeliums unter den Heiden wird Paulus *in einem analogen Sinne* zum Priester, weil er durch die Verkündigung für Gott die Heiden zur *Opfergabe* macht (Röm 5,16). Opfer bedeutet aber in diesem Kontext nicht mehr die sakralrechtlich geforderte Vernichtung eines Menschenlebens, sondern Gabe an Gott. Diese Gabe an Gott ist im Horizont der Rechtfertigung durch Gott nicht mehr der menschliche Versuch, durch eine *Gabe an Gott* Versöhnung mit Gott zu erlangen, sondern vielmehr im Wissen um die allein in Jesus Christus gewährte Versöhnung Gott dargebrachtes *Opfer des Lobes* (Hebr 13,15). Zu dieser Mitte des neutestamentlichen Priestertums, zu diesem Heiligungsdienst an der Welt, der vor allem im Zeugnis, der Verkündigung und dem Lobpreis Gottes besteht, sind notwendig alle Christen berufen. Martin Luther benutzt nun diese *Theologie des Allgemeinen Priestertums der Gläubigen* sehr pointiert, um die Ansprüche eines besonderen Priestertums in der Kirche zurückzuweisen: „Was aus der Taufe gekrochen ist, das kann sich rühmen schon zum Priester, Bischof und Papst geweiht zu sein [...]" (WA 6, 408, 11–13). Allerdings ergänzt Luther diese reformatorisch-pointierte Formulierung sogleich um die Konzession, dass auch ein reformatorisches Kirchenverständnis nicht ohne ein *besonderes Dienstamt in der Kirche* auskommen kann: Zwar ist jeder zum Priester, Bischof und Papst „geweiht", aber das bedeutet noch lange nicht, dass es „einem jeden ziemt, solch Amt zu üben" (Hintzen/139).

Auch die Kirchen der Reformation bedürfen der hauptamtlichen Leitung, auch sie kennen das „besondere Dienstamt" und die Notwendigkeit, bei seiner konkreten Ausgestaltung ein gewisses *Einander-gegenüber-Stehen* von Gemeinde und Amtsträger zu beachten. Allerdings wehren sie sich gegenüber der Vorstellung, die Übernahme dieser Aufgabe setze eine Ordination voraus, durch die der Ordinierte zu etwas *wesensmäßig* gegenüber dem einfachen Gläubigen Verschiedenem werde, zu einer anderen Qualität Christ, die alleine aufgrund dieser wesensmäßigen Verwandlung gegenüber der Gemeinde als Leiter tätig werden kann. Dieses Missverständnis wird insbesondere durch die im Deutschen gebräuchliche Übersetzung des Begriffs der *„ordinatio"* mit demjenigen der *„Weihe"* gefördert. Deshalb betont Luther immer wieder: Alle Christen sind gleichermaßen Priester. „Die aber, die wir Priester nennen, sind von uns erwählte Diener, die in unserem Namen alles tun sollen, und ihr Priestertum ist nur ein Dienst" (WA 6, 564, 11–13).

Die nachtridentinische Kirche reagiert auf die von der Reformation gebrandmarkten Missstände in der Kirche vor allem durch eine erhebliche Kraftanstrengung bei der Priesterbildung. Endlich wird sichergestellt, dass alle Priester eine akademische und praktische Vorbereitung auf ihr Amt erhalten. Gleichzeitig aber wächst de facto die Distanz zwischen den einfachen Gläubigen und den nun wieder konsequent zölibatären, wissenschaftlich gebildeten, mit einer geistlichen Zurüstung ausgestatteten Absolventen einer strengen Seminarausbildung. Die Seminarausbildung ist Aufgabe der Ortsbischöfe. Die jungen Alumnen verinnerlichen die Haltung, Gehilfen des Bischofs zu sein, die zu den Gemeinden gesandt sind.

Das katholische Priesterbild nach der Reformation

Diese Grundsituation von Motiven und Strukturen, die stark das Gegenüber von Gemeinde und Gemeindeleitung betonen, wird unterstützt durch die Ausbildung einer priesterlichen Amtsspiritualität, die sich stark am religionsgeschichtlich universalen *Motiv der sakralen Absonderung* orientiert. Die Priestertheologie *Josse Clichthoves* (1471–1543) wird von E. Schillebeeckx mit Recht als ein besonders problematischer wie wirkungsgeschichtlich erfolgreicher Beitrag gedeutet (Schillebeeckx/154:98–107). *Clichthove* betonte vor allem die kultische Funktion des Priesters und die ihr entsprechende Notwendigkeit der Absonderung vom alltäglichen Leben. Insbesondere das religionsgeschichtlich universale Motiv der kultischen sexuellen Enthaltsamkeit wird von Clichthove ungebrochen übernommen: Der Priester muss wegen seiner hochheiligen Opfergewalt frei sein von dem „fleischlichen Schmutz" (ebd., S. 99). Die Transformation einer besonderen ethisch-moralischen Zurüstung des Priesters in eine material-stoffliche Unberührtheit von Sexualität führt Hubertus Lutterbach zurück auf das Eindringen eines archaischen Missverständnisses in das Christentum des Mittelalters, das die antike Konzentration auf das innere geistig-moralische Leben gar nicht mehr versteht. Kultische Reinheit ist dann eben nicht mehr die innere Offenheit und Bereitschaft für Jesus Christus und die Freiheit von schwerer Schuld, sondern die Abwesenheit von *materia peccans*, also äußerlich materiell gedachter Verunreinigung (Lutterbach/ 65:80–96). Stefan Heid betreibt einen erheblichen Aufwand, um eine ungebrochene Tradition sexueller Enthaltsamkeit bei christlichen Amtsträgern plausibel zu machen. Grundlage bei Heid ist eine Deutung des Verhältnisses von christlichem und heidnischem Priester nach einer Art ‚Überbietungstheorie': In der Antike gehört zumindest zeitweise kultische Enthaltsamkeit „zum Berufsethos des Priesters". „Um so mehr sieht man dies für christliche Priester geboten. Mit Sicherheit gibt es deshalb kultische Enthaltsamkeit der christlichen Priester von Anfang an, zumindest phasenweise, mit größter Wahrscheinlichkeit aber durchgängig." (Heid/138:321).

Das II. Vaticanum und ein neues Priesterbild

Bereits in der Zeit zwischen dem Ersten und dem Zweiten Weltkrieg werden verschiedene Anläufe zu einer Neuorientierung des Priesterbildes unternommen (Müller/146:35–128): Die schroffe Entgegensetzung von Laien und Priestern weicht einer Sensibilität für das sakramentale Wesen der Kirche mit allen ihren Gliedern. Gläubige und Priester werden *in ihrer Gemeinschaft als das eine Subjekt des eucharistischen Opfers* entdeckt. Pius XII. bestätigt diese erneuerte Sichtweise mit seiner Enzyklika „Mediator Dei" von 1947 (*Mediator Dei*, AAS 39 (1947), S. 521–595).

Die neue Sichtweise des Priesters ist weniger substantialistisch als vielmehr kirchlich-funktional. Der Presbyter wird definiert als „Mitarbeiter, als Helfer und Organ der Ordnung der Bischöfe". Als Mitarbeiter des Bischofs übernehmen es Priester, „den ihnen zugewiesenen Anteil der Herde des Herrn" zu heiligen und zu leiten, indem sie an „an ihren Orten" den Bischof vergegenwärtigen (*Lumen gentium, 28*). Dem neuen, *funktionalen Amtsverständnis* des Konzils entspricht die konziliare Bezeichnung des Presbyterates als eines kirchlichen *Dienstamtes (ministerium)*. Das Konzil korrigiert mit seiner Sicht des Presbyterates als eines Dienstamtes ein privatistisches Verständnis der Priesterweihe als einer ekklesial nur dürftig eingebundenen qualitativen Steigerung des Subjektes für sich selbst, wie es durch die mittelalterliche Wende zur absoluten Ordination eingeleitet wurde.

Das Verständnis des priesterlichen Dienstes als eines namens des Bischofs wahrgenommenen Auftrages hat die nachkonziliare Theologie zu einer eher funktionalen Sicht des Priestertums inspiriert. Insbesondere Walter Kaspers Vorschlag, das priesterliche Amt zu begreifen als Amt der Gemeindeleitung (Kasper/141:85–112), ist in der Tat geeignet, ein magisch-ritualistisches Missverständnis des Priestertums abzuwehren und bietet darüber hinaus gute Anknüpfungspunkte für ein ökumenisches Gespräch über ein gemeinsames Amtsverständnis.

Weiterhin bietet das Amtsverständnis Walter Kaspers die Möglichkeit, das priesterliche Dienstamt im Gesamtkontext des kirchlichen Dienstes zu interpretieren und zu relativieren und damit für die Gestaltung der gegenwärtigen kirchlichen Wirklichkeit wichtige Fragen anzugehen. Wenn man den Dienst der Kirche insgesamt als ihr sakramentales Wirken zum Heil der Welt begreift, dann ist das amtliche Handeln sakramental, insofern es an diesem sakramentalen Auftrag und dem ihm von Gott verheißenen wirksamen Segen Anteil hat. Die *sakramentale Ordination* (Weihe) für eine bestimmte Aufgabe in der Kirche macht diese sakramentale Wesensstruktur allen kirchlichen Dienens sinnenfällig und in der Biographie des Ordinierten unumgehbar präsent als Gottes Wille, durch den Ordinierten zum Heil der Kirche und der Welt zu wirken.

Bei einem solchen, von Guido Bausenhart in Anlehnung an Walter Kasper konsequent entwickelten Amtsverständnis (Bausenhart/130) wird es dann sehr schwierig zu erklären, warum es in der Kirche Laien geben kann, die de facto Leitungsaufgaben in den Gemeinden übernehmen, jedoch nicht ordiniert werden. Unter Berufung auf K.-H. Menke, K. Rahner, P. Hünermann und G. Greshake fordert Bausenhart, die innerkirchlich wahrgenommene Funktion als *Grund des konkreten kirchlichen Amtes* anzuerkennen (ebd., S. 330).

Insbesondere im ökumenischen Gespräch mit den Kirchen der Reformation muss der Begriff des „Priesters" befremden. Die katholische Kirche hat ja mit dem II. Vaticanum in unverstellter Klarheit das dreigliedrige Dienstamt als die Grundstruktur des amtlichen Dienstes in der Kirche wiederentdeckt. Gegen die konsequente Umsetzung eines entsprechenden Amtsverständnisses in der Praxis der Kirche steht eine mentalitätsgeschichtlich tief verankerte extreme Betonung der Bedeutung des Presbyterates. Sie hat ihren legitimen Ursprung in der Zeit, als eine innerkirchliche Elite der Kleriker gegen eine ungebildete, aber politisch möglicherweise mächtige Laienschaft die Authentizität des Evangeliums durch eine Art ständischer Arkandisziplin zu schützen trachtete. Der Grundgedanke eines Zusammenhaltens der Kleriker als Kleriker spiegelt sich noch in Nr. 28 des Dekretes *Lumen gentium*. Dort wird beschrieben, dass die Priester als „vorsorgende Mitarbeiter des bischöflichen Standes und als dessen Hilfe und Werkzeug, zum Dienst am Volk Gottes gerufen, zusammen mit ihrem Bischof ein Presbyterium" bilden. Der Bischof soll seine priesterlichen Mitarbeiter „als Söhne und Freunde betrachten, so wie Christus seine Jünger nicht mehr Knechte, sondern Freunde nennt". Das Band, das Bischof und Priester verbindet, erblickt das Konzil unter anderem in der ihnen gemeinsamen heiligen Ordination.

Der kirchenrechtlich korrekte Begriff der „Ordination" wird im Deutschen in der Regel mit „*Weihe*" wiedergegeben. Das Wort „*Weihe*" hängt in der germanischen Sprachgeschichte mit dem Begriff des *Heiligen* (**wîha*) zusammen. Mittelhochdeutsch bezeichnet „*wîhan*" die Übereignung einer Person oder eines Gegenstandes an das Heilige. Religionsgeschichtlich entspricht die Weihe dem universalen Phänomen der Dichotomie von *heilig und profan*, der das Begriffspaar *rein – unrein* entspricht. Damit knüpft der Begriff an einen Vorstellungshorizont an, den bereits das alttestamentliche Heiligkeitsgesetz problematisiert: Nicht allein ein kultisch-reservierter Bereich soll rein sein, sondern ganz Israel soll rein/heilig sein. Mit dieser Ausdehnung des Reinheitsdenkens ist die Ethisierung

Die Problematik der Begriffe „Priester" und „Weihe"

des Reinheitsbegriffes verbunden. Dieser Lesart stimmt auch Jesus zu (Mk 7,14–16).

Ein kultisches Verständnis von Reinheit als einer exkludierenden (nur auf bestimmte Personen, Orte, Geräte zutreffenden) Qualität, die durch äußere Observanzen (Reinigungsrituale, Aussonderung, asketische Übungen) erworben oder konserviert wird, lehnt Jesus an vielen Stellen ab. Er bezeugt dagegen Reinheit als von Gott her kommende Kraft, die nicht ängstlich bewahrt werden muss, sondern die sich aus Gottes eigenem Wollen heraus großzügig verteilt. Dieser Logik entspricht Paulus mit seiner Rezeption der religionsgeschichtlich kultischen Begriffe von Reinheit und Heiligkeit: Die Gläubigen sind Gottes Tempel und somit heilig (1 Kor 3,17), ihre Kinder sind heilig (1 Kor 7,14). Ihre Heiligkeit spiegelt sich zwar in ihrem Handeln, hat aber in diesem Handeln nicht seinen Grund, sondern in dem erwählenden Handeln Gottes, weshalb Paulus ohne Unterschied alle Mitglieder der korinthischen Gemeinde als berufene Heilige anreden kann (1 Kor 1,2). Dieser Deutung des Heiligen entspricht auch die Einschätzung von Reinheit: Schlechterdings alle Dinge sind rein (Röm 14,20), weil nicht ihre Separation, sondern ihr rechter ethischer Gebrauch sie rein macht. In der Linie dieser Einebnung religionsgeschichtlicher Basisdichotomien liegt die Lehre des 1. Petrusbriefes vom Allgemeinen Priestertum aller Gläubigen: Die Christen sind alle als heilige Priesterschaft berufen, „durch Jesus Christus geistige Opfer darzubringen, die Gott gefallen" (1 Petr 2,5). Ein christlicher Priesterbegriff darf hinter diesen skizzierten neutestamentlichen Stand nicht zurückfallen und die unmittelbare Selbstkonfrontation Gottes mit einem jeden Menschen dadurch verdrängen, dass wiederum mit der Idee operiert würde, Priester seien eine kultisch separierte Gruppe mit privilegiertem Kontakt zum Heiligen.

Dieses religionsgeschichtlich universale Bild vom Priester als dem Geweihten wird durch den Begriff der „Weihe" evoziert. Die protestantische Tradition hat sich deshalb vom Begriff der Weihe ebenso verabschiedet wie von demjenigen des Priestertums. In den ökumenischen Gesprächsprozessen zwischen Katholiken und den Kirchen der Reformation besteht dennoch Übereinstimmung, dass es ein „besonderes Dienstamt im priesterlichen Gottesvolk" geben muss. Die Formel beinhaltet beides: (1) Das Volk Gottes als ganzes besteht aus den Priestern, die berufen sind, Gott geistige Opfer darzubringen, und (2) dieses Volk bedarf in seiner Mitte eines Dienstamtes der Leitung.

Wer dieses Ergebnis ökumenischer Verständigung allerdings vergleicht mit dem Bild der Kirchen in der Öffentlichkeit, der wird feststellen, dass gerade die katholische Institution des Priestertums und die in ihr konservierten Symbole der kultisch-sakralen Separation eine außerordentliche Anziehungskraft ausüben. Das wird verständlich, wenn man wirklich von einer religionsgeschichtlich universalen Wirksamkeit von den Motiven der kultischen Reinheit, der Heiligkeit als Absonderung und des Priestertums als einer Mittlerinstanz zwischen Heiligem und Profanem ausgeht. Dann nämlich erscheint die Faszination der Priestergestalt als religiöser Atavismus, dessen Überwindung im Christentum nur in dem Maße immer neu gelingen kann, in dem die christliche Idee eines allgemeinen Priestertums aller Gläubigen korrektiv in das Bewusstsein zu dringen vermag. Die Idee des Priestertums im Katholizismus erschiene dann als eine Gestalt der An-knüpfung an die Religionsgeschichte, die im Leben der Kirche immer neu zu überwinden wäre im Sinne einer wirklichen Teilhabe aller an der gemeinsamen Berufung zum Priestertum.

Es hat sich allerdings auch nach dem Konzil in zahlreichen Veröffent-lichungen gezeigt, dass ein rein funktionales Verständnis des Priestertums als unzureichend empfunden wird. Als ein Beispiel sei hier die Priesterthe-ologie Gisbert Greshakes(Greshake/136) referiert: Greshake bestimmt das theologische Wesen des apostolischen Amtes sowie des von ihm abhängi-gen und normativ auf es rückbezogenen kirchlichen Amtes mit dem Begriff der „Repräsentanz Christi" (ebd., S. 101), worunter ein „in persona Christi agere" (ebd., S. 102) zu verstehen sei. Repräsentanz soll einerseits eine vollkommene Indienstnahme der ganzen Person durch den erhöhten Herrn zum Ausdruck bringen (ebd., S. 102), schließt aber andererseits die Diffe-renz zwischen Repräsentierten und Repräsentanten ein (ebd., S. 103): Der Amtsträger ist nicht Christus (oder „alter Christus", wie man früher sagte), nicht eine „Art substanzhafter Vergegenwärtigung Christi" (ebd., S. 107). Er vergegenwärtigt Christus gerade dadurch, dass er seine ganze Person for-men lässt zu einem *Verweis* auf den, der er nicht selber ist (ebd., S. 104–107). Darin erblickt Greshake das Wesen kirchlichen Amtes als Dienst (*diakonia*) der Stellvertretung (*vicaria*) Christi (ebd., S. 105), in der der Priester am Sklavendienst des kenotisch sich erniedrigenden Herrn (Phil 2,7) und des Apostels (1 Kor 9,19) Anteil gewinnt (ebd., S. 106).

Der Begriff der *Repräsentanz* wird von Greshake so definiert, dass er dem sakramententheologischen Schlüsselbegriff des *Realsymbols* sehr nahe rückt: Der Repräsentant vergegenwärtigt zeichenhaft sakramental als „wirksames in Erscheinung-Treten, ja Sich-Ereignen des abbildlich Ver-gegenwärtigten" (ebd., S. 102).

Greshake legt ein betont sakramententheologisches statt eines ekklesio-logischen Ordinationsverständnisses zugrunde. Die Deutung der Ordina-tion als *kirchliche Beauftragung* oder als kirchliches *Anerkenntnis eines Charismas* kann nach Greshakes Verständnis sakramentaler Wirksamkeit nicht ausreichen, um die eigenartige Wirksamkeit Gottes selber im Ge-schehen der Ordination zu beschreiben (ebd., S. 102). Diese scheint für Greshake eher aussagbar im deutschen Begriff der (Priester-)Weihe, der einer stärker existentiellen und spirituellen Perspektive entspricht.

Greshakes Überlegungen lassen sich bis hierhin lesen als eine Explika-tion des allgemeinen Priestertums aller Gläubigen, deren Heiligungsdienst an aller Welt beschrieben werden kann als ein wirksames, sakramentales Vergegenwärtigen Christi in allen Lebenssituationen.

Um aus diesen Überlegungen eine Theologie des besonderen Dienst-amtes entwickeln zu können, bedarf es der weiteren Bestimmung priester-licher Christusrepräsentanz als amtlich-institutioneller (im Unterschied zu persönlich-individueller) Repräsentanz (ebd., S. 109 f.). Das Amt ist eine Funktion der Institution, die der überindividuellen, universalen Zielrich-tung der göttlichen Selbstmitteilung entspricht. Die Institution wirkt auf den Einzelnen korrigierend und befreiend (ebd., S. 110): Nicht der Einzel-ne als solcher leistet aus seiner Persönlichkeit heraus die auf Christus ver-weisende Vergegenwärtigung des erhöhten Herrn. Dies ist vielmehr nur

Die Priestertheologie
Gisbert Greshakes

möglich, weil „[…] der Herr sein Heilswirken nicht an das subjektive Können bestimmter Personen, sondern an eine dauerhafte, eindeutig bestimmte ‚institutionelle', d. h. überindividuelle Größe […]" bindet (ebd., S. 110). Diese starke Betonung der überindividuell-amtlichen Dimension der Christusrepräsentanz in der Kirche zieht ihre theologische Plausibilität aus der Sakramentenlehre, wo es seit Augustinus theologisches Allgemeingut ist, die Gültigkeit des sakramentalen Handelns eines Priesters nicht abhängig zu sehen von dessen persönlicher Moralität und Orthodoxie: Im sakramentalen Handeln der Kirche handelt Christus selber, nicht ein Individuum, dessen Moralität oder Rechtgläubigkeit über die Gültigkeit des gespendeten Sakramentes entschiede. Auf der Grundlage einer so stark von der Sakramententheologie hergeleiteten Amtstheologie kann Greshake so weit gehen, einräumen zu müssen, dass es „in gewisser Weise richtig" ist, dass der Priester auch dann Priester ist, „wenn er keine Amtshandlungen ausübt" (ebd., S. 107). Diese Einschätzung sei berechtigt, weil bei der Weihe auch eine „Gnadengabe", ein „Charisma" „zuerteilt" werde (ebd., S. 107), was garantiere, dass Priestersein nicht nur aus Funktionen besteht. Priestersein sei aber dennoch keine „substanzhafte Realität", sondern ereigne sich je und je im amtlichen Handeln des Priesters (ebd., S. 107).

Wo aber sind die Grenzen des amtlichen Handelns? Die spezifisch priesterliche (amtlich-institutionelle) Christusrepräsentanz besteht in seiner *„repraesentatio Christi capitis"* (die Vergegenwärtigung Christi als des Hauptes [der Kirche]), die Greshake entfaltet sieht in den *Ämtern Christi* (munera Christi): Der Priester repräsentiert Christus als den Hirten, Priester und Lehrer der Kirche (ebd., S. 103). Wie schon bei Hans Urs von Balthasar kommt der Hirtenmetapher für das Amtsverständnis Greshakes eine besondere Bedeutung zu (v. Balthasar/128). Als Hirte ist der Priester bildgemäß der Führer der Herde. Seine Leitungsfunktion wird jedoch, so Greshake, einerseits durch das Bild des Hirten an Christus als den guten Hirten, der sein Leben hingibt für die Herde (Joh 21,15–19), gebunden; andererseits impliziert das Bild vom Hirten eine kommuniale Leitung, die sich durch ein *In-der-Herde-Sein* des Hirten auszeichnet (Greshake/136:114–116). Das Hirtenamt sei nicht zerlegbar in Einzelfunktionen, „so wie die Aufgabe des Hirten unteilbar ist" (ebd., S. 116).

Auf dieser Grundlage kann Greshake „eine auf Dauer angelegte mitwirkende Hirten-Tätigkeit von Laien" nicht begrüßen: „Nein, die Kirche bedarf keines neuen »niederen Klerus«. Wessen sie bedarf, sind Priester" (ebd., S. 150). Wo auf die amtliche Mitarbeit von Laien dennoch realistischer Weise nicht verzichtet werden soll, sind diese Laien „auf die zuständigen ordinierten Hirten hingeordnet und von ihnen abhängig" (ebd., S. 147). Dies wird konkret, wo sich Greshake gegen die Verwendung des Begriffes „Seelsorger/in" zur Bezeichnung nicht-ordinierter hauptamtlicher Mitarbeiter einer Seelsorgeeinheit wendet. Diese sollten sich z. B. nicht selbst vorstellen als „Krankenhausseelsorger", sondern dem Kranken erklären: „Ich bin von der evangelischen/katholischen Seelsorge" (ebd., S. 153). Greshake sieht zutreffend durch diese Formulierung die Bindung jeder *Mit*arbeit in der Seelsorge an das Hirtenamt der Kirche ausgedrückt. Nur unterschätzt er die Wirkung der Tatsache, dass er dem Laienseelsorger zu seiner Selbstprädikation nur ein Präpositionalattribut lassen will, das diesen Laien in seiner ganzen beruflichen Identität von einem anderen her bestimmt sein lässt, der nicht Christus ist, sondern dessen ganze berufliche Identität als (amtliche) Repräsentanz Christi definiert wird. Der hauptamtliche Mitarbeiter wird so zum Vertreter eines Vertreters, eine Identitätskonstruktion, von der nicht erkennbar ist, wie sie vereinbar ist mit der von Greshake betonten Unteilbarkeit der Hirtendienstes.

Die exkludierende Reservierung des in Anschluss an Joh 10,11 gebildeten Hirtenbegriffes für die ordinierten Amtsträger impliziert die Gefahr, dass die Diensthaltung des *Mietlings* systembedingt zum Identitätsmuster des nicht ordinierten Mitarbeiters wird. Greshake scheint diese Gefahr ebenfalls wahrzunehmen. Aus seiner theologischen Konzentration auf das durch die Weihe qualifizierte Amt ergibt sich deshalb für ihn konsequenterweise die Forderung nach *Überwindung von Weihehindernissen* (ebd., S. 151): „Denn kirchliche Regelungen, mögen sie auch noch so sinnvoll sein, dürfen nicht zerstörerisch in die sakramentale Struktur von Amt und Kirche eingreifen" (ebd., S. 151).

Über diese Forderung hinausgehend bleibt aber die Frage, ob Greshakes Überzeugung von der exklusiven Verknüpfung der Teilhabe am Hirtenamt Christi und der Kirche mit der *ordinatio sacerdotalis* haltbar ist: Die Eltern, die im Glauben ihre Leitungs- und Erziehungspflicht gegenüber ihren Kindern wahrnehmen, die Lehrer, die im Glauben sich selbst erleben als mehr und mehr selbstlose Hirten der ihnen anvertrauten Kinder, die Leiter katholischer Einrichtungen, die wachsam und sorgfältig ihre Leitungsfunktion ausüben, indem sie sich um persönliche Begleitung ihrer Mitarbeiter bemühen, sind nur einige Beispiele dafür, dass es in der Kirche echte Teilhabe am Hirtenamt Christi gibt, die nicht bedeutet, dass von der Hirtenaufgabe des hierarchischen Amtes Teilaufgaben abgespalten und delegiert würden, sondern die naturwüchsiger- und sinnvollerweise bestimmten nicht-ordinierten Trägern zufallen. Wo die exklusive Reservierung des Hirtenmetapher für den Klerus eine Wahrnehmung der Hirtenaufgaben vieler Laien in ihren Aufgaben und Berufen blockieren würde, besteht in der Tat die Gefahr der *Professionalisierung im negativen Sinn*, die Greshake als Zerrbild kirchlicher Entwicklung darstellt (ebd., S. 150): Professionalisierung bedarf der christlichen Durchformung, in der der kirchliche Eheberater, die bischöfliche Dezernentin für die katholischen Schulen im Bistum, der Pflegedienstleiter in einem kirchlichen Krankenhaus oder der Schulleiter eines katholischen Gymnasiums sich selbst begreifen als Vergegenwärtigung Christi. Diese Vergegenwärtigung kann auch bei nicht ordinierten Kirchenbediensteten *repraesentatio Christi capitis* sein und bliebe hinter ihren eigenen Notwendigkeiten zurück, hätte etwa ein bischöflicher Beauftragter nicht den Mut zu einer auch geistlichen Leitung.

G. L. Müller verteidigt die durch das päpstliche Lehrschreiben „*Ordinatio sacerdotalis*" (1994) vertretene Lehre, „[…]dass die Kirche keinerlei „Vollmacht hat, Frauen die Priesterweihe zu spenden" (*Ordinatio sacerdotalis*, 4). Obwohl Müller Episkopat und Presbyterat als Ämter, die zusammen das „*sacerdotium*", also die Priesterschaft, bilden, vom Diakonat unterscheidet, ist doch nach Müller der Diakonat dem *sacerdotium* „zugeordnet", „so dass alle allgemeinen, das Weihesakrament konstituierenden Bestimmungen auch auf den Diakonat zutreffen" (Müller/145:38).

Die Priestertheologie
G. L. Müllers

Die in die Anfangszeit der Kirche zurückreichende exklusive Männerordination ist nach Müller keine historisch kontingente (und somit prinzipiell revidierbare) Setzung *(ius ecclesiasticum)*, sondern sie entspricht dem Wesen der Kirche als göttlicher Setzung *(ius divinum)*.

Grundlage der Argumentation Müllers ist seine spezifische Deutung der Kirche und ihrer Vollzüge als göttliches Sakrament, die Müller entschieden absetzt von einem „funktionalistischen Amtsverständnis" (ebd., S. 38). Ein funktionalistisches Amtsverständnis erschließe keine angemessene Vorstellung von der Bedeutung des Geschlechtes der Amtsträger (ebd., S. 76).

Das Geschlecht der Priester werde da unumgänglich, wo eine sakramentale Sicht von Amt und Kirche verfolgt wird. Sakrament bedeutet für Müller im Wesentlichen *(res sacramentum)* „die innere (unsichtbare) Gnade", die durch die sakramentale Zeichenhandlung re-präsentiert wird (ebd., S. 73). Der *„character indelebilis"* gehört zu dieser inneren Gnade des Sakramentes (ebd., S. 73). Im Falle des Priestertums beinhaltet die unsichtbare Gnade des Weihesakramentes, „dass der Geweihte für immer in der Vollmacht Christi handeln kann" (ebd., S. 75). Diese Bevollmächtigung betrifft die ganze Person des Geweihten. Die Person aber erschließt sich „im Zeichen seiner Leiblichkeit" (ebd., S. 77). In seiner Person stellt der Priester „Christus in seiner konstitutiven Beziehung zur Kirche dar" (ebd., S. 76). Diese konstitutive Beziehung wird paulinisch (Gal 3,28) und deuteropaulinisch (Eph 2,15; 5,31) in der geschlechtsspezifischen Ehebundmetapher erfasst: Christus ist „Haupt und Bräutigam" seiner Kirche. Seine Repräsentanz im Priester fordert somit notwendigerweise dessen geschöpfliches Mannsein, das durch die Weihe zum Symbol werden kann für das „Haupt- und Bräutigamsein" Christi im Verhältnis zu seiner Kirche (ebd., S. 85).

Diese geschlechtsspezifische Dimension der sakramentalen Repräsentanz Christi sei in der Inkarnation grundgelegt: „Das Mannsein Jesu gehört zur Selbstaussage des Logos im Fleisch [...]" (ebd., S. 88). Die natürliche „Symmetrie der Verschiedenheit" (ebd. S. 74), in der sich Mann und Frau aufgrund der Schöpfungsordnung als aufeinander bezogen erleben, bildet die Grundlage der göttlichen Selbstmitteilung in der Geschichte. Im Horizont der Inkarnation wird die „Differenz von Mann und Frau, die in der Schöpfungsordnung ursprünglich verankert ist", erhoben zum Bild der eschatologischen Gemeinschaft Gottes mit seiner Kirche (ebd., S. 85). Christus ist das Haupt der Kirche, so wie der Mann das Haupt der Frau ist (Eph 5,23: S. 143).

Innerhalb dieser Symbolik ist der männliche Priester die Re-präsentanz der männlichen Inkarnationsgestalt Gottes. Als „Vergegenwärtigung Christi" können die Presbyter *„hieroi"* oder *„sacerdotes"* genannt werden, ohne dass dies einen Rückfall in das heidnische Opferpriestertum bedeutete (ebd., S. 107 f.). Die Priester sind nichts aus eigener oder institutionell übertragener Vollmacht. Priester sind sie nur durch sakramentale Anteilgabe an dem einen Priestertum Christi.

Diese Konvenienzargumentation wird gestützt durch das historisch-positive Argument einer ununterbrochenen kirchlichen Praxis der Nichtordination von Frauen (ebd., S. 118–145), die auch die lehramtliche Zurückweisung der entgegenstehenden Praxis bei Waldensern und Wicliffiten einschließt (ebd., S. 129).

Ähnlich originär versucht *M. Künzler* das Priesteramt unmittelbar im „Herabstieg der zweiten göttlichen Person in die Menschennatur" zu verankern (Künzler/218:618 f.). Nicht die Erfüllung der amtlichen Aufgaben machen das Wesen des Priestertums aus, sondern der Platz, der dem Priester „am eucharistischen Familientisch" zugewiesen ist (ebd., S. 619). „Nur so ist der geweihte Priester [...] eine vergegenwärtigende Ikone des einzigen Priesters Christus" (ebd., S. 621). Das Bemühen ist auch hier erkennbar, eine rein funktionalistische Perspektive abzuwehren. Sie wird nicht durch ein weihetheologisch-substantialistisches Verständnis von Priestertum ersetzt, sondern *durch den juridischen Begriff der verfügten Position.* Aber kann der seinerseits juridische Begriff der Platzanweisung das Defizit des rein juridisch-administrativen Verständnisses priesterlichen Dienstes als einer innergemeindlichen Dienstfunktion überwinden?

Der Priester als Ikone Christi?

Rahner verknüpft auf eine sehr gelungene Weise die funktional-ministrale Perspektive mit einer existentiell-spirituellen. „Der theologische Ansatzpunkt für die Bestimmung des Wesens des Amtspriestertums" ist der auf eine Gemeinde bezogene Dienst der Verkündigung des Wortes Gottes im Auftrag der Gesamtkirche (Rahner/148:370).

Das Weiheverständnis Karl Rahners

Diese funktionale Bestimmung des Priestertums ergänzt Rahner um eine existentiell-spirituelle Dimension. Grundlage dafür ist ein dezidiert theologisches statt eines allgemein religionsgeschichtlichen Weiheverständnisses: Weihe ist für Rahner kein institutioneller Akt kultischer Aussonderung zum sakralen Dienst, sondern ein individuell-existentieller Akt, in dem das Leben eines gläubigen Menschen ergriffen wird von der Wirklichkeit des sich selbst mitteilenden Gottes, der einen Menschen durch seine in der Welt zur Wirksamkeit drängende Liebe in den Dienst nimmt (Rahner/149:114). Diese religiös existentielle Weihe liegt jeder institutionell-amtlichen Weihe notwendig voraus und bildet ihre wesentliche Grundlage. Das allgemeine Priestertum der Gläubigen, das konstituiert wird durch die Wirksamkeit des Gottesgeistes in den Gläubigen, bildet so bei Rahner die Grundlage und die Möglichkeitsbedingung einer besonderen, äußeren, amtlichen Weihe. Wo diese Voraussetzung anerkannt wird, da kann Rahner mit der Möglichkeit rechnen, dass Menschen aus der inneren Geweihtheit ihres Lebens heraus, in der Kraft des Heiligen Geistes bereits in einer solchen Weise priesterlich in dieser Welt wirken, dass ihre amtliche Ordination unter bestimmten äußeren Umständen als wünschenswert und zweckmäßig erscheinen muss. (Möbs/147). Umgekehrt bleibt jedes amtliche Wirken in der Kirche zu seiner eigentlichen Wesenserfüllung darauf angewiesen, dass der amtlich Handelnde das Geheimnis seiner eigenen Weihe gläubig-handelnd erfasst und sich immer tiefer von dem Geist des darin wirksamen Gottes durchformen lässt.

Das funktionale Amtsverständnis nach Kasper und Bausenhart basiert auf dem *unverzichtbaren ekklesiologischen Grundverständnis des kirchlichen Amtes* als eines *Dienstes* in der Gemeinschaft der Kirche. Das bei Bausenhart entwickelte relational-sakramentale Verständnis der Ordination, die keine substantielle Wirklichkeit in sich darstellt, sondern eine Wirklichkeit, die dem Einzelnen als *Partizipation am sakramentalen Geheimnis der Kirche als ganzer* gegeben ist, ist hilfreich und weiterführend. Auch ist nachvollziehbar die damit implizierte Umkehrung von Ordination und Auf-

Diskussion der Modelle

gabe, dergemäß die Wahrnehmung einer Aufgabe *eo ipso* nach der Ordination verlangt, wenn nur erfahrbar und glaubwürdig ist, dass in der Wahrnehmung der Aufgabe das schon geschieht, was die Kirche als den Zweck der Ordination gläubig bekennt. Hier werden Gedanken aufgenommen, die Karl Rahner entwickelt hat (Rahner/149).

Bedenkt man, dass alle göttliche Gnade, und damit auch notwendig die Amtsgnade, in der göttlichen Souveränität und Unverfügbarkeit wurzelt, so kann es für die Kirche eine Situation geben, in der ihr zugemutet wird anzuerkennen, dass es eine sakramentale Wirksamkeit Gottes in der Kirche gibt, der die amtliche Anerkennung durch die Kirche unsachgemäßer Weise fehlt.

Von einem funktionalen Amtsverständnis her wird die Beauftragung als Pastoralreferentin oder Pastoralreferent zu einer problematischen Angelegenheit: Handelt es sich bei dem Beauftragten um einen Gemeindeleiter *in statu nascendi* oder schließt die oder der Betroffene die volle Partizipation am sakramentalen Leitungsamt in der Kirche für sich bewusst aus? Ist eine Beauftragung unter diesen Umständen möglich und sinnvoll? Ist es denkbar, die Beauftragung als eine Vorstufe zur vollen Teilhabe am sakramentalen Leitungsamt in der Kirche zu deuten?

Gegenüber einer rein funktionalistischen Perspektive wird bei G. Greshake erkennbar, dass die Ausübung der priesterlichen Funktion denjenigen nicht unverwandelt lässt, der diese Aufgabe in der Gemeinde wahrnimmt. Der Priester wird durch die Aufgabe, die er übernimmt, in der Gnade Gottes so geprägt, dass er zum Symbol der Wirksamkeit Gottes in seiner Kirche werden kann. Allerdings kann es sich bei dieser Wesensbestimmung nicht um eine exklusive Eigenschaft priesterlichen Dienstes handeln. Sie bezeichnet vielmehr den Inhalt des allgemeinen Priestertums der Gläubigen, deren priesterlicher Dienst der Heiligung an der Welt getragen ist von dem inneren Durchformtwerden des Einzelnen durch die *figura Christi*. An diesem allgemeinen priesterlichen Dienst partizipiert der *Ordinierte* in der spezifischen Weise des christusförmig ausgeübten Leitungsamtes.

Insbesondere bei G. L. Müller wird allerdings die Gefahr deutlich, dass eine jeder Wahrnehmung der Funktion abholde Priestertheologie den konziliaren Schlüsselbegriff des Dienstes verfehlt. Wo eine innere, unsichtbare Gnade zum immerwährenden Handeln „in der Vollmacht Christi" befähigt, da ist die unsichtbare Dimension des Sakramentes so unverhältnismäßig stark betont, dass die symbolische Dimension des *in persona Christi agere* sich vollständig in einen postulierten Rechtsanspruch, „in der Vollmacht Christi" zu handeln, hinein verflüchtigt. Die verlorene sinnliche Dimension des sakramentalen Zeichens, die für das Sakrament als Zeichen aber unabdingbar ist, wird dann durch die naturhafte Symbolik der Geschlechterdifferenz ersetzt, der zu diesem Zweck ein quasi-sakramentaler Rang zugebilligt wird, der ihr nach dem Neuen Testament nicht zukommt (Gal 3,28).

Greshake und Müller lassen das berechtigte Bemühen erkennen, die Wahrnehmung des besonderen Dienstamtes in der Kirche nicht allein als eine funktionale Dienstleistung analog zu anderen gesellschaftlichen Dienstleistungen zu verstehen. Karl Rahner wehrt ein entsprechendes Dienstverständnis als *spießbürgerliches Kultbeamtentum* ab. Damit skizziert Rahner zugleich *ex negativo*, was die innere Geweihtheit eines Menschen zum sinnenhaft erfahrbaren Ereignis macht: sein Durchformtsein von Gottes sich-mitteilen-wollender Liebe, seine existentielle Hingabe an dieses Gottgeheimnis der Welt, seine Ausgesondertheit nicht aus der Gemeinde der Glaubenden, wohl aber aus der Gesellschaft derer, die ihre Hoffnung auf Geld und Macht setzen statt auf den Gott Jesu Christi. Sakramental wirkt das Amt zeichenhaft in der Kirche, wo es Gottes verwandelnde Macht gegenüber den Mächten verkörpert, die ansonsten unser bürgerliches Leben bestimmen. Mit dieser Skizze gelingt Rahner ein Umriss dessen, was der Inhalt der *Repräsentanz Christi* sein kann. In diesem Kontext tritt die Bedeutung des Geschlechtes für die Christusrepräsentanz in den Bereich des Unwesentlichen.

Der extremen Betonung eines geistlichen Sonderstandes in der Kirche entspricht dessen Absetzung von der innerkirchlichen Gruppe der „*Laien*". Der Begriff „*laikós*" bezeichnet den zum Volk *(laón)* Gehörigen. „Volk" wird im Kontext dieser Begrifflichkeit zu einem exkludierenden Begriff. Das II. Vaticanum aber verwendet den Begriff des „*populus Dei*" nicht exkludierend, sondern radikal inkludierend. Alle Christen haben Anteil an ihrer christlichen Berufung, insofern sie zu dem einen Volk Gottes gehören. Insofern haben auch alle Christen Anteil an dem einen Priestertum Jesu Christi. Wo neben dieser Grundgegebenheit der Einheit in dem einen Volk durch die Diastase von Laien und „*clerici*", also von Menschen, denen in der Kirche ein besonderes „Los" *(griech: klêros)* zufiel, eine fundamentale Trennung innerhalb der Kirche vorgenommen wird, da folgt dies zunächst den dargestellten historischen Entwicklungen und theologischen Notwendigkeiten.

Allerdings muss die Aufrechterhaltung dieser fundamentalen Trennung in veränderten geschichtlichen Kontexten ihre Funktionalität und Zweckmäßigkeit immer neu erweisen. Die oft unterstellte „Berufung des Laien zum Weltdienst", der die Berufung des Klerikers zum heiligen Dienst gegenübersteht, reproduziert eine allgemeine religionsgeschichtliche Trennung von „Heilig" und „Profan", die im christlich-jüdischen Kontext als überwunden gelten muss. Sie ist darüber hinaus auch sachlogisch sehr fragwürdig: Der geistliche Leiter einer kirchlichen Einrichtung mit Millionenetat und hunderten von Mitarbeitern verrichtet sinnvollerweise einen sehr weltlichen Dienst, während die Pastoralreferentin, die mit der Jugendseelsorge in einem Pfarrverband beauftragt ist, eine spezifisch geistliche Funktion übernimmt.

Nicht selten fühlen sich katholische Christen angesichts ihrer langen Geschichte als „Laien" in der Situation des immer deutlicher werdenden Priestermangels besonders hilflos. Die rubrizistische Literatur ist nicht selten beherrscht von der Frage, was ein Laie (noch) darf und was dem Priester vorbehalten bleiben muss. Zwar übernehmen zunehmend Laien geistliche Dienste, aber nicht selten sind sie selbst geneigt, sich dabei zu verstecken, und nicht selten sind sie dazu durch die liturgierechtlichen Vorgaben auch verpflichtet. An dieser Stelle ist eine Besinnung auf das Wesen des kirchlichen Gottesdienstes unerlässlich (Meyer/143). Eine solche Besinnung muss deutlich machen, dass alle kirchlichen Ämter, Funktionen und Dienste sich dem Grundgedanken unterzuordnen haben, Gottes Heil für die Menschen zu erflehen und zeichenhaft zur Darstellung zu bringen

Theologie der Laien

(Vorgrimler/155:106). Wo diese theo-zentrische Funktion des Gottesdienstes radikal ernst genommen wird, da kann es keinen innerkirchlichen „Klassenkampf" um die Frage „Wer darf was?" geben. Da muss vielmehr die Sachlogik das Vorgehen beherrschen, dass jeder Frau und jedem Mann, der in der Kirche einen legitimen Dienst ausübt, die hierfür notwendigen Mittel zu Gebote stehen sollen (Vorgrimler/155:102).

Das eine Amt in seiner Dreigliedrigkeit des kirchlichen Amtes

Die Verdunklung der Dreigliedrigkeit des Amtes in der katholischen Kirche

Nicht von ungefähr wurde das Kapitel über das kirchliche Amt begonnen mit einer Darstellung der besonderen Bedeutung des Priestertums im katholischen Verständnis. Das Priestertum war für die Ausprägung der besonderen Gestalt katholischer Kirchlichkeit von überragender Wichtigkeit. Seine Deutung mithilfe der Vorstellung der *potestas consecrationis* hat in Verbindung mit der Hochschätzung der Eucharistie dazu geführt, dass es schwerfallen musste, neben dem Priestertum noch andere wesentliche Elemente des kirchlichen *ordo* zu entdecken.

Wohl gab und gibt es noch ein Wissen um verschiedene Ämter in der Alten Kirche. Jedoch werden diese im Mittelalter allesamt vom *Presbyterat* her definiert: *Ostiarier, Lektoren, Exorzisten, Akolythen, Subdiakone und Diakone* repräsentieren nicht mehr genuine sakramentale Ämter in der Kirche. Ihre Stellung wird vielmehr gedeutet als Vorstufe zur vollen *sacra postestas* des *Presbyters*. Der *Episkop* dagegen wird als Gipfel des Priestertums gedeutet *(Petrus Lombardus, Die vier Bücher der Sentenzen, IV, d. XXIV, c. 11)*. Die Eucharistie bildet die innere Mitte der Systematik des *ordo* auch bei Thomas von Aquin: Der Priester besitzt die *sacra potestas* als eucharistischer Konsekrator. Der Bischof hat ihm gegenüber einen Vorrang, weil er diese *sacra potestas* durch Vollzug der Ordination verleiht. Je mehr man allerdings die *sacra potestas* des Priesters substantialistisch verstand als eine ihm verliehene besondere Seinsqualität, um so näher lag es, in dieser heiligen Amtsgewalt die eigentliche Form des Weihesakramentes zu erblicken. Gegenüber dieser sakramental-gnadenhaften Natur priesterlicher Konsekrationsgewalt, tritt die Weihegewalt des Bischofs so sehr in den Hintergrund, dass die mittelalterliche Praxis bisweilen erkennen lässt, dass das Bewusstsein für den sakramentalen Charakter der Bischofsweihe zurückstand hinter der Wahrnehmung des Bischofs als verfügender Autorität. Der Bischof konnte so als zur Leitung beauftragter Gleicher unter Gleichen erscheinen.

Im Mittelalter steht einem extrem substantialistischen Verständnis priesterlicher Gewalt ein funktionalistisches Verständnis der bischöflichen Gewalt gegenüber. Das wird zum Beispiel offenkundig, wenn Papst Bonifaz IX. (1389–1404) dem Abt des Klosters St. Osyth das Privileg erteilt, Priester ordinieren zu dürfen, obwohl er selber kein Bischof ist. Die spezifisch bischöfliche Gewalt der *ordinatio sacerdotalis* erscheint hier als ein rechtliches Privileg, das unabhängig sein kann vom Amt des Ordinierenden.

Führt auf der einen Seite die extreme Hochschätzung des Presbyterates als *des* Priestertums zu einer Blindheit gegenüber dem sakramentalen Charakter des Bischofsamtes, so absorbiert der Presbyterat auf der anderen Seite den Diakonat, der zur bloßen Durchgangsstufe zum Presbyterat wurde.

Die faktische Ausrichtung der Kirche auf ein einziges Amt, nämlich das des Presbyters, steht im Gegensatz zum Neuen Testament, wo das Amt des Diakons einen eigenständigen Dienst in der Gemeinde darstellt und das Bischofsamt mehr beinhaltet als das Präsidium in der Gemeinschaft der Presbyter. Das Konzil von Trient bekräftigt die Überzeugung von der Dreigliedrigkeit des Amtes, indem es die Abweichung davon als mit dem christlichen Glauben unvereinbar lehrt (DH 1775).

Entsprechend dem Missbehagen an der faktischen Aufhebung des dreigliedrigen Amtes hat das Lehramt immer wieder Versuche unternommen, die Ämter des Episkopen und des Diakons gegenüber demjenigen des Presbyters aufzuwerten.

Versuche der Wiederbelebung des dreigliedrigen Amtes

Vor allem das Zweite Vatikanische Konzil hat hier wesentliche Fortschritte gebracht. Das Konzil betont in seinem Kirchendekret insbesondere die herausragende Stellung des Bischofs. Entsprechend der neutestamentlichen und altkirchlichen Praxis erkennt das Konzil, dass Kirche überall da als selbstständige Ortskirche versammelt ist, wo sie unter der Leitung eines Bischofs steht. Der Bischof in der Gemeinschaft mit den Gläubigen bildet die Kirche (*Lumen gentium, 27*/DH 4152). Er hat die Fülle der kirchlichen Amtsvollmacht inne. Der Bischof hat seine Kirche zu lehren, zu leiten und ihr als Priester zu dienen (*Lumen gentium, 21/26*). Dieser „Höchstform des heiligen Dienstes" (*Lumen gentium, 21*) entspricht es, nicht autark gegenüber anderen Kirchen ausgeübt zu werden. So wie alle Kirchen wesenhaft als Kirche Jesu Christi auf die Einheit der universalen Kirche hin angelegt sind, so realisieren die Bischöfe in ihrer Gemeinschaft diese Einheit der Kirche, die ihren sichtbaren Ausdruck findet im Bischof von Rom.

Gegenüber dieser sehr hochrangigen Bewertung des Bischofsamtes tritt nun der Presbyter eindeutig in eine doppelte durch die Funktion des Dienstes bestimmte Stellung: Er ist Diener *(minister)* des Gottesvolkes und zugleich Helfer *(adiutor: Lumen gentium, 20)* und Mitarbeiter *(cooperator: Lumen gentium, 28)*, der dem Bischof beisteht *(in Episcopis igitur, quibus presbyteri assistunt: Lumen gentium, 21)*. Gegenüber der stark substantialistischen Sicht priesterlichen Dienstes wird auf diese Weise eine *funktional-relationale Theologie des Priestertums* vorgegeben, das den Priester nicht in erster Linie als Inhaber einer Vollmacht, sondern als eingebundenes, dienendes Glied der Kirche als ganzer deutet.

Der damit gewählte amtstheologische Weg, Ämter nicht mehr primär von der *Weihevollmacht* her zu bestimmen, sondern das Wesen des Amtes stets in seinem *Dienst für den Leib der Kirche* als ganzer zu erblicken; ermöglicht nun auch eine neue Sicht des Diakonates.

Durch die dienst- statt der vollmachtsorientierten Sicht kirchlicher Ämter stellt sich an das einzelne Amt nicht mehr die primäre Frage, was der Betreffende berechtigterweise „kann" und ob er mehr oder weniger kann als ein anderer, sondern, worin der *spezifische, eigenartige Beitrag des Betreffenden zum Leben der Kirche als ganzer* besteht, der es rechtfertigt, sein Amt in der Kirche als ein Amt von eigenem Rang, eigener Würde und Bedeutung zu verstehen. Die Notwendigkeit aber zu einer solchen Wertschätzung etwa des Amtes des Diakons ergibt sich aus der Tatsache, dass dieses Amt seit apostolischer Zeit in der Kirche geschätzt wird, woraus sich seine Bewertung als eines *iure divino* in der Kirche existierenden Amtes ergibt.

Die Respektierung dieses göttlichen Rechtes fällt deutlich leichter bei einem Ordo-Verständnis, das die vollmachtsfixierte mittelalterliche Weihetheologie hinter sich lässt, zugunsten einer *dienstorientierten Amtstheologie*.

Das dreigliedrige Amt im ökumenischen Gespräch

Die Theologie des dreigliedrigen *ordo* spielt im ökumenischen Gespräch der Kirchen eine erhebliche Rolle. Die katholische Kirche fühlt sich mit den Kirchen der Orthodoxie auch deshalb besonders eng verbunden, weil diese nicht nur die apostolische Sukzession im katholischen Verständnis einer bruchlosen Kette der Ordinationen bewahrt haben, sondern weil sie auch die Dreigliedrigkeit des *ordo* praktizieren (O-RK I/9/DwÜ, II).

Die Kirchen der Reformation praktizieren nur zum Teil alle drei Amtsstufen: Der Genfer Reformator Jean Calvin vertritt in seiner *Institutio Christianae Religionis* eine Vier-Ämter-Theologie: Er unterscheidet Hirten, Lehrer, Älteste und Diakone. Der Begriff des „Bischofs" bezeichnet nach Calvin jeden, der in der Kirche den Dienst am Wort ausübt *(Institutio, IV, 3, 7, 8)*. Die reformierten Kirchenordnungen heute kennen dementsprechend lediglich solche Ämter, die auf eine jeweilige Ortsgemeinde bezogen sind: Pfarrer (Diener des Wortes), Presbyter (Äteste) und Diakone (Kleine Konfessionskunde/80:219). Die Kirchenstruktur, die sich innerhalb des reformierten Zweiges der Reformation entwickelt hat, kann als *Presbyterial-Synodalverfassung* bezeichnet werden. Presbyter in diesem Sinne sind sowohl der Pfarrer als auch die gewählten Ältesten einer Ortsgemeinde. Sie bestimmen gemeinsam und gleichberechtigt über alle die Ortsgemeinde betreffenden Fragen. Der Notwendigkeit einer überörtlichen Konsensbildung wird durch regelmäßige Synoden entsprochen. Die älteste presbyterianische Kirchenverfassung außerhalb Genfs ist diejenige der Kirche von Schottland, die allerdings seit 1603 auf Bestreben der englischen Krone gewaltsam durch die episkopale Kirchenverfassung der Anglikaner verdrängt wird. In Deutschland sind einige evangelische Landeskirchen ausgesprochen presbyteral geprägt *(Barth/119)*. Die presbyterale Kirchenverfassung zeigt geschichtlich den erwartbaren Trend, sich mehr und mehr in Teilkirchen zu zergliedern, denen es nicht gelingt, untereinander Konsens in bestimmten Fragen zu erreichen. Die Gefahr dieser Zergliederung wird jedoch seit mehr als einhundert Jahren gesehen. Seitdem tendieren viele presbyterianische Kirchen zur neuerlichen Bildung von Kirchenunionen.

In den lutherisch geprägten Kirchen der Reformation ist die Frage der Kirchenleitung sehr vielfältig gelöst. Eine wachsende Zahl lutherischer Kirchen kennt inzwischen allerdings das Amt des Bischofs oder der Bischöfin. Das Verständnis dieses Amtes unterscheidet sich allerdings vom katholischen und orthodoxen. Die Bedeutung des Bischofs für die Authentizität der christlichen Lehre und das Kirchesein einer Ortsgemeinde wird weit geringer eingeschätzt. Kirche ist eine christliche Gemeinschaft, weil ihre Mitglieder sich gläubig auf den in der Schrift bezeugten Jesus Christus beziehen. Das Amt eines überregionalen Kirchenleiters ist dieser kirchenkonstituierenden Glaubenswirklichkeit gegenüber sekundär und rein funktionaler Natur. Ihm kommt kein sakramentaler, kirchenbegründender Charakter zu. Mit der Konvergenzerklärung der Kommission für Glauben und Kirchenverfassung des Weltrates der Kirchen über Taufe, Eucharistie und

Amt von 1982 *(sogenanntes „Lima-Papier": FO; DWÜ II, 545–585)* zeichnet sich ein Konsens aller Kirchen des Ökumenischen Rates in der Frage der Dreigliedrigkeit des kirchlichen Amtes ab.

Seit Beginn der Ökumenischen Bewegung haben zahlreiche aus der Reformation hervorgegangene kirchliche Gemeinschaften sich in einen Prozess der Wiederherstellung kirchlicher Einheit untereinander begeben. Eine grundlegende Übereinstimmung hinsichtlich der Auslegung der christlichen Lehre und die Überzeugung, dass in der jeweils anderen Kirche die Sakramente einsetzungsgemäß gespendet werden, sind ausreichend, um in der anderen Gemeinschaft Kirche Jesu Christi zu erkennen und das in ihr ausgeübte Amt als legitimes, stiftungsgemäßes Amt in der Kirche anzuerkennen. Bei Übereinstimmung in der Lehre ist es deshalb für evangelische Kirchen vergleichsweise einfach, eine Gemeinschaft von Kanzel und Altar herzustellen und die Ordinationen der jeweils anderen Kirche anzuerkennen.

Die wechselseitige Anerkennung der Ämter

Nach der Unterzeichnung der „Gemeinsamen Erklärung zur Rechtfertigungslehre des Lutherischen Weltbundes und der Katholischen Kirche" vom 11. Juni 1999 konnte deshalb bei vielen evangelischen Christen die Erwartung aufkommen, dass mit dem Erreichen eines Konsenses in der entscheidenden Lehrfrage der Reformation eine wechselseitige Anerkennung der Kirchlichkeit des jeweils anderen gegeben sei und damit einhergehend auch eine Bestätigung der Ämter in der jeweils anderen Kirche. Die Erklärung *„Dominus Iesus"* aus dem Jahre 2000 enttäuschte dahingehende Erwartungen auf brüske Weise. Die Kongregation für die Glaubenslehre stellt in dem genannten Text fest: „Die kirchlichen Gemeinschaften hingegen, die den gültigen Episkopat und die ursprüngliche und vollständige Wirklichkeit des eucharistischen Mysteriums nicht bewahrt haben, sind nicht Kirchen im eigentlichen Sinn; die in diesen Gemeinschaften Getauften sind aber durch die Taufe Christus eingegliedert und stehen deshalb in einer gewissen, wenn auch nicht vollkommenen Gemeinschaft mit der Kirche" *(Dominus Iesus, Nr. 17)*.

In der lutherischen Wahrnehmung ist das gültige Amt da, wo die Kirche ist, die Kirche aber da, wo der authentische Glaube an die Rechtfertigung lebt. So ist die Anerkennung der katholischen Ämter evangelischerseits unproblematisch. In der katholischen Perspektive existiert Kirche im Vollsinn nur da, wo der „gültige Episkopat" ist. Die protestantischen Kirchen sind folglich *defizitäre Kirchen*, deren Kirchesein gemindert ist durch den Defekt des fehlenden Bischofsamtes in der formellen apostolischen Sukzession und der formellen Gemeinschaft mit dem Bischof von Rom. Die Erklärung *„Dominus Iesus"* bleibt hier in der Spur des Zweiten Vatikanischen Konzils, das bei den Kirchen der Reformation einen *„defectus sacramenti ordinis"* diagnostiziert *(Unitatis Redintegratio, 22)*, der angesichts der Bedeutung, die die katholische Kirche dem sakramentalen Amt beimisst, notwendig einen Defekt der Kirchlichkeit bedeutet. Der Mangel des Amtes in den Kirchen der Reformation wird gesehen: *(1)* in der veränderten Gewichtung des nach katholischem Verständnis konstitutiven Bischofsamtes, *(2)* in der fehlenden Gemeinschaft der evangelischen Amtsträger mit dem Bischof von Rom als dem sichtbaren Zeichen der universalkirchlichen Einheit *(L-RK/7, 94; DWÜ II, 488)*.

Katholischerseits hängt mithin die Bereitschaft, Ämter anderer Kirchen anzuerkennen, an der wachsenden Bereitschaft der anderen Kirchen, ihr Amtsverständnis an den Wesensmerkmalen des kirchlichen Amtes im katholischen Verständnis auszurichten. Die Amtsträger evangelischer Kirchen müssen, um im katholischen Sinne Inhaber kirchlicher Ämter sein zu können, *aufgenommen werden in die Gemeinschaft der Bischöfe*, die wiederum verbunden ist mit dem Papst als dem sichtbaren Zeichen ihrer Einheit *(L/RK 7, 98; DWÜ II, 489)*. Der Bericht der Gemeinsamen Römisch-katholisch/Evangelisch-lutherischen Kommission von 1984 mit dem Titel *„Einheit vor uns"* sieht diese Perspektive nicht als aussichtslos an, sondern spricht wiederholt von einem *Weg des wachsenden Einheitsbewusstseins.* Auf diesem Weg muss das Papstamt nicht bloß als Hindernis gedeutet werden. Der Papst bürgt vielmehr „vor der gesamten Katholischen Kirche" für die Berechtigung eines Prozesses der Aufnahme evangelischer Amtsträger in die Gemeinschaft der Ordinierten (ebd., Nr. 103; DWÜ II, 490). Schritte auf dem Weg zu einer solchen Einheit des Amtes können Akte einer legitimen und sinnvollen gemeinsamen Ausübung des bischöflichen Leitungsamtes, der *episkopé,* sein (ebd., Nr. 121; WWÜ II, 497). Auf dem Weg der Gemeinschaft kann das Vertrauen zueinander wachsen und können trennende Glaubenshindernisse überwunden werden. So wächst die Bereitschaft, die *episkopé* gemeinsam auszuüben, schließlich die Bereitschaft, *einen* Bischof für verschieden geprägte kirchliche Traditionen anzuerkennen. Die Ordinationen unter einer gemeinsamen *episkopé* wären bereits Ordinationen, die beide Kirchen anerkennen. Die Überwindung der Spaltung für die bis dahin nur in einer Kirche ordinierten Amtsträger wäre in einem Akt der „Versöhnung der Ämter" denkbar: „Gedacht ist hier an einen umfassenden gottesdienstlichen Akt, bei dem unter gegenseitiger Handauflegung die Bitte um Vergebung ausgesprochen und der Heilige Geist im Gebet angerufen wird, dass er allen die Gabe zuteil werden lasse, derer sie bedürfen." (ebd., Nr. 140, c; DWÜ II, 502 f.)

Die Einheit des Amtes in der Kirche Paradoxerweise ist gerade das katholische Bewusstsein für die Einheit des kirchlichen Amtes *(ordo)* ein Hindernis für die ökumenische Einheit. Die Einheit der Kirche ist im katholischen Verständnis nicht alleine durch eine Übereinstimmung in den wesentlichen Grundsätzen des christlichen Glaubensbekenntnisses gegeben, sondern verlangt nach einer Gemeinschaft *(koinonía)* mit den amtlichen Tradenten des Glaubens und dieser amtlichen Tradenten untereinander. Das Einheitsbewusstsein ist analog zum Verständnis der Apostolizität in der katholischen Kirche *keine rein geistige Wirklichkeit* einer inneren Übereinstimmung, sondern ebenso eine geschichtlich-institutionelle Wirklichkeit des freien und zugleich geordneten Zusammenwirkens der Tradenten des Glaubens *(libere et ordinatim conspirantes: Lumen gentium, 18;* DH 4142). Dieses geordnete Zusammenwirken wird hierarchisch interpretiert: Die Presbyter sind die „vorausschauenden Gehilfen" *(providi cooperatores, Lumen gentium, 28;* DH 4153) des Bischofs. Betont der Begriff „Gehilfen" die Abhängigkeit und hierarchische Untergeordnetheit, so betont umgekehrt der Begriff *„providus"* (vorausschauend) eine gewisse Selbständigkeit des Presbyters.

Die Gemeinschaft der Bischöfe wird mit dem Begriff der *„communio"* erfasst und orientiert sich damit am altkirchlichen Ideal der freundschaftlichen Verbundenheit der Bischöfe untereinander. Grundsätzlich von gleicher Art ist auch die Verbundenheit mit dem Bischof von Rom.

b) Das Amt des Episkopen

Das Christentum der ersten Jahrhunderte ist eine Religion des städtischen, Handel und Gewerbe treibenden Bürgertums. In den Metropolen der antiken Welt bilden sich christliche Gemeinden. Die ihnen spezifische Ämterstruktur orientiert sich an den Bedürfnissen und Traditionen dieser Gemeinden.

Entwicklung des Monepiskopates

Da die ersten christlichen Gemeinden als Abspaltungen jüdischer Synagogen entstehen, ist das in ihnen gepflegte Amtsverständnis demjenigen der Leitung einer Synagoge ähnlich: Ein Ältestenrat aus Ältesten *(presbýteroi)* steht der Gemeinde vor. Die Aufnahme in diesen Ältestenrat wird durch ein Handauflegungsritual gestaltet. Noch im *1. Clemensbrief (96/97)* wird erkennbar, dass die römische Gemeinde des zweiten Jahrhunderts von einem Presbyterkollegium geleitet wurde, dessen Mitglieder in dieser Eigenschaft Episkopen hießen *(1. Clem 44)*.

Im griechisch-römischen Kulturbereich werden Kultvereine nicht von einem Ältestengremium geleitet, sondern versammeln sich unter einem *Vorsteher (epískopos)*.

Wo dieses griechische Modell übernommen wird, da ist der Episkop als einzelner der Leiter der Gemeinde. Die Entwicklung hin zu dieser *monepiskopalen Leitungsstruktur* mag begünstigt worden sein durch die Vorsitzfunktion des Episkopen bei der Eucharistiefeier *(Pottmeyer/ 13, 482)*. Deutlich erkennbar ist sie als das Modell, das der kleinasiatische Märtyrerbischof Irenäus von Antiochien († 110) voraussetzt: Der eine Bischof ist der Vorsteher eines Kollegiums assistierender Episkopen und Diakone. Das Modell bischöflicher Leitung ist bei Ignatius wie in den Pastoralbriefen das Walten des guten Hausvaters. Als der Vater der Gemeinde ist der Episkop eine harmonisierende, integrierende Eintracht und Einheit garantierende Kraft in der Gemeinde. Der integrierenden Funktion des Episkopen entspricht komplementär die Verpflichtung der Gemeinde zur Einheit mit dem Bischof. Der Monepiskopat wird für Ignatius zum Garanten für eine kompromisslose Einheit der Gemeinde. Alles sakramentale Handeln erfordert die Anwesenheit des Episkopen *(Smyrna 8, 2)*.

In der *Traditio Apostolica* Hippolyts von Rom († 215) wird die Integration der beiden Modelle presbyteraler und monepiskopaler Gemeindeleitung sichtbar: Der *episcopus* ist der Leiter der Gemeinde. Die *presbyteri* sind seine Helfer. Sie assistieren bei der Eucharistie, vertreten den abwesenden Bischof bei der Eucharistie und der Agape, betätigen sich als selbständige Lehrer des Glaubens in der Gemeinde. Die *presbyteri* werden als dauernde Amtsinhaber ordiniert, indem der Episkop ihnen unter Gebet die Hände auflegt.

Der römische Staat erkennt nach der Anerkennung des Christentums als legitimer Religion und nach seiner Einsetzung als Staatsreligion in den Episkopen seine kirchlichen Bezugsgrößen zur Klärung des eigenen Bedürfnisses nach einer religiösen Fundierung der staatlichen Ordnung. Die Bischöfe werden nun als Garanten der religiösen Ordnung im Reich vom Kaiser alimentiert und wie hohe Beamte behandelt.

Das im germanischen Sprachraum gebräuchliche Wort „Bischof" ist ein verschliffenes Lehnwort aus dem Griechischen: Während Wulfila in seiner gotischen Bibelübersetzung „episkopos" noch mit dem Lehnwort „aípiskúpus" wiedergab, wird aus episkopos im altromanischen *piscopu, das als biscof ins Althochdeutsche einwanderte (Kluge/236:79).

Der Episkop trägt bereits in den Pastoralbriefen eher die Züge einer konservativ-ausgleichenden Instanz gegenüber dem vielfältigen pneumatischen und intellektuellen Strebungen im Christentum. Seine ausgleichende Amtsführung macht den Bischof nach der Konstantinischen Wende zum gefragten Mann beim Schlichten von Streitigkeiten, bei der Ausübung lokaler Kleingerichtsbarkeit in seinem Sprengel, bei der Organisation öffentlicher Wohlfahrt.

Je mehr sich das Christentum von den Städten aufs Land ausbreitete, um so mehr wurde der Presbyter in seiner Rolle als Vertreter des erkrankten oder verhinderten Bischofs zum dauernden Vertreter des regelmäßig entfernt in der Metropole lebenden Bischofs. Die kleinen verstreuten Christengemeinden in den Dörfern und auf den Landgütern erkannten nunmehr in dem vom Bischof ordinierten und dauerhaft entsandten Presbyter den alltäglichen Leiter der Gemeinde. Die Leitungsfunktion des Bischofs demjenigen gegenüber, der bei der Eucharistiefeier manifest als der Leiter der Ortsgemeinde erfahren wurde, blieb demgegenüber eine abstrakte Realität.

Diese Situation verschärft sich durch die frühmittelalterliche Zersiedelung. Die Stadt verliert immer mehr an Bedeutung. Die Bevölkerung lebt in Dörfern und kleinen Weilern. Der erfahrbare Vorsteher ist der Presbyter. Diese Entwicklung konnte zusammen mit der Hochschätzung der Eucharistie dazu führen, dass der sakrale Charakter des bischöflichen Leitungsamtes als eines geistgetragenen-charismatischen Wirkens in der Kirche so sehr in Vergessenheit geriet, dass der sakramentale Charakter dieses Amtes im Hochmittelalter nicht mehr erkannt wurde.

In der römisch-katholischen Kirche hat insbesondere das Zweite Vatikanische Konzil die altkirchliche Stellung des Bischofs wieder neu zur Geltung gebracht. Der Bischof darf dementsprechend nicht missverstanden werden als Oberpresbyter oder als eingesetzter Statthalter des Bischofs von Rom. Er ist vielmehr Inhaber der „Fülle des Weihesakramentes", berufen zur Leitung und Lehre, Vorsteher einer Ortskirche, die unter dem Bischof versammelt eine echte Teilkirche der universalen Kirche ist.

Im Dialog mit den Kirchen der Reformation wächst das Wissen um den kirchenkonstitutiven Rang des Bischofsamtes. Die Rückbesinnung auf die Strukturen der Alten Kirche hat sich hier als vielversprechender Weg erwiesen *(L-RK/7, 10411; DWÜ II, 490–492)*. Es handelt sich beim Amt des Episkopen nicht um eine rein administrative oder rein juridische Leitungsfunktion. Die altkirchliche Bischofsordination lässt diese als charismatisches, liturgisches und kirchliches Ereignis erkennen.

Bischöfe als Garanten einer überregionalen Einheit der Kirche

In der Alten Kirche sind die Bischöfe Garanten der Glaubenstradition in der einzelnen Ortsgemeinde und der Verbundenheit der Gemeinden untereinander. Die Bischöfe sind so Träger der kirchlichen Katholizität und Universalität.

Innerhalb der Episkopen einer Provinz bildet sich bereits in der Alten Kirche ein Vorrang bestimmter Gemeinden und ihrer Episkopen vor anderen heraus. Besonderen Rang genießen die Bischofsstädte Alexandrien für den ägyptischen Raum, Jerusalem und Antiochien für den syro-palästinensischen Raum. Konstantinopel nimmt einen blühenden Aufschwung durch seine Erhebung zur Reichshauptstadt einerseits und durch die Installation des Christentums als der neuen Staatsreligion. Rom genießt für den gesamten Westen des Römischen Reiches einen besonderen Vorrang. Für die Gebiete nördlich der Alpen wird Rom zur verehrten Quelle des Christentums und zum Haupt der Christenheit.

Kaiser Justinos I. (450–527) gibt dem Vorrang der fünf großen Gemeinden der Alten Kirche eine juridische Gestalt, indem er an die fünf Bischöfe von Jerusalem, Antiochien, Konstantinopel, Rom und Alexandrien den Titel eines „Patriarchen" vergibt. Bis dahin war der Titel für das Oberhaupt der Juden im Römischen Reich im Gebrauch. Auch führten einige Bischöfe den Titel, um den Ehrenvorrang ihrer Kirche in einer bestimmten Provinz zu markieren. Durch die Entscheidung Justinos' I. wird ab 541 der Titel eines Patriarchen exklusiv auf die fünf Bischofssitze der so genannten altkirchlichen Pentarchie beschränkt. Hinsichtlich der Bischofssitze von Alexandrien, Antiochien, Jerusalem und Rom war diese Entscheidung unumstritten. Die Erhebung Konstantinopels zum Patriarchensitz wurde dagegen vom Kaiser forciert und war lange Zeit umstritten.

Die altkirchliche Pentarchie

Die altkirchlichen Patriarchate des Orients sind heute zu außerordentlich kleinen Kirchen geworden: Jerusalem (260 000 Gläubige in Palästina, Syrien, Arabien, Transjordanland, Kanaa in Galiläa und Jerusalem), Antiochien (750 000 Gläubige in Syrien, Arabien, Kilikien, Iberien, Mesopotamien; heutiger Patriarchensitz: Damaskus), und Alexandrien (350 000 Gläubige in Ägypten und anderen afrikanischen Ländern) (Kleine Konfessionskunde/80: 93 f.).

Der Patriarch von Konstantinopel, der heute immer noch in dem inzwischen muslimisch dominierten Istanbul residiert, steht für eine Kirche von etwa 3,5 Millionen Gläubigen. Davon allerdings leben die meisten in Nord- und Südamerika (2 Mio.), 300 000 orthodoxe Christen des Patriarchats von Konstantinopel leben in Deutschland.

Konstantinopel wurde allerdings innerhalb der Orthodoxie zur *Mutter* zahlreicher neuer Kirchengründungen. Im orthodoxen Verständnis bildet der Patriarch die Spitze einer Kirche. Es gibt kein hierarchisches Amt der Kirchenleitung oberhalb des Patriarchen. Der byzantinisch staatskirchlichen Tradition entsprechend bilden sich im Osten Nationalkirchen mit jeweils eigenem Patriarchen. Der Akt der Anerkennung dieses Patriarchen durch den Patriarchen von Konstantinopel begründet eine *autokephale Kirche*, eine Kirche unter eigenem Haupt *(kephalé)*.

Den Ehrenvorrang, den der Patriarch von Konstantinopel als Vorsteher des bedeutendsten Patriarchatssitzes der Orthodoxie einnimmt, bringt sein Titel *„Ökumenischer Patriarch"* zum Ausdruck. Diesem Titel entspricht allerdings *keine Jurisdiktionsgewalt* über die autokephalen Tochterkirchen.

80 Mio. Gläubige in 66 Bistümern umfasst die 1459 autokephal gewor-

dene russisch-orthodoxe Kirche von Moskau. Autokephale orthodoxe Kirchen existieren in Serbien, Rumänien, Bulgarien, Georgien, Zypern, Griechenland, Polen, Tschechien und der Slowakei, Finnland, Albanien. Russisch-orthodoxe Kirchen, deren Autokephalie bisher noch nicht vom Ökumenischen Patriarchen von Jerusalem anerkannt wurde, existieren in den USA, Japan, Makedonien und der Ukraine.

Südlich und südöstlich des Römischen Reiches führten die Bischöfe, die in diesen Gebieten einen Ehrenvorrang unter ihresgleichen einnahmen, den Titel *„Katholikos"*.

Metropoliten und Erzbischöfe im römischen Patriarchat

Anders als in der orthodoxen Welt hat sich in der Westkirche ein engeres Verständnis der Bindung des einzelnen Bischofs an den Bischof von Rom und Patriarchen des Abendlandes entwickelt. Der Patriarch des Abendlandes stand nicht alten, auf apostolischer Tradition fußenden Ortskirchen vor, sondern lediglich Kirchen, die Rom als *Mutterkirche* anerkennen mussten. Diese Mutterkirche war für die weit ausgedehnten Missionsgebiete nördlich der Alpen als Garantin antiker Bildung und Kultur zugleich die Versicherung, dass die Akkomodation des Christentums in die heidnische Kultur nicht dessen Substanz gefährdete. Die Bindung an Rom war für die Kirchen des Westens viel enger. Die Abhängigkeit der Bischöfe vom Papst zu intensivieren war das kirchenpolitische Mittel der Wahl, um sie der Dominanz örtlicher politischer Größen zu entheben.

Die Einrichtung von *Metropoliten* spielte dabei eine entscheidende Rolle. Sie fußt auf der altkirchlichen Praxis, dass der Organisator und Vorsitzende einer Provinzialsynode sowie der Bischofswahl in einem sedisvakanten Bistum unter seinen Bischöfen eine Vorrangstellung zugesprochen bekam. Die Metropolitanbischöfe waren in der Regel die Vorsteher der großen Gründungskirchen.

Gregor der Große († 604) knüpft die Ausübung des Metropolitenamtes an einen Anerkennungsakt durch den Bischof von Rom: Der Bischof muss sich in Rom das Pallium als liturgisches Zeichen seiner Metropolitenwürde abholen. Durch diese Bindung seiner Vorrangstellung an den Papst ist er nunmehr nicht mehr einfach nur der Erste unter seinesgleichen, sondern zugleich auch Mittler zum Papst. Aus dem Metropoliten ist nunmehr der *Erzbischof (árcho-epískopos = erster Bischof)* geworden.

Winfried Bonifatius († 754) liegt sehr daran, die zahlreichen Bischöfe und *„bischofsfreien" (exempten)* kirchlichen Iurisdiktionsbezirke wieder enger an den Bischof von Rom zu binden, um sie so der landeskirchlichen Hoheit der Fürsten zu entwinden. Zu diesem Zweck baut Bonifatius in Deutschland konsequent ein System der von Rom eingesetzten Erzbischöfe auf.

Das geltende Kanonische Recht sieht vor, dass der Bischof eines Metropolitansitzes innerhalb von drei Monaten nach seiner Ordination beziehungsweise der Übertragung des Amtes persönlich beim Papst das Pallium erbittet als Zeichen seiner Metropolitangewalt innerhalb der ihm anvertrauten Kirchenprovinz (CIC, 437, §1). Diese Metropolitangewalt wird näherhin beschrieben als Aufsichtsverpflichtung gegenüber den anderen Bischöfen der Kirchenprovinz *(Suffragane)*. Der Metropolit hat „Missbräuche dem Papst mitzuteilen" (CIC, 435, § 1). Ausdrücklich werden weitere Leitungsbefugnisse des Metropoliten ausgeschlossen (§ 3). Leitungsgewalt oberhalb der bischöflichen Gewalt kommt nur dem Papst zu, nicht den Erzbischöfen.

Der in der lateinischen Kirche an manchen Orten gebräuchliche Titel eines Patriarchen ist nicht zu vergleichen mit der Bedeutung, die der altkirchlichen Pentarchie zukam. Es handelt sich um einen Ehrentitel ohne Rechte und Pflichten (CIC, 438).

c) Das Amt des Bischofs von Rom als Dienst an der Einheit der Christenheit

Das Papstamt in der Sicht des I. Vaticanums
Die Stellung des Papstes in der katholischen Kirche hat ihre lehrmäßig expliziteste Formulierung im Dekret *„Pastor aeternus"* des I. Vaticanums (1871) gefunden. Das Dekret schließt eine lange Entwicklung ab und begründet eine inzwischen mehr als hundertjährige Praxis der Umsetzung und Auslegung seiner Aussagen. Beide Bezugsgrößen haben sich für eine sachgerechte Auslegung der Lehre des I. Vaticanums als wichtig erwiesen. Seine zentralen Aussagen zum Papstamt lassen sich mit den Begriffen „Primat" und „Irrtumsfreiheit" plakativ zusammenfassen. Die Vorgeschichte des Primats- und Unfehlbarkeitsdenkens im neunzehnten Jahrhundert lässt sich mit H. J. Pottmeyer als das dreifache römisches Trauma von Konziliarismus, Staatskirchentum und Rationalismus beschreiben (Pottmeyer/170: 31–44):

Seit das Konzil von Konstanz (1414–1418) in einer Notstandsmaßnahme drei Gegenpäpste absetzte und mit Martin V. 1417 einen Kompromisskandidaten zum neuen Papst wählte, wurden grundsätzliche Diskussionen über das Verhältnis von Papst und Konzil geführt. Das 13. Jahrhundert hatte einen bestimmten Begriff der Repräsentation entwickelt. Der Repräsentant wurde demnach verstanden als *„persona ficta"*. Der Repräsentant ist nicht mehr das *in ihm corporierte Ereignis allseitig geglaubter und gelebter Gemeinschaft*, sondern jemand, der *für* eine Gemeinschaft spricht, indem er mit seiner Person „fiktiv" so handelt, als wäre er in Wirklichkeit nicht er selber, sondern die, die er vertritt (Menke/220: 60). Dem sich damit offenbarenden Individualitätsbewusstsein entspricht die Vorstellung, dass der Einzelne nur von demjenigen legitimerweise vertreten werden kann, den er zuvor dazu in welch vermittelter Weise auch immer legitimiert hat. Der Bischof von Rom aber wird vom römischen Klerus gewählt. Mit welchem Recht beansprucht er eine universale Repräsentanz der Kirche? Legitimität könnte er nur dadurch erlangen, dass er von der Gesamtheit der ihrerseits gewählten Bischöfe gewählt würde.

Die radikal konziliaristische Position verfehlt das Wesen der Kirche als einer Gemeinschaft, die das sie Verbindende nicht in Akten der machtgeprägten politischen Willensbildung beschließen muss, sondern die das sie Verbindende *vorfindet* als die Realität der Wirksamkeit Gottes in allen Gliedern der Kirche. Die Einheit der Kirche liegt der Kirchenpolitik, der Repräsentanzen und Willensbildungen immer schon voraus.

Dem Konziliarismus verbinden sich bis ins 19. Jahrhundert hinein immer wieder Strömungen, denen es um eine größere Unabhängigkeit der Natio-

Konziliarismus

nalkirchen von Rom geht. Im ersten europäischen Nationalstaat, in Frankreich, wurden auf der *Klerusversammlung von 1682 vier gallikanische Artikel* verabschiedet, die die Stellung der Kirche von Frankreich gegenüber dem Papst stärken sollten.

Staatskirchentum   Der Kampf um die Freiheit der Kirche innerhalb der neu entstandenen und entstehenden Nationalstaaten wird im 18. Jahrhundert mit dem neuen politischen Begriff der *Souveränität* geführt: Die absolutistischen Monarchen des 18. Jahrhunderts begreifen ihre Herrschaft als die völlig uneingeschränkte, absolute Entscheidungsfreiheit hinsichtlich aller das eigene Staatswesen betreffenden Fragen. Eine geteilte Souveränität durfte es nicht geben. Damit war in einer erheblich verschärften Form das alte mittelalterliche Grundproblem der Abwehr von Herrschaftsansprüchen gegenüber der Kirche neu gegeben. Der absolutistische Gedanke der Souveränität des Monarchen lebt in den republikanischen Verfassungen im Gedanken der Volkssouveränität wieder auf.

Gegen das Staatskirchentum formiert sich im Frankreich und Deutschland des 19. Jahrhunderts der *Ultramontanismus* als die strenge Ausrichtung auf den Papst als das Oberhaupt der Kirche in allen Fragen der Sitte und des Glaubens.

Rationalismus   Als das dritte Trauma der Kirche des 19. Jahrhunderts beschreibt Pottmeyer den Rationalismus. Der Rationalismus muss einer Institution zutiefst feindlich gegenüberstehen, die für sich in Anspruch nimmt, ein für den Menschen unabdingbar wichtiges Wissen zu tradieren, das nicht einfach aus der Vernunft abgeleitet werden kann. Während die evangelische Theologie im 19. Jahrhundert die rationale Rekonstruktion der Glaubenswahrheiten als Vernunfteinsichten zum Programm erhebt, wehrt sich die katholische Kirche gegen die Überzeugung eines neutralen menschlichen Vermögens der Vernunft und betont dagegen, dass der Mensch im dramatischen Konflikt zwischen Vernunft und Begierde, zwischen guter geschöpflicher Ordnung und Hingerissenheit durch die Sünde nicht allein auf seine Vernunft vertrauen kann, sondern einer göttlichen Offenbarung bedarf, die der Vernunft zwar niemals widerspricht, sie aber erleuchtet und so erst zu ihrem eigentlichen Funktionieren befreit. Die Offenbarung aber bedarf einer getreuen Tradentin. Die Kirche ist somit keine zur rationalen Vernunfteinsicht des Glaubens sekundäre Größe, sondern liegt als Mutter und Lehrmeisterin diesem Glauben logisch und zeitlich voraus.

Der Kontext   Angesichts der Auflösung des Kirchenstaates, der aufblühenden Natio-
der Aussagen   nalismen in Europa und einer insgesamt laizistisch-rationalistischen At-
des I. Vaticanums   mosphäre war auch aufgrund des so genannten „Syllabus", einer Sammlung von 80 Irrtümern, die Pius IX. seiner Enzyklika *Quanta cura* von 1864 anhängen ließ, die Erwartung am Vorabend des I. Vaticanums groß gewesen, dass das Konzil in sehr drastischer Form den päpstlichen Führungsanspruch gegenüber der Kirche zementieren würde. Der Ultramontanismus hatte eine Stimmung der tiefen Anhänglichkeit der Katholiken an den „Heiligen Vater" erzeugt. Der Traditionalismus hatte die Vorstellung verbreitet, dass alles wesentliche religiöse Wissen nur durch Tradition gewusst wird und also der Vermittlung durch die kirchliche Autorität bedarf.

Gleichzeitig aber wird deutlich, dass die kirchlichen Gegner der modernen nationalstaatlichen Entwicklung in Europa den Denkfiguren ihrer weltanschaulichen Widersacher verhaftet bleiben. So denken die Befürworter einer gestärkten Position des Papstes in der Kirche Stellung und Funktion des Papstes mit dem neuzeitlich staatstheoretischen Begriff der *„Souveränität"* (Pottmeyer/171; 170: 44–48). J. de Maistre (1753–1821) begründet die päpstliche und königliche Souveränität als Entsprechung zur absoluten Verfügungsgewalt des göttlichen Schöpfers. In seinem Werk „Du Pape" (Lyon 1890) stellte er das Christentum als vollständig auf dem Papst beruhend dar (ebd., S. 46). Pius IX. kann als glühender Befürworter eines absoluten päpstlichen Primatsanspruches gegenüber der ganzen Kirche und der päpstlichen Unfehlbarkeit erklären: „Die Tradition bin ich", damit fast wörtlich die Staatstheorie des Absolutisten Ludwig XIV. übernehmend. Man konnte also am Vorabend des I. Vaticanums durchaus damit rechnen, dass die Herrschaft des Papstes über die Kirche nach dem Modell einer absolutistischen Monarchie entworfen werden würde. Die Infallibilität wäre demnach lediglich eine *notwendige Eigenschaft* des Papstes als des absolutesten aller Monarchen der Welt (Pottmeyer/ 170:44–48). So erklärt ein Rezensent des Buches „Du Pape": „Wir haben gesehen, dass in der Kirche, weil sie eine Gesellschaft ist, notwendigerweise eine souveräne Gewalt existiert oder – was dasselbe ist – eine unfehlbare Autorität." (ebd., S. 69). Die Unfehlbarkeit – so verstanden – ist kein theologisch-ekklesiologischer Begriff mehr, sondern ein staatstheoretischer Begriff. Er bezeichnet nicht mehr das Vertrauen darauf, dass der inkarnatorische Charakter der göttlichen Wahrheit die Kirche als Tradentin dieser Wahrheit davor bewahren wird, ihrer völlig verlustig zu gehen. Unfehlbarkeit im Sinne de Maistres ist vielmehr eine Maxime der politischen Vernunft zur Sicherung der notwendigen inneren Kohärenz einer menschlichen Gesellschaft.

Die Debatte auf dem I. Vaticanum lässt durchaus erkennen, dass der ultramontan aufgeheizte Zeitgeist das Wissen der Kirche um ihren eigenen communialen und kollegialen Grundcharakter nicht vollkommen verdrängen konnte (ebd., S. 52–60). Die Definition des Jurisdiktionsprimates, mit der dem Bischof von Rom „die volle und höchste Jursidiktionsvollmacht über die ganze Kirche" (DH 3064) zugebilligt wird, ist eingebettet in Textteile, die ausdrücklich von der Sendung aller Apostel, Bischöfe und Gläubigen sprechen (DH 3050 f.) und in denen immer wieder darauf hingewiesen wird, dass das Konzil keine Neuerung einführen will, sondern vielmehr dem „ständige[n] Brauch der Kirche" (DH 3065) entsprechen will. Ausdrücklich wird noch einmal darauf hingewiesen, dass der päpstliche Primat die Jurisdiktion der Bischöfe in ihren Diözesen nicht beeinträchtigen will (DH 3061).

Bei der Definition der Unfehlbarkeit (DH 3074) nimmt das Konzil entgegen den radikalen Ultramontanisten eine zweifache Einschränkung des Geltungsbereiches irrtumsloser Lehraussagen vor. Hinsichtlich des Subjektes gilt: Nur solche Aussagen sind irrtumslos, die *ex cathedra* gelehrt werden, die also in dem vollen Bewusstsein getätigt werden, eine irrtumslose Aussage treffen zu sollen. Diese Einschränkung war auf dem Konzil gefordert worden, damit man nicht dem Irrtum erliege, alles und jedes, was Päpste irgendwann gelehrt haben mögen, müsse von der Kirche als irrtumslose Tradition gehalten werden (Mansi 52, 1188–1193). Bezüglich des

Die
Lehrentscheidung
des I. Vaticanums

Objekts gilt: Nur Aussagen hinsichtlich des Glaubens und der Sittenlehre können irrtumslos gelehrt werden.

Auf Anweisung Pius' IX. wurde der Text der Infallibilitätsdefintion ergänzt um die strittige Formulierung *„ex sese, non autem ex consensu ecclesiae"*. Diese Formulierung bezieht sich auf eine ausführliche Diskussion der Konzilsväter, in deren Verlauf klargestellt wurde, dass der Papst mit seinem Lehren nicht außerhalb der Kirche stehen kann, sondern immer als integrales Glied der Kirche wirkt. Dementsprechend ist es selbstverständlich, dass der Papst als Lehrer der Kirche gebunden ist an Schrift und Tradition (Mansi 53, 258B). In einer vielbeachteten Konzilsrede hatte Kardinal *Filippo Maria Guidi OP* auf dem Konzil die unfehlbare Lehrentscheidung als basierend auf einer vorübergehenden Gnadenhilfe Gottes unterschieden von seiner dauernden Primatialgewalt (Horst/157:166f.). In seinem Lehren aktualisiert der Papst seine Bindung an den „Sinn der Kirche" als ganzer. Anders als die (u. U. fordernde) Primatialgewalt ist die Lehrvollmacht nicht eine Wirklichkeit, mit der der Papst der Kirche *gegenüber* stehen kann. Mit seiner Lehrvollmacht steht der Papst vielmehr immer *im authentischen sensus ecclesiae*. Unfehlbarkeit ist kein Attribut der Person des Papstes „solo propria e personale del solo Pontefice" (ebd., S. 166). Der Papst, so folgert Guidi, hat, wenn er mit seinem Lehren den Sinn der Kirche aktualisiert, die Pflicht, zuvor diesen Sinn der Kirche zu ermitteln, indem er die Bischöfe befragt (ebd., S. 167). Die Rede Guidis galt als Sensation, weil die von Guidi formulierte Position geeignet schien, Infallibilitätsgegner und Infallibilitätsbefürworter zu versöhnen. Die Ablehnung der Vorschläge Guidis auf dem Konzil durch den Sprecher der Glaubensdeputation folgt einer organisationsstrategischen, nicht einer theologischen Logik: Unbeschadet der auch von der Glaubensdeputation eingestandenen Bindung des Papstes an Schrift, Tradition und das Zeugnis der Kirche wird eine formelle Konsultationspflicht zurückgewiesen, weil mit ihr das Lehren des Papstes geknüpft würde an ein selbst wieder diskutierbares prozedurales Vorgehen. Auf diese Weise aber würde es anfechtbar und folglich ineffizient (ebd., S. 192f.). Daraus ergibt sich aber, dass der Papst selbstverständlich eine *moralische* Pflicht hat, sich des *sensus ecclesiae* vorher zu vergewissern.

Die Initiative Pius' IX. führte dazu, dass diese moralische *Pflicht* nicht in der Weise einer prozeduralen Vorschrift kodifiziert wurde. Die Infallibilitätsgegner auf dem Konzil wurden durch diese Entscheidung brüskiert und ermöglichten nur durch ihre vorzeitige Abreise vom Konzil die einstimmige Annahme des Dekretes *Pastor aeternus*.

Theologisch ist allerdings das *„ex sese"* zu erläutern: Es bedeutet keinesfalls die Zurückweisung der auf dem Konzil selbstverständlichen und unstrittigen Einschränkungen, dass der Papst innerlich mit der Schrift, der Tradition und dem Glaubenssinn der Gesamtkirche übereinstimmen muss. Das *ex sese* weist lediglich die Möglichkeit zurück, *durch eine dem Papst übergeordnete Instanz auf prozeduralem Weg die Übereinstimmung einer päpstlichen Lehrentscheidung mit Schrift, Tradition und Glaubenssinn der Gläubigen überprüfen zu können.*

Das Papstamt im ökumenischen Prozess

Der Appell Johannes Pauls II.

Johannes Paul II. hat mit seiner Enzyklika *Ut unum sint* „die Bischöfe und Theologen unserer Kirchen" zu einem „brüderlich geduldigen Dialog" aufgerufen über die Frage, wie das päpstliche Amt der kirchlichen Einheit wieder ein von allen christlichen Kirchen anerkannter Dienst werden könne (ebd., Nr. 94). Die Deutung des päpstlichen Amtes als eines *Dienstes an der Einheit aller Christen* sieht das Papstamt funktional und ermöglicht so die Fragestellung, wie dieses Amt in einer neuen Situation so ausgeübt werden kann, dass einerseits das Wesentliche der Einheitssendung gewahrt bleibt (ebd., Nr. 95), andererseits aber die getrennten Kirchen im Amt des Bischofs von Rom jenes „universale Dienstamt an der Einheit der Christen" erkennen können, das auch aus der Logik der Ökumenischen Bewegung heraus als Notwendigkeit erscheinen kann.

Der lutherische Systematiker Wolfhart Pannenberg hält es für denkbar, dass das Papstamt als universales Dienstamt an der Einheit verstanden werden könnte. Ein solches Amt, so Pannenberg, ist wünschenswert (Pannenberg/169). Es ist auch aus historischen Gründen naheliegend, dass es der Bischof von Rom ist, der in seiner historisch gewachsenen Vorrangstellung diesen ordinierten Dienst an der Einheit übernimmt (ebd., S. 45–47). Allerdings sieht er die Notwendigkeit einer Neuprofilierung des Amtes: (1) Es müsse unmissverständlich der Vorrang des Evangeliums in einer Kirche unter dem Papst gelehrt werden. Dieser Vorrang des Evangeliums auch gegenüber päpstlicher Lehre realisiert sich darin, dass die Gemeinschaft der Gläubigen auf lange Sicht nicht alles auf- und annimmt, was gelehrt wird (ebd., S. 49 f.). (2) Der Papst dürfe nicht jederzeit unmittelbare Leitungskompetenz gegenüber jeder anderen kirchlichen Organisationseinheit für sich beanspruchen, sondern müsse die Eigenständigkeit der Ortskirchen weitgehend respektieren und lediglich „in Notfällen" schlichtend eingreifen (ebd., S. 51 f.). (3) Autorität *(auctoritas)* und nicht Amtsgewalt *(potestas)* sei das Mittel, mit dem erfolgreich das kirchliche Einheitsamt ausgeübt werde (ebd., S. 53 f.). (4) Eine unfehlbare Lehrvollmacht ist im Regelfall kirchlichen Lebens überflüssig. Wo sie in extremen Gefährdungssituationen notwendig wird, „wird das Wort des Bischofs von Rom zweifellos besonderes Gewicht haben" (ebd., S. 58 f.). Dieses Gewicht aber kann nicht im voraus zum Ereignis der Lehre zuvor schon definitorisch festgelegt werden, weil auch einer unfehlbaren Lehre gegenüber die Kirche den Akt der Rezeption vollziehen muss, damit sich die Lehre als das erweist, was zu sein sie beansprucht. Allerdings kann die Rezeption nicht antizipiert werden, wenn es sich wirklich um die Situation einer notwendigen, unaufschiebbaren Glaubensentscheidung handelt. In dieser Situation muss der Papst berechtigt sein, mit der ganzen Autorität seines Amtes zu lehren und Gehorsam gegenüber dieser Lehre einzufordern, und die Kirche muss sich durch seine Lehre in die Pflicht genommen wissen, entweder zu rezipieren oder zu riskieren, durch Nichtrezeption den eigenen Glauben zu verlieren.

Die Position Wolfhart Pannenbergs

Aus reformierter Sicht trägt der Wiener Systematiker Ulrich Körtner eine pointierte Absage an die Vorstellung, das Papstamt könne als Amt der Einheit aller Christen dienen, vor. Zwar sieht Körtner ein Amt, das die „Einheit der universalen Kirche sichtbar und wirksam in Erscheinung treten" lassen könnte (Körtner/163:97), durchaus als ein Desiderat auch für die presbyteral und synodal strukturierten Kirchen calvinistischer Prägung. Allerdings müsste ein solches Amt der Einheit dem christlich-biblischen Charakter der kirchlichen Einheit als einer Einheit der Glaubenden in Christo, die sich

Die Position Ulrich Körtners

überall ereignet, wo wahrer Glaube gepredigt, vollzogen, gebetet und gefeiert wird, entsprechen (ebd., S. 102). Diese Einheit im Glauben ist als eine im inneren, gemeinsamen Vollzug des Glaubens substantiell verankerte Wirklichkeit nicht einfach visualisierbar und institutionalisierbar, schon gar nicht justiziabel. Wenn also nach reformiertem Verständnis ein Amt der Einheit aller Kirchen wünschenswert ist, so kann Körtner dieses Amt der Einheit nicht in demjenigen des Papstes erkennen (ebd., S. 109). Aus historischer und exegetischer Sicht lässt sich weder für das Neue Testament – so Körtner – noch für die Zeit der Alten Kirche ein Vorrang des Bischofs von Rom aufweisen, der der Lehre des I. Vaticanums entspricht. Die reformierte und die römisch-katholische Auffassung vom Papstamt bekämpfen sich zwar heute nicht mehr erbittert wie in den Zeiten der Reformation, sie verhielten sich aber zueinander wie ein Wal und ein Elefant, die einander „an irgendeinem ozeanischen Gestade in grenzenlosem Erstaunen begegneten" (ebd., S. 100).

Eine Gemeinschaft der Kirchen „unter dem Papst" ist unter diesen Voraussetzungen nicht denkbar, wohl aber innerhalb des grundlegend pluralistischen Konzeptes Körtners eine „Gemeinschaft mit dem Papst" (ebd., S. 111). Eine solche wird aus der Sicht Körtners erleichtert dadurch, dass jede Kirche das Recht hat, „eigene Positionen zu vertreten". Die „Gemeinschaft mit dem Papst" könnte im Rahmenkonzept einer konziliaren Ökumene der Kirchen, in der die Kirchen sich wechselseitig korrigieren und belehren, durchaus auch eine kirchliche Bereicherung darstellen. Diese Bereicherung, die darin bestünde, dass der Papst an anderen Kirchen „im Dienst der Liebe wie der Wahrhaftigkeit Kritik übt (ebd., S. 112)", setzt aber nach Körtner den Verzicht auf den Anspruch einer ultimativen Lehr- und Administrationsvollmacht voraus. Der Papst kann die Weltchristenheit nicht regieren. Er kann sie bestenfalls in brüderlicher Kritik korrigieren. Dieser Dienst an der Gemeinschaft der Christen – so Körtner – würde aus reformierter Sicht erheblich erleichtert dadurch, dass auch der Papst seinerseits sich durch die Kirchen der Reformation korrigieren ließe. Als jemand, der sich und seine Kirche selber der Kritik durch die anderen aussetzte, dürfte er mit einer sachlicheren und konstruktiveren Kritik an der katholischen Kirche und dem päpstlichen Dienst rechnen, weil sich die Kirchen der Reformation durch den Papst nicht mehr einem unbilligen und überzogenen Anspruch ausgesetzt sähen, den sie immer wieder in kämpferischer Attitüde meinen zurückweisen zu müssen. Die Wirksamkeit des Papstes – so Körtner – nähme mit einem formellen und praktischen Verzicht auf den überzogenen Anspruch seines Amtes zu (ebd., 112 ff.).

Orthodoxe Stimmen zum Papstamt

Die orthodoxe Perspektive *betont die Einheit der Kirche als das Werk des Heiligen Geistes und der christlichen Liebe, die eine Communio freier Übereinstimmung der untereinander gleichberechtigten Christen und Kirchen bewirken.* Die Vorstellung, dass Einheit durch eine weisungsberechtigte (Primatsanspruch) Institution mit Vollmacht zur unfehlbaren Lehre befördert würde, fällt der Orthodoxie ausgesprochen schwer (Georgopoulou/180:65–68).

G. Larentzakis (Larentzakis/166) weist auf römisch-katholische Deutungsfiguren des Papstamtes hin, die ökumenisch hinderlich sind: Die Vorstellung, der Papst könne Jesus Christus in anderer Weise vertreten als in derjenigen eines jeden sakramental handelnden Priesters oder Bischofs, deutet Larentzakis als christologisch verfehlt. Ekklesiologisch ist demgegenüber der Anspruch überzogen, der Papst inkarniere die Universalkirche als die wahre Kirche Jesu Christi, an der alle sich zu orientieren haben (ebd., S. 128 f.).

G. Larentzakis sieht für das Papstamt im orthodox-römisch-katholischen Gespräch die Chance, dass die Kirchen anknüpfen an die Tradition der ersten Jahrhunderte. In den Beschlüssen des I. Vaticanums über den Primat und die Unfehlbarkeit aber sieht er Neuerungen, denen die Orthodoxie nicht zu folgen vermag (ebd., S. 137).

Der Weg einer ökumenischen Annäherung ist für Larentzakis derjenige einer Gemeinschaft (Koinonia) unterschiedlicher Ortskirchen, die sich als wahre „Schwesterkirchen" erkennen. Wo der überzogene Anspruch des Papstes auf eine Souveränität gegenüber der Gesamtkirche abgelegt wird, erklärt Larentzakis: „Von orthodoxer Seite ist es selbstverständlich und wird es keinerlei Widerstand geben, dass nach einer Regelung aller trennenden kontroversiellen Fragen im ökumenischen Dialog Rom wieder ohne Diskussion und Wenn und Aber, für alle Kirchen den ersten Platz als πρῶτος θρόνος bekommt, gefolgt an zweiter Stelle von Konstantinopel, dem jetzigen primus inter pares der Orthodoxie, und weiters von 3. Alexandrien, 4. Antiochien und 5. Jerusalem usw." (ebd., S. 140).

Die Rezeptionsgeschichte des I. Vaticanums zeigt, dass sich innerhalb der katholischen Kirche die schlimmsten Befürchtungen hinsichtlich einer radikal ultramontanistisch-souveränitätsorientierten Amtsführung des Papstes nicht bewahrheitet haben. Vielmehr hat die Entwicklung gezeigt, dass die römische Kirche um die Werte einer *Koinonia* der inneren Übereinstimmung, des Dialoges und des Konsenses weiß. Peter Hünermann betont diese Eingebundenheit des Papstes in die gesamtkirchliche Koinonia (Hünermann/158). Der Weg der Ökumene wird darin bestehen, diese Aspekte der päpstlichen Amtsführung zu kultivieren und Aspekte einer eher an herrscherlichen Paradigmen orientierten Kirchenadministration zurücktreten zu lassen. *Katholische Perspektiven*

Aus katholischer Sicht handelt es sich hier jedoch um Selbstfindungs- und Entwicklungsprozesse. So wie sich das Papstamt in seiner jetzigen Gestalt geschichtlich entwickelt hat, so braucht auch die Entwicklung einer ökumenisch vertretbareren Gestalt der Amtsführung Raum und Zeit für ihre geschichtliche Entwicklung.

Zur Geschichtlichkeit dieser Entwicklung gehört auch die Wahrnehmung der geschichtlichen Leistung des faktischen Papsttums für die Christenheit der Welt. Im 19. Jahrhundert wurde die vollkommene Überfremdung der päpstlichen Amtspraxis mit Modellen aus der absolutistischen Staatstheorie zurückgewiesen, indem ein älteres Wissen um das Verhältnis von Papst und Kirche aktiviert wurde. Auch im 20. Jahrhundert bedeutet die Entwicklung des Papstamtes das Anknüpfen am Gewordenen und seine behutsame Veränderung auf der Basis einer als normativ gedeuteten Entwicklung einerseits und der Idee des Dienstamtes, das sich an seiner Dienlichkeit messen lassen muss andererseits.

Insbesondere hinsichtlich der Kirchen der Orthodoxie, aber auch für einige evangelische Christen wäre als ein erster Schritt zur Deutung des *Das Modell eines geteilten Einheitsdienstes*

Papstamtes als eines Dienstes an der Einheit der Christen eine Differenzierung des Amtsverständnisses denkbar, wie sie faktisch bereits in vielerlei Hinsicht das Verhältnis der Kirchen kennzeichnet. Während die katholischen Christen des römischen Patriarchates in ihrem Papstverständnis die volle Entwicklungsgestalt dieses Amtes bejahen, inklusive der Entscheidungen des I. Vaticanums, könnten orthodoxe und evangelische Christen eingeladen werden, im Papstamt zunächst den Dienst der Einheit aller Christen zu sehen, wie er dem entspricht, was in der Alten Kirche bereits entwickelt war. Das Verständnis vom Vorrang der *cathedra Petri* aus den ersten Jahrhunderten würde damit zum Konsens aller Christen (Kühn/31:164f.). Der Papst müsste sich dann allerdings verpflichten, gegenüber den nicht-römisch-katholischen Kirchen keine weitergehenden Ansprüche zu stellen.

Die Bedeutung des Rezeptionsgedankens Im Gespräch mit den Kirchen der Reformation hat der Gedanke der Notwendigkeit einer kirchlichen Rezeption päpstlichen Lehrens eine gewisse Fruchtbarkeit entfaltet (Meyer/168:149f.): Weil päpstliches Lehren ja niemals auf Setzung beruhen kann, sondern immer Finden der Wahrheit ist, entscheidet über das päpstliche Lehren immer auch der kirchliche Prozess der An- und Aufnahme dieses Lehrens. Dieser Prozess der gesamtkirchlichen Rezeption entspricht in einer gewissen Weise dem synodalen Grundgedanken der Reformation, insofern er eine Wahrheitsfähigkeit aller Glieder der Kirche voraussetzt und diese auf die Dauer als Möglichkeitsbedingung gesamtkirchlicher Wahrheitserkenntnis erkennt. Der Rezeptionsgedanke entspricht dem synodalen Prinzip allerdings insofern nicht, als Rezeption kein prozeduraler Vorgang der Abstimmung ist, sondern ein letztlich nicht gezielt steuerbarer geschichtlicher Prozess der Annahme oder Ausscheidung von Lehren, die sich auf lange Sicht als zur Kirche passend oder eben nicht passend erweisen.

Peter Hünermann entwickelt die beiden Gedanken der Angewiesenheit des Papstes auf gesamtkirchliche Rezeption einerseits und denjenigen der eher konservativen Nachläufigkeit des Lehramtes gegenüber der gesamtkirchlichen Glaubensentwicklung andererseits weiter, indem er dem Papst das Amtsverständnis eines *„notarius publicus"* als neues Selbstbild für das dritte Jahrtausend anbietet. Der Papst hätte demnach lediglich den Glaubensüberzeugungen, die sich in der Kirche durchgesetzt haben, durch seine Approbation zu allgemeiner Anerkennung zu verhelfen (Hünnermann/159:211–217).

d) Das Amt des Presbyters

Die Bezeichnung „Presbyter" ist in der katholischen Kirche nicht besonders gebräuchlich. Die *„presbyteri"* sind die Inhaber der Priesterweihe. Sie stehen nach katholischer Praxis als Gehilfen des Bischofs in dessen Dienst und sind innerhalb eines Bistums grundsätzlich versetzbar. Konsequenter sehen dagegen die reformierten Kirchen die Presbyter als Organe einer örtlichen Gemeinde, die auch ohne den Bischof schon vollständige Ortskirche ist. Auch die altkirchliche Pluralität mehrerer Presbyter in einer Gemeinde ist hier wieder hergestellt. Die Presbyter werden gewählt und müssen nicht ordiniert sein. Unter ihnen nimmt der ordinierte und theologisch gebildete Pastor eine Sonderstellung ein, nicht jedoch einen hierarchischen Vorrang.

Die presbyterale Kirchenverfassung verbindet sich mit dem Grundgedanken der Repräsentanz und steht in einer inneren Spannung zur episkopalen Kirchenverfassung. Einen übergeordneten, gemeindenverbindenden Willen kann es innerhalb der presbyteralen Logik nur aufgrund synodaler Gesprächs- und Konsensbildungsbeschlüsse geben. Für viele evangelische Christen sind solche synodalen Konsensbildungsprozesse unverzichtbares Element der innerkirchlichen Wahrheitsfindung.

e) Das Amt des Diakons

In der katholischen Tradition ist das Amt des Diakons faktisch zu einer Durchgangsstufe im Ausbildungsgang des angehenden Priesters verkommen. Das II. Vaticanum folgt dagegen der Intuition, neben dem Amt des Priesters mit dem Amt des Diakons in der Kirche ein weiteres, in der Tradition der Kirche verankertes Amt wiederzubeleben. Seiner Natur und Herkunft gemäß soll der Diakonat ein Dienstamt sein (*Lumen gentium, 29*). Das II. Vaticanum nennt insbesondere „Liebestätigkeit und Verwaltung" als genuin diakonale Aufgaben (*Lumen gentium, 29*). In diesem Sinn kann die Wiedereinführung des Diakonenamtes als eines auf Dauer angelegten eigenen Dienstamtes ein Beitrag sein für die Belebung der diakonal-dienenden Identität der Kirche (Friedli/133; Morche/144).

Eine traditionell nahe liegende Gefahr besteht darin, dass man den Diakon beschreibt, indem man angibt, was er kann. Dann wird der Diakon zu einem Hilfskleriker mit der Vollmacht, feierlich die Taufe zu spenden, die Eucharistie zu verwahren und auszuteilen, bei der Eheschließung zu assistieren, die Krankenkommunion zu spenden, Wortgottesdienste und Beerdigungsfeiern zu leiten (*Lumen gentium, 29*).

Eine Amtstheologie, die weniger auf das Priestertum fixiert ist, hat zu fragen, welches *spezifische Leistungen und Eigenarten des Diakonates* sind, die es als gerechtfertigt, ja notwendig erscheinen lassen, dieses Amt in der Kirche als eigenständigen Dienst zu kultivieren. Ein Blick auf die Praxis anderer Kirchen kann hier durchaus hilfreich sein (Der evangelische Diakonat/132).

Die Frage, ob auch Frauen zu Diakoninnen ordiniert werden können, wird kontrovers diskutiert (Reininger/150; Hünermann/140). Ihre Beantwortung mit dem Hinweis, das Diakonenamt sei dem „sacerdotium" zugeordnet und es müssten folglich dieselben Zugangsvoraussetzungen wie bei der Priesterweihe gelten (Müller/145:38), bleibt der für die Entwicklung einer eigenen Amtsspiritualität und Diensthaltung wenig hilfreichen Deutung des Diakonenamtes als eines defizitären Presbyterates verhaftet.

f) Weitere Ämter

Vielleicht ist die Dominiertheit aller kirchlichen Ämter und Dienste durch das Leitbild des Priesters einer der schwerstwiegenden Hinderungsgründe für das Entstehen einer kirchlichen Dienstkultur. In den letzten dreißig Jahren sind zahlreiche neue Ämter und Dienste in der katholischen Kirche entstanden. Insofern sie sich nicht dem klassischen Muster des dreigliedrigen Amtes einpassen, werden diese Aufgaben kirchenrechtlich im Wege einer bischöflichen Beauftragung vergeben. Die Inhaber sind und bleiben „Laien", nehmen aber zum Teil geistliche Leitungsaufgaben wahr.

Die Betonung des Laienstatus entweder durch sie selber oder durch die kirchliche Behörde spiegelt eine Verhaftung an ein bestimmtes Bild des geweihten priesterlichen Amtsträgers, dem man im Einzelnen nicht entsprechen will oder kann. Daraus zieht entweder die kirchliche Obrigkeit oder der Betreffende für sich selbst den Schluss, er sei überhaupt kein Amtsträger, sondern eben Laie. Gleichzeitig aber nimmt dieser „Laie" Aufgaben wahr, zu deren sachlogischem Anspruch es gehört, weitreichende Wirkung in der Kirche und für die Kirche zu entfalten. Wo aber diese Aufgaben wirklich mutig wahrgenommen werden und der entsprechende kirchliche Bedienstete sich nicht in einer Paradoxie des Wirkens-als-wirke-man-nicht flüchten will, da wird die Frage seiner Ordination drängend und unumgänglich.

Es ist denkbar, dass die Vielzahl kirchlicher Aktivitäten in Kultur, Wissenschaft, öffentlichem Leben usw. ganz neue Dienste der Kirche hervorbringt. Es ist aber nicht auszuschließen, dass sich in diesen Diensten *genuin kirchlich-amtliches Handeln* manifestieren muss, damit sie die ihnen gemäße Fruchtbarkeit entfalten können. Es ist also denkbar, dass es Dienste und Ämter in der Kirche gibt, die aufgrund der allgemeinen geistlichen Berufung jedes Christen ausgeübt werden können. Es ist aber ebenso auch zu erwarten, dass Dienste und Ämter eine innere Dynamik hin zum ordinierten Amt entwickeln.

2. Lebensformen der Kirche

a) Gestalten des kirchlichen Lebens

Die Bedeutung von Ehe und Familie für die Kirche

Die katholische Kirche deutet Eph 5,32 als einen Hinweis auf den sakramentalen Charakter der Ehe. In der Tat ist die Stelle im Epheserbrief eine ganz erstaunliche ekklesiologische Deutung der ehelichen Gemeinschaft: Mann und Frau werden in einer kreativen Aufnahme der Eheätiologie aus Gen 2,24 „ein Leib". Das Lebensprinzip dieses einen Leibes ist die wechselseitige Liebe von Mann und Frau. Zwischen diesem Eheleib und dem Leib Christi stellt der Autor des Epheserbriefes eine Verbindung her: Der Leib Christi erscheint „ohne Flecken, Falten und andere Fehler, heilig und makelos", wo die Eheleute einander lieben (V. 25 ff.). Der Epheserbrief deutet also die Ehen der Christen als Bauelemente des Kirchenleibes, die selber nach demselben Prinzip zusammengefügt wurden, nach dem auch die Kirche zusammengefügt ist, nämlich in einer Ordnung wechselseitiger Anerkenntnis und Liebe.

Eine solche Hochschätzung der Ehe wurde der Kirche Jesu Christi nicht an der Wiege gesungen, war doch die Lebensweise der ersten Jünger Jesu, die ja bis weit ins zweite Jahrhundert Vorbilder nach sich zieht, eher familienunfreundlich. Die Hochschätzung des Epheserbriefes gegenüber Ehe und Familie ist allerdings unter zweierlei Hinsicht hoch beachtlich: (1) An der Integrationskraft des Christentums gegenüber der familialen Lebensweise wird die enorme integrative Fähigkeit der frühen Christenheit erkennbar, die die bestehende Lebensform der Ehe in den Dienst der neu entstehenden Kirche nimmt und sie entsprechend modifiziert. (2) Bis heute besteht in der katholischen Kirche eine gewisse Spannung zwischen ehelosen und ehelichen Lebensformen. Die Tatsache, dass die Leitungsämter der katholischen Kirche für Menschen in ehelosen Lebensformen reserviert sind, hat in der Vergangenheit zu einer eigenartigen Ambiguität gegenüber Ehe und Familie geführt: Einerseits erfährt die Lebensform der Ehe eine zum Teil extreme Hochachtung, ja, Verehrung. Eine solche wird etwa erkennbar in der Verehrung der Heiligen Familie im 19. Jahrhundert (Lutterbach/66). Andererseits bleibt das kirchliche Bild von Ehe und Familie oft eigenartig stereotyp und ignorant gegenüber den konkreten Lebensumständen von Familien.

In einer Zeit zunehmender Vereinzelung und Individualisierung der Menschen im ökonomischen Verwertungsprozess bewahrt die Kirche mit ihrer Hochschätzung für Ehe und Familie als den Grundbausteinen des kirchlichen und gesellschaftlichen Lebens ein Wissen um den grundsätzlich sozialen Charakter des menschlichen Lebens. Wichtig wäre allerdings, dass zunehmend die Eheleute ihre Lebensform selber spirituell und theologisch zu deuten lernen und so selbstbewusst und realitätsnah ihren Beitrag zum Leben der Kirche verstehbar machen. Anders als im Epheserbrief stellt sich in der gegenwärtigen kirchlichen Situation stattdessen eher der Eindruck ein, es seien sich alle einig hinsichtlich der Bedeutung der Familien für die Reproduktion der Kirche. Für das Leben und die Spiritualität der Kirche aber traut man anderen Lebensformen in der Kirche eine größere Aussagekraft zu. Diese Arbeitsteilung kann auf Dauer nicht funktionieren, weil Ehe und Familie keine selbstverständlichen Lebensformen mehr sind, sondern Lebensformen, die bewusst ergriffen und gestaltet werden wollen und die nur als bewusst ergriffene und gestaltete eine gesellschaftliche Zukunft haben werden. Um überhaupt in Zukunft bestehen zu können, bedürfen christliche Ehen einer dezidiert christlichen Sinngebung.

Die orthodoxen Kirchen und die katholische Kirche kennen verschiedenste Formen des geregelten zölibateren Lebens in könobitär oder anachoretisch organisierten Gemeinschaften. Die ersten Mönchsgemeinschaften in der ägyptischen Wüste des vierten Jahrhunderts entsprechen dem Bedürfnis nach einer kontemplativen Lebensweise. Zugleich distanzieren sich diese frühen Mönche von einem Christentum, das zunehmend zur staats- und gesellschaftstragenden Größe wird. Auf diese Weise entsprechen sie der messianischen Dimension der kritischen Distanz zum Bestehenden um des von Gott her Kommenden willen.

Mit Benedikt von Nursia (480–547) wird das mönchische Leben zur kulturprägenden Realität des Mittelalters. Die gemäß einer Regel unter einem Abt zusammengefassten Mönche stellen im frühen Mittelalter die einzige Institution, die über die bloße Subsistenzsorge hinaus in der Lage war, Produktivität zu entfalten. Der Verzicht auf Ehe, Familie, persönlichen Besitz und Selbstbestimmung ermöglicht in einem subsistenzwirtschaftsgeprägten Kontext eine Institution, die über die ökonomischen und techni-

Die Orden

schen Überschüsse verfügt, die Tradition des christlichen Glaubens in Schrift und Auslegung weiterzuführen.

Die evangelischen Räte von Armut, Ehelosigkeit und Gehorsam entwickeln neben ihrer asketischen Dimension von Anfang an eine ökonomische Relevanz für das Leben der Kirche. Dieser Logik folgen auch die großen Ordensgründungen der Armutsbewegung des 13. Jahrhunderts (Franziskaner, Dominikaner). In einem gesellschaftlichen Kontext der geldwirtschaftlich vermittelten Ökonomisierung aller Lebensbereiche ermöglichen sie einen nicht-geld-dominierten Freiraum der Armen- und Krankenfürsorge, der Erziehung und der Wissenschaft. Wieder wird persönliche Askese in einer Form gelebt, die einen ökonomischen Überschuss für die Gesamtgesellschaft erwirtschaftet und ihn politisch und symbolisch als Gestaltungsmittel realisiert.

Auch spätere Ordensgründungen reagieren mit ihren Regeln und ihrer ordensspezifischen Spiritualität auf religiöse, gesellschaftliche und politische Herausforderungen der Zeit und stellen so Formen einer bewusst realisierten Kirchlichkeit in einer bestimmten gesellschaftlichen Situation dar.

Freikirchen Die evangelische Konzeption, Kirche ekklesiologisch nicht vom übergreifenden Gesamtzusammenhang her zu konzipieren, sondern von der einzelnen Gemeinde her, bedingt, dass sich die Kirchengemeinschaft immer neu in eine Vielzahl von Gemeindegründungen auffächert, wenn neue Herausforderungen und Umstände Christen zu Reaktionen herausfordern. Die Ablehnung des staatskirchlichen Regimentes und das Bedürfnis, die Forderungen des Evangeliums unmittelbarer zum Maßstab des eigenen ökonomischen und politischen Handelns zu machen, führen zur Entstehung von *Freikirchen*, die sich als unabhängig von den jeweiligen Landeskirchen verstehen. Zunächst als „Sekten" verfolgt, erfahren die Freikirchen ab der Mitte des 19. Jahrhunderts allgemein Anerkennung und werden von den staatlichen Autoritäten respektiert. Man kann die Freikirchen innerhalb der evangelischen Tradition durchaus mit den Orden im katholischen Lager vergleichen. Allerdings begreifen sich Orden dezidiert nicht als eigene Kirchen, auch wenn sie zum Teil beachtlich eigenständige Traditionen und Spiritualitäten ausbilden. Die Einbindung des Ordens in die Gesamtkirche bleibt gegenüber diesen Autonomisierungstendenzen ein starkes und bestimmendes Anliegen. Umgekehrt ist aber auch der Prozess der Zergliederung des Protestantismus in einer zusammenwachsenden Welt in eine Krise geraten. Das Bedürfnis nach Verständigung und Konsensbildung prägt heute auch das Verhältnis der Freikirchen untereinander.

Verbände und Vereine Insbesondere in der Situation der Angefochtenheit durch den Kulturkampf in Deutschland haben die deutschen Katholiken ihre Kirchlichkeit durch die Gründung katholischer Vereine und Verbände zu schützen gewusst. Ein breites Geflecht von Vereinen und Verbänden bildet eine robuste Struktur kirchlichen Lebens. In den Vereinen und Verbänden setzen sich Christen mit politischen, kulturellen, wissenschaftlichen und pädagogischen Zeitfragen auseinander, erarbeiten gemeinsame Positionen und gewinnen so die Grundlagen für eine verantwortete Teilhabe an den politischen Entscheidungsprozessen im demokratischen Staat. Dass dieser Prozess Konflikte mit der kirchlichen Hierarchie einschließt, ist unvermeidlich.

Das kirchliche Lehramt verhält sich seinem Wesen nach ja immer eher reaktiv gegenüber kirchlichen und theologischen Entwicklungen. Das öffentliche Leben der Kirche muss aber solche Entwicklungen erst einmal hervorbringen. Für das öffentliche Leben der Kirche aber spielen die Vereine und Verbände eine entscheidende Rolle: Sie nehmen sensibel Zeitfragen auf und führen sie im praktischen Interesse einer gemeinsamen Beantwortung zu.

Die bisweilen für die Selbstorganisation der Christen verwendete Bezeichnung „Laienkatholizismus" erscheint als unglücklich, weil er eine Zweiteilung der einen Kirche suggeriert. Eine solche Zweiteilung in Laienkirche und Amtskirche aber entspricht nicht der faktischen legitimen Vielfalt des kirchlichen Lebens, in dem es nicht *eine* Laienkirche gibt, sondern vielfältigste, Kleriker, Laien, Ordensleute integrierende Organisationen, Vereine, Verbände.

Für die Selbstdarstellung der Kirche als einer gesellschaftlichen Größe hat sich in Deutschland die Institution der Kirchen- und Katholikentage als außerordentlich wichtig erwiesen. Diese reichs-/bundesweiten Veranstaltungen demonstrieren die Bedeutsamkeit der kirchlichen Gruppen und Vereine für das öffentliche Leben der Gesamtgesellschaft und bilden riesige Foren des Austausches dieser Gruppen untereinander. Auf diese Weise entwickeln sie eine inspirierende Kraft für die christliche Gesellschaftsgestaltung und die Entfaltung des kirchlichen Lebens. *(Kirchen- und Katholikentage)*

Ab den siebziger Jahren hat das katholische Milieu des in Vereinen und Verbänden organisierten kirchlichen Lebens zusehends an Bindekraft verloren. An die Stelle der organisatorisch festen Größe des Vereins mit fester weltanschaulicher Orientierung tritt im politischen Leben nunmehr die *spontane politische Bewegung,* die zur Verfolgung eines bestimmten Zieles Menschen unterschiedlichster gesellschaftlicher Herkunft zusammenführt, ohne sie in organisatorisch festen, überdauernden Einheiten zusammenzufassen. Insbesondere die Friedensbewegung führt in der bundesrepublikanischen Gesellschaft der achtziger Jahre Christen, Kommunisten, Sozialdemokraten und Humanisten zusammen. Gemeinsam versuchen sie auf die Politik einzuwirken, um den drohenden Atomkrieg zu verhindern. Viele Christen machten in der Friedensbewegung die für ihr Leben entscheidende Erfahrung des Handelns aus christlicher Verantwortung. Viele machten innerhalb der Friedensbewegung positive Kirchenerfahrung, wo sie erleben durften, dass sie in der Kirche nicht nur Menschen fanden, die ähnliche Ängste und Sorgen beschäftigten, sondern auch eine Institution, die Räume zur Verfügung zu stellen und Infrastruktur zu mobilisieren vermochte. *(Bewegungen)*

Für die Menschen in der ehemaligen DDR waren die Kirchenräume oft der einzige Ort, an dem Versammlungen möglich waren, die politische Ziele außerhalb der staatlich vorgegebenen Orientierung in den Blick nahmen. Auch in der DDR gab es eine starke Friedensbewegung, die sich vor allem auch auf kirchliche Infrastruktur stützen konnte.

Neben der Friedensbewegung haben sich Christen vor allem auch in der so genannten Dritte-Welt-Bewegung wiedergefunden. Die von der lateinamerikanischen Befreiungstheologie angewandte Dependenztheorie zur Erklärung von Unterentwicklung deutet die Armut der Dritten Welt als Folge kolonialer und neokolonialer Ausbeutungsstrukturen. Das Engagement für die Lebenschancen der Menschen in den Armen Ländern ist somit keine Frage des caritativen Erbarmens, sondern eine Frage wiederherzustellender Gerechtigkeit.

Die dritte große Gruppe von Bewegungen bildet die Ökologiebewegung, die angesichts der katastrophalen Folgen industriellen Wirtschaftens für die Natur für den Erhalt der natürlichen Lebensgrundlagen kämpft.

Schließlich hat sich die Bewegung für die Gleichberechtigung von Frauen als mächtiger gesellschaftlicher Impulsgeber erwiesen. Friedens-, Drittwelt- und Ökologiebewegung spiegeln ihre Hauptanliegen in dem Motto des konziliaren Prozesses: Für Frieden, Gerechtigkeit und Bewahrung der Schöpfung. Die Frauenbewegung hat über die feministische Theologie Einfluss auf die Kirchen genommen.

Basisgemeinden
Das Beispiel der Kirchen in Lateinamerika ließ auch in Europa das Bedürfnis nach Formen gemeindlichen Lebens entstehen, die das Maß an Verbindlichkeit und Wechselseitigkeit, das die normale Pfarrgemeinde prägt, bei weitem übersteigen. In unterschiedlichen Graden gehen die Mitglieder von Basisgemeinden füreinander und miteinander Verpflichtungen ein und bemühen sich um ein gemeinsames Leben aus christlicher Spiritualität und Weltverantwortung.

Gemeinschaften
Bereits in der Armutsbewegung des 13. Jahrhunderts entstanden Bünde und Zusammenschlüsse von Christen, die sich zu einer bestimmten Form spirituellen und praktischen Christseins vereinigten. Heute existiert in der katholischen Kirche eine Vielzahl von Gesellschaften und Vereinigungen, die in bestimmte Spiritualitäts- und Glaubenspraxen einführen wollen. Die 1943 gegründete Fokular-Bewegung umfasst heute knapp 100 000 Mitglieder weltweit. Ähnlich wie die Fokular-Bewegung vereint auch die 1919 gegründete Schönstatt-Bewegung weltweit etwa 100 000 Ordensleute, Familien und katholische Männer und Frauen.

Die 1928 in Madrid gegründete Bewegung „Opus Dei" verfolgt grundsätzlich ähnliche Ziele wie die anderen genannten Bünde. Sie ist allerdings in den Verdacht geraten, aus einer elitären Grundhaltung heraus kirchliche Einrichtungen und Gruppen dominieren zu wollen. Das Beispiel macht deutlich, dass für das gedeihliche Zusammenwirken innerkirchlicher Gruppen eine Aufsicht im Sinne der kirchlichen Einheit unerlässlich ist. Diese Aufsicht wird naturgemäß durch den Bischof ausgeübt, in dessen Jurisdiktionsbezirk die betreffende Gruppe aktiv ist.

Pfarrgemeinden
Nach dem II. Vaticanum ist auf vielfältige Weise der Versuch unternommen worden, die juridisch-administrativen Pfarrbezirke zu Orten echter christlicher Spiritualität und praktischen christlichen Lebens zu gestalten. Unter dem Stichwort *„Aus Pfarreien werden Gemeinden"* wurden die alten Verwaltungsbezirke an dem Ideal neutestamentlich-paulinischer Gemeindlichkeit gemessen (Mette/121).

Diese neue Aufwertung der Pfarrei zum paradigmatischen Ort der Kirchlichkeit hat zum Teil erheblich schädliche Wirkungen auf die kirchliche Verbands- und Vereinsarbeit gehabt. Auch wurden die Seelsorger durch die hochgespannten Erwartungen an den Gemeindecharakter ihrer Pfarrbezirke nicht selten überfordert.

Dennoch ist der Aufbau stärkerer persönlicher Bezüge zur eigenen Pfarrei die einzige Möglichkeit, wie sich für eine Mehrzahl der Christen in einer sich immer stärker segmentierenden Gesellschaft eine dauerhafte Kirchenbindung aufbauen kann. Die Umwandlung der Verwaltungsbezirke in Räume geteilten und im Glauben gedeuteten alltäglichen Lebens ist ein alternativloses Programm.

b) Einige Prinzipien kirchlichen Lebens

Der Blick auf die zeitgenössischen Gestalten kirchlichen Lebens offenbart einen beachtlichen Pluralismus. Dies ist vor allem für Menschen verwirrend, die noch stark geprägt sind von einer hohen Geschlossenheit des katholischen Milieus von der Mitte des 19. bis zur Mitte des 20. Jahrhunderts. Die schlimmste Gefahr angesichts der pluralen Situation der Kirche ist eine Mentalität der „Exkommunikation" des jeweils Anderen. Eine solche würde das größere Gottesprojekt Kirche mit der jeweils eigenen kleinen und engen Erfahrungswelt identifizieren. Eine solche Identifikation aber entbehrt jeder Legitimität. Die Kirche ist dezidiert nicht auf bestimmte Stile und Milieus festgelegt. Als Tradentin des Glaubens deutet sie diesen Glauben unter den verschiedensten lebensweltlichen Vorzeichen und bringt auf diese Weise eine zutiefst legitime Gestalt der vielfältigsten Ausdrucks- und Denkformen der Glaubenstradition hervor.

Legitimer Pluralismus

Das dieser Situation angemessene Verhalten ist der Respekt vor der Glaubensäußerung des jeweils Anderen. Dieser Respekt allerdings darf nicht getragen sein von der letztlich bürgerlichen Grundüberzeugung, dass das Denken und Deuten des Anderen eigentlich eine private und somit unwichtige und beliebige Angelegenheit sei. Der Respekt vor dem Glauben des Anderen fordert das neugierige Interesse am Glauben des Anderen. Eben weil der Glaube das Lebensmedium der Kirche ist, deshalb ist weder der eigene noch der Glaube des Anderen beliebig. Der pluralen Grundsituation moderner Kirchlichkeit entspricht eine Grundhaltung der dialogischen Offenheit, in der Christen einander ihre Beweggründe und Überzeugungen erläutern. Ein solcher Dialog kann ein wichtiger Beitrag sein zur verstehenden Weitergabe des Glaubens. Wo von der Forderung eines solchen Dialoges über den Glauben dispensiert wird mit dem Hinweis, der Glaube stehe unwandelbar fest, da besteht die Gefahr, dass die faktische geschichtliche und intellektuelle Entwicklung das vermeintlich Unwandelbare zu einer unverstandenen, unverstehbaren und so letztlich auch nicht mehr tradierbaren Wirklichkeit entfremdet. Die Kirche befindet sich notwendig in einem ständigen Prozess der Neuaufnahme ihres eigenen Glaubens, der immer auch ein Prozess der Neudeutung ist.

Respekt und Dialog

Dialog im wechselseitigen Respekt voreinander als Lebensmedium einer Kirche, die sich der Notwendigkeit ihres immer neuen Geborenwerdens aus dem Gebet, dem Tun des Gerechten unter den Menschen und der gläubigen Reflexion bewusst ist, bildet die Grundlage einer innerkirchlichen Kultur der Meinungsfreiheit. Die innerkirchliche Meinungsfreiheit kann allerdings nicht jenen absoluten Charakter annehmen wie die Meinungsfreiheit in der bürgerlichen Gesellschaft: Die Überzeugung von der Inkarnation des göttlichen Wortes in der Geschichte begründet einen letzten und radikalen Wahrheitsernst, der ein frivoles Spiel mit Meinungen ver-

Meinungsfreiheit in der Kirche

bietet. Die Kirche steht unter der Verpflichtung zur Wahrheit. Wo in ihr dennoch der Respekt vor der Meinung des Anderen aufgebracht wird, da setzt dies voraus, dass Christen in einer tiefen Skepsis gegenüber der eigenen Einsicht erwägen, dass der Andere mit seiner anderen Einsicht möglicherweise doch der Forderung des sich inkarnierenden Gotteswortes eher entspricht. Meinungsfreiheit beruht in ihrem kirchlichen Verständnis auf dem religiösen Akt der Verehrung gegenüber dem *Deus semper maior*.

Literaturverzeichnis

I. Kirchliche Dokumente

Zitation im Text mit den angegebenen Abkürzungen:

ASS   Acta Apostolicae Sedis
Enzykliken sowie Verlautbarungen der Kongregation für die Glaubenslehre werden jeweils mit ihren lateinischen Anfangsworten zitiert. Die Texte sind außer über die ASS in verschiedenen Übersetzungen einfach zugänglich über die Internetseite des Vatikan, http://www.vatican.va/.

BSLK   Die Bekenntnisschriften der evangelisch-lutherischen Kirche, hrsg. v. Deutschen Evangelischen Kirchenausschuss, Göttingen ¹¹1992.

CA   Confessio Augustana

CR   Catechismus Romanus

CIC   Codex Iuris Canonici, auctoritate Ioannis Pauli PP. II promulgatus, Liberia editrice Vaticana 1983 (aktuelle Lateinisch-deutsche Ausgabe mit Sachverzeichnis, Kevelaer ⁵2001).

DH   H. Denzinger, Kompendium der Glaubensbekenntnisse und kirchlichen Lehrentscheidungen, hrsg. v. P. Hünermann, Freiburg ³⁷1991.
Das Werk ist auch als CD-ROM erhältlich. Die Dokumente des Zweiten Vatikanischen Konzils werden jeweils mit ihren lateinischen Anfangsworten zitiert. Sie sind in Übersetzung zugänglich in:

LThK²E   Das Zweite Vatikanische Konzil. Dokumente, Dekrete und Erklärungen, Lateinisch und Deutsch, Freiburg 1966 (Ergänzungsbände zum LThK²)
sowie in:
K. Rahner/H. Vorgrimler, Kleines Konzilskompendium, Sämtliche Texte des Zweiten Vatikanums, Freiburg 1966 u. v. ö.
Letzteres Werk ist auch als CD-ROM erhältlich.

DwÜ   Dokumente wachsender Übereinstimmung. Sämtliche Berichte und Konsenstexte interkonfessioneller Gespräche auf Weltebene, 2 Bde., Paderborn/Frankfurt a.M. 1983 (Bd. 1) und 1992 (Bd. 2), *Bd. 3 in Vorbereitung.*

GE   Päpstlicher Rat zur Förderung der Einheit der Christen/Lutherischer Weltbund, „Gemeinsame Erklärung zur Rechtfertigungslehre", 1997. Textfassung u.a. in: P. Lüning u.a. (Hrsg.), Gerechtfertigt durch Gott – Die Gemeinsame lutherisch/katholische Erklärung. Eine Lese- und Arbeitshilfe, Paderborn 1999, S. 76–114.

KKK   Katechismus der Katholischen Kirche, München u.a. 1993.

MANSI   Sacrorum conciliorum nova et amplissima collectio, 53 Bde., Paris 1901–1927 (Nachdruck, Graz 1960/62).

II. Klassische theologische Texte

Zitation im Text mit den angegebenen Abkürzungen:

Sth   Summa theologiac, Lateinisch-deutsche Ausgabe in 36 Bänden, hrsg. v. d. Albertus-Magnus-Akademie, Graz–Wien–Köln 1933 ff.

KD   Barth, K., Kirchliche Dogmatik, 4 Bde. Zürich 1932–1970.

WA   Martin Luther, Kritische Gesamtausgabe *(= „Weimarer Ausgabe"),* Weimar 1883 ff. (Nachdruck 1961 ff.).

PG/PL   Migne, Patrologia Graeca/Patrologia Latina.

Zitation im Text in immanenter Zitierweise:
Augustinus, Confessiones.
Augustinus, De civitate Dei.
Apostolische Väter, hrsg. v. J. A. Fischer, Darmstadt 1993.
Bellarmin, Controversiae generales, in Opera omnia, Paris 1970/Frankfurt 1965, Bd. 1.
Calvin, J., Institutio christianae religionis, hrsg. O. Weber, Neukirchen ⁶1997.
Didaché (Zwölfapostellehre), hrsg. v. Klaus Wengst, Darmstadt 1984.
Eusebius von Cäsarea, Kirchengeschichte, hrsg. v. H. Kraft, München 1968.
Hippolytus von Rom, Traditio Apostolica.
Hugo v. St. Victor, De sacramentis.
Irenäus von Lyon, Adversus haereses I–IV, hrsg. N. v. Brox, Freiburg 1993 (= Fontes Christiani).
Petrus Lombardus, Die vier Bücher der Sentenzen.
(Pseudo-)Dionysius Areopagita, Über die himmlische Hierarchie, hrsg. v. G. Heil, Stuttgart 1986.
Tertullian, De praescriptione haereticorum, hrsg. v. E. Preuschen, Tübingen 1970.
Vinzenz von Lérins, Commonitoria pro catholica fidei antiquitate et universitate adversus profanas omnium haereticorum novitates, hrsg. Jülicher, Tübingen 1925.

III. Lexika-, Handbuchliteratur und Quellensammlungen

1. Congar, Y., Die Lehre von der Kirche. Von Augustinus bis zum Abendländischen Schisma (= HDG III/3c), Freiburg 1971.
2. Ders., Die Lehre von der Kirche. Vom Abendländischen Schisma bis zur Gegenwart (= HDG III/3d), Freiburg 1971.
3. Dias, P., Ekklesiologie. Von der Hl. Schrift bis zur Frühpatristik (= HDG III/3a), Freiburg 1974.
4. Ebeling, G., Gemeinschaft des Glaubens, in: ders., Dogmatik des christlichen Glaubens, 3 Bde., Bd. 3, Tübingen ³1993, S. 331–384.
5. Grillmeyer, A., Kommentar zum I. Kapitel [des Konzilsdekretes „Lumen gentium"], in: LthK²E I (Freiburg 1966), S. 156–175.
6. Kehl, M., Kirche als Institution, in: HFTh III, S. 126–142.
7. Lohfink, G., Jesus und die Kirche, in: HFTh III, S. 27–60.
8. Magaña, A. Q., Ekklesiologie in der Theologie der Befreiung, in: I. Ellacuría/J. Sobrino (Hrsg.), Mysterium Liberationis. Grundbegriffe der Theologie der Befreiung, Bd. 1 (Luzern 1990), S. 243–262.
9. Meyer zu Schlochtern, J., Kirchenbegriffe – Kirchenverständnisse – Kirchenmetaphern. Zur Diskussion um den sprachlogischen Status ekklesiologischer Aussagen, in: K. Müller (Hrsg.), Fundamentaltheologie. Fluchtlinien und gegenwärtige Herausforderungen, München 1998, S. 411–426.
10. Neuner, P., Ekklesiologie (TzT, D 5,1–2), 2 Bde., Graz 1994.
11. Ders., Ekklesiologie – Die Lehre von der Kirche, in: W. Beinert, Glaubenszugänge. Lehrbuch der katholischen Dogmatik, Bd. 2, Paderborn 1995, S. 401–585.
12. Pannenberg, W., Systematische Theologie, 3 Bde., Bd. 3, Göttingen 1993.
13. Pottmeyer, H. J., Bischof, LThK³ II (1994), Sp. 481–488.
14. Ders., Die Frage nach der wahren Kirche, in: HFTh III, S. 159–184.
15. Roloff, J., Apostel, in: TRE III, S. 530–445.
16. Semmelroth, O., Die Kirche als Sakrament des Heils, in: MySal IV/1, S. 309–356.
17. Sieben, H. J., Konzil. I. Geschichtliche Entwicklung, LThK³ VI, Sp. 345–348.
18. Voss, G., Una Sancta, in: LThK³ X, S. 374.
19. Werbick, J., Fundamentaltheologische Ekklesiologie: Der Streit um die unmögliche Institution, in: K. Müller (Hrsg.) [vgl. Nr. 9], S. 389–410.
20. Ders., Präskriptionsargument, in: LThK³ VIII, S. 516f.
21. Wiedenhofer, S., Ekklesiologie, in: Th. Schneider (Hrsg.), Handbuch der Dogmatik, 2 Bde., Düsseldorf 1992, S. 47–155.

IV. Monographien zur Ekklesiologie

22. Boff, L., Die Kirche als Sakrament im Horizont der Welterfahrung. Versuch einer Strukturfunktionalistischen Grundlegung der Kirche im Anschluß an das II. Vatikanische Konzil, Paderborn 1972.
23. Ders., Die Kirche: Charisma und Macht, Düsseldorf 1985.
24. Döring, H., Grundriß der Ekklesiologie. Zentrale Aspekte des katholischen Selbstverständnisses und ihre ökumenische Relevanz, Darmstadt 1986.
25. Dulles, A., Models of the church, expanded edition, New York 1987.
26. Hünermann, P., Ekklesiologie im Präsens. Perspektiven. Münster 1995.
27. Ders., Theorie der Sprachhandlung und heutige Ekklesiologie. Ein philosophisch-theologisches Gespräch, Freiburg 1987.
28. Kehl, M., Die Kirche. Eine katholische Ekklesiologie. Würzburg 1992.
29. Kolping, A., Kirche – Die komplexe Wirklichkeit. Eine Auswahl von Aufsätzen 1928/29–1978, Münster 1989.
30. Kreck, W., Grundfragen der Ekklesiologie. München 1981.
31. Kühn, U., Kirche, Gütersloh 1980 (= Handbuch Systematischer Theologie, Bd. 10).
32. Loisy, A., L'Evangile et l'Eglise, Paris 1902. [deutsch, Evangelium und Kirche, München 1904].
33. Moltmann, J., Kirche in der Kraft des Geistes. Ein Beitrag zur messianischen Ekklesiologie, München 1975.
34. Staniloae, D., Das Erlösungswerk Christi im Vollzug, in: ders., Orthodoxe Dogmatik, 2 Bde., Zürich 1984 und 1990, Bd. 2, S. 153–305.
35. Volf, M., Trinität und Gemeinschaft. Eine ökumenische Ekklesiologie, Mainz/Neukirchen-Vluyn 1996.
36. Wiedenhofer, S., Das katholische Kirchenverständnis. Ein Lehrbuch der Ekklesiologie, Graz 1992.

37. Werbick, J., Kirche. Ein ekklesiologischer Entwurf für Studium und Praxis, Freiburg 1994.
38. Zirker, H., Ekklesiologie, Düsseldorf 1984.

V. Ekklesiologische Einzelthemen

1. Historische Perspektive

39. Angenendt, A., Das Frühmittelalter. Die abendländische Christenheit von 400–900, Stuttgart–Berlin–Köln 1990.
40. Berger, K., Theologiegeschichte des Urchristentums. Theologie des Neuen Testaments, Tübingen ²1995.
41. Blumenthal, U.-R., Gregor VII. Papst zwischen Canossa und Kirchenreform, Darmstadt 2001.
42. Bouyer, L., Die Kirche I. Ihre Selbstdeutung in der Geschichte, Einsiedeln 1977, S. 69 f.
43. Busse, U., Apollos: ein Geist-licher im Lernprozeß (Apg 18,24–28), in: Mysterium Regni – Mysterium Verbi (FS V. Fusco), Bologna 2001, S. 517–527.
44. Camelot, P.-Th., Ephesus und Chalcedon, Mainz 1963.
45. Claußen, C., Versammlung, Gemeinde, Synagoge. Das hellenistisch-judenchristliche Umfeld der frühchristlichen Gemeinden, Göttingen 2002.
46. Congar, Y., Ecclesia ab Abel, in: M. Redinger, Abhandlungen über Theologie und Kirche, Düsseldorf 1952, S. 79–108.
47. Damberg, W., Abschied vom Milieu? Katholizismus im Bistum Münster und den Niederlanden 1945–1980, Paderborn 1980.
48. Dormeyer, D., Das Werden der Catholica – Neutestamentliche Thesen. in: A. Franz (Hrsg.), Was ist heute noch katholisch? Zum Streit um die innere Einheit der Kirche, Freiburg 2001, S. 17–35.
49. Frank, K. S., Grundzüge der Geschichte der Alten Kirche, Darmstadt ³1993.
50. Geerlings, W., Dialogische Strukturen in der alten Kirche. in: G. Fürst (Hrsg.), Dialog als Selbstvollzug der Kirche, Freiburg 1997, S. 71–92.
51. Gnilka, J., Die Kollekte der paulinischen Gemeinden für Jerusalem als Ausdruck ekklesialer Gemeinschaft, in: R. Kampling/Th. Söding (Hrsg.) [vgl. Nr. 56], S. 301–315.
52. Foreville, R., Lateran I, II, III und Lateran IV, Mainz 1965.
53. Jungmann, J. A., Liturgie der christlichen Frühzeit. Bis auf Gregor den Großen, Fribourg 1967.
54. Hainz, J., Koinonia. „Kirche" als Gemeinschaft bei Paulus, Regensburg 1982.
55. Hoffmann, J., Ursprung und Strukturen der Kirche, in: P. Eicher (Hrsg.), Neue Summe Theologie, Freiburg 1989, 3 Bde., Bd. III, S. 25–86.
56. Kampling, R./Th. Söding (Hrsg.), Ekklesiologie des Neuen Testaments, Freiburg 1996.
57. Kertelge, K., Volk Gottes als ekklesiologischer Leitbegriff im Neuen Testament, in: Neuner, P./D. Ritschl (Hrsg.) [vgl. Nr. 196], S. 50–59.
58. Klinger, E., Ekklesiologie der Neuzeit. Grundlegung bei Melchor Cano und Entwicklung bis zum 2. Vatikanischen Konzil, Freiburg 1978.
59. Knoch, W., Die Frühscholastik und ihre Ekklesiologie. Eine Einführung, Paderborn 1992.
60. Kohlgraf, P., Die Ekklesiologie des Epheserbriefes in der Auslegung durch Johannes Chrysostomus. Eine Untersuchung zur Wirkungsgeschichte paulinischer Theologie, Bonn 2001.
61. Kollmann, B. (Hrsg.), Antikes Judentum und frühes Christentum. FS für H. Stegemann, Berlin 1999.
62. Lammenais, H. F. R., Essai sur l'indifference en matière de la religion, Paris 1818.
63. Lohfink, G., Braucht Gott die Kirche? Zur Theologie des Volkes Gottes, Freiburg 1998.
64. Lohfink, G., Die Sammlung Israels. Eine Untersuchung zur lukanischen Ekklesiologie (Studien zum Alten und zum Neuen Testament, Bd. 39) München 1975.
65. Lutterbach, H., Sexualität im Mittelalter. Eine Kulturstudie anhand von Bußbüchern des 6. bis 12. Jahrhunderts, Köln 1999, S. 80–96.
66. Ders., Gotteskindschaft. Kultur- und Sozialgeschichte eines christlichen Ideals, Freiburg 2003.
67. Meeks, W. A., Urchristentum und Stadtkultur. Die soziale Welt der paulinischen Gemeinden, Gütersloh 1993.
68. Meier, K., Volkskirche 1918–1945. Ekklesiologie und Zeitgeschichte, München 1982.
69. Neuner, P., Stationen einer Kirchenspaltung. Der Fall Döllinger – ein Lehrstück für die heutige Kirchenkrise, Frankfurt 1990.
70. Rahner, H., Die Märtyrerakten des zweiten Jahrhunderts, Freiburg ²1954.
71. Ders., Symbole der Kirche. Die Ekklesiologie der Väter, Salzburg 1964.
72. Rahner, K., Frühe Bußgeschichte in Einzeluntersuchungen, in: ders., Schriften zur Theologie, Bd. 11 (Einsiedeln 1973).

73. Ruster, Th., Die verlorene Nützlichkeit der Religion. Katholizismus und Moderne in der Weimarer Republik, Paderborn 1994.

74. Schrader, C., De corpore Christi mystico sive de ecclesia Christi theses. Die Christologie des Konzilstheologen Clemens Schrader, hrsg. v. H. Schnauf, Freiburg 1959.

75. Schleiermacher, F., Über die Religion. Reden an die Gebildeten unter ihren Verächtern, Stuttgart 1969 (nach der Ausgabe von Berlin 1799).

76. Theißen, G., Soziologie der Jesusbewegung. Ein Beitrag zur Entstehung des Urchristentums, München ⁵1988.

77. Trummer, P., „... dass alle eins sind!". Neue Zugänge zu Eucharistie und Abendmahl, Düsseldorf 2001.

78. Wagner, H., Die eine Kirche und die vielen Kirchen. Ekklesiologie und Symbolik beim jungen Möhler, Paderborn 1977.

2. Konfessionskunde

79. Algermissen, K., Konfessionskunde, Neubearbeitung v. H. Fries u. a., Paderborn ⁷1957.

80. Johann-Adam-Möhler-Institut (Hrsg.), Kleine Konfessionskunde, Paderborn 1996.

3. Kirchenbegriffe und -modelle

81. Beinert, W., Die Sakramentalität der Kirche im theologischen Gespräch, in: Theologische Berichte, Zürich 1980, S. 13–66.

82. Breuning, W., Communio Christi. Zur Einheit von Christologie und Ekklesiologie, hrsg. v. J. Herberg, Düsseldorf 1980.

83. Diez, K., „Ecclesia non est Civitas Platonica". Antworten katholischer Kontroverstheologen des 16.Jahrhunderts auf Martin Luthers Anfrage an die „Sichtbarkeit" der Kirche, Frankfurt a. M. 1997.

84. Feckes, C., Das Mysterium der hl. Kirche. Ihr Sein und Wirken im Organismus der Übernatur, Paderborn 1935.

85. Hauser, M. (Hrsg.), Unsichtbare oder sichtbare Kirche? Beiträge zur Ekklesiologie, Freiburg 1992.

86. Herms, E., Erfahrbare Kirche. Beiträge zur Ekklesiologie, Tübingen 1990.

87. Hilberath, B. J., Communio hierarchica. Historischer Kompromiß oder hölzernes Eisen, in: ThQ 177 (1997), S. 202–219.

88. Ders., Vom Heiligen Geist des Dialogs. Das dialogische Prinzip in Gotteslehre und Heilsgeschehen, in: [vgl. Nr. 88], S. 93–116.

89. Ders., Vorgaben für die Ausarbeitung einer Communio-Ekklesiologie, in: ders. (Hrsg.), Communio – Ideal oder Zerrbild von Kommunikation, Freiburg 1999.

90. Holze, H. (Hrsg.), Die Kirche als Gemeinschaft. Lutherische Beiträge zur Ekklesiologie, Stuttgart 1998.

91. Kasper, W., Die Kirche als universales Sakrament des Heils, in: E. Klinger/K. Wittstadt (Hrsg.), Glaube im Prozeß, Freiburg 1984, S. 221–239.

92. Ders., Kirche als Communio. Überlegungen zur ekklesiologischen Leitidee des Zweiten Vatikanischen Konzils, in: ders., Theologie und Kirche, Mainz 1987.

93. Kehl, M., Kirche als Institution. Zur theologischen Begründung des institutionellen Charakters der Kirche in der neueren deutschsprachigen katholischen Ekklesiologie, Frankfurt 1976.

94. Kreiml, J., Die Selbstoffenbarung Gottes in Jesus Christus. Zur Christologie und Ekklesiologie Romano Guardinis, Regensburg 2001.

95. Lien, F.-L., Die Ekklesiologie in der Theologie Karl Rahners. Mit besonderem Hinblick auf das Problem der interkulturellen und interreligiösen Vermittlung des Christentums, Ammersbek bei Hamburg 1990.

96. Meyer zu Schlochtern, J., Sakrament Kirche. Wirken Gottes im Handeln der Menschen, Freiburg 1992.

97. Möhler, J. A., Die Einheit der Kirche. Oder das Prinzip des Katholizismus. Dargestellt im Geiste der Kirchenväter der ersten drei Jahrhunderte, hrsg. v. J. R. Geiselmann, Köln/Olten 1956.

98. Neuner, P., Das Dialogmotiv in der Lehre der Kirche, in: G. Fürst (Hrsg.), [vgl. Nr. 88], S. 47–69.

99. Nitsche, B., Die Analogie zwischen trinitarischem Gottesbild und der communialen Struktur von Kirche. Desiderat eines Forschungsprogrammes zur Communio-Ekklesiologie, in: B. J. Hilberath (Hrsg.), [vgl. Nr. 89], S. 81–135.

100. Ratzinger, J., Theologische Prinzipienlehre, München 1982.

101. Ders., Die Ekklesiologie des Zweiten Vatikanischen Konzils, in: ders., Kirche, Ökumene, Politik, Einsiedeln 1987, S. 13–27.

102. Scharr, P., Consensus fidelium. Zur Unfehlbarkeit der Kirche aus der Perspektive einer Konsenstheorie der Wahrheit, Würzburg 1992.

103. Senn, F., Orthopraktische Ekklesiologie. Karl Rahners Offenbarungsverständnis und seine Konsequenzen im Kontext der neueren katholischen Theologiegeschichte, Fribourg, 1989.
104. Strunk, R., Politische Ekklesiologie im Zeitalter der Revolution, München 1971.
105. Volf, M., Trinität und Gemeinschaft. Eine ökumenische Ekklesiologie, Mainz 1996.
106. Weiler, Th., Volk Gottes – Leib Christi. Die Ekklesiologie Joseph Ratzingers und ihr Einfluß auf das Zweite Vatikanische Konzil, Mainz 1997.
107. Wassilowsky, G., Universales Heilssakrament Kirche. Karl Rahners Beitrag zur Ekklesiologie des II. Vatikanums, Innsbruck 2001.
108. Wendebourg, E. W., Die Christusgemeinde und ihr Herr. Eine kritische Studie zur Ekklesiologie Karl Barths, Berlin/Hamburg 1967.

4. Kirche und Judentum

109. Gräbe, P. J., Kainh. diaqh,kh in der paulinischen Literatur. Ansätze zu einer paulinischen Ekklesiologie, in: R. Kampling/Th. Söding (Hrsg.) [vgl. Nr. 56], S. 267–287.
110. Hermle, S., Evangelische Kirche und Judentum. Stationen nach 1945, Göttingen 1980.
111. Lévinas, E., Schwierige Freiheit. Versuch über das Judentum, Frankfurt 1996.
112. Lohfink, N., Der niemals gekündigte Bund. Exegetische Gedanken zum christlich-jüdischen Dialog, Freiburg 1989.
113. Mußner, F., Kirche und Judentum, in: Communio IZkTh 24 (1995), S. 234–247.
114. Nützel, Johannes M., Gottesvolk aus Juden und Heiden. Zum Selbstverständnis der Christen in der Johannes-Apokalypse, in: R. Kampling/Th. Söding (Hrsg.) [vgl. Nr. 56], S. 458–478.
115. Rendtorff, R. (Hrsg.), Die Kirchen und das Judentum. Dokumente von 1945–1985, Paderborn 1989.
116. Theißen, G., Aporien im Umgang mit den Antijudaismen des Neuen Testaments, in: E. Blum u. a. (Hrsg.), Die Hebräische Bibel und ihre zweifache Nachgeschichte, Neukirchen/Vluyn 1990, S. 535–553.
117. Zenger, E., (Hrsg.), Der Neue Bund im Alten. Zur Bundestheologie der beiden Testamente, Freiburg 1993.

5. Lebensvollzüge der Kirche

118. Balthasar, H. U. v., Casta meretrix, in: ders., Sponsa verbi, Einsiedeln [3]1975, S. 203–305.
119. Barth, Th., Elemente und Typen landeskirchlicher Leitung, Tübingen 1995.
120. Legrand, H., Die Gestalt der Kirche, in: P. Eicher (Hrsg.), Neue Summe Theologie, Freiburg 1989, 3 Bde., Bd. III, S. 87–184.
121. Mette, N. (Hrsg.), Wie wir Gemeinde wurden. Lernerfahrungen und Erneuerungsprozesse in der Volkskirche, Mainz 1982.
122. Müller, G. (Hrsg.), Erinnern und Versöhnen. Die Kirche und ihre Verfehlungen in der Vergangenheit. Von der internationalen katholischen Kommission, Einsiedeln 2000.
123. Rahner, K., Das Dynamische in der Kirche, Freiburg 1958.
124. Ders., Strukturwandel der Kirche als Aufgabe und Chance, Freiburg 1972.
125. Ders., Über den Begriff des „Jus divinum" im katholischen Verständnis, in: ders., Schriften zur Theologie V (Freiburg 1962), S. 249–27.
126. Ratzinger, J., Der Geist der Liturgie. Eine Einführung, Freiburg 2000.
127. Suess, P., Weltweit artikuliert, kontextuell verwurzelt. Theologie und Kirche Lateinamerikas vor den Herausforderungen des „dritten Subjekts". Zeugnisse, Analysen, Perspektiven, Frankfurt 2001.

8. Theologie des Amtes

128. Balthasar, H. U. v., Der Priester im Neuen Testament. Eine Ergänzung, in: GuL 43 (1970), S. 39–45.
129. Barth, H.-M., Einander Priester sein. Allgemeines Priestertum der Gläubigen in ökumenischer Perspektive, Göttingen 1989.
130. Bausenhart, G., Das Amt in der Kirche. Eine not-wendige Neubestimmung, Freiburg 1999.
131. Congar, Y., Der Laie. Entwurf einer Theologie des Laientums, Köln [3]1964, [urspr. Paris 1952, erste Übersetzung, Köln 1952].
132. Evangelische Kirche in Deutschland, Der evangelische Diakonat als geordnetes Amt in der Kirche. Ein Beitrag der theologischen Kammer der Evangelischen Kirche in Deutschland, Hannover 1996.
133. Friedli, M. (Hrsg.), Im Zeichen des dienenden Christus. 25 Jahre erneuerter Diakonat, Bergisch-Gladbach 1990.
134. Gestrich, Chr., Kirche, Amt, Primat. Was verbindet und was trennt? Ökumenische Refle-

xionen aus evangelischer Sicht, in: E. Puls-
fort/R. Hanusch (Hrsg.), Von der Gemeinsamen Erklärung zum gemeinsamen Herrenmahl. Perspektiven der Ökumene im 21. Jahrhundert, Regensburg 2002, S. 77–102.

135. Globig, Chr., Frauenordination im Kontext der
lutherischen Ekklesiologie, Göttingen 1994.

136. Greshake, G., Priester sein. Zur Theologie des
priesterlichen Amtes, Freiburg 1982 (²2001).

137. Goertz, H., Allgemeines Priestertum und ordi-
niertes Amt bei Luther, Marburg 1997.

138. Heid, St., Zölibat in der frühen Kirche, Paderborn 1997.

139. Hintzen, G., Das allgemeine Priestertum aller
Gläubigen und das besondere Priestertum des
Dienstes in der ökumenischen Diskussion, in:
Catholica 45 (1991), S. 44–77.

140. Hünermann, P. (Hrsg.), Diakonat. Ein Amt für
Frauen in der Kirche – ein frauengerechtes
Amt?, Ostfildern 1997.

141. Kasper, W., Sein und Sendung des Priesters.
Gedanken über die Zukunft des priesterlichen
Dienstes, in: ders., Zukunft aus dem Glauben,
Mainz 1978, S. 85–112.

142. Ders., Die apostolische Sukzession als öku-
menisches Problem, in: W. Pannenberg
(Hrsg.), Lehrverurteilungen kirchentrennend?,
Bd. 3 (Materialien zur Lehre von den Sakra-
menten und vom kirchlichen Amt) Freiburg–
Göttingen 1990, S. 329–349.

143. Meyer, H. B., Laien als liturgische Vorsteher:
Stellen wir die richtigen Fragen? Eine Einführung, in: Richter, K./Klöckner, M. (Hrsg.), [vgl.
152], S. 11–19.

144. Morche, M., Zur Erneuerung des ständigen
Diakonats. Ein Beitrag zur Geschichte unter
besonderer Berücksichtigung der Arbeit des
Internationalen Diakonenzentrums in seiner
Verbindung mit dem Deutschen Caritasver-
band, Freiburg 1996.

145. Müller, G. L., Der Empfänger des Weihesakramentes. Quellen zur Lehre und Praxis der Kirche, nur Männern das Weihesakrament zu
spenden, Würzburg 1999.

146. Müller, J., In der Kirche Priester sein. Das
Priesterbild der deutschsprachigen katholischen Dogmatik des 20. Jahrhunderts, Würzburg 2001.

147. Möbs, U., Das kirchliche Amt bei Karl Rahner.
Eine Untersuchung der Amtsstufen und ihrer
Ausgestaltung, Paderborn 1992.

148. Rahner, K., Der theologische Ansatzpunkt für
die Bestimmung des Wesens des Amtspriestertums, in: ders., Schriften zur Theologie IX (Einsiedeln 1970), S. 366–372.

149. Ders., Weihe im Leben und in der Reflexion
der Kirche, in: ders., Schriften zur Theologie
IV (Einsiedeln 1980), S. 113–131.

150. Reininger, D., Diakonat der Frau in der einen
Kirche: Diskussionen, Entscheidungen und
pastoral praktische Erfahrungen in der christlichen Ökumene und ihr Beitrag zur römisch-
katholischen Diskussion, Ostfildern 1999.

151. Rheinbay, G., Das ordentliche Lehramt in der
Kirche. Die Konzeption Papst Pius' XII. und
das Modell Karl Rahners im Vergleich, Trier
1988.

152. Richter, K./Klöckner, M. (Hrsg.), Wie weit
trägt das allgemeine Priestertum der Gläubigen? Liturgischer Leitungsdienst zwischen Ordination und Beauftragung, Freiburg
1998.

153. Sattler, D., Kirche – Amt – Primat. Ökumenische Perspektiven in der Ekklesiologie aus römisch-katholischer Sicht, in: E. Pulsfort/R. Hanusch (Hrsg.), [vgl. Nr. 134], S. 57–76.

154. Schillebeeckx, E., Das kirchliche Amt, Düsseldorf 1981.

155. Vorgrimler, H., Liturgische „Laien"-Dienste
zwischen Weihe und Beauftragung, in: Richter, K./Klöckner, M. (Hrsg.), [vgl. Nr. 152],
S. 86–106.

9. Theologie des Petrusdienstes

156. Gnilka, J., Der Petrusdienst – Grundlegung im
Neuen Testament und Ausprägung in der frü-
hen Kirche, in: P. Hünermann (Hrsg.), Papst-
amt und Ökumene. Zum Petrusdienst an der
Einheit aller Getauften, Regensburg 1997,
S. 9–24.

157. Horst, U., Unfehlbarkeit und Geschichte. Studien zur Unfehlbarkeitsdiskussion von Melchor Cano bis zum I. Vatikanischen Konzil,
Mainz 1982.

158. Hünermann, P., „Una cum". Zu den Funktionen des Petrusdienstes aus katholischer Sicht,
in: ders. [vgl. Nr. 156], S. 80–101.

159. Hünermann, P., Gesucht: Ein neues Paradig-
ma des Petrusdienstes, in: H. Schütte (Hrsg.),
Im Dienst der einen Kirche. Ökumenische
Überlegungen zur Reform des Papstamtes,
Paderborn 2000, S. 189–218.

160. Kasper, W., Das Petrusamt aus ökumenischer
Perspektive, in: S. Hell/L. Lies (Hrsg.), Papstamt. Hoffnung, Chance, Ärgernis. Ökumenische Diskussion in einer globalisierten Welt,
Innsbruck 2000, S. 211–236.

161. Klausnitzer, W., Päpstliche Unfehlbarkeit bei

Newman und Döllinger. Ein historisch-systematischer Vergleich, Innsbruck 1980.

162. Klausnitzer, W., Das Papstamt im Disput zwischen Lutheranern und Katholiken. Schwerpunkte von der Reformation bis zur Gegenwart, Innsbruck 1987.

163. Körtner, U., Braucht die Kirche ein Amt der Einheit? in: S. Hell/L. Lies (Hrsg.), [vgl. Nr. 160], S. 97–114.

164. Kühn, U., Gesamtkirchlicher Petrusdienst? – Evangelische Erwartungen, in: H. Schütte (Hrsg.), [vgl. Nr. 159], S. 159–172.

165. Küng, H., Unfehlbar? Eine Anfrage, Zürich 1970.

166. Larentzakis, G., Das Papstamt aus orthodoxer Sicht, in: S. Hell/L. Lies (Hrsg.), [vgl. Nr. 160], S. 115–146.

167. Lüchinger, A., Päpstliche Unfehlbarkeit bei Henry Edward Manning und John Henry Newman, Fribourg 2001.

168. Meyer, H., Der päpstliche Primat im katholisch-lutherischen Dialog, in: H. Schütte (Hrsg.), [vgl. Nr. 159], S. 131–158.

169. Pannenberg, W., Evangelische Überlegungen zum Petrusdienst des römischen Bischofs, in: P. Hünermann (Hrsg.), [vgl. Nr. 156], S. 43–60.

170. Pottmeyer, H. J., Die Rolle des Papsttums im dritten Jahrtausend, Freiburg 1999.

171. Ders., Unfehlbarkeit und Souveränität. Die päpstliche Unfehlbarkeit im System der ultramontanen Ekklesiologie des 19. Jahrhunderts, Mainz 1975.

172. Schütte, H., Um eine erneuerte Form der Primatsausübung, in: ders., Im Dienst der einen Kirche. Ökumenische Überlegungen zur Reform des Papstamtes, Paderborn 2000, S. 13–28.

173. Waldenfels, H., Mit dem Papst über das Papstamt sprechen, in H. Schütte (Hrsg.), [vgl. Nr. 159], S. 111–130.

174. Wenz, G., Das Petrusamt aus lutherischer Sicht, in: S. Hell/L. Lies (Hrsg.), [vgl. Nr. 160], S. 67–96.

VI. Kirche in ökumenischer Perspektive

175. Arbeitsgemeinschaft ökumenischer Universitätsinstitute (Hrsg.), Papstamt als ökumenische Frage, Mainz 1979.

176. Bilaterale Arbeitsgruppe der Deutschen Bischofskonferenz und der Kirchenleitung der Evangelisch-Lutherischen Kirche Deutschlands, Communio Sanctorum. Die Kirche als Gemeinschaft der Heiligen, Paderborn/Frankfurt ²2000.

177. Enns, F., Friedenskirchen in der Ökumene, Göttingen 2002.

178. Evangelische Kirche in Deutschland, Kirchengemeinschaft nach evangelischem Verständnis. Ein Votum zum geordneten Miteinander bekenntnisverschiedener Kirchen, Hannover 2001 (EKD-Texte 69).

179. Fries, H./Rahner, K., Einigung der Kirchen – Reale Möglichkeit?, Freiburg 1983.

180. Georgopoulou, N., Die kirchliche Einheit als freie Communio im Heiligen Geist, in: P. Hünermann (Hrsg.), [vgl. Nr. 156], S. 61–69.

181. Gaßmann, G., Konzeptionen der Einheit in der Bewegung für Glauben und Kirchenverfassung 1910–1937, Göttingen 1979.

182. Gemeinsame Römisch-Katholische/Evangelisch-Lutherische Kommission, Kirche und Rechtfertigung. Das Verständnis der Kirche im Licht der Rechtfertigungslehre, Paderborn 1994.

183. Heller, D. (Hrsg.), Das Wesen und die Bestimmung der Kirche. Ein Schritt auf dem Weg zu einer gemeinsamen Auffassung. Studiendokument von Glauben und Kirchenverfassung, Frankfurt 2000.

184. Kirchengemeinschaft in Wort und Sakrament. Dialogdokument der Bilateralen Arbeitsgruppe der Deutschen Bischofskonferenz und der Kirchenleitungen der Vereinigten Evangelisch-Lutherischen Kirche Deutschlands, Paderborn 1984.

185. Konidaris, G. J., Ökumenischer Dialog ohne „Konsensus". Wie kann die Una Sancta wiederhergestellt werden?, Würzburg 1983.

186. Körtner, U. H. J., Versöhnte Verschiedenheit. Ökumenische Theologie im Zeichen des Kreuzes, Bielefeld 1996.

187. Körtner, U. H. J., Vielfalt und Verbindlichkeit. Christliche Überlieferung in der pluralistischen Gesellschaft, Leipzig 2000.

188. Lehmann, K., Einheit der Kirche und Gemeinschaft im Herrenmahl. Zur neueren ökumenischen Diskussion um Eucharistie und Kirchengemeinschaft, in: Th. Söding (Hrsg.), Eucharistie. Katholische Positionen, Regensburg 2002, S. 141–177.

189. Lehmann, K./E. Schlink (Hrsg.), Das Opfer Jesu Christi und seine Gegenwart in der Kirche. Klärungen zum Opfercharakter des Herrenmahles, Freiburg/Göttingen 1983.

190. Lehmann, K./W. Pannenberg (Hrsg.), Lehrverurteilungen – kirchentrennend? Bd. 1, Göttingen/Freiburg 1986.

191. Lehrverurteilungen im Gespräch. Die ersten offiziellen Stellungnahmen aus den evangelischen Kirchen in Deutschland, Göttingen 1993.

192. Löser, W., Die Diskussion um die Eucharistiegemeinschaft in der katholischen Theologie, in: Th. Söding (Hrsg.), [vgl. Nr. 188], S. 178–203.

193. Lüning, P., Das ekklesiologische Problem des „subsistit in" (LG 8) im heutigen ökumenischen Gespräch, in: Catholica 52 (1998), S. 1–23.

194. Meyer, H., „Einheit in versöhnter Verschiedenheit" – „Konziliare Gemeinschaft" – „Organische Union". Gemeinsamkeiten und Differenz gegenwärtig diskutierter Einheitskonzeptionen, ÖR 26 (1977), S. 377–400.

195. Neuner, P., Chancen und Perspektiven der Abendmahlsgemeinschaft zwischen den Konfessionen, in: Th. Söding (Hrsg.), [vgl. Nr. 188], S. 204–228.

196. Neuner, P./D. Ritschl (Hrsg.), Kirchen in Gemeinschaft – Gemeinschaft in Kirchen. Studie des DÖSTA zu Fragen der Ekklesiologie, Frankfurt 1993.

197. Neuner, P., Ökumenische Theologie. Die Suche nach der Einheit der christlichen Kirchen, Darmstadt 1997.

198. Nocke, F.-J., Eucharistie als Sakrament kirchlicher Einheit. Letztes Ziel des ökumenischen Weges oder Stärkung auf dem Weg?, in: Th. Söding (Hrsg.), [vgl. Nr. 188], S. 120–140.

199. Oeldemann, J., Die Apostolizität der Kirche im Gespräch mit der Orthodoxie. Der Beitrag russischer orthodoxer Theologen zum ökumenischen Gespräch über die apostolische Sukzession in der Kirche, Paderborn 2000.

200. Pannenberg, W./Th. Schneider (Hrsg.), Lehrverurteilungen kirchentrennend?, Bd. 4, Freiburg/Göttingen 1994.

201. Pemsel-Maier, S., Rechtfertigung durch die Kirche? Das Verhältnis von Kirche und Rechtfertigung in Entwürfen der neueren katholischen und evangelischen Theologie, Würzburg 1991.

202. Raiser, K., Ökumene im Übergang. Paradigmenwechsel in der ökumenischen Bewegung, München 1989.

203. Rieske-Braun, U. (Hrsg.), Konsensdruck ohne Perspektiven? Der ökumenische Weg nach „Dominus Iesus", Leipzig 2001.

204. Rosenberger, M., Was dem Leben dient. Schöpfungstheologische Weichenstellungen im konziliaren Prozeß der Jahre 1987–89, Stuttgart 2001.

205. Sattler, D., Ökumenische Annäherungen an die Ecclesia ab Abel vor dem Hintergrund von Dominus Jesus, in: A. Franz (Hrsg.), Was ist heute noch katholisch? Zum Streit um Einheit und Vielfalt in der Kirche, Freiburg 2001.

206. Dies., „Im Geist zu einer Wohnung Gottes erbaut" (Eph 2,22). Perspektiven einer pneumatischen Ökumene, in: Catholica 56 (2002), S. 128–143.

207. Schmitthenner, U. (Hrsg.), Der konziliare Prozeß. Gemeinsam für Gerechtigkeit, Frieden und Bewahrung der Schöpfung. Ein Kompendium, Idstein 1998.

208. Schuegraf, O., Der einen Kirche Gestalt. Ekklesiologie in den Dokumenten der bilateralen Konsensökumene, Münster 2001.

209. Schütte, H., Kirche im ökumenischen Verständnis. Kirche des dreieinigen Gottes, Paderborn 1991.

210. Thönissen, W., Gemeinschaft durch Teilhabe an Jesus Christus. Ein katholisches Modell für die Einheit der Kirchen, Freiburg 1996.

211. Thurian, M. (Hrsg.), Churches respond to BEM. Official Responses to the „Baptism, Eucharist and Ministry" Text, 4 Bde., Genf 1986–1988.

212. Vischer, L., Gottes Bund gemeinsam bezeugen. Aufsätze zu Themen der ökumenischen Bewegung, Göttingen 1992.

213. Weinrich, M., Kirche glauben. Evangelische Annäherung an eine ökumenische Ekklesiologie, Wuppertal 1998.

VII. Sonstige theologische Literatur

214. Arens, E., Christopraxis. Grundzüge theologischer Handlungstheorie, Freiburg 1992.

215. Bonhoeffer, D., Ethik, hrsg. v. E. Bethge, München [12]1988.

216. Bonhoeffer, D., Widerstand und Ergebung. Briefe und Aufzeichnungen aus der Haft, hrsg. v. E. Bethge, München 1970.

217. Gnilka, J., Das Matthäusevangelium I, Freiburg 1986.

218. Künzler, M., Amen, wir glauben. Eine Laiendogmatik nach dem Leitfaden des Apostolischen Glaubensbekenntnisses, Paderborn 1998, S. 618 f.

219. Lies, L., Eucharistietheologie in ökumenischer Verantwortung, Graz 1996.

220. Menke, K.-H., Stellvertretung, Schlüsselbegriff christlichen Lebens und theologische Grundkategorie, Einsiedeln [2]1997.

221. Metz, J. B., Glaube in Geschichte und Gesellschaft, Mainz [3]1980.

222. Moltmann, J., Der Weg Jesu Christi. Christologie in messianischen Dimensionen, München 1989.

223. Pannenberg, W., Christentum in einer säkularisierten Welt, Freiburg 1988.

224. Rahner, K., Über den Begriff des Geheimnisses in der katholischen Theologie, in: ders., Schriften zur Theologie, Bd. 4, (Einsiedeln 1960), S. 51–102.

225. Rahner, K., Zur Theologie der Menschwerdung, in: ebd., S. 137–156.

226. Rahner, K., Über die Einheit von Gottes- und Nächstenliebe, in: ebd., Bd. 6 (Einsiedeln 1965), S. 277–300.

227. Rahner, K., Grundkurs des Glaubens. Eine Einführung in den Begriff des Christentums, Freiburg 1976.

228. Ritschl, D., Zur Logik der Theologie. Kurze Darstellung der Zusammenhänge theologischer Grundgedanken, München 1984.

229. Staats, R., Das Glaubensbekenntnis von Nizäa-Konstantinopel. Historische und theologische Grundlagen, Darmstadt 1996.

VIII. Soziologische und kulturwissenschaftliche Perspektive

230. Assmann, J., Schrift, Erinnerung und politische Identität in frühen Hochkulturen, München 1997.

231. Assmann, J., Religion und kulturelles Gedächtnis, München 2000.

232. Berger, P. L., Der Zwang zur Häresie. Religion in der pluralistischen Gesellschaft, Frankfurt a. M. 1980.

233. Ebertz, M. N., Kirche im Gegenwind. Zum Umbruch der religiösen Landschaft, Freiburg [3]1997.

234. Englert, R., Dimensionen religiöser Pluralität. in: ders. u. a. Entwurf einer pluralitätsfähigen Religionspädagogik. Freiburg/Gütersloh 2002.

235. Gutiérrez, G., Die Armen und die Grundoption, in: I. Ellacuría/J. Sobrino (Hrsg.), [vgl. Nr. 8], S. 293–312.

236. Kluge, F., Etymologisches Wörterbuch, Berlin [21]1975.

237. Luckmann, Th., Die unsichtbare Religion, Frankfurt 1991 [urspr. 1963].

238. Luhmann, N., Die Religion der Gesellschaft, Frankfurt 2000.

239. Soosten, J. v., Zivilgesellschaft, in: ESL, Stuttgart 2001.

Personenregister

Arens, E. 123
Arius 129
Assmann, J. 37f., 54
Athenagoras I. 91
Augustinus v. Hippo 47, 57, 72, 104–106, 112, 115, 146

Balthasar, H. U. v. 58, 112, 156
Barth, K. 30–34
Barth, Th. 164
Bausenhart, G. 153, 159
Beinert, W. 57
Bellarmin, R. 17f., 30, 98, 131
Benedikt von Nursia 181
Berger, K. 19, 56
Berger, P. L. 19, 85
Blumenthal, U.-R. 146
Boff, L. 64f., 73
Bonhoeffer, D. 34f., 107, 111
Bonifatius (Winfried) 170
Bonifaz IX. 162
Bouyer, L. 121
Breuning, W. 26
Busse, U. 56

Calvin, Johannes 105, 121f.
Camelot, P.-Th. 131, 148
Casel, O. 149
Claußen, C. 136
Clemens von Rom 77, 119
Clichthoves, J. 151
Congar, Y. 46f.
Cornelius (Papst) 128
Cyprian von Karthago 103, 128, 145

Damberg, W. 19
Dechamps, V. A. 78
Dias, P. 14
Diez, K. 17
Diokletian 103
Döllinger, I. 116, 134
Donatus von Karthago 104
Döring, H. 78
Dormeyer, D. 23f.
Dostojewski, F. 22
Dulles, A. 20, 32, 75

Ebeling, G. 77, 120
Eisenhofer, L. 149
Englert, R. 20

Enns, F. 113
Eusebius von Cäsarea 38

Feckes, C. 58
Foreville, R. 148
Frank, K. S. 103
Friedli, M. 179
Fries, H. 85
Fulgentius v. Ruspe 48

Gaßmann, G. 84
Geerlings, W. 25
Gehlen, A. 11
Georgopoulou, N. 176
Globig, Chr. 36
Gnilka, J. 13, 81
Goertz, H. 36
Gräbe, P. J. 40
Gregor VII. 146–148
Gregor der Große 170
Greshake, G. 153, 155–157, 160
Grillmeier, A. 93
Günther, A. 58
Guidi, F. M. 174
Gutiérrez, G. 33

Hainz, J. 82
Halbwachs, M. 37
Hegel, G. W. F. 134
Heid, St. 144, 152
Hilberath, B. J. 25–28, 50f.
Hintzen, G. 151
Hippolytus von Rom 103, 146, 167
Horst, U. 174
Hünermann, P. 12, 93, 130f., 153, 178f.
Hugo von St. Victor 73

Innozenz X. 48
Ignatius von Antiochien 83, 127
Ignatius von Loyola 111
Irenäus von Lyon 54, 77, 128

Johannes 112
Johannes Chrysostomos 82, 112
Johannes Paul II. 32, 39, 87, 91, 96, 122–124, 142, 174
Jungmann, J. A. 103
Justin Martyr 122
Justinos I. (Kaiser) 169

Kant, I. 105
Käsemann, E. 38
Kasper, W. 24, 57, 152f., 159
Kehl, M. 11–16, 20, 83
Kertelge, K. 38
Klausnitzer, W. 134
Klee, H. 58
Kluge, F. 168
Kolping, A. 7
Körtner, U. H. J. 86, 175
Kühn, U. 178
Küng, H. 135
Künzler, M. 159

Lammenais, H. F. R. 55
Larentzakis, G. 176
Lehmann, K. 94, 97, 137
Lévinas, E. 43
Lien, F.-L. 49
Lies, L. 137
Löser, W. 97
Lohfink, G. 23, 39, 42
Lohfink, N. 39
Loisy, A. 21f.
Lubac, H. de 58
Lüchinger, A. 133
Luckmann, Th. 55
Lüning, P. 93
Luhmann, N. 11f., 26
Luther, M. 34–36, 57f., 105f., 114, 117, 121, 133, 151
Lutterbach, H. 152

Magaña, A. Q. 26, 33
Maistre, J. de 173
Mannings, J. E. 133f.
Marquard, O. 53
Meeks, W. A. 14, 42, 82
Menke, K.-H. 153, 171
Mette, N. 184
Metz, J. B. 32f., 53, 65, 111
Meyer, H. 85, 178
Meyer, H. B. 161
Meyer zu Schlochtern, J. 45, 57f., 62, 75f.
Möbs, U. 159
Möhler, J. A. 29f., 134
Moltmann, J. 32–34, 110f.
Morche, M. 179
Müller, G. L. 32, 157–160, 179
Müller, J. 149–152
Mußner, F. 39

Verzeichnis der Bibelstellen